KB250663

순자

순자

최대림 譯解

홍신문화사

■머리말

중국의 제자백가(諸子百家) 중에서 유가자류(儒家者流)의 서적으로 〈논어〉, 〈맹자〉, 〈예기〉 다음으로 꼽을 수 있는 것이 〈순자(荀子)〉이다. 이 〈순자〉는 유가들뿐만 아니라 다른 학파의 사상도 집성하여 세밀한 체계적 사상을 포함하고 있는 책으로, 전국시대 말기의 주(周)나라의 유학자인 순황(荀況;荀子)의 사상을 모아 기록한 것이다. 처음에는 〈손경신서(孫卿新書)〉라고 하였으나, 원래는 12권 322편이던 것을 한(漢)나라의 유향(劉向)이 중복을 정리하고 삭제하여 33편으로 편찬하고, 다시 당(唐)나라의 양경(楊倞)이 20권 32편으로 개편하여 주(註)를 달고 책의 이름을 〈순자〉라고 개칭하여 오늘날까지 전해지고 있다.

저자 순자에 대해 전하는 〈사기(史記)〉의 전기는 정확성이 없으나 성은 순(荀), 이름은 황(況)으로 순경(荀卿) 또는 손경자(孫卿子)로 존칭되었다. 그의 사상은 공자(孔子)·자궁(子弓)을 스승으로 하여 유가의 실천도덕을 바탕으로 하지만 그들보다는 한층 합리적이며, 특히 전국사상(戰國思想)의 여러 유형을 지양하여 체계적이고 종합적이어서 그의 사상사적(思想史的) 위치는 서양철학사상의 아리스토텔레스와도 비교된다고 하겠다.

순자는 인간을 공동체 안에서의 존재로 규정하고, 인간 궁극의 실천목적을 묵가(墨家)의 사상을 취하여 그 공동체, 즉 윤리적 질서체의 이념에 둔다. 그 질서는 법가적(法家的)으로 개인의 '분수'를 타율적으로 규정하는 것으로 보나, 다시 그것을 초월하여 유기적·합목적 적격율

〔合目的的格律 : 성왕(聖王)의 제(制)와 예의〕의 존재를 인정한다.

이리하여 객관적 규범에 의한 실천적 합리론이 형성된다. 전통적인 종교관념인 하늘〔天〕에 대해서도 비판적이고 현실적이며, 유명론적(唯名論的)인 명가사상(名家思想)에 대해서도 역시 비판적이다. 그리하여 실념론적(實念論的) 입장에서 개념 종속관계와 범주론(範疇論)을 거론하는 진보된 논리적 사고를 나타내며, 오직 명사(名辭)의 타당성은 합목적 사회관습〔왕제(王制)〕에 의해 정해진다는 것이 특징적이다.

또한 순자는, 공자(孔子) 이후 맹자(孟子)에 의해 정비된 유교는 내면적 · 주관적 입장만이 강화되었으므로 이에 반대하여, 공자의 예(禮)의 사상을 내세워 제자백가의 사상을 비판적으로 받아들이면서 객관적 입장에서 유교를 재정비하였다. 먼저 공자와 맹자에서 도덕의 기초를 이루는 것으로 생각되어온 하늘〔天〕의 권위를 부정하여, 하늘은 인간의 도덕적 활동과는 아무런 관계도 없는 자연의 천공(天空)에 불과한 것이라 하여 '하늘과 사람과의 분리'를 선언하였다. 그것은 자연으로부터의 인간의 독립을 선언한 것으로 볼 때는 귀중한 뜻을 지녔으나 유교의 전체적인 관점에서는 이단이었다.

독립된 인간의 존엄성은 예에 의해서만 유지되는 것으로, 예는 순자의 경우 성인(聖人)이 정한 사회규범으로서의 뚜렷한 객관적 형식이었으며, 그에 따르는 것만이 인간의 사회생활에서 질서와 평화가 유지되는 것이라 하였고, 따라서 만물의 영장인 인간의 가치도 발휘된다고 하였다.

순자의 논리는 〈순자〉 전편에 걸쳐서 인간의 성악(性惡)의 관념이 일관되고 있다. 즉 인간이 선천적인 본성에 지배된다고 보지 않고 후천적인 인위를 매우 존중하였다. 곧 '인성(人性)은 악(惡)이며 날 때부터

이(利)를 좋아하고, 질투하고 증오하는' 것이므로 그것을 그대로 방치하면 쟁탈과 살육이 일어나기 때문에, 악이라는 본성을 교정하는 방법은 '사법(師法)의 가르침과 예의의 길'인 '인위(人爲)'에 의해서만 '치세(治世)'를 실현할 수 있다고 하였다.

여기에서 맹자의 성선설과 반대되는 '성악설(性惡說)'이 태어났다. 송대(宋代) 이후 이 성악설과 하늘〔天〕·인(人)의 분리설로 인해 이단시되었으나, 그 논리학이나 인식론을 포함한 사상의 과학적 성격은 한대(漢代) 유교에 크게 기여한 역사적 의의와 함께 높게 평가되어야 한다.

책 전체를 살펴보면, 〈순자〉는 순자 자신에 의한 것이 대부분이나, 내용 중에 '손경자'로 칭하고 있는 부분이 있는 '유효(儒效)'·'의병(議兵)'·'강국(彊國)'의 3편은 제자들의 기록인 것으로 추정되고, '요문(堯問)'은 순자를 비평하는 어구가 있어 다른 사람의 저술이라 하겠다. 또한 순자의 제자들이 순자의 말을 기록한 것으로서 전기를 잡록(雜錄)한 것이라는 대략(大略) 등의 6편도 있다.

그러므로 〈순자〉는 순자 자신이 저술한 부분과 제자들이 쓴 부분이 섞여 있음을 알 수 있다. 각 편의 자세한 내용은 본문을 보면 알 수 있으므로 생략하고, 사정상 〈순자〉 32편 중에서 '성상편(成相篇)' 등과 잡록편은 본서에 수록하지 못했음을 밝히면서 독자 제위들의 양해를 구하는 바이다.

끝으로 이 방면에 조예가 깊지 못한 터여서 많은 잘못이 있을 것으로 생각되는데, 이는 오로지 독자 여러분의 많은 질정(叱正)이 있으시기를 빌 뿐이다.

역자 識

차 례

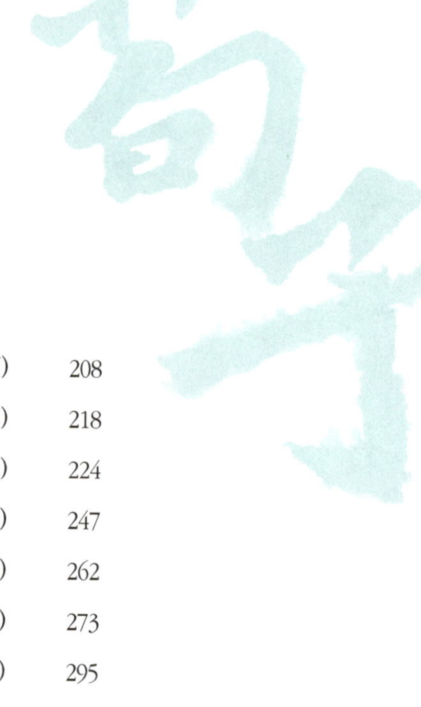

1 권학편 勸學篇

1

1// 君子曰 學不可以已 靑取之於藍而靑於藍 氷水爲之而寒於水 木直中繩 輮以爲輪 其曲中規 雖有槁暴 不復挺者 輮使之然也 故木受繩則直 金就礪則利 君子博學而日參省乎己 則知明而行無過矣 故不登高山 不知天之高也 不臨深谿 不知地之厚也 不聞先王之遺言 不知學問之大也 干越夷貉之子 生而同聲 長而異俗 敎使之然也 詩曰 嗟爾君子 無恒安息 靖共爾位 好是正直 神之聽之 介爾景福 神莫大於化道 福莫長於無禍 吾嘗終日而思矣 不如須臾之所

군자는 말한다.

"학문을 중단해서는 안 된다. 푸른빛은 남빛 쪽풀에서 뽑아내지만 남빛보다 더 푸르고, 얼음은 물이 얼어서 된 것이지만 물보다 더 찬 법이다. 곧은 나무가 먹줄에 맞는다고 할지라도 불에 쬐고 구부려서 수레바퀴를 만들면 그 굽은 것이 굽은 자에 들어맞고, 이것을 다시 볕에 말려도 전처럼 펴지지 않는 것은 구부려 다졌기 때문에 그런 것이다.

나무가 먹줄의 힘을 빌려 곧게 되고 쇠붙이가 숫돌에 갈려서 날카롭게 되는 것처럼, 군자도 나날이 지식을 넓히고 또 자신을 반성해가노라면 지혜는 밝아지고 행동에 과실이 없게 될 것이다. 따라서 높은 산에 올라가보지 않고는 하늘이 높은 것을 알지 못하고 깊은 골짜기에 가보지 않고는 땅이 두꺼운 것을 알지 못하며, 선대의 성왕(聖王)들이 남긴 말씀을 들어보지 않고는 학문의 넓고 위대함을 알지 못하는 것이다.

오(吳)나라나 월(越)나라 또는 멀리 동서남북에 자리잡은 크고 작은 오랑캐 나라의 아이들을 보더라도, 태어날 때는 모두 같은 소리를 내지만 자라면서 생활풍속이 달라지는 것은 교화의 힘에 의한 것이다. 〈시경〉에 말하기를, '아, 그대 군자들이여, 항상 편안하기를 바라지 말라. 다같이 맡은 직분을 다하여 정직한 이와 함께하라. 신령도 귀기울여 축복을 내려주리라.' 하였으니, 가장 신성한 것은 도(道)에 동화하는 것이며 최대의 복록이란 길이 화를 당하는 일이 없음을 말한 것이다."

나는 일찍이 종일토록 사색에 잠긴 일이 있었으나 잠깐 동안 공부하여 얻은 것만 못하였다. 내 일찍이 발돋움을 해가며 멀리 바라보려고 하였으나 높은 곳에 올라가 바라보는 것만 못하였다. 높은 곳에 올라가서 손짓을 하면 팔이 더 길어지는 것도 아니지만 멀리까지 볼 수 있고, 바람을 따라 소리치면 소리가 더 커지는 것은 아니지만 분명하게 들을 수 있다. 수레와 말을 이용하는 사람은 발걸음이 더 빨라지는 것도 아니지만 멀리 천릿길을 갈 수 있고, 배와 노를 이용하면 사람은 물에 익숙하지 않더라도 강을 건널 수가 있다. 군자도 나면서부터 남다른 것이 아니라 다른 사물의 이치를 잘 빌려 선용한 결과이다.

| 풀이 | 권학편의 처음 부분은 대대례기(大戴禮記)에 수록된 글로서, 순자가 그의 성악설(性惡說)을 펴기 위한 대전제

學也 吾嘗跂而望矣 不如登高之博見也 登高而招 臂非加長也 而見者遠 順風而呼 聲非加疾也 而聞者彰 假輿馬者 非利足也 而致千里 假舟檝者 非能水也 而絕江河 君子生非異也 善假於物也

청취지어람(靑取之於藍) : 청출어람(靑出於藍)과 같다. 여기서 남(藍)은 남색이 아니라 남초(藍草)를 말한다. 마디풀과에 속하는 1년생 풀로서 잎은 푸른 물감의 원료가 된다.

유(輮) : 유(煣)에서 차용한 말로, 불에 쬐어 구부리는 것.

수유고폭(雖有槁暴) : 유(有)는 우(又), 고(槁)는 고(枯), 폭(暴)은 건(乾)의 뜻.

간월(干越) : 간(干)은 옛 지명 한(邗)으로 오나라의 성(城)이 있던 곳. 즉 한구(邗溝)를 말한다.

오상기이망의(五嘗跂而望矣) : 기(跂)는 기(企)와 같은 자로 발뒤꿈치를 들고 바라본다는 뜻.

로 제시한 명문(名文)이다. 사람의 성(性)은 나면서부터 악하므로 교육을 통하여 이를 바로잡아야 한다는 것을 여러 가지 사례를 들어 설명하였다. 〈시경(詩經)〉의 구절은 소아(小雅)의 소명편(小明篇) 제4장을 인용한 것이다.

2

2// 南方有鳥焉 名曰蒙鳩 以羽爲巢 而編之以髮 繫之葦苕 風至苕折 卵破子死 巢非不完也 所繫者然也 西方有木焉 名曰射干 莖長四寸 生於高山之上 而臨百仞之淵 木莖非能長也 所立者然也 蓬生麻中 不扶而直 白沙在涅 與之俱黑 蘭槐之根是爲芷 其漸之滫 君子不近 庶人不服 其質非不美也 所漸者然也 故君子居必擇鄉 游必就士 所以防邪僻而近中正也 物類之起 必有所始 榮辱之來 必象其德 肉腐出蟲 魚枯生蠹 怠慢忘身 禍災乃作 强自取柱 柔自取束 邪穢在身 怨之所構 施薪若一 火就燥也 平地若一 水就溼也 草木疇生 禽獸羣居 物各從其類也 是

남쪽에 새가 있으니 이름하여 몽구(蒙鳩)라 한다. 깃털로 둥지를 만들고 머리털 등으로 엮어서 갈대잎에 매달아 놓았다. 바람이 불어와 잎사귀가 꺾이면 그 속의 알이 깨지고 새끼가 죽곤 하는데, 그것은 둥우리가 불완전하기 때문이 아니라, 그런 곳에 집을 매달아 놓았기 때문이다.

서쪽에 나무가 있으니 이름하여 사간(射干)이라 한다. 줄기의 길이가 네 치밖에 안 되며 높은 산 위에 자라고 있어 백 길이나 되는 깊은 연못을 굽어보고 있는데, 이는 나무줄기가 더 길어진 것이 아니라 그 입지조건 때문이다.

쑥대가 삼대밭 속에서 자라게 되면 떠받치지 않더라도 곧게 자라고 흰 모래가 개흙 속에 있으면 모두 검게 된다. 난괴(蘭槐 : 향초의 일종)의 뿌리는 곧 향료가 되는데, 그것을 오줌에 담그고 보면 군자라도 가까이하지 않으려니와 일반인들도 그것을 몸에 바르려고 하지 않을 것이다. 이는 그 바탕이 아름답지 않아서가 아니라 적셔둔 물 때문이다. 그러므로 군자는 거처함에 있어 동네를 가려 살고 놀 때는 반드시 선비와 어울리니, 이는 사악으로 비뚤어지는 것을 막음으로써 중정(中正)에 접근하기 위해서이다.

여러 가지 사물의 발단에는 반드시 그 처음이 있으니, 영예와 오욕이 초래되는 것은 반드시 그 사람의 덕망(德望)에 의한 것이다. 고기가 썩으면 벌레가 나오고 생선이 마르면 좀벌레가 생기듯이, 게을러서 자기 자신을 잊는다면 화와 재앙이 이내 따르게 된다. 굳센 것은 스스로 기둥 노릇을 하고 부드러운 것은 스스로 한데 묶이게 된다. 사악하고 더러운 것이 몸에 있으면 원망이 생기는 원인이 되게 마련이다.

땔나무를 가지런히 벌여놓아도 불은 마른 것부터 태우며, 땅이 한결같이 평평해도 물은 축축한 곳부터 적셔든다. 초목은 같은 종류끼리 모여 자라고 금수는 떼를 지어 사니, 만물은 저마다 그 부류를 따르기 때문이다.

이런 까닭으로 과녁이 늘어서면 화살이 날아오고 숲이 무성해지면 도끼가 쓰이게 되며, 나무가 우거져 그늘이 지면 새의 무리가 와서 쉬게 되고 식초가 시어지면 초파리가 들끓게 마련이다. 그러므로 입으로 하는 말은 화를 부르는 수가 있고 행동에 치욕을 초래하는 수가 있으니, 군자는 그 살아가는 입장에 신중하게 되는 것이다.

故質的張而弓矢至焉 林木茂而斧斤至焉 樹成陰而衆鳥息焉 醯酸而蜹聚焉 故言有召禍也 行有招辱也 君子愼其所立乎

몽구(蒙鳩) : 초료(鷦鷯). 즉 뱁새를 말하는데 혹은 멸작(蔑雀)이라고도 한다.

주생(疇生) : 유취이생(類取而生). 주(疇)는 주(儔)와 같다. 곧 '무리'.

질적(質的) : 질(質)은 옛 사람들이 활을 쏠 때 과녁으로 사용하던 가죽. 적(的)은 과녁의 중심표적으로 정곡(正鵠).

| 풀이 | 학문을 하는 사람은 먼저 자기가 처할 곳을 확실히 한 뒤에 정진해야 하며, 친구를 사귀는 데 있어서도 조심하지 않으면 안 된다. 만일 그 처한 입장을 지혜롭게 가려서 확고히 하지 않으면 모든 노력이 수포로 돌아간다. 그러므로 쑥대같이 보잘것없는 풀도 삼대밭에서 나게 되면 꼿꼿하

게 자랄 수 있다는 것이다. 반대로 자신의 몸이 아무리 깨끗하고 품격이 높아도 오물 같은 속에 섞인다면 본래의 광채를 유지할 수가 없다. 결국 자신의 영광이나 치욕은 모두 그 자신의 지혜나 덕망에 달려 있는 것이며, 남으로부터 얻어질 수 있는 것이 아니기 때문이다.

3

3// 積土成山 風雨興焉 積水成淵 蛟龍生焉 積善成德 而神明自得 聖心備焉 故不積蹞步 無以至千里 不積小流 無以成江海 騏驥一躍 不能十步 駑馬十駕 功在不舍 鍥而舍之 朽木不折 鍥而不舍 金石可鏤 螾無瓜牙之利 筋骨之强 上食埃土 下飮黃泉 用心一也 蟹八跪而二螯 非蛇蟺之穴 無可寄託者 用心躁也 是故無冥冥之志者 無昭昭之明 無惛惛之事者 無赫赫之功 行衢道者不至 事兩君者不容 目不能兩視而明 耳不兩聽而聰 螣蛇無足而飛 梧鼠五技而窮 詩曰 尸鳩在桑 其子七兮 淑人君子 其儀一兮 其儀一兮 心如結兮 故君子結於一也

흙이 쌓여 산이 이루어지면 비바람이 일게 되고 물이 모여 못을 이루면 교룡이 생기듯이, 선(善)이 쌓이면 덕(德)이 이루어져 마음의 예지는 스스로 터득되고 성스러운 마음이 갖추어지는 것이다. 왜냐하면 반걸음이라도 발을 떼지 않고서는 천릿길을 가 닿을 수 없고 작은 여울이 모이지 않고서는 강이나 바다를 이룰 수 없기 때문이다. 잘 달리는 말도 한 번 뛰어 열 걸음을 갈 수는 없겠지만, 비록 둔한 말이라도 열 걸음을 떼어 수레를 끌고 가면 날랜 말을 따라갈 수 있으니, 성공이란 중단하지 않는 데 달렸다고 하겠다.

자르다 버려두면 썩은 나무라도 자를 수 없지만, 다듬기를 중단하지 않는다면 쇠나 돌이라도 아로새길 수 있을 것이다. 지렁이는 손톱이나 치아 같은 것도 없고 힘줄이나 뼈 같은 것도 없지만, 위로는 티끌이나 흙을 먹고 아래로는 땅 속의 물을 먹으며 살아가는 것이 한결같다. 게는 여덟 개의 발과 두 개의 집게발을 가지고 있어도 뱀의 구멍이 아니면 의탁할 집이 없는데, 이는 생활이 산만하기 때문이다.

그러므로 정성스러운 마음과 뜻이 없는 사람은 밝은 깨달음이 없으며, 묵묵히 한마음으로 일하지 않고서는 혁혁한 공적을 이루지 못한다. 그리고 동시에 두 길을 가는 사람은 영원히 목적지에 도달할 수가 없음이며, 또한 두 임금을 섬기려는 자는 아무에게도 받아들여지지 않을 것이다. 눈은 두 가지 물건을 동시에 볼 수 없기 때문에 분명하게 볼 수 있고 귀는 동시에 두 가지 소리를 들을 수 없기 때문에 밝게 들을 수가 있다.

등사(螣蛇)라는 뱀은 발이 없어도 하늘을 날지만 날다람쥐는 다섯 가지 재주가 있으면서도 자주 곤경에 빠진다. 〈시경〉에 말하기를, "뻐꾸기 뽕나무에 있으니, 그 새끼 일곱 마리일세. 어진 저 군자 거동이 한결같네. 그 거동 한결같으니 마음 굳으시네." 하였으니, 그래서 군자는 한결같은 마음가짐을 고수하는 것이다.

옛날에 호파(瓠巴)가 비파를 뜯으면 물속에 사는 물고기도 나와서 들었고, 백아(伯牙)가 거문고를 타면 임금의 수레를 끄는 여섯 필의 말도 갑자기 고개를 들어 먹이를 씹으며 귀를 기울였다. 따라서 소리는 아무리 작아도 들리지 않음이 없고 행동은 아무리 숨겨도 드러나지 않음이 없다. 구슬이 산에 있으면 초목이 윤기가 나 보이고 진주가 잠겨 있는 못은 물가의 언덕이 마르지 않는다. 선을 행하고 사악을 쌓지 않을진대 어찌 명성이 드날리지 않겠는가!

| 풀이 | 여기서는 성공이란 끊임없이 노력하는 데 있는

昔者瓠巴鼓瑟 而流魚出聽 伯牙鼓琴 而六馬仰秣 故聲無小而不聞 行無隱而不形 玉在山而草木潤 淵生珠而崖不枯 爲善不積邪 安有不聞者乎

고부적규보(故不積蹞步) : 여기서 규(蹞)는 규(跬)와 같은 자로 곧 반걸음.

행구도자부지(行衢道者不至) : 구도(衢道)는 '갈림길'의 뜻인데, 여기서는 '두 길'로 풀이한다.

오서오기(梧鼠五技) : 오서(梧鼠)는 마땅히 석서(鼫鼠)가 되어야 한다. 곧 다람쥐인데 〈설문해자(說文解字)〉에 보면, "첫째, 나는 재주는 있으나 지붕을 넘지 못하고, 둘째 나무를 타지만 끝까지 가지 못하고, 셋째 헤엄을 치지만 여울을 건너지 못하고, 넷째 구멍을 파지만 몸을 숨기지 못하고, 다섯째 뛰기는 잘하지만 사람보다 앞서지 못한다."고 하여 이를 다람쥐의 오기(五技)라 하였다.

육마앙말(六馬仰秣) : 육마(六馬)는 천자(天子)의 수레를 끄는 여섯 필의 말. 앙말(仰秣)은 말이 먹이를 먹으면서 고개를 드는 것. 따라서 먹이를 먹다가 거문고 소리에 고개를 드는 것을 형용한 말임.

것이므로 그 마음을 오로지 한 곳에 두고 정진하도록 독려한다. 그렇게 정진하다보면 덕이 쌓이고 그 덕이 몸에 배면 아무리 작은 것이라도 반드시 겉으로 드러난다고 강조하였다. 순자의 교육정신을 간략한 문장으로, 여기까지가 대대례기(大戴禮記)에 수록된 글이다. '시왈(詩曰)' 이하는 〈시경〉 조풍(曹風)의 시구편(鳲鳩篇) 첫 장을 인용한 것이다. 호파(瓠巴)나 백아(伯牙)는 모두 연대 미상의 명인(名人)들이다.

4

4// 學惡乎始 惡乎終 曰其數則始乎誦經 終乎讀禮 其義則始乎爲士 終乎爲聖人 眞積力久則入 學至乎沒而後止也 故學數有終 若其義則不可須臾舍也 爲之人也 舍之禽獸也 故書者 政事之紀也 詩者 中聲之所止也 禮者 法之大分 類之綱紀也 故學至乎禮而止矣 夫是之謂道德之極 禮之敬文也 樂之中和也 詩書之博也 春秋之微也 在天地之間者畢矣 君子之學也 入乎耳 箸乎心 布乎四體 形乎動靜 端而言 蝡而動 一可以爲法則 小人之學也 入乎耳 出乎口

학문은 어디서 시작하여 어디서 마칠 것인가? 이에 대하여 말한다면 그 순서는 〈시경(詩經)〉·〈서경(書經)〉 등의 경전을 외우는 데서 시작하여 〈예기(禮記)〉를 정독하고 터득하는 데서 그친다. 그 의의는 곧 선비로 출발하여 성인(聖人)으로 끝이 나는 것이다. 진실로 힘을 다하여 오랫동안 정진한다면 죽을 때까지 계속되며 죽은 뒤에야 비로소 끝난다.

그러므로 학문을 하는 순서로 따진다면 끝이 있다고 하겠지만, 그 의의를 놓고 볼 때는 죽을 때까지 잠시라도 포기할 수 없는 것이다. 이를 일삼는 것은 사람이요, 이를 버리는 것은 금수이다. 왜냐하면 〈서경〉은 정사(政事)에 관한 기록이고 〈시경〉은 곧고 바른 가락으로 합하여 음탕에 흐르지 않는 것이며, 〈예기〉는 법의 근본으로 온갖 유례의 기강이 되기 때문이다.

그러므로 학문의 최고 목표는 예를 터득하여 실현하는 데서 끝난다. 대체로 이런 것을 가리켜 도덕의 극치라고 하는 것이다. 〈예기〉가 가르치는 바는 남을 공경하는 것과 격식의 차이뿐이고, 악(樂)은 곧고 바른 것에 화합하는 것이며, 〈시경〉과 〈서경〉은 온갖 사물에 널리 통하는 것이고 〈춘추(春秋)〉는 미묘하고도 유원한 진리를 전하고 있으니, 천지간의 모든 사리(事理)가 고루 갖추어져 있는 것이다.

군자가 학문하는 방법은 귀로 들어 마음에 새기고 온몸에 가득 펴서 모든 동정(動靜)에 아낌없이 나타내는 것이다. 그리하여 한 마디 말이나 한 가지 거동에 절도가 있어 모든 사람의 법칙이 된다. 그러나 소인의 학문하는 방법은 귀로 들으면 바로 입으로 나온다. 입과 귀 사이는 겨우 네 치 정도에 불과한데, 일곱 자나 되는 몸뚱이를 무슨 수로 아름답게 꾸밀 것인가?

옛날의 학자들은 오로지 자기 몸을 위해 학문을 하였건만 오늘날의 학자들은 남에게 과시하기 위해 학문을 한다. 군자의 학문은 그것으로 자기를 아름답게 하지만, 소인의 학문은 그것으로 자신을 짐승으로 만들 뿐이다. 그러므로 남이 묻기도 전에 먼저 발설하니 이는 오만한 것이요, 남이 한 번 묻는데 두 가지를 대답하니 이는 수다스러운 것이다. 오만한 것도 수다스러운 것도 모두 좋지 않다. 군자의 말은 메아리와 같아서 함축성 있되 질문에서 벗어나는 일이 없다.

口耳之間則四寸耳 曷足以美七尺之軀哉 古之學者爲己 今之學者爲人 君子之學也 以美其身 小人之學也 以爲禽犢 故不問而告 謂之傲 問一而告二 謂之囋 傲非也 囋非也 君子如嚮矣

시자(詩者) 중성지소지야(中聲之所止也) : 시(詩)는 악(樂)에 합해져야 비로소 완전해지는데, 악장(樂章)과 악절(樂節)에 맞으면 곧 중성(中聲)이라 한다. 지(止)는 극치의 뜻.
법지대분(法之大分) : 전법지대근본(典法之大根本).

| 풀이 | 학문을 하는 순서와 그 목적을 말하고 〈시경〉·〈서경〉·〈예기〉·〈춘추〉 등 경전(經典)의 효용을 설명하였

다. 그리고 학문을 함에 있어서는 자신의 몸을 훌륭하게 닦는 데 주안점을 두어야 한다고 강조하였다. 학문은 자기 자신을 위한 것이지 남에게 과시하기 위한 것이 아니라고 순자는 말한다.

5

5// 學莫便乎近其人 禮樂法而不說 詩書故而不切 春秋約而不速 方其人之習君子之說 則尊以徧矣 周於世矣 故曰 學莫便乎近其人 學之經 莫速乎好其人 隆禮次之 上不能好其人 下不能隆禮 安特將學雜識志 順詩書而已耳 則末世窮年 不免爲陋儒而已 將原先王 本仁義 則禮正其經緯蹊徑也 若挈裘領 詘五指而頓之 順者不可勝數也 不道禮憲 以詩書爲之 譬之猶以指測河也 以戈舂黍也 以錐飡壺也 不可以得之矣 故隆禮 雖未明 法士也 不隆禮 雖察辯 散儒也 問楛者 勿告也 告楛者 勿問也 說楛者 勿聽也 有爭氣者 勿與辯也 故必由其道至然後接之 非其道則避

배우는 데 있어 어진 이를 가까이하여 지도를 받는 것보다 더 편리한 것이 없다. 〈예기〉와 〈악기〉는 준칙이 되지만 설명이 부족하고 〈시경〉과 〈서경〉은 옛 기록이지만 현실적으로 적절하지 못하며, 〈춘추〉는 간결하나 뜻이 깊어 깨우치는 데 더디다. 그러나 그 스승의 익히는 바를 모방하고 군자의 말씀을 깊이 새겨 널리 본받는다면 세상일에 두루 통할 것이다.

그러므로 말하기를, 학문을 하는 데는 어진 이를 가까이 하는 것보다 더 편리한 방법이 없다고 하는 것이다. 학문의 첩경은 어진 이를 따르는 것보다 더 빠른 길이 없으니, 예를 숭상하는 것은 그 다음에 할 일이다. 상책으로 어진 이를 가까이할 수 없고 하책으로 예를 숭상할 수 없을진대, 어찌 잡다한 지식만을 주워 모으며 〈시경〉과 〈서경〉의 글귀만을 신봉할 것인가? 죽기까지 공부해도 고루한 선비의 영역을 벗어나지 못하리라.

선왕(先王)들의 가르침을 바탕으로 하여 인의(仁義)의 근본을 깨우치려 한다면 예(禮)야말로 사방으로 통할 수 있는 길이 될 것이다. 이는 갖옷의 깃고대를 늘어뜨린 것과 같아서, 손가락을 구부려 쥐고 쓸어내리면 갖옷의 털 하나하나가 모두 밑으로 숙여 거꾸로 서는 일이 없는 것과 같은 것이다.

모든 일을 예법에 의지하지 않고 〈시경〉이나 〈서경〉만을 따른다면, 마치 손가락으로 황하를 측량하고 창으로 절구질을 하며 송곳으로 병 속의 것을 집어먹으려는 것과 같아서, 아무것도 얻을 수 없을 것이다. 그러므로 예(禮)를 지켜 실천한다면 비록 사물의 성찰에 밝지는 못하다 할지라도 예법을 아는 선비라고 할 것이나, 예법을 존중하지 않는다면 비록 밝게 살피고 말재주가 있다 할지라도 쓸모없는 선비라 하겠다. 예의없이 묻는 사람에게는 대답하지 말고 예의없이 말하는 자에게는 묻지도 말라. 예의없이 담론하는 자의 말도 듣지 말고 다투기를 잘하는 사람과는 변론을 하지 말라. 따라서 도에 의거하여 행하는 것을 안 후에야 접근할 것이요, 도에 합당하지 않으면 피해야 한다.

그러므로 예와 공경함이 갖추어진 뒤에야 함께 도의 방법을 논할 수 있고, 말씨가 온순한 뒤에야 도의 원리를 말할 수 있으며, 표정이 공손한 뒤에야 함께 도의 극치를 말할 수 있는 것이다. 따라서 함께 말할 상대가 못되는데 말하는 것을 오만하다 하고 더불어 말할 만한 상대인데 말하지 않는 것을 음흉하다고 하며, 상대방의 기분을 아랑곳하지 않고 말하는 것을 눈뜬 장님이라고 한다.

그러므로 군자는 오만하지 아니하고 음흉스럽지도 않으며, 눈뜬 장님이 안 되도록 몸을 삼가고 분별이 있어야 한

之 故禮恭而後可與言道之方 辭順而後可與言道之理 色從而後可與言道之致 故未可與言而言 謂之傲 可與言而不言 謂之隱 不觀氣色而言 謂之瞽故君子不傲 不隱 不瞽 謹順其身 詩曰 匪交匪舒 天子所予 此之謂也

근기인(近其人) : 여기에서는 현자(賢者)에게 접근하여 이를 사사(師事)함을 말한다.

즉존이편의(則尊以偏矣) : 즉존(則尊)은 군자를 본받아 존귀한 인격을 기르다. 편(篇)은 보편적 지식.

안특장학잡식지 순시서이이이(安特將學雜識志 順詩書而已耳) : 왕인지(王引之)는 이 글이 착오가 있다 하여 안특장학잡지 순시서이이이(安特將學雜志 順詩書而已耳)로 읽는다. 옛날에는 지(志)를 식(識)과 같은 뜻으로 썼다. 순(順)은 훈(訓).

약설구령(若挈裘領) : 설(挈)은 〈설문해자(說文解字)〉에 현지(縣持)라 하였다. 구령(裘領)은 갖옷의 목구비, 즉 깃고대.

굴오지이돈지(詘五指而頓之) : 굴(詘)은 굴(屈)과 같

고 돈(頓)은 두돈(抖頓)으로 풀이한다.
문호자(問楛者) : 호(楛)는 불호(不好). 여기서는 묻는 태도가 예법에 서투른 사람이라는 뜻.

다. 〈시경〉에 말하기를, "서두르지 않고 게으름도 없이 천자의 선물 받자옵네." 하였으니, 이를 이른 말이다.

| 풀이 | 공부하는 방법을 말한 글로서, 가장 빠른 길은 훌륭한 스승의 가르침을 받는 것이요, 그 다음은 선인(先人)들이 남긴 예(禮)를 터득하는 것이다. 그리고 혼자 경전(經典)을 공부하는 것인데, 이 세 번째는 매우 위태로운 것이라고 말한다. 생각만 하고 배우지 않으면 위태로운 것이다. 만일 예(禮)를 모르고 경전을 혼자 공부한다면 사리분별을 모르는 고루하고 고집이 센 학자밖에는 안 될 것이다. 이러한 예는 시골의 한학자들에게서 많이 볼 수 있다. 예는 곧 사회생활의 규범으로서 순자의 교육론(敎育論)이 으뜸을 차지한다. 모든 일에 다 예가 따르지만 특히 대인관계에 있어서는 예를 가장 중시하였다. 예는 곧 분별이기 때문이다.

여기에 인용된 시(詩)는 〈시경〉 소아(小雅)의 어조지습(魚藻之什) 채숙편(采菽篇) 제3장의 글인데, 지금 전하는 〈시경〉에는 '비교비서(匪交匪舒)'가 '피교비서(彼交匪舒)'로 되어 있으며 제1장이다. 사리분별을 잘 알아 천자의 하사품을 받는 모습을 묘사한 글로서, 서두르지도 않고 그렇다고 지체하지도 않는 의젓한 군자의 태도라고 할 것이다.

6

6// 百發失一 不足謂

백 번 활을 쏘아 하나라도 빗나간다면 활을 잘 쏜다고 하기에는 부족하며, 천릿길을 가는 데 단 반걸음이라도 이르지 못한다면 말을 잘 부린다고 하기에는 부족하다. 예(禮)를 터득하는 것도 마찬가지여서 유추(類推)의 능력이 없어서는 그밖의 사물에 통한다고 하기에는 부족하고, 인의(仁義)를 하나로 꿰뚫지 못하고서는 공부를 잘했다고 하기에는 부족하다.

학문하는 태도는 한 가지로 통일되어 있어야 한다. 사상이 한 번 들고 한 번 나가고 하는 식으로 통일이 없으면 항간의 소인배와 다를 바 없다. 착한 일은 적은데 나쁜 일이 많으면 걸주(桀紂)나 도척(盜跖)과 다를 바 없다. 이를 궁극에 이르도록 완전히 터득한 다음이라야 진정한 학자라 할 수 있을 것이다.

군자는 선(善)이 완전하지 못하고 순수하지도 못하면 아름답다고 하기에는 부족하다는 것을 알고 있다. 그러므로 거듭 외우고 이를 꿰뚫어 사색으로 통달함으로써 훌륭한 스승을 사사(師事)하고 체험으로 터득하며, 학문의 장해를 제거하여 이를 온전하게 지니며 기르는 것이다. 순수한 학문이 아니면 눈으로 보려고 하지 않으며, 귀로 들으려고 하지 않으며, 입으로 말하려 하지 않으며, 마음으로 생각하려 하지 않는다.

학문을 좋아하는 마음이 극치에 이르게 되면, 눈은 다섯 가지 색을 보는 듯 기쁘고, 귀는 다섯 가지 소리를 듣는 듯 즐거우며, 입은 다섯 가지 맛을 느끼는 듯 달고, 마음은 천하를 얻은 듯 만족스럽다. 이런 경지에 이르면 권력으로도

善射 千里蹞步不至 不足謂善御 倫類不通 仁義不一 不足謂善學 學也者 固學一之也 一出焉 一入焉 涂巷之人也 其善者少 不善者多 桀紂盜跖也 全之盡之 然後學者也 君子知夫不全不粹之不足以爲美也 故誦數以貫之 思索以通之 爲其人以處之 除其害者以持養之 使目非是無欲見也 使耳非是無欲聞也 使口非是無欲言也 使心非是無欲慮也 及至其致好之也 目好之五色 耳好之五聲 口好之五味 心利之有天下 是故權利不能傾也 羣衆不能移也 天下不能蕩也 生乎由是 死乎由是 夫是之謂德操 德操然後能定 能定然後能應 能定能應 夫是之謂成人 天見其明 地見其光 君子貴其全也

윤유불통(倫類不通) **인의불일**(仁義不一) : 윤(倫)은 이(理), 유(類)는 법(法)이다. 불일(不一)은 불능관일(不能貫一).
위기인이처지(爲其人以處之) : 기인(其人)은 현인(賢人)을 가리킨다. 위

기인(爲其人)은 현인에게 사사하는 것이고 처지(處之)는 현인의 곁에서 체득한다는 뜻.
사목비시(使目非是) : 여기서 비시(非是)의 시(是)는 비(比)의 뜻으로, 앞에서 보인 완전히 순일한 학문의 세계를 가리킨다.
덕조(德操) : 덕이 있음으로 해서 절개를 지킨다는 뜻.

그를 기울게 할 수 없고 많은 군중의 압력으로도 그의 마음을 변하게 할 수 없으며, 천하를 가지고도 그를 움직이게 할 수가 없게 된다. 살아서도 한결같이 의존하고 죽어서도 한결같이 의존하니, 이것을 일러 덕망으로 절개를 지킨다고 하는 것이다.

덕망으로 절개를 지킨 연후에야 안정할 수 있고 그런 뒤에야 모든 사물에 응대할 수 있으니, 능히 안정하고 능히 응대할 수 있다면 이런 사람을 가리켜 완성된 사람이라고 하는 것이다. 하늘은 그 밝음으로써 나타내고 땅은 그 광대함으로써 나타내니, 군자는 그 학문의 완성을 가장 귀하게 여기는 것이다.

| 풀이 | 권학편의 결론으로 학문의 완성을 강조하고 있다. 생사를 모두 학문에 바침으로써 외부의 사물에 마음이 흔들리지 않는 완성된 인격과 덕망(德望)을 말하고 있다. 순차(順次)로 보아 다음은 수신편(修身篇)이다.

2

수신편 修身篇

1

선(善)을 보았을 때는 몸가짐을 바로 하여 스스로 자신을 살피고, 불선(不善)을 보았을 때는 근심되고 두려운 마음으로 자신을 반성해 본다. 선이 자기에게 있으면 견고하게 지키며 스스로 즐길 일이요, 불선이 자기에게 있으면 더러운 것을 보듯이 스스로 혐오하라. 나를 비평하여 잘못된 것을 고쳐주는 이는 나의 스승이요, 나를 인정하고 더욱 격려하는 이는 나의 벗이며, 내게 아첨하는 자는 나의 원수이다.

그러므로 군자는 스승을 높이고 벗을 친애하며, 아첨하는 원수는 미워하게 되는 것이다. 선을 좋아하여 싫증내지 않으며, 일깨워주는 말을 달게 받아들여 능히 경계하니, 비록 정진하지 않고자 하나 어찌 될 수 있으랴!

소인은 이와 반대로 더없이 혼란하면서도 자기를 비평하는 사람을 아주 싫어하고 자기는 극히 어리석으면서도 다른 사람으로부터 어질다는 말을 듣고 싶어하며, 마음가짐은 호

1// 見善 修然必以自存也 見不善 愀然必以自省也 善在身 介然必以自好也 不善在身 菑然必以自惡也 故非我而當者 吾師也 是我而當者 吾友也 諂諛我者 吾賊也 故君子隆師而親友 以致惡其賊 好善無厭 受諫而能誡 雖欲無進 得乎哉 小人反是 致亂而惡人之非己也 致不肖 而欲人之賢己也 心如虎狼 行如禽獸 而又惡人之賊己也 諂諛者親 諫爭者疏 修正爲笑 至忠爲賊 雖欲無滅亡 得乎哉 詩曰 噏噏呰呰亦孔之哀 謀之其臧 則具是違 謀之不臧 則具是

依 此之謂也

수연필이자존야(修然必以自存也) : 수연(修然)은 가지런히 갖추어진 모양. 존(存)은 찰(察)의 뜻.

랑이요 행동은 짐승 같은데도, 남이 자기를 난적으로 말하면 원수처럼 미워하고 자기에게 아첨하는 자를 가까이 하며, 자기를 일깨워주는 사람은 멀리하고 몸을 닦아 행실이 바른 사람을 비웃으며 충실한 사람을 적으로 여기니, 비록 망하지 않고자 하나 어찌 될 수 있으랴! 〈시경〉에 말하기를, "어울렸다가는 곧 비방하니, 그 또한 슬픈 일이로다. 좋은 계책은 모조리 외면하고 몹쓸 계책은 모조리 따르려 하는구나……." 하였으니, 이를 가리키는 것이다.

| 풀이 | 선으로 지향하며 날마다 정진하는 지성인의 모습을 묘사하고 또한 스스로 어리석어 멸망으로 치닫는 소인의 행실을 대비함으로써 경계하고 있다. '시왈(詩曰)'은 소아의 절남산지습(節南山之什) 소민편(小旻篇)의 인용이다.

2

2// 扁善之度 以治氣養生 則後彭祖 以修身自名 則配堯禹 宜於時通 利以處窮 禮信是也 凡用血氣志意知慮 由禮則治通 不由禮則勃亂提僈 食飮衣服居處動靜 由禮則和節 不由禮則觸陷生疾 容貌態度進退趨行 由禮則雅 不由禮則夷固僻違庸衆而野 故人無禮則

수없이 많은 선(善)의 척도로써 심기(心氣)를 다스리고 생명을 기른다면 그 수명은 팽조(彭祖)의 뒤를 이을 수 있고, 이로써 몸을 닦아 스스로 이름을 드러낸다면 요(堯)임금이나 우(禹)임금과 견줄 수 있게 되리라. 그러므로 일이 형통할 경우에도 좋고 곤궁에 처했을 때도 이롭게 대처해 나가는 것은 바로 예(禮)와 신(信)이라고 하겠다. 무릇 혈기와 뜻과 지식 및 생각 등을 쓰려면 예법에 의해서만 다스려지고 통하게 마련이니, 예법에 의거하지 않고서는 패륜과 태만에 빠지고 말 것이다. 음식 · 의복 · 거처 · 동정도 예법에 의거하면 절도에 조화되지만, 예법에 의거하지 않는다면 궁지에 빠지고 병폐가 생긴다. 용모나 태도나 진퇴(進退)나 걸음걸이도 예를 따르면 품위가 생기지만, 예를 따르지 않는다면 거만하고 편벽되고 용렬해서 대중과 더불어 상스럽게 된다.

그러므로 사람은 예가 없이는 살아갈 수 없어서 만사에 성공하지 못하며, 나라에도 예가 없으면 편안하지 못한 것이다. 〈시경〉에 말하기를, "예의는 모두 법도에 어긋남이 없고 웃음소리와 말소리가 모두 공손하니……." 하였으니, 이를 이른 말이다.

선으로써 남보다 앞서서 사람을 인도하는 것을 일러 가르침이라 하고 선으로써 사람들과 화합하는 것을 일러 순종이라 하며, 불선으로써 남보다 앞서서 사람들을 인도하는 것을 일러 아첨이라 하고 불선으로써 사람들과 화합하는 것 역시 아첨이라 한다. 옳은 것을 옳다 하고 그른 것을 그르다고 하는 것을 일러 지혜롭다 하고, 그른 것을 옳다 하고 옳은 것을 그르다고 하는 것을 일러 어리석다 한다.

어진 것을 훼손하면 헐뜯는다 하고 어진 것을 해치면 역적이라 한다. 옳은 것은 옳다 하고 그른 것은 그르다고 하면 이를 일러 정직이라 하는데, 남의 것을 몰래 훔치면 도둑질이라 하고 자기를 숨기려 하는 것을 기만이라 하며, 말을 이랬다 저랬다 하는 것을 거짓이라 한다.

나아가고 물러나고 하는 것이 일정하지 않으면 무상(無常)하다 하고 이익에만 매달려서 의(義)를 버리면 역적 중의 역

不生 事無禮則不成 國家無禮則不寧 詩曰 禮儀卒度 笑語卒獲 此之謂也 以善先人者謂之敎 以善和人者謂之順 以不善先人者謂之諂 以不善和人者謂之諛 是是非非謂之知 非是是非謂之愚 傷良曰讒 害良曰賊 是謂是非謂非曰直 竊貨曰盜 匿行曰詐 易言曰誕 趣舍無定謂之無常 保利棄義謂之至賊 多聞曰博 少聞曰淺 多見曰閑 少見曰陋 難進曰偍 易忘曰漏 少而理曰治 多而亂曰秏

편선지도(扁善之度) : 선과 악을 분별하는 기준 척도라는 뜻으로, 즉 예(禮)를 말한다.

발란제만(勃亂提僈) : 발(勃)은 패(悖)와 같고, 제(提)는 제(媞)로서 늑장을 부린다는 뜻. 만(僈)은 태만(怠慢)이다.

이고벽위(夷固辟違) : 거오사벽(倨傲邪僻)의 뜻. 벽(辟)이나 위(違)는 모두 사(邪)의 뜻이다.

다견왈한(多見曰閑) : 한(閑)은 한(嫺)과 같으며, 습(習)의 뜻이 있다.

다이란왈모(多而亂曰秏) : 모(秏)는 모(眊)에서 온 것

으로 혼란을 말한다. 〈설문해자(說文解字)〉에는 모(眊)를 눈에 정기가 없는 상태라고 하였다.

적이라 한다. 많이 듣고 알면 박식하다 하고 적게 들어 모르는 것을 천박하다고 한다. 많이 보고 배웠으면 익숙하다고 하고 적게 보고 배웠으면 고루하다고 한다. 진보가 어려우면 늑장을 부린다 하고 쉽게 잊어버리는 것을 새어 흘린다 한다. 적어도 조리가 있으면 잘 다스린다 하고 많아도 혼란스러우면 어지럽다고 한다.

| 풀이 | 예(禮)는 인간사회의 생명력과도 같다는 것이 순자의 주장이다. 따라서 예의 여러 경우를 인용하여 인간의 각기 다른 기질과 습관을 대비하면서 예의 효용을 설명하고 있다.

3

3// 治氣養心之術 血氣剛强 則柔之以調和 知慮漸深 則一之以易良 勇膽猛戾 則輔之以道順 齊給便利 則節之以動止 狹隘褊小 則廓之以廣大 卑溼重遲貪利 則抗之以高志 庸衆駑散 則刦之以師友 怠慢僄弃 則炤之以禍災 愚款端愨 則合之以禮樂 通之以思索 凡治氣養心之術 莫徑由禮 莫要得師 莫神一好 夫是之謂治氣養心

기(氣)를 다스리고 마음을 양생하는 방법은, 혈기가 지나치게 경직되고 억센 사람은 이를 부드러운 것으로 조화시키고, 지혜와 사려가 지나치게 깊은 사람은 이를 쉽고 어진 것으로 통일시키며, 담력이 세며 사납고 삐뚤어진 사람은 이를 도와 도리와 순종의 덕으로 바로잡고, 날래고 약삭빠른 사람은 이를 절제시킴으로써 그 동정을 그만두게 하며, 도량이 좁고 옹졸한 사람이면 이를 확대시켜 넓고 크게 하고, 비굴하리만큼 더디며 탐욕스러운 사람은 이를 분발시켜 높은 뜻을 갖도록 하며, 용렬하고 산만한 사람은 스승이나 벗이 되어 가르침으로써 습성에서 벗어나도록 하고, 게으르고 자포자기하는 사람은 닥쳐올 화와 재앙을 분명히 일깨워주며, 어리석고 고지식한 사람은 예악(禮樂)으로 조화시켜 사색하는 습관을 길러줌으로써 생각이 통하도록 한다.

무릇 심기를 다스리고 심성을 양생하는 방법은, 예에 의거하는 것만큼 빠른 길이 없고 스승을 얻는 것만큼 요긴한 일은 없으며, 한마음으로 호학(好學)하는 것만큼 신통한 것은 없으니, 이를 일러 치기양심술(治氣養心術)이라고 한다.

지조와 뜻이 잘 수양되어 있으면 부귀 앞에서도 뽐내는 듯하고 도의가 무겁게 자리잡고 있으면 왕공(王公)이라도 가볍게 여기게 되니, 내면으로 깊은 성찰이 있는 사람은 외부의 사물에 대하여 자연 경시하게 되는 것이다.

전해오는 말에, "군자는 사물을 자유로이 부릴 수 있지만 소인은 사물에 의하여 자신이 부림을 받는다." 하였으니, 바로 이를 두고 한 말이다. 몸은 고되더라도 마음이 편안한 것을 위주로 하고 이익은 적더라도 의로움이 많은 것을 위주로 하니, 어지러운 임금을 섬긴다 해도 막히는 일은 없겠으나 곤궁에 처한 임금을 섬김으로써 일을 순탄하게 풀어나가는 것만은 못하리라.

그러므로 훌륭한 농사꾼은 수해나 가뭄 때문에 밭갈이를 그만두는 일이 없고 훌륭한 장사꾼은 가끔 손해를 본다 해서 장사를 그만두는 일이 없으며, 사군자(士君子)는 빈궁하다 하여 도(道)에 태만하는 일이 없다. 공경스러운 몸가짐에 충실한 마음가짐과 예의를 법으로 하여 어진 마음이 있는 사람이라면, 천하를 횡행하여 비록 사방 땅끝의 오랑캐 나

之術也 志意修則驕富貴 道義重則輕王公 內省而外物輕矣 傳曰 君子役物 小人役於物 此之謂也 身勞而心安 爲之 利少而義多 爲之 事亂君而通 不如事窮君而順焉 故良農不爲水旱不耕 良賈不爲折閱不市 士君子不爲貧窮怠乎道 體恭敬而心忠信 術禮義而情愛人 橫行天下 雖困四夷 人莫不貴 勞苦之事則爭先 饒樂之事則能讓 端慤誠信 拘守而詳 橫行天下 雖困四夷 人莫不任 體倨固而心執詐 術順墨而精雜汙 橫行天下 雖達四方 人莫不賤 勞苦之事則偸儒轉脫 饒樂之事則佞兌而不曲 辟違而不慤 程役而不錄 橫行天下 雖達四方 人莫不棄 行而供冀 非漬淖也 行而俯項 非擊戾也 偶視而先俯 非恐懼也 然夫士欲獨修其身 不以得罪於比俗之人也

막신일호(莫神一好) : 막신(莫神)은 무신명(無神明)으로 읽고 일호(一好)는 소호전일(所好專一)의 뜻.
절열(折閱) : 상품의 가격

을 낮추어 손해를 보고 파는 것.
술례의이정애인(術禮義而情愛人) : 술(術)은 법(法), 애인(愛人)은 애인(愛仁)으로 읽는다.
술순묵이정잡오(術順墨而精雜汙) : 순(順)은 본래 신(愼)으로 되어 있었으니 척(脊), 즉 이루어지는 도리라는 뜻. 묵(墨)은 본서(本書) 예론편(禮論篇)에 '죽음에 임박하여 구차하게 삶을 애걸하는 것을 묵(墨)이라 한다.' 하였다. 정(精)은 정(情)과 통한다.
투유전탈(偸儒轉脫) : 유(儒)는 유약(柔弱). 그러므로 투유(偸儒)는 투정유약(偸情柔弱)의 뜻. 전탈(轉脫)은 완전구탈(宛轉苟脫)의 뜻으로, 순하고 부드럽고 구차스럽게 몸을 빼는 것.
행이공기(行而供冀) : 공(供)은 공(恭), 기(冀)는 마땅히 익(翼)이 된다. 그러므로 공경의 뜻.

라에 갇히더라도 모든 사람으로부터 존중을 받을 것이다. 괴롭고 힘든 일은 서로가 먼저 하고 먹고 즐기는 일은 남에게 먼저 양보하며, 단정하고 성실하게 직분을 지켜 빈틈이 없다면 이 또한 천하를 횡행하여 비록 사방 땅끝의 오랑캐나라에 갇히더라도 서로가 신임을 할 것이다.

반대로 거만하고 행동이 고집스러우며, 심성이 간사한데다 불경하고 불충한 아부 근성에 더러운 마음씨라면, 천하를 횡행하여 비록 사방으로 가지 않는 데가 없다 할지라도 사람으로서 더럽고 천하다 하지 않는 이가 없을 것이다.

괴롭고 힘든 일에는 빈둥거리다가 슬그머니 빠져 달아나고 먹고 즐기는 일에만 눈이 어두워 양보심이 없고 편벽되며, 사악하고 성실성이 없고 일에 신속하지 못하다면, 천하를 횡행하여 비록 사방 땅끝을 가지 않는 데가 없다 할지라도 그를 버리지 않는 이가 없을 것이다.

길을 가면서 두 팔을 공손히 모아쥐고 걷는 것은 진창에 빠질까봐 그런 것이 아니요, 고개를 앞으로 숙이고 걷는 것은 무엇에 부딪힐까봐 그런 것이 아니며, 서로 눈이 마주치면 먼저 고개를 숙이는 것을 두려워해서가 아니다. 그렇다! 선비로서 홀로 이와 같이 공경으로 스스로 몸을 닦아 속인들로부터 공연한 비난을 듣지 않기 위해서이다.

| 풀이 | 심기(心氣)를 다스리고 심성(心性)을 기르는 묘결은 예(禮)와 스승과 호학(好學)의 정신에서 찾을 수 있다는 것을 강조하였다. 이렇게 함으로써 지성이 갖추어지면 부귀

영화나 권력 등에 대해 초연한 입장을 취할 수 있을 것이므로, 물질에 얽매이지 않고 반대로 물질주의를 극복할 수 있다는 것이다. 따라서 지성인의 마음은 언제나 편안하고 자유자재할 수 있으니, 자식이 어떠한 상황에 처할지라도 능히 다스려 나가는 지혜가 샘솟게 마련이다.

그러므로 수양을 쌓은 사람은 어디를 가나 존경을 받게 되고 그렇지 못한 사람은 어디를 가나 배척을 당하는 것이다. 여기에서 가장 요긴한 점은 겸손인데, 이 겸손한 마음도 수양에서 비롯되는 것이지 비굴한 마음가짐만으로는 될 수 없는 것이다. '군자역물 소인역어물(君子役物 小人役於物)'은 현대 문명사회의 인간이 절실히 깨우쳐야 할 경구(警口)이다.

4

무릇 기(驥)는 하루에 천 리를 달린다고 하지만, 느린 말이라도 열흘 동안 쉬지 않고 가면 이를 능히 따를 수 있다. 만일 끝이 없는 길을 목적지도 없이 치달리기만 하면 어찌 될까? 뼈가 부러지고 힘줄이 끊어져 죽을 때까지 달려도 목적지에 이를 수가 없을 것이다. 그러나 어딘가에 목적지가 있으면 천릿길이 비록 멀어도 늦거나 빠르거나 앞서거나 뒤서거나 간에 도달하지 못한다고 말할 것인가. 길을 가는 자의 속을 알 수 없으니 끝없이 달릴 것인가. 생각건대 정착할 곳을 찾을 것이다.

저 '견백(堅白)'이나 '동이(同異)'나 '유후무후(有厚無厚)'의

4// 夫驥一日而千里 駑馬十駕則亦及之矣 將以窮無窮 逐無極與 其折骨絕筋終身不可以相及也 將有所止之 則千里雖遠 亦或遲 或速 或先 或後 胡爲乎其不可以相及也 不識步道者 將以窮無窮 逐無極與 意亦有所止之與 夫堅白同異 有厚無厚之察 非不察也 然而君子不辯 止之也 倚魁之行 非不難也 然而君子不行 止之也 故

설은 잘못된 주장이 아니지만, 군자가 이것을 가지고 말하지 않는 것은 자신의 목표가 있기 때문이다. 또 기괴한 행동은 어려운 일이 아닌 것은 아니지만, 군자가 할 바가 아니므로 자신의 목표에 따라 행하는 것이다.

그러므로 학문은 기다리는 것이라 한다. 기다림은 멈추는 곳이 있어 우리를 기다리는 것이니 우리가 가면 이에 도달할 것이요, 혹시 늦거나 빠르거나 앞서거나 뒤서거나 간에 누가 함께 도달하지 못한다고 할 것인가.

그러므로 반걸음이라도 쉬지 않으면 절룩거리며 가는 자라도 천 리를 갈 수 있고, 흙을 쌓는 데도 멈추지 않고 쌓아나가면 언덕이나 산을 이룰 것이다. 또 수원(水源)을 막고 사방에 물구멍을 터놓는다면 강이라도 능히 마르게 할 수가 있다. 한 번 나아가고 한 번 물러나며 우왕좌왕하다 보면 여섯 필의 천리마가 끄는 수레라도 목적지에 도달할 수 없다. 인간의 재주와 성품이 이렇게도 상반되게 나타나니, 어찌하여 절룩거리며 가는 자와 같고 수레를 끄는 여섯 필의 천리마의 발과 같은가!

그러나 절룩거리며 가는 자일지라도 목적지에 이를 수 있고 여섯 필의 천리마가 끄는 수레가 이르지 못하는 경우도 있는데, 이는 무엇 때문인가. 혹은 가고 혹은 가지 않아서일까! 길이 비록 가깝다고 하나 가지 않으면 도달하지 못하는 것이요, 일이 비록 적다고 할지라도 하지 않으면 성사가 없다. 일을 영위하는 사람으로 한가한 날이 많은 자라면 아무리 들락날락해도 궁극에 이르지 못할 것이다.

學曰遲 彼止而待我 我行而就之 則亦或遲 或速 或先 或後 胡爲乎其不可以同至也 故蹞步而不休 跛鼈千里 累土而不輟 丘山崇成 厭其源 開其瀆 江河可竭 一進一退 一左一右 六驥不致 彼人之才性之相縣也 豈若跛鼈之與六驥足哉 然而跛鼈致之 六驥不致 是無他故焉 或爲之或不爲爾 道雖邇 不行不至 事雖小 不爲不成 其爲人也多暇日者 其出入不遠矣 好法而行 士也 篤志而體 君子也 齊明而不竭 聖人也 人無法則倀倀然 有法而無志其義則渠渠然 依乎法而又深其類 然後溫溫然

견백동이 유후무후(堅白同異有厚無厚) : 견백(堅白)은 궤변가로 유명한 공손룡(公孫龍)의 설(說). 동이(同異)는 논리학파인 혜시(惠施)의 이론으로서 〈장자(莊子)〉 천하편(天下篇)에도 인용되었다. 유후무후(有厚無厚)의 설도 혜시의 이론으로 〈장자〉 천하편에 '무후불가적야(無厚不可積也)'라 하였다.

기괴지행(倚魁之行) : 기

예법을 즐기며 행하는 사람은 선비요, 뜻을 돈독히 하여 몸소 실천하는 사람은 군자요, 지혜와 사려가 밝고 영민하여 언제까지나 다함이 없는 사람은 성인이다. 사람은 예법이 없다면 갈팡질팡하여 갈 곳이 없게 되고 예법이 있더라도 그 의의를 모른다면, 뜻을 둘 수 없어 마음을 잡지 못하게 된다. 예법에 의거하여 모든 일을 깊이 통찰한 뒤에야 온화하고 윤택하게 되는 것이다.

괴한 행동.
염기원(厭其源) : 염(厭)은 압(壓)으로, 막는다는 뜻.
독지이체(篤志而體) : 여기서 체(體)는 그 뜻이 두텁고 견고하게 실천한다는 말. 왕염손(王念孫)은 체(體)를 이(履)로 풀이했다.
제명이불갈(齊明而不竭) : 여기서 제(齊)는 지혜와 사려가 민첩한 것을 말한다.

| 풀이 | 모든 일에는 반드시 목적이 있게 마련이다. 일단 목표를 정해 놓은 이상 꾸준히 노력하여 도달해야 함을 강조하였다. 일반 학자나 지성인들은 그 학문상의 목표가 성인이 되는 것이라고 주장한다. 따라서 오늘날의 전문지식만을 위주로 하여 정서적 환경이 배제된 교육이 크게 위험하다는 것을 다시금 일깨워준 항목이다.

5

예(禮)란 몸을 바르게 해주는 것이요, 스승이란 예를 바르게 해주는 사람이다. 예가 없으면 무엇으로 몸을 바로잡으며, 스승이 없으면 어찌 예의 옳은 행사를 알 것인가. 예에 그렇게 되어 있으므로 그렇게 하는 것이니, 곧 그 마음속에 예가 자리잡고 있는 까닭이다. 스승이 일러준 대로 그렇게 발하는 사람은 곧 그 지혜가 스승과 같은 사람이다. 마음이 예에 안주하고 지혜가 스승과 같다면 곧 성인이다.

5// 禮者 所以正身也 師者 所以正禮也 無禮 何以正身 無師 吾安知禮之爲是也 禮然而然 則是情安禮也 師云而云 則是知若師也 情安禮 知若師 則是聖人也 故非禮 是無法也 非師 是無師也 不是師法 而好自用 譬

之是猶以盲辨色 以聾辨聲也 舍亂妄無爲也 故學也者 禮法也 夫師以身爲正儀 而貴自安者也 詩云 不識不知 順帝之則 此之謂也 端愨順弟 則可謂善少者矣 加好學遜敏焉 則有鈞無上 可以爲君子者矣 偷儒憚事 無廉恥而嗜乎飮食 則可謂惡少者矣 加惕悍而不順 險賊而不弟焉 則可謂不詳少者矣 雖陷刑戮可也 老老 而壯者歸焉 不窮窮 而通者積焉 行乎冥冥而施乎無報 而賢不肖一焉 人有此三行 雖有大過 天其不遂乎

투유탄사(偷儒憚事) : 게으르고 문약(文弱)해서 일하기를 겁내는 것.

탕한(惕悍) : 탕(惕)은 탕(蕩)과 같다. 곧 방탕흉한(放蕩兇悍).

명명(冥冥) : 명묵(冥默). 즉, 남이 모르는 것.

그러므로 예법대로 아니하면 법이 없는 것이요, 스승의 가르침대로 아니하면 스승이 없는 것이다. 스승의 법을 옳게 여기지 않고 마음대로 하기를 좋아하면, 이것은 장님이 색깔을 분별하려 하고 귀머거리가 소리를 분별하려는 것과 같으니, 어지럽고 망령된 사람 이외에는 이런 짓을 하지 않을 것이다. 그러므로 학문이란 것은 바로 예법을 배우는 것이다. 무릇 스승이란 몸으로써 모범이 되고 우리들로 하여금 스스로 예법에 안주하게 해주는 자이다. 〈시경〉에 말하기를, "알지도 생각지도 못하면서 하늘의 법칙에 따르네." 함은 이를 이른 말이다.

단정하고 성실하며 겸손하고 우애가 있으면 가히 훌륭한 젊은이라 말할 것이요, 더욱이 배우기를 좋아하고 공손 · 민첩하면서도 남에게 겸손하게 대하면 가히 군자라고 할 것이다. 게을러 일을 싫어하고 욕심껏 먹기를 좋아한다면 나쁜 젊은이라 할 것이요, 그 위에 방탕하고 사나우며 공손하지 못하고 음흉하고 우애가 없으면 가히 상스러운 젊은이라 할 것이니, 비록 형륙에 처해도 어쩔 수 없을 것이다.

노인을 공경하여 모시면 젊은 사람들이 저절로 귀복(歸服)하여 따를 것이요, 곤궁한 자를 후덕스럽게 대하고 서로 상통하여 친하면 재주있는 자가 모여들 것이며, 묵묵히 혼자 일하면서 남들이 모르게 은혜를 베풀고도 그 보답을 구하지 아니하면 현능(賢能)한 자와 깨우치지 못한 자가 한결같이 귀복하여 따를 것이다. 사람으로서 능히 이 세 가지 행위를 하는 이가 있다면 비록 큰 화를 만나더라도 하늘이 어찌 그를 온전하게 하지 않을 것인가?

| 풀이 | 여기 나오는 〈시경〉의 인용문은 대아(大雅)의 황의편(皇矣篇) 제7장에서 따온 것으로, 문왕(文王)의 덕을 칭송한 것이다. 학문이란 오직 예(禮)와 스승과 법을 기준으로 삼아 정진함으로써 성인의 경지에 이를 수 있는 것이니, 곧 문왕과 같은 인격적 완성을 의미한다. 이런 경지에 이르면 모든 행위가 자기도 모르는 사이에 인간과 자연의 법칙에 일치하게 되는데, 이는 순자가 주장하는 선(善)의 극치인 것이다. 이러한 진리를 모르는 사람은 불행하여 타고난 본성대로 악을 행하게 되니 결국 인간의 행복과 불행은 스스로 지어 받는 것이다. 그러므로 여기서는 인간의 본성을 교정하는 방법을 말하여 수신편(修身篇)의 결론으로 삼고 있다.

6

군자가 이익을 구함에 있어서는 간소하고 해악을 멀리함에 있어서는 서두르며, 모욕을 피함에 있어서는 미리 경계하여 두려워하고 도리를 실천함에 있어서는 용기 있고 과감하다. 군자는 빈궁 속에서는 뜻이 너그럽고 부귀해지면 공손하고 삼가는 태도를 취하기 때문에, 편안하고 한가로워도 혈기를 삼가며, 수고롭고 고달파도 용모는 구차해 보이지 않는다. 또 화가 난다 해서 지나치게 빼앗지 않고 기쁘다고 해서 과분하게 주지 않는다.

6// 君子之求利也略 其遠害也早 其避辱也懼 其行道理也勇 君子貧窮而志廣 富貴而體恭 安燕而血氣不惰 勞勧而容貌不枯 怒不過奪 喜不過予 君子貧窮而志廣 隆仁也 富貴而體恭 殺埶也 安燕而血氣不惰 柬理也 勞勧而容貌不枯 好交也 怒不過奪 喜不過予 是法

勝私也 書曰 無有作好 遵王之道 無有作惡 遵王之路 此言君子之能以公義勝私欲也

노권이용모불고(勞勧而容貌不枯) : 권(勧)은 본래 권(券)으로 되어 있으나 보통 권(倦)으로 풀이한다. 〈설문해자〉에 권(券)은 노(勞)라고 하였는데, 모두 피곤함을 뜻한다. 고(枯)는 구차한 모양.

간리야(柬理也) : 간(柬)은 한습(嫻習)의 뜻. 즉, 습관화되다.

호교야(好交也) : 여기서 교(交)는 마땅히 문(文)으로 보아야 한다. 곧 예(禮)를 뜻한다.

군자가 빈궁 속에서도 여유 있고 뜻이 넓은 것은 인(仁)을 숭상하는 까닭이며, 부귀해도 공손하고 삼가는 태도를 취하는 것은 위세를 부리지 않는 까닭이며, 편안하고 한가로워도 혈기를 삼가는 것은 사리를 분별할 줄 알기 때문이며, 수고롭고 고단해도 용모가 구차해 보이지 않는 것은 예(禮)를 좋아하기 때문이며, 화가 난다 해도 지나치게 빼앗지 않고 즐겁다고 해도 지나치게 주지 않는 것은 법이 사심을 이기기 때문이다.

〈서경(書經)〉에 말하기를, "사사로이 좋아하는 것에 기울지 아니하고 오직 옛 성왕의 정도(正道)를 따르며, 사사로이 싫어하는 것에 편중하지 아니하고 옛 성왕의 길을 따르라." 하였으니, 이는 군자가 능히 공의(公義)로써 사욕을 이김을 말한 것이다.

| 풀이 | 군자는 인격수양과 완성의 최고목표로서 순자의 교육정신의 요체이다. 군자가 어떤 경우에 처하더라도 공정한 도리를 잃지 않는 것은 예로써 수양을 쌓은 까닭이며, 이는 곧 〈서경〉의 홍범(洪範)에서 말한 고대의 성왕의 도(道)를 사표(師表)로 함을 결론으로 하였다.

3 불구편 不苟篇

1

군자는 행위에 있어서 구차한 모양으로 어렵게 행하는 것을 귀하게 여기지 않으며, 말에 있어서 구차스럽게 세밀한 것을 귀하게 여기지 아니하며, 명성에 있어서 구차스럽게 전하는 것을 귀하게 여기지 않으니, 가장 귀하게 여기는 것은 사리에 맞는 것이다.

그러므로 돌을 안고 물에 뛰어드는 것은 어렵지만 신도적(申徒狄)이 능히 그런 일을 했음에도 불구하고 군자가 이를 귀하게 여기지 않는 것은, 이러한 행위가 예의에 합치되지 않기 때문이다. 또 산과 연못이 똑같이 평평하다느니, 하늘과 땅이 나란하다느니, 제(齊)나라와 진(秦)나라는 한 곳에 합쳐져 있다느니, 할머니가 수염이 있다느니, 알에 털이 있다느니 하는 등의 변설은 모두 논리로 성립이 되지 않는 말들인데, 혜시(惠施)나 등석(鄧析)은 능히 이를 논리로 삼는다.

그러나 이 또한 군자가 귀하게 여기지 않는 것은 이러한

1// 君子行不貴苟難 說不貴苟察 名不貴苟傳 唯其當之爲貴 故懷負石而赴河 是行之難爲者也 而申徒狄能之 然而君子不貴者 非禮義之中也 山淵平 天地比 齊秦襲 入乎耳 出乎口 鉤有須 卵有毛 是說之難持者也 而惠施鄧析能之 然而君子不貴者 非禮義之中也 盜跖吟口 名聲若日月 與舜禹俱傳而不息 然而君子不貴者 非禮義之中也 故曰 君子行不貴苟難 說不貴苟察 名不貴苟傳 唯其當之爲貴 詩曰 物其有矣 唯其時矣 此之謂也

변설이 예의에 합치되지 않기 때문이다. 또 도척(盜跖)이 탐욕스럽고 흉악하기 짝이 없지만 그 명성이 해와 달 같아서 순임금이나 우임금처럼 오래도록 전한다. 그러나 군자가 이것을 귀하게 여기지 않는 것은 예의에 합치되지 않기 때문이다.

그러므로 말하기를, 군자는 행위에 있어서 구차한 모양으로 어려운 일을 행하는 것을 귀하게 여기지 않는다는 것이요, 말에 있어서 구차스럽게 세밀한 것을 귀하게 여기지 않는다는 것이며, 명성이 구차스럽게 전해지는 것을 귀하게 여기지 않는다는 것이니, 가장 귀하게 여기는 것은 바르고 온당한 것이라는 뜻이다. 〈시경〉에 말하기를, "음식이 장만되니, 시절을 맞추었네." 하였으니, 바로 이러한 도리를 일러 말한 것이다.

| 풀이 | 광명정대(光明正大)한 지성인의 상을 묘사한 글이다. '불구(不苟)'란 매사에 있어서 구차하게 어려운 일을 하거나 궤변으로 기이한 논리를 펴서 사람을 현혹시키는 일 또는 명성을 날리기 위해 구차스러운 행위 등을 하지 않는다는 말이다. 여기의 '산연평(山淵平), 천지비(天地比), 제진습(齊秦襲), 구유수(鉤有須), 난유모(卵有毛)' 따위의 궤변은 모두 〈장자〉 '천하편'에서 연역해낸 말들이다.

혜시(惠施)나 등석(鄧析)은 다같이 논리학파로서, 혜시는 전국시대 위(魏)나라 혜왕(惠王)의 재상으로 장자(莊子)의 벗이요, 등석은 춘추시대 정(鄭)나라의 대부(大夫)로서 자산(子

신도적(申徒狄) : 〈장자음의(莊子音義)〉에서는 은(殷)나라 때 사람이라 하였고, 〈한시외전(韓詩外傳)〉에서는 신도적이 물에 뛰어들려 하므로 최희(崔喜)가 듣고는 달려가 제지하였으나 듣지 않았다고 했다.

제진습(齊秦襲) : 습(襲)은 합하다는 뜻. 제나라는 동에 위치하고 진나라는 서에 위치하여 대단히 거리가 멀지만, 하늘과 땅이 함께 포용하고 있다는 견지에서 보면 하나로 합쳐져 있다는 뜻이 궤변이다.

입호이 출호구(入乎耳出乎口) : 뜻이 분명치 않은 대목으로 권학편(勸學篇)에도 보인다. 잘못 들어갔을 것이라는 의견이 지배적이므로 여기서는 풀이하지 않는다.

구유수(鉤有須) : 구(鉤)는 구(姁)에서 온 것. 곧 노파〔嫗〕로 해석된다. 흔히 낚싯바늘이니 갈고리니 하여 뜻이 맞지 않는 해의(解義)가 있으나 잘못이며, '노파에게 수염이 있다.'고 해야 까다로운 논리의 근거가 되는 것이다. '낚싯바늘이나 갈고리에 수염이 있다.' 하면 말이 되지 않는다.

도척음구(盜跖吟口) : 음구(吟口)는 탐흉(貪凶)의 잘못이다. 〈설원(說苑)〉

産)과 같은 시대 인물이다. 여기서 인용한 〈시경〉의 구절은 '소아(小雅)' 어려(魚麗) 제6장으로, 주로 피로연 때 부르던 노래이다.

또 처음에 나오는 신도적(申徒狄)이 주왕(紂王)의 횡포를 보다 못해 황하에 몸을 던졌다는 고사는 유명하다. 그 행위가 정의(正義)에 입각하였다고는 하나 지성인으로서 할 일은 아니라고 순자는 본 것이다. 사람이 스스로 목숨을 끊는 데도 때와 장소가 있는 법이기 때문이다.

에는 '흉탐(凶貪)'으로 되어 있다.

2

군자란 교제하기는 쉽지만 허물없이 사귀기는 어려우며, 두려움을 주기는 쉬워도 위협하기는 어렵다. 비록 두려워하고 근심하기는 하지만 의로운 죽음을 피하지 아니하며, 비록 이익을 생각하지만 옳지 않은 것은 취하지 아니하며, 서로 어울리기는 하지만 당파를 짓지 아니하며, 말을 잘하지만 할 말만을 하니 참으로 위대하다. 그에게는 세속적인 사람들과는 다른 데가 있다.

군자는 재능이 있으면 좋지만 재능이 없어도 역시 호감이 가고 소인은 재능이 있어도 추악해 보이고 재능이 없어도 역시 추악해 보인다. 군자가 재능이 있으면 너그럽게 용납하고 평이하면서도 정직하여 허물없이 사람들을 가르쳐 이끌어주고, 재능이 없으면 공경스럽고 조심하며 두려워하는 모양으로 사람들을 섬긴다. 그러나 소인은 재능이 있으면

2// 君子易知而難狎 易懼而難脅 畏患而不避義死 欲利而不爲所非 交親而不比 言辯而不辭 蕩蕩乎 其有以殊於世也 君子能亦好 不能亦好 小人能亦醜 不能亦醜 君子能則寬容易直以開道人 不能則恭敬繜絀以畏事人 小人能則倨傲僻違以驕溢人 不能則妬嫉怨誹以傾覆人 故日 君子能則人榮學焉 不能則人樂告之 小人能則人賤學焉 不能則人羞告之 是君子小人之分也 君子寬而不優 廉而不劌 辯而不爭 察而不激 寡立而不勝 堅彊而不暴

柔從而不流 恭敬謹愼而容 夫是之謂至文 詩曰 溫溫恭人 惟德之基 此之謂矣 君子崇人之德 揚人之美 非諂諛也 正義直指 擧人之過 非毁疵也 言己之光美 擬於舜禹 參於天地 非夸誕也 與時屈伸 柔從若蒲葦 非懾怯也 剛强猛毅 靡所不信 非驕暴也 以義變應 知當曲直故也 詩曰 左之左之 君子宜之 右之右之 君子有之 此言君子能以義屈信變應故也 君子 小人之反也 君子大心則天而道 小心則畏義而節 知則明通而類 愚則端慤而法 見由則恭而止 見閉則敬而齊 喜則和而理 憂則靜而理 通則文而明 窮則約而詳 小人則不然 大心則慢而暴 小心則淫而傾 知則攫盜而漸 愚則毒賊而亂 見由則兌而倨 見閉則怨而險 喜則輕而翾 憂則挫而懾 通則驕而偏 窮則棄而儑 傳曰 君子兩進 小人兩廢 此之謂也

교친이불비(交親而不比) : 친(親)은 인친(仁親), 비(比)는 비당(比黨)을 말한

거만하고 편벽되어 거슬리며 사람들을 업신여기고, 재능이 없으면 질투하고 원망하면서 비방을 일삼으니 기회만 있으면 사람들을 결단내려고 한다.

그러므로 말하기를, 군자가 재능이 있으면 사람들이 그에게 가서 배우는 것을 영광으로 여기며, 재능이 없어도 사람들이 즐거운 마음으로 와서 일러준다. 그러나 소인은 재능이 있어도 사람들이 그에게 배우는 것을 천하게 여기고, 재능이 없으면 사람들이 그에게 일러주는 것을 수치로 여긴다는 것이다. 이것이 군자와 소인이 다른 점이다.

군자는 너그러우면서도 게으르지 아니하고 강직하면서도 남을 상하게 하지 아니하며, 변론하되 다투지 아니하고 밝게 살피면서도 과격하지 않으며, 꿋꿋하되 남을 꺾으려 들지 않고 굳세면서도 난폭하지 않으며, 순종적이면서도 휩쓸리지 아니하고 공경하고 삼가면서도 너그럽고 여유가 있다. 이를 가리켜 최고의 문식(文飾)이 있다 하고 최고의 수양이 있다 하는 것이다. 〈시경〉에 말하기를, "사람에게 부드럽고 온순 · 공손하니 덕을 기를 바탕일세." 하였으니, 바로 이런 도리를 말한 것이다.

군자가 남의 덕을 높이고 남의 아름다운 점을 칭송하는 것은 아첨이 아니요, 공정하고 정직하게 의논하고 지적하여 남의 잘못을 거론하는 것은 헐뜯는 것이 아니며, 자기의 미덕을 순임금과 우임금에 비하고 하늘과 땅과 더불어 화합하는 것은 과장이 아니요, 때에 따라 몸을 굽혀 갈대같이 부드럽게 순종하는 것은 두려워함이 아니며, 굳고 강하고 용맹

하여 뻗어나가지 않음이 없는 것은 교만하고 난폭한 것이 아니니, 이는 의(義)에 적당하게 대처하며 굽고 곧은 것에 대처할 줄 알기 때문이다.

〈시경〉에 말하기를, "왼쪽을 돌아 왼쪽으로 나아가도 군자의 뜻에 합당하고 오른쪽을 돌아 오른쪽으로 나아가도 군자의 뜻이 거기 있네." 하였으니, 이것이 곧 군자가 의로써 굽히고 나아가며 모든 사물에 대처해 나가는 도리를 말한 것이다.

군자는 소인과 반대이다. 군자의 마음이 크면 하늘의 법칙에 따라 도를 행하고 작으면 의(義)를 두려워하여 절도가 있으며, 지혜로우면 밝게 통달하여 모든 것을 잘 처리하고 어리석으면 단정 · 성실하여 법도를 지키는 것이니, 세상에 쓰이게 되면 공경하며 나아가 지위를 지키고 쓰이지 못하면 공경하고 조심하여 몸을 가다듬으며, 기쁠 때는 평화스럽게 다스리고 근심이 있을 때도 평정을 지켜 순리를 따른다. 따라서 눈에 띄게 통달하면 문채가 있어 찬란하게 빛나며, 곤궁에 처하게 되면 가만히 들어앉아 자세히 도(道)를 밝히는 것이다.

그러나 소인은 이와 달라서, 마음이 크면 오만하며 광폭하고, 마음이 작으면 음란 · 간사하여 파괴하려 들며, 슬기가 있으면 강탈이나 사기를 치려 하고, 어리석으면 해독이나 끼치며 난폭해진다. 따라서 세상에 쓰이게 되면 약삭빠르고 교만 · 방자하며, 세상에 쓰이지 않으면 원한을 품고 흉험해진다. 기쁠 때는 경조부박하여 함부로 날뛰고 걱정이

다.

준굴(繜絀) : 준절(撙節)의 뜻. 굴(絀)은 굴(屈)의 뜻이다.

염이불귀(廉而不劌) : 염(廉)은 능(棱), 즉 강직하다는 뜻이고 귀(劌)는 상처를 입히다.

견폐즉경이제(見閉則敬而齊) : 폐(閉)는 도(道)를 폐색(閉塞)하고 행하지 않는 것. 제(齊)는 장중(莊重)의 뜻.

희즉경이현(喜則輕而翾) : 현(翾)은 현(儇). 곧 제멋대로 굴며 침착성이 없다는 뜻.

있을 때는 의기소침하여 안절부절못하며 두려워한다. 때를 만나 이름이 나면 방자하게 까불고 곤궁해지면 자포자기하여 비겁해진다. 전해오는 말에, "군자는 뜻을 얻거나 못 얻거나 간에 항상 정진하고 소인은 뜻을 얻거나 못 얻거나 간에 피폐해진다."고 하였으니, 이를 두고 한 말이다.

| 풀이 | 지성인이 취해야 할 여러 가지 행동을 교훈적으로 설명하고 있다. 때와 상황에 따라서 어떻게 행동해야 하는가 하는 등 갖가지 인생의 지혜를 말하였다. 여기 인용된 〈시경〉의 구절은 앞의 것이 대아의 억편(抑篇) 제9장이요, 뒤의 것은 소아의 상상자화(裳裳者華) 제4장인데, 모두 지성인의 의연한 모습을 묘사한 글들이다.

3

3// 君子治治 非治亂也 曷謂邪 曰 禮義之謂治 非禮義之謂亂也 故君子者 治禮義者也 非治非禮義者也 然則國亂將弗治與 曰 國亂而治之者 非案亂而治之之謂也 去亂而被之以治 人汙而修之者 非案汙而修之之謂也 去汙而易之以修 故去亂而非治亂也 去汙而非修汙也 治之爲名 猶曰君子爲治而不爲亂

군자는 다스려지는 것을 다스리며, 혼란한 것을 다스리지는 않는다. 이는 무엇을 말함인가? 말하자면 예의에 합당하면 다스려진다는 것이요, 예의에 합당치 아니하면 혼란스럽다고 하는 것이다. 그러므로 군자는 예의를 다스리는 것이지 예의에 어긋난 것을 다스리지는 않는다. 그렇다면 나라가 어지러워지면 다스리지 않는다는 말인가? 그것은 말하자면 나라가 어지러운 것을 그대로 다스린다는 것이 아니라 혼란을 제거함으로써 다스려지게 한다는 것이다.

이는 곧 사람의 행실이 더러운 것을 더러운 그대로 닦는다는 것이 아니라 그 더러운 것을 제거해줌으로써 깨끗하게 바꿔놓는다는 말이다. 그러므로 혼란을 제거하는 것이지 혼란을 다스리는 것이 아니요, 더러움을 제거하는 것이지 더러움을 닦는 것이 아니다. 다스린다 함은 군자가 도리를 따라 다스리고 혼란한 것은 다스리지 않는다는 말과 같으니, 이는 몸을 닦는 것을 뜻하며 더러움을 닦는 것이 아니라는 말과 마찬가지이다.

군자는 그 몸을 청결하게 하여 뜻을 함께하는 사람들과 서로 만나고 그 말씨를 선하게 하여 같은 부류의 사람들과 호응한다. 그러므로 말〔馬〕 한 마리가 울면 다른 말이 호응하는 것은, 짐승들이 지혜로워서가 아니라 정세가 그렇기 때문이다. 새로 몸을 씻은 사람은 옷을 털고 새로 머리를 감은 사람이 관(冠)을 터는 것은 인지상정이니, 그 누가 능히 자기의 밝음을 가지고 남의 혼탁함을 받아들일 것인가?

군자의 마음 수양은 진실에 대하여 그저 좋아하는 것이 아니라, 진실의 최고 경지로 나아가기 위해 다른 일에 종사하지 않고, 오로지 인(仁)을 지켜 의(義)를 행하는 길뿐이다. 진실한 마음으로 인을 지키면 반드시 외형적으로 나타나고 외형적으로 나타나면 신비로우며, 신명하기가 신비의 경지에 이르면 능히 만물을 화육(化育)하는 것이다. 진실한 마음으로 의를 행하면 반드시 도리를 얻게 되고 도리를 얻게 되면 명확해지며, 도리가 명확히 통하게 되면 능히 스스로 도덕적 변화에 이른다. 변화하고 교체하고 흥기(興起)하는 것이 이른바 하늘의 덕이라는 것이다.

爲修而不爲汙也 君子絜其身而同焉者合矣 善其言而類焉者應矣 故馬鳴而馬應之 牛鳴而牛應之 非知也 其埶然也 非新浴者振其衣 新沐者彈其冠 人之情也 其誰能以己之潐潐受人之掝掝者哉 君子養心莫善於誠 致誠則無它事矣 唯仁之爲守 唯義之爲行 誠心守仁則形 形則神 神則能化矣 誠心行義則理 理則明 明則能變矣 變化代興 謂之天德 天不言而人推其高焉 地不言而人推其厚焉 四時不言而百姓期焉 夫此有常 以至其誠者也 君子至德 嘿然而喻 未施而親 不怒而威 夫此順命 以愼其獨者也 善之爲道者 不誠則不獨 不獨則不形 不形則雖作於心 見於色 出於言 民猶若未從也 雖從必疑 天地爲大矣 不誠則不能化萬物 聖人爲知矣 不誠則不能化萬民 父子爲親矣 不誠則疏 君上爲尊矣 不誠則卑 夫誠者 君子之所守也 而政事之本也 唯所居以其類至 操之則得之 舍之則失之 操而得之則輕 輕則獨行 獨

行而不舍 則濟矣 濟而材盡 長遷而不反其初則化矣

군자결기변(君子絜其辯) : 〈한시외전(韓詩外傳)〉에 따르면 여기서 결기변(絜其辯)은 당연히 결기신(絜其身)이 되어야 한다. 여기서 결(絜)은 결(潔)과 같다.

묵연이유(嘿然而喻) : 묵(嘿)은 묵(默)과 같다. 즉, 침묵의 뜻. 유(喻)는 고유(告喻).

이신기독자야(以愼其獨者也) : 신(愼)은 성독(誠篤). 독(獨)은 사람이 보지 않는 때를 가리키니, 곧 홀로 있을 때도 도리에 위배되지 않도록 언동을 삼간다는 뜻이다.

하늘은 비록 말하지 않아도 사람들은 그 높은 뜻을 숭앙하고 땅이 비록 말하지 않아도 사람들은 그 두터운 것을 은혜로워하며, 사계절이 말하지 않아도 사람들은 능히 그 계절과 기후를 아나니, 이같이 상도(常道)가 있는 것은 그 진실이 극치에 이른 까닭인 것이다.

군자는 최고의 덕을 가지고 있는 까닭에 묵묵히 입을 열지 않아도 사람들이 환히 알아보고 은혜를 베풀지 않아도 사람들이 모두 가까이하며, 성내지 않아도 위엄이 서는 것이니, 이것은 능히 하늘과 땅과 사철의 변화에 순응하여 사람들에게 진실과 성의로써 삼가며 우뚝한 모습을 유지하는 까닭이다. 선(善)을 도리로 삼음에 있어 성심을 기울이지 않고서는 신독(愼獨)할 수 없고 신독할 수 없다면 외형으로 나타날 수 없으며, 외형으로 나타날 수 없다면 비록 마음속에 일어나는 생각을 얼굴에 나타내고 말로 해도 사람들이 따르지 않을 것이고, 비록 따른다 해도 반드시 의심할 것이다.

하늘과 땅이 크다 해도 진실하지 못하면 만물을 화육할 수 없을 것이며, 성인이 지혜가 있다 해도 진실하지 못하면 만민을 교화하지 못할 것이다. 또 부자(父子)가 친하다 해도 진실하지 못하면 멀어질 것이며, 임금이 존귀하다 해도 진실하지 못하면 비천해질 것이다. 무릇 진실이란 군자가 지켜야 할 바로서 정사(政事)의 근본이요, 오로지 진실이 존재하는 곳이라야 만물이 모여들게 마련이다.

이를 파악하면 얻을 것이요 포기하면 놓칠 것이다. 파악하여 얻으면 일이 쉽고 일이 쉬우면 홀로 행할 수 있으며,

홀로 행하여 쉬지 않는다면 진실의 최고 경지에 이를 것이다. 이것이 완성된 뒤에는 자신의 재주를 다할 수 있으므로, 오래도록 변화에 순응하여 성악(性惡)의 최초의 모습으로 되돌아가지 않는다면 곧 대자연과 크게 하나로 화할 것이다.

| 풀이 | 지성인이 추구하는 최고의 목표는 자연과 일체가 되는 경지이다. 지성인의 인격 완성은 도에 근본을 두고 있는데, 이 도는 예의로써 유추되며, 그 지순(至純)한 정신세계는 곧 우주자연의 질서에 순응 · 합일하는 것이다. 이는 곧 성인의 경지이며, 노자(老子)의 '무위이 무불위(無爲而無不爲)'의 사상에 가깝다고 하겠다.

4

군자는 지위가 높아지면 뜻은 공손해지고 마음가짐은 작아도 그 도는 위대하며, 듣고 보는 것이 모두 비근한 데서 비롯되는데 아는 것은 원대하니 이는 무슨 까닭인가? 곧 실천하는 방법이 그렇기 때문이다. 그러므로 천 만의 성정은 한 사람의 성정으로 미루어 알 수 있는 것이다. 천지의 옛 모습은 오늘의 그것이요, 옛 성왕들의 도는 후왕(後王)의 그것이다. 군자가 후왕의 도를 살펴서 고대 성왕의 도를 논하기란 손을 모아쥐고 논하는 것처럼 쉽다.

예의의 근본으로 미루어 생각하고 시비를 분별하며, 천하의 요체를 총괄하여 백성을 다스린다 해도 이는 한 사람의

4// 君子位尊而志恭 心小而道大 所聽視者近而所聞見者遠 是何邪 則操術然也 故千人萬人之情 一人之情是也 天地始者 今日是也 百王之道 後王是也 君子審後王之道 而論於百王之前 若端拜而議 推禮義之統 分是非之分 總天下之要 治海內之衆 若使一人 故操彌約而事彌大 五寸之矩 盡天下之方也 故君子不下室堂而海內之情

擧積此者 則操術然也 有通士者 有公士者 有直士者 有慤士者 有小人者 上則能尊君 下則能愛民 物至而應 事起而辨 若是則可謂通士矣 不下比以闇上 不上同以疾下 分爭於中 不以私害之 若是則可謂公士矣 身之所長 上雖不知 不以悖君 身之所短 上雖不知 不以取賞 長短不飾 以情自竭 若是則可謂直士矣 庸言必信之 庸行必愼之 畏法流俗 而不敢以其所獨甚 若是則可謂慤士矣 言無常信 行無常貞 唯利所在 無所不傾 若是則可謂小人矣 公生明 偏生闇 端慤生通 詐僞生塞 誠信生神 夸誕生惑 此六生者 君子愼之 而禹桀所以分也 欲惡取舍之權 見其可欲也 則必前後慮其可惡也者 見其可利也 則必前後慮其可害也者 而兼權之 孰計之 然後定其欲惡取舍 如是則常不失陷矣 凡人之患 偏傷之也 見其可欲也 則不慮其可惡也者 見其可利也 則不顧其可害也者 是以動則必陷 爲則必辱 是偏傷之患

인간을 부리는 것과 같은 것이다. 그러므로 행하는 일이 간략할수록 이루는 일은 번거롭고 큰 것이니, 다섯 치 길이의 자로 천하의 방향을 잴 수 있는 것과 마찬가지이므로 군자는 방 안에서 세계의 정세를 한 손에 모을 수 있는데, 곧 그 실천의 방법이 그렇게 만든 것이다.

통달한 선비가 있고 공정한 선비가 있고 강직한 선비가 있으며, 의젓한 선비가 있고 예의를 모르는 소인이 있다. 위로는 임금을 높이고 아래로는 백성을 사랑하며, 사물의 변통에 따라 적절히 대처할 수 있으면 가히 통달한 선비라 이를 만하다. 아랫사람들과 무리를 지어 윗사람들을 어지럽히지 않고 윗사람에 영합하여 아랫사람들을 괴롭히지 않으며, 분쟁이 생겼을 때 중간에서 사사로운 정에 끌려 함부로 결단을 내리지 않는다면 이 또한 가히 공정한 선비라 할 만하다.

자기의 장점을 윗사람이 알지 못해도 윗사람을 반역하지 않고 자기의 단점을 윗사람이 몰라도 속여서 상(賞)을 취하지 아니하며, 장점과 단점을 모두 꾸미는 일이 없이 있는 그대로의 능력을 다하면, 가히 정직한 선비라고 할 만하다.

평소의 말이 반드시 신실(信實)하고 평소의 행동이 반드시 신중하며, 세속적인 관례를 두려워하는 동시에 감히 독선에 빠지는 일이 없으면 이 또한 가히 의젓한 선비라 할 만하다. 항상 말에 신용이 없고 항상 행동이 온당치 못하며, 오로지 이해관계를 따라 전심전력한다면 이는 소인이라 할 것이다.

공정한 데서 밝음이 생기고 편벽된 데서 어둠이 생기며,

단정하고 삼가는 데서 통달하는 마음이, 속이고 거짓된 곳에서 궁색함이, 성실한 곳에서 신명(神明)이, 과장되고 허황한 곳에서 미혹이 생기니, 이 여섯 가지의 발생을 군자는 조심한다. 우왕(禹王)과 걸왕(桀王)의 차이가 여기에 있는 것이다.

좋아하고 싫어하고 취하고 버리는 따위의 저울질은, 좋아하는 것을 보았을 때는 반드시 앞뒤로 생각하여 싫어할 것을 미리 살피고, 이로운 것을 보았을 때는 반드시 앞뒤로 생각하여 해로운 것을 미리 살피며, 판단을 잘하고 깊이 검토한 연후에 취사선택을 한다면 언제나 실수가 없을 것이다.

대체로 사람들의 걱정거리란 편견이 그를 해치기 때문이요, 좋아하는 것을 보면 그 나쁜 점을 생각하지 않고 이로운 것을 보면 그 해로운 것을 돌아보지 않는 데서 일어나는 것이다. 그래서 움직이면 결함이 생기고 하고자 하면 모욕이 돌아오니, 이것이 편견으로 해를 입는 걱정이 되는 것이다.

남들이 싫은 것은 나도 싫은 법이다. 부귀한 자를 보면 모두 거만하여 거드름을 피우고 빈천한 자를 보면 애써 부드럽게 하는 것은 사람의 본래의 심정이 아니며, 이는 간사한 자가 세상에서 그 이름을 도둑질하려는 것이니 흉험하기 짝이 없는 일이다. 그러므로 말하기를, 이름을 도둑질하는 것은 재물을 도둑질하는 것보다 나쁘며, 전중(田仲)이나 사추(史鰌)는 도둑이나 다를 바 없는 것이다.

| 풀이 | 불구편(不苟篇)은 곧 지성인의 태도와 자세를 말한 글이다. 지성인은 오로지 예의에 맞는 것을 구할 뿐, 구

也 人之所惡者 吾亦惡之 夫富貴者則類傲之 夫貧賤者則求柔之 是非仁人之情也 是姦人將以盜名於晻世者也 險莫大焉 故曰 盜名不如盜貨 田仲 史鰌不如盜也

단배이의(端拜而議) : 배(拜)는 공(拱). 왕염손은 말하기를, 옛날에는 서로 절을 하지 않고 일을 논하는 일이 없었으므로 배(拜)가 군더더기 글이라 하여 마땅히 '단공이의(端拱而議)'가 되어야 한다고 주장했다.

사기이변(事起而辨) : 여기서 변(辨)은 치(治)와 통한다. 곧 사정이 발생하였을 때 이치를 따져 다스린다는 뜻.

차한 방법으로 요행의 공리(功利)나 도명(盜名)은 하지 말아야 한다는 것이다. 특히 마지막 부분에서는 군자의 사물에 따라 처신하는 법도와 다스리는 방법, 진실의 중요성 등을 단편적으로 기술함으로써 지성인의 광명정대(光明正大)한 모습을 해설하였다.

여기에 지적되는 인물로서 전중(田仲)은 제나라의 오릉(於陵)에 살던 진중(陳仲)을 말하는데, 형의 녹을 먹지 않고 부귀를 사양한 청렴한 인물로서 이름이 높다. 또 사추(史鰌)는 위(衛)나라의 대부(大夫)로서 자(字)는 자어(子魚)인데, 〈논어〉에 나오는 사어(史魚)로 생각하는 사람이 많다. 여기서 순자가 이들을 도명(盜名)했다고 말한 것은 지나친 표현이라고 생각된다.

4 영욕편 榮辱篇

1

교만하고 방자한 것은 재앙을 자초하는 것이며, 공손하고 검소함은 다섯 가지 병기라도 물리칠 수 있으니, 비록 창이나 화살 같은 날카로움이 있다 해도 공손·검소한 그 덕의 힘은 당하지 못한다.

그러므로 사람들과 어울림에 있어 착한 말은 베나 비단보다 따뜻하고 남을 중상하는 말은 창이나 칼보다도 깊은 상처를 준다. 광대한 대지에 마음놓고 발을 디디지 못하는 것은 땅이 불안정해서가 아니요, 발을 기울여 걸어도 디딜 곳이 없는 것은 모두 말이 그 몸을 망치기 때문이다. 큰길은 사람이 많아 시끄럽고 좁은 길은 사람이 적어 위태로우니 조심하지 않을 수 없도다.

지극히 통쾌하면서도 몸을 망치는 것은 노여움 때문이며, 지극히 소상하게 살피면서도 해를 입는 것은 남에게 거스르기 때문이며, 박식하면서도 궁하게 되는 것은 남을 헐뜯기

1// 憍泄者 人之殃也 恭儉者 屏五兵也 雖有戈矛之刺 不如恭儉之利也 故與人善言 煖於布帛 傷人以言 深於矛戟 故薄薄之地 不得履之 非地不安也 危足無所履者 凡在言也 巨涂則讓 小涂則殆 雖欲不謹 若云不使 快快而亡者 怒也 察察而殘者 忮也 博而窮者 訾也 淸之而俞濁者 口也 豢之而俞瘠者 交也 辯而不說者 爭也 直立而不見知者 勝也 廉而不見貴者 劌也 勇而不見憚者 貪也 信而不見敬者 好剸行也 此小人之所務 而君子之所不爲也 鬪者 忘其身

者也 忘其親者也 忘其君者也 行其少頃之怒 而喪終身之軀 然且爲之 是忘其身也 室家立殘 親戚不免乎刑戮 然且爲之 是忘其親也 君上之所惡也 刑法之所大禁也 然且爲之 是忘其君也 憂忘其身 內忘其親 上忘其君 是刑法之所不舍也 聖王之所不畜也 乳彘觸虎 乳狗不遠遊 不忘其親也 人也 憂忘其身 內忘其親 上忘其君 則是人也 而曾猶彘之不若也 凡鬪者必自以爲是而以人爲非也 己誠是也 人誠非也 則是己君子而人小人也 以君子與小人相賊害也 憂以忘其身 內以忘其親 上以忘其君 豈不過甚矣哉 是人也 所謂以狐父之戈钃牛矢也 將以爲智邪 則愚莫大焉 將以爲利邪 則害莫大焉 將以爲榮邪 則辱莫大焉 將以爲安邪 則危莫大焉 人之有鬪 何哉 我欲屬之狂惑疾病邪 則不可 聖王又誅之 我欲屬之鳥鼠禽獸邪 則不可 其形體又人 而好惡多同 人之有鬪 何哉 我甚醜之

때문이며, 겉으로는 깨끗해 보이면서도 실제로는 더욱 혼탁해지는 것은 마음이 왜곡되어 있기 때문이며, 영양을 잘 섭취하면서도 더욱 여위어가는 것은 교만 때문이며, 아무리 말을 잘해도 남이 이해하지 못하는 것은 남과 다투려는 마음 때문이며, 홀로 꿋꿋해도 남이 알아주지 않는 것은 남을 억압하려는 마음 때문이며, 청렴한데도 사람들이 귀하게 여기지 않는 것은 남을 상해하기 때문이며, 용감한데도 남이 어려워하지 않는 것은 이익을 탐하기 때문이며, 신실하면서도 남에게 존경을 받지 못하는 것은 독선적이기 때문이니, 이런 것들은 모두 소인들이 힘쓰는 것이지 군자로서는 취할 바가 아니다.

싸우는 사람은 자신을 잊을 뿐만 아니라 친족도 잊고 임금도 잊는 자이다. 작은 일로 노여움을 터뜨리면 자기 목숨도 잃게 되는데, 그런 줄 알면서도 이를 일삼으니 이것이 자신을 잊는 일이 아닌가. 가족도 해를 입고 친척이 형벌을 면하지 못하는데, 그런 줄 알면서도 이를 일삼으니 이것이 친족을 잊는 일이 아닌가. 임금이 미워하는 바이고 형벌로써 크게 금하는 일인데, 그런 줄 알면서도 이를 일삼으니 이것이 임금을 잊는 일이 아닌가. 근심으로 자신을 잊고 안으로는 친족을 잊으며 위로는 임금을 잊으니, 이는 형법이 그대로 놓아둘 리 없고 성왕(聖王)이라도 용서할 수 없는 것이다.

새끼돼지가 호랑이에게 가까이 가지 않고 강아지가 함부로 나다니지 않는 것은 모두 그 친족을 잊지 않기 때문이다. 하물며 사람으로서 근심으로 자신을 잊고 친족을 잊으며 임금을 잊는다면 이는 곧 돼지나 개보다도 못한 것이다.

대체로 싸움을 하는 까닭은 반드시 자기는 옳고 남은 그르다고 생각하기 때문이다. 자기가 진실로 옳고 남이 진실로 그르다면, 그것은 자기는 군자요 남은 소인이라는 말인데, 자기가 군자라면 어찌하여 소인과 다투며, 근심으로 자신을 잊고 안으로는 친족을 잊으며 위로는 임금을 잊으니, 어찌 크게 잘못된 일이라 아니할 수 있겠는가?

이런 사람은 마치 호보(狐父)의 유명한 창으로 쇠똥을 찌르는 격이니 과연 지혜롭다고 할 수 있겠는가? 실제로는 매우 어리석은 것이다. 이롭다고 생각하는가? 실제로는 크게 해로운 것이다. 영예라고 생각하는가? 치욕만 클 뿐이다. 그것이 안전한 길이라고 생각하는가? 실제로는 위험천만한 일이다. 사람으로서 싸우는 것은 무슨 까닭인가?

나는 그들을 모두 미치광이로 취급하고 싶지만, 그리하지 않는 것은 성왕이 그들을 벌주기 때문이다. 나는 그들을 새나 짐승 따위로 취급하고 싶지만 그럴 수 없는 것은 그들이 사람의 허울을 쓰고 있기 때문이며, 좋아하고 싫어하는 것이 보통 사람들과 같기 때문이다. 그런데 사람으로서 어찌하여 싸우는가? 나는 진정 추악한 일이라고 생각한다.

| 풀이 | 인간관계에 있어 겸손하고 검소한 생각이 가장 귀중하다는 진리를 영욕편의 첫머리에 내세움으로써, 지성인의 도덕적 행위를 경계하였다. 이어서 소인만이 행하는 갖가지 편벽된 행위를 제시하고 특히, 지성인이 행할 바로

교설(憍泄) : 교(憍)는 교(驕), 설(泄)은 설(䙝)과 같으므로 설독(䙝黷). 곧, 웃어른께 버릇없이 구는 것 또는 방자한 것.

위족(危足) : 측족(側足). 발바닥의 반쪽 옆만으로 걷는 것.

청지이유탁자 구야(淸之而俞濁者口也) : 유(俞)는 유(愈)와 같다. 구(口)는 앞뒤 문맥으로 보아 구(句)가 되어야 한다. 〈설문해자〉에 구(句)는 곡(曲)이라 하였다. 흔히 '맑아지려고 하나 더욱 탁해지는 것은 입 때문'이라 해석하지만, 이래서는 뜻이 통하지 않는다. 곧 '겉과 속이 다른 왜곡된 인간'이라는 뜻이다.

환지이유척자 교야(豢之而俞瘠者交也) : 환(豢)은 곡식을 먹여 동물을 기른다는 뜻이나, 여기서는 사람마다 자신의 존영(尊榮)을 기른다는 뜻으로 풀이하여 그 모습이 메마르는 것이 교(交), 즉 교오(驕傲)로 본다. 그냥 교(交)라는 술어를 교제로 풀이하면 뜻이 미진하다.

변이불설(辯而不說) : 변론을 아무리 잘해도 남이 이해하지 못한다는 뜻.

서 투쟁의 무용성과 유치함을 강조하였다. 모두 경구(警句)가 되는 글임에 유의해야 할 것이다.

2

2// 有狗彘之勇者 有賈盜之勇者 有小人之勇者 有士君子之勇者 爭飮食 無廉恥 不知是非 不辟死傷 不畏衆彊 恈恈然唯利飮食之見 是狗彘之勇也 爲事利 爭貨財 無辭讓 果敢而振 猛貪而戾 恈恈然唯利之見 是賈盜之勇也 輕死而暴 是小人之勇也 義之所在 不傾於權 不顧其利 擧國而與之不爲改視 重死而持義不橈 是士君子之勇也 鯈魾者 浮陽之魚也 胠於沙而思水 則無逮矣 挂於患而欲謹 則無益矣 自知者不怨人 知命者不怨天 怨人者窮 怨天者無志 失之己 反之人 豈不迂乎哉 榮辱之大分 安危利害之常體 先義而後利者榮 先利而後義者辱 榮者常通 辱者常窮 通者常制人 窮者常制於人 是榮辱之大分也 材慤者常安利 蕩

개나 돼지와 같은 용기도 있고 모리배나 도둑 같은 용기도 있으며, 소인의 용기도 있고 군자의 용기도 있다. 먹을 것을 두고 다툼에 있어 염치가 없고 시비를 모르며, 죽고 다치는 것을 가리지 않고 강한 무리의 힘도 두려워하지 않으며, 무조건 먹는 이로움만 보는 것은 개나 돼지의 용기이다. 이익을 추구하고 재물을 다툼에 있어 사양하는 일도 없고 미친듯이 날뛰며 맹렬하게 탐해서, 눈앞의 이익만 보는 것은 모리배나 도둑의 용기이다. 죽음을 가벼이 여겨 포학하게 날뛰는 것은 소인의 용기요, 의리를 위해서는 권세에 굽히지 아니하고 이익을 돌보지 않으며, 나라를 다 주어도 목표를 바꾸지 않고 죽음을 중히 여기고 정의를 지켜 굽히지 않는 것이 바로 사군자(士君子)의 용기이다.

조(鯈)와 교(魾)는 물 위로 뛰어오르는 물고기인데, 일단 모래밭에 뛰어오른 뒤에는 다시 물로 가려고 해도 이미 때가 늦고 만다. 이와 마찬가지로 사람도 환란을 만난 뒤에는 근신하려고 해도 아무 소용이 없다. 자신을 아는 사람은 남을 원망하지 않고 천명을 아는 사람은 하늘을 원망하지 않는다. 남을 원망하는 사람은 곤궁해지고 하늘을 원망하는 사람은 지식이 없는 자이다. 스스로를 상실하고 도리어 남을 원망한다면 어찌 어리석다고 하지 않으랴.

영예와 치욕의 큰 구별 및 안위(安危)와 이해(利害)의 보편적 도리를 말하면, 먼저 의리를 강구하고 뒤에 이익을 구하면 영예가 있을 것이나 먼저 이익을 강구하고 뒤에 의리를 구하면 치욕이 돌아오는 것이다. 영예로운 자는 항상 형통하고 욕된 자는 항상 곤궁하며, 형통한 사람은 늘 남을 제압하지만 곤궁한 사람은 늘 남의 제압을 받게 마련이니, 이것이 바로 영예와 치욕의 큰 구별이라 하겠다. 소박하고 성실한 사람은 언제나 안락한 가운데 이익이 돌아오지만 방탕하고 사나운 사람은 항상 위태로운 가운데 손해만 본다.

따라서 안락하고 이익이 많은 자는 늘 즐거운 가운데 일이 쉬운데 반해 위태롭고 손해만 보는 자는 걱정과 위험뿐이다. 즐거운 가운데 일이 쉬운 자는 항상 장수하게 마련이지만, 걱정과 위험뿐인 자는 요절을 하게 되니 이것이 안위와 이해의 당연한 이치이다.

무릇 하늘은 만민을 만들고 각각 쓰일 곳이 있어 취하는 바 도리가 있으니, 마음의 수양이 극치에 이르고 덕행이 두터우며 슬기로운 생각이 밝게 통하면, 이는 바로 천자가 천하를 취하는 도리이다. 정령(政令)은 법도가 있고 행동거지는 시의에 합당하며 송사의 판단은 공정하여, 위로는 천자의 명령에 순종하고 아래로 백성을 편안케 하는 것은 제후가 국가를 취득하는 도리이다. 뜻과 품행이 잘 닦여지면 관직을 맡아 백성을 잘 다스리는데, 위로는 윗사람에게 순종하고 아래로는 직책을 잘 수행한다면 이것이 바로 사대부가

悍者常危害 安利者常樂易 危害者常憂險 樂易者常壽長 憂險者常夭折 是安危利害之常體也 夫天生蒸民 有所以取之 志意致修 德行致厚 智慮致明 是天子之所以取天下也 政令法 擧措時 聽斷公 上則能順天子之命 下則能保百姓 是諸侯之所以取國家也 志行修 臨官治 上則能順上 下則能保其職 是士大夫之所以取田邑也 循法則度量 刑辟圖籍 不知其義 謹守其數 愼不敢損益也 父子相傳 以持王公 是故三代雖亡 治法猶存 是官人百吏之所以取祿秩也 孝弟原慤 軥錄疾力 以敦比其事業 而不敢怠傲 是庶人之所以取煖衣飽食 長生久視以免於刑戮也 飾邪說 文姦言 爲倚事 陶誕突盜 惕悍憍暴 以偷生反側於亂世之間 是姦人之所以取危辱死刑也 其慮之不深 其擇之不謹 其定取舍楛僈 是其所以危也

전읍(田邑)을 취득하는 도리이다.

비록 그 도리를 몰라도 법령 · 도량형 · 형법 · 지적 · 호적을 준수하면서 다만 근신하여 그 법규와 절도를 지켜, 감히 더하고 덜함이 없이 부자가 서로 전하여 왕공(王公)을 모시면 하 · 은 · 주 3대가 멸망해도 치법(治法)이 유지되니, 이것이 바로 백관들이 녹과 지위를 취득하는 도리이다.

효제(孝弟)스럽고 성실하며 그 몸을 조심하고 힘써 노력하는 가운데 그의 맡은 업무에 감히 게으름을 피우지 않는다면, 이것이 바로 평상시 백성들이 따뜻한 옷을 입고 음식을 배부르게 먹으며 장수하는 가운데 형벌과 사형을 면하는 도리이다.

간사한 말로 꾸미고 기괴한 행동과 괴이하고 허망한 소리로 도둑질을 하며, 방자하고 난폭하여 어지러운 세상에서 삶을 도둑질한다면 이것이 바로 간사한 인간들이 위험과 치욕과 사형을 취하는 도리이다. 생각하는 것이 깊지 못하고 선택하는 방법에 조심성이 없으며 취사선택을 되는 대로 하므로 이것이 위태롭다는 것이다.

| 풀이 | 도덕적인 용기란 어떤 것인가? 이것을 야수적인 용기와 어리석은 자의 용기, 소인의 용기에 대비함으로써 부각시키고 이어서 불행을 막는 길은 자신을 아는 것임을 말하였다. 또 명예와 의리의 치용(治用)을 말하였고 인간의 계층에 따른 사회적인 지위 획득의 조건을 제시하였다.

재각자상안리(材慤者常安利) : 재(材)는 마땅히 박(朴)이 되어야 한다. 즉, 순박하고 성실한 자가 된다는 뜻.

돈비(敦比) : 돈(敦)은 돈면(敦勉), 비(比)는 친근(親近).

도탄돌도(陶誕突盜) : 도(陶)는 도(謟)에서 온 것으로 뜻은 탄(誕)과 같다. 따라서 도탄(陶誕)은 괴탄(怪誕)을 이르므로 괴이하고 허망한 소리. 돌도(突盜)는 능돌불순(凌突不順).

호만(楛僈) : 호(楛)는 조소(粗疎), 만(僈)은 만(慢)과 같으니 모두 마음에 새겨 보지 않는다는 뜻.

3

자질이나 지혜의 능력은 군자나 소인이나 마찬가지이다. 영예를 좋아하고 치욕을 싫어할 뿐 아니라 이익을 좋아하고 해로움을 싫어하는 것도 군자나 소인이 똑같으나, 다만 그 구하는 방법이 다를 뿐이다. 소인이란 애써 허황된 소리로 기만하여 사람들이 자기를 믿어주기를 바라고 애써 거짓을 꾸며가면서 자기에게 친근하기를 바라며, 짐승과 같은 짓을 하면서 사람들이 자기에게 착하게 대하기를 바라지만, 그 생각하는 바는 알기 어렵고 행동은 안정될 수 없으므로 하는 일이 성사되기 어려우니, 마침내는 자기가 좋아하는 것은 얻을 수 없고 자기가 싫어하는 것만 당하게 된다.

그래서 군자란 스스로 신의가 있음으로써 남이 자기를 믿어주기를 바라고 스스로 충성스러움으로써 남이 자기에게 친근하기를 바라며, 스스로 올바르게 닦고 훌륭하게 다스림으로써 남이 자기에게 착하게 대해주기를 바라니, 그의 생각은 알기 쉽고 행위는 안정되게 하며 하는 일이 성사되기 쉬우므로 마침내 자기가 좋아하는 것을 얻고 싫어하는 것은 만나지 않게 된다. 따라서 군자는 곤궁해도 묻혀 잊혀지지 않고 일이 형통하면 크게 빛나며 몸이 죽더라도 명성이 더욱 드러나지만, 소인은 목을 늘이고 발돋움을 해가면서, 본시 군자란 지혜와 재능이 다른 사람보다 현명한 점이 있다는 것을 증명하려고 한다.

소인은 본래 군자나 자기가 조금도 다를 바가 없다는 것

3// 材性知能 君子小人一也 好榮惡辱 好利惡害 是君子小人之所同也 若其所以求之之道則異矣 小人也者 疾爲誕而欲人之信己也 疾爲詐而欲人之親己也 禽獸之行而欲人之善己也 慮之難知也 行之難安也 持之難立也 成則必不得其所好 必遇其所惡焉 故君子者信矣 而亦欲人之信己也 忠矣 而亦欲人之親己也 修正治辨矣 而亦欲人之善己也 慮之易知也 行之易安也 持之易立也 成則必得其所好 必不遇其所惡焉 是故窮則不隱 通則大明 身死而名彌白 小人莫不延頸擧踵而願曰 知慮材性 固有以賢人矣 未不知其與己無以異也 則君子注錯之當 而小人注錯之過也 故孰察小人之知能足以知其有餘可以爲君子之所爲也 譬之越人安越 楚人安楚 君子安雅 是非知能材性然也 是注錯習俗之節異也 仁義德行 常安

之術也 然而未必不危也 汙僈突盜 常危之術也 然而未必不安也 故君子道其常 而小人道其怪 凡人有所一同 飢而欲食 寒而欲煖 勞而欲息 好利而惡害 是人之所生而有也 是無待而然者也 是禹桀之所同也 目辨白黑美惡 耳辨音聲淸濁 口辨酸鹹甘苦 鼻辨芬芳腥臊 骨體膚理辨寒暑疾養 是又人之所常生而有也 是無待而然者也 是禹桀之所同也 可以爲堯禹 可以爲桀跖 可以爲工匠 可以爲農賈 在埶注錯習俗之所積耳 是又人之所生而有也 是無待而然者也 是禹桀之所同也 爲堯禹則常安榮 爲桀跖則常危辱 爲堯禹則常愉佚 爲工匠農賈則常煩勞 然而人力爲此而寡爲彼 何也 曰 陋也 堯禹者 非生而具者也 夫起於變故 成乎修 修之爲待盡而後備者也 人之生故小人 無師無法 則唯利之見耳 人之生固小人 又以遇亂世 得亂俗 是以小重小也 以亂得亂也 君子非得埶以臨之 則無由得開內焉

을 모른다. 다만 군자는 합당한 행동을 하였고 소인은 그릇된 행동을 하였을 뿐이다. 그러므로 잘 살펴보면 소인의 지혜와 능력도 족히 군자의 행동을 하고도 남음이 있다는 것을 알게 된다. 비유컨대 월(越)나라 사람은 월나라 풍습에 안주하고 초(楚)나라 사람은 초나라 풍습에 안주하며, 군자는 중원의 풍습에 안주하니 이는 지혜나 능력이나 자질의 문제가 아니라, 습성과 절도가 다르기 때문이다. 인의를 지키고 도덕을 실천함은 언제나 편안한 방법이지만, 반드시 위험이 없다고는 할 수 없다.

또한 간사하고 거짓된 행동이 언제나 위험스러운 방법이기는 하지만, 반드시 불안하기만 한 것도 아니다. 그러므로 군자는 언제나 상도(常道)를 따르고 소인은 기이한 요행수를 따른다.

대체로 사람에게는 같은 것이 있다. 배고프면 먹고 싶고, 추우면 따뜻하게 입고 싶고, 고단하면 쉬고 싶으며, 이익을 좋아하고 손해를 싫어함은 사람이 나면서부터 지니고 있는 것이므로 후천적으로 그렇게 된 것이 아니다. 이는 우왕이나 걸왕이나 다 같은 것이다.

눈으로는 흑백과 미추를 가리고 귀로는 음성의 청탁을 분별하며, 입으로는 짜고 시고 달고 쓴 것을 구별하고 코로는 향기로운 것과 비린 것을 분별하며, 피부로는 차고 덥고 아프고 가려운 것을 분별하니, 이 또한 사람이 나면서부터 지니고 있는 것이므로 후천적으로 그렇게 된 것은 아니다. 이것도 우왕이나 걸왕이나 같은 것이다.

사람은 누구나 성장하면 요임금이나 우임금과 같은 성인이 될 수 있고 걸왕이나 도척과 같은 악인이 될 수도 있으며, 기술자도 될 수 있고 농부나 장사꾼도 될 수가 있으니, 이는 전적으로 정세나 환경이나 습관 등이 누적되어 그렇게 되는 것이다. 또 사람에 따라 타고난 것이 있어 후천적으로 그렇게 되지 않는 것도 바로 우왕과 걸왕이 똑같은 것이다. 요임금이나 우임금처럼 되면 늘 안락하고 영광스러우며, 걸왕이나 도척처럼 되면 늘 위태롭고 치욕이 된다. 또 요나 우가 되면 늘 유쾌하고 편안하며, 기술자나 농부나 상인이 되면 늘 바쁘고 고단하다.

그런데도 사람들은 후자에 힘쓰고 전자에 힘쓰지 않으니 무슨 까닭인가? 이는 어리석고 고루하기 때문이라고 말할 수 있을 것이다.

요나 우도 나면서부터 성인이 아니요, 본성을 변화시켜 수양을 거듭하였으므로 능히 진력한 뒤에야 덕을 완성하였던 것이다. 사람은 나면서부터 모두 똑같이 소인인데, 만일 스승이 없고 예법이 없다면 오로지 사사로운 이익밖에는 보이는 것이 없었을 것이다. 사람은 나면서부터 모두 똑같이 소인인데, 거기에다 난세(亂世)를 만나 나쁜 습속을 얻으면 이는 소인을 더욱 소인으로 만들고 난세를 더욱 난세로 만들게 되는 것이다.

군자라도 만일 그 시세를 얻지 못하고 이런 소인들을 다스린다면 그들의 마음을 깨우칠 수 없는 것이다. 그러니 지금 사람들의 입과 배를 채우는 욕심이 어찌 예의를 알며, 사

今是人之口腹 安知禮義 安知辭讓 安知廉恥隅積 亦呥呥而噍 鄉鄉而飽已矣 人無師無法 則其心正其口腹也 今使人生而未嘗睹芻豢稻粱也 惟菽藿糟糠之爲睹 則以至足爲在此也 俄而粲然有秉芻豢稻粱而至者 則瞲然視之曰 此何怪也 彼臭之無嗛於鼻 嘗之而甘於口 食之而安於體 則莫不棄此而取彼矣 今以夫先王之道 仁義之統 以相羣居 以相持養 以相藩飾 以相安固邪 以夫桀跖之道 是其爲相縣也 幾直夫芻豢稻粱之縣糟糠爾哉 然而人力爲此而寡爲彼 何也 曰 陋也 陋也者 天下之公患也 人之大殃大害也 故曰 仁者好告示人 告之示之 靡之儇之 鉛之重之 則夫塞者俄且通也 陋者俄且僩也 愚者俄且知也 是若不行 則湯武在上曷益 桀紂在上曷損 湯武存則天下從而治 桀紂存則天下從而亂 如是者 豈非人之情固可與如此 可與如彼也哉

주조(注錯) : 조치(措置). 조(錯)는 조(措)에서 온 것으로 쌓아둔다는 뜻이다.

군자안아(君子安雅) : 아(雅)는 하(夏)로 읽으니, 중국을 가리킨다.

우적(隅積) : 우(隅)는 도(道)를 나누어 보는 것. 적(積)은 도(道)의 관통을 가리킨다.

무협(無嗛) : 왕염손(王念孫)은 무(無)가 덧붙인 글자라고 생각한다. 협(嗛)은 쾌(快)의 뜻.

한야(僩也) : 한(僩)은 관대한 모양이나 너그러운 모양.

양을 알며, 도덕의 일면과 관통하는 것을 알랴? 그저 게걸스레 먹고 마셔 배부른 것만을 알 뿐이다. 사람이 스승이 없고 예법이 없으면 입과 배가 요구하는 것이 곧 마음이니, 이제 사람으로 나면서부터 고기와 쌀밥을 맛보지 못하고 콩잎이나 거친 술지게미나 알게 한다면 이것으로 만족하다가, 진정 고기와 쌀밥을 보면 눈을 크게 뜨고 이것이 무슨 이상스러운 음식이냐고 하다가 코로 냄새를 맡아보아 고소하고 입으로 맛보아 달면 먹어보고서는 몸에 좋으면 이전 것은 다 버리고 새로운 것을 취할 것이다.

이제 선왕(先王)의 도와 인의의 법도에 따라 서로 모여서 살며, 서로 돕고 서로 아름답게 꾸미며 서로 안락하게 산다면, 저 걸왕이나 도척의 도(道)와 비교해볼 때 그 마을이나 현(縣)의 거리가 고기나 쌀밥, 술지게미 맛의 차이에 비하랴. 그런데도 사람들이 후자에 힘쓰고 전자를 버림은 무슨 까닭인가? 우매하고 고루하기 때문이라 하겠다. 이것은 천하의 공통된 걱정거리요, 인간의 크나큰 재앙이다.

그러므로 어진 이는 사람들을 가르쳐 보여주는 것을 좋아한다고 하는 것이다. 깨우쳐 보여주고, 갈고 닦아 지혜롭게 하고, 따라가게 하고 거듭하게 하면 막혔던 자가 금방 통하고, 고루하던 자가 금방 관대해지고, 어리석은 자가 금방 지혜롭게 될 것이다. 이렇게 하지 않는다면 위로 탕왕이나 무왕이 있다 한들 무슨 이익이 있으며, 위로 걸왕이나 주왕이 있다 한들 무슨 손해가 되랴. 탕왕과 무왕이 있어 천하가 따라 다스려졌고 걸왕과 주왕이 있어 천하가 따라 어지러워졌으니, 이런 것을 두고 보면 사람의 성정이 본래는 한 가지이나 후천적으로 많이 변하게 되는 것이다.

| 풀이 | 사람이란 모두 같다는 것은, 순자의 이른바 성악(性惡)으로 같다는 뜻이다. 그러므로 사람은 후천적인 교화가 절대로 필요하며, 그 교육·환경·습속(習俗) 등이 쌓이는 동안에 성인도 되고 악인도 된다는 것이다. 그리고 이러한 인간을 선(善)으로 교도(教道)하기 위해서는 반드시 스승과 예법이 필요하다. 교육의 위대성이 다시금 강조된 대목이다. 여기서 말하는 교육은 곧 도의교육(道義教育)을 말함에 유의해야 하겠다.

4

인간의 상정(常情)이란 먹고 싶은 것은 쇠고기와 돼지고기요, 입고 싶은 것은 수를 놓은 아름다운 비단이다. 길을 갈 때는 말이나 수레를 타고 가고 싶으며 재산이 많아 부자가 되고 싶다는 등으로, 죽을 때까지 자자손손 만족할 줄을 모르니 이것이 바로 인간의 상정인 것이다.

이제 인간의 생활을 보면 닭이나 개나 돼지, 그리고 소나 양까지 기르지만 보통 식사 때는 술이나 고기 따위를 쓰려고 하지 않을 뿐만 아니라, 넉넉한 돈과 창고에 가득한 곡식들을 가지고 있으면서도 평소의 복장은 비단으로 입으려 들지 않으며, 상자에 보물을 가득 저장해 두고도 외출 때는 말이

4// 人之情 食欲有芻豢 衣欲有文繡 行欲有輿馬 又欲夫餘財蓄積之富也 然而窮年累世不知不足 是人之情也 今人之生也 方知蓄鷄狗猪彘又蓄牛羊 然而食不敢有酒肉 餘刀布有困窌 然而衣不敢有絲帛 約者有筐篋之藏 然而行不敢有輿馬 是何也 非不欲也 幾不長慮顧後而恐無以繼之故也 於是又節用御欲 收斂蓄藏以繼之也

是於己長慮顧後 幾不甚善矣哉 今夫偷生淺知之屬 曾此而不知也 糧食大侈 不顧其後 俄則屈安窮矣 是其所以不免於凍餓 操瓢囊爲溝壑中瘠者也 況夫先王之道 仁義之統 詩書禮樂之分乎 彼固天下之大慮也 將爲天下生民之屬長慮顧後而保萬世也 其汙長矣 其溫厚矣 其功盛姚遠矣 非孰修爲之君子 莫之能知也 故日 短綆不可以汲深井之泉 知不幾者不可與及聖人之言 夫詩書禮樂之分 固非庸人之所知也 故日 一之而可再也 有之而可久也 廣之而可通也 慮之而可安也 反鉛察之而俞可好也 以治情則利 以爲名則榮 以羣則和 以獨則足樂 意者其是邪 夫貴爲天子 富有天下 是人情之所同欲也 然則從人之欲 則埶不能容 物不能贍也 故先王案爲之制禮義以分之 使有貴賤之等 長幼之差 知愚能不能之分 皆使人載其事而各得其宜 然後使慤祿多少厚薄之稱 是夫羣居和一之道也 故仁人

나 수레를 타려 하지 않으니 이것은 무슨 까닭인가? 그러고 싶지 않아서가 아니다. 다만 오랫동안 생각해서 길지 못할까 봐, 뒷일을 돌아보고 영속적이지 못할까봐 그러는 것이다.

쓰는 것을 절약하고 욕망을 억제하며 마구 거둬들여 저장하는 일을 그치지 않으니, 이는 자기에 대해 먼 훗날을 생각하고 염려했다는 점에서 대단히 좋은 일이 아니겠는가?

그런데 저들 삶을 도둑질하는 무지한 부류들은 이러한 것도 모르는 채 뒷일을 생각하지 않고 평소 먹는 것이 아주 사치하여, 오래 못 가서 바닥이 나 추위와 굶주림을 면치 못하는 신세가 되고 바가지와 동냥자루를 들고 거지 노릇을 하다가 개천바닥에 쓰러져 죽는 신세가 된다.

그러니 하물며 선왕의 도나 인의의 질서, 시 · 서 · 예 · 악(詩書禮樂)의 구분 따위를 말할 수 있으랴. 이것들은 모두 천하를 걱정해서 있는 것이니, 천하의 살아 있는 사람을 위해 오랜 동안 근심하고 후사를 생각함으로써, 만세를 보전하려는 의도에서 만들어진 것이다. 그 유파(流派)는 길고도 멀며 그 은혜는 두텁고 그 공덕은 성대하고도 요원하니, 깊이 공부하고 수양한 군자가 아니고서는 이해할 수가 없다. 짧은 줄로는 깊은 우물 속의 물을 길어올릴 수 없는 것처럼, 지혜가 깊지 못하고 자세하지 못한 자는 성인의 말씀을 이해할 수 없다고 하는 것이다. 무릇 시 · 서 · 예 · 악의 분별은 범용한 사람으로서는 알지 못하는 것이다.

그러므로 하나를 알면 다시 둘을 구하여 알고 이미 지니고 있으면 오래도록 보지(保持)하며, 예와 악의 넓고 큰 것을 알면 가히 통달하고 이를 항상 생각하고 있으면 편안하며, 거듭 살펴서 더욱 좋아해야 한다고 말한다. 이로써 사람의 성정을 다스리면 이롭고 명성을 얻으면 영광되며, 모여 살면 화합하고 이로써 홀로 행하면 만족하니, 마음과 뜻을 즐겁게 하는 것이 이것이던가!

천자가 되어 귀해지고 천하를 가져 부자가 되고 싶은 것은 사람마다 한결같이 바라는 일이지만, 사람마다 그 욕망에 따른다고 해도 그렇게 귀해질 수가 없고 재물로도 풍족해질 수가 없다. 그래서 선왕(先王)이 이를 위한 배려로서 예의를 제정하고 상하를 분별하였으며, 사람에게 귀천의 등급이 있게 하고 어른과 아이를 분별하였으며, 지혜로움과 어리석음 및 능하고 무능한 것을 분별함으로써 사람마다 각기 그 일을 맡기고 마땅한 곳을 차지하게 한 뒤, 녹의 많고 적고 후하고 박한 정도를 정하였으니 이것이 사회생활을 하며 서로 화목하는 도리인 것이다.

그러한 까닭에 어진 사람이 위에 있으면 농사꾼은 밭갈이에 힘쓰고 상인은 잘 살펴 재물을 늘리며, 기술자는 기교를 다하여 기계를 만들고 사대부 이상 공경·제후에 이르기까지 인의와 관용과 지혜와 능력을 다하여 관직에 힘쓴다면 이것을 최대로 공평하다고 하는 것이다. 그러므로 천하를 향유하는 녹을 가져도 많다고 하지 않으며, 문지기나 손님을 접대하는 관문의 수비와 야경꾼을 한다 해도 적다고 아니하는 것이다.

그래서 말하기를, 차별이 있으면서도 공평하고 곡절이 있

在上 則農以力盡田 賈以察盡財 百工以巧盡械器 士大夫以上至於公侯 莫不以仁厚知能盡官職 夫是之爲至平 故或祿天下而不自以爲多 或監門御旅 抱關擊柝 而不自以爲寡 故曰 斬而齊 枉而順 不同而一 夫是之謂人倫 詩曰 受小共大共 爲下國駿蒙 此之爲也

여도포(餘刀布) : 도(刀)나 포(布)는 모두 옛날의 돈이다.
균교(囷窌) : 곳간과 움집.
굴안궁의(屈安窮矣) : 여기서 안(安)은 언(焉)과 통하며, 해설하면 궁해서 굽히는 모양을 이른다.
각록(慤祿) : 각(慤)은 곡(穀)의 잘못이다.
어려(御旅) : 어(御)는 아(迓)로 읽어서 아려(迓旅), 곧 손님을 접대하는 사람을 말한다.

으면서도 순서가 있으며, 같지 않으면서도 하나로 귀일하니 이것이 바로 인간의 상리(常理)라고 하는 것이다. 〈시경〉에 말하기를, "크고 작은 구슬 받으시어 제후국들의 울타리가 되시도다." 함은 이를 두고 한 말이다.

| 풀이 | 인간생활의 보편타당한 진리가 재미 있게 묘사되었다. 인간은 누구나 똑같지만 교육의 정도에 따라 차이가 나므로, 결국 여러 가지 직업으로 갈라지게 된다. 그리하여 그 맡은 바 일을 충실히 하는 것이 사회생활의 요체이다. 이것이 모두 옛 성인들이 만들어놓은 사회규범이요, 곧 인간 사회의 법칙이다. 높은 지위에 있거나 하찮은 천직에 있더라도 그 생각하는 바에 따라 행 · 불행의 차이가 생기게 마련인데, 이것이 중요한 것이다. 〈시경〉 상송(商頌)의 장발(長發)에서 인용된 시구가 인상적이다.

5 비상편 非相篇

1

상(相)을 보는 사람은 옛날 사람 중에는 없었고 학자들도 가르친 일이 없었다. 옛날 춘추시대에 고포자경(姑布子卿)이라는 관상가가 있었고 지금은 양(梁)나라에 당거(唐擧)가 있어서, 사람의 형상이나 안색을 보고 길흉과 수명의 길고 짧음을 안다고 하여 세속에서 이를 말하는 것인데, 옛날 사람들 중에는 입에 올리지 않았고 학자들도 가르치지 않았다.

그러므로 상을 말하는 것은 마음을 논하는 것만 못하고 마음을 논하는 것은 도의 방법을 논하는 것만 못하다. 외형은 마음을 이기지 못하고, 마음은 도의 방법을 이기지 못한다. 도의 방법이 바르면 마음은 이에 따르는 것이니, 외형이 아무리 나빠도 심성이 착하면 군자가 되는 데 방해됨이 없으며, 외형이 아무리 좋아도 심성이 나쁘면 소인이 되는 데 방해됨이 없다.

그러므로 군자는 길하다 이르고 소인은 흉하다 이르는 것

1// 相人 古之人無有也 學者不道也 古者有姑布子卿 今之世梁有唐擧 相人之形狀顔色 而知其吉凶妖祥 世俗稱之 古之人無有也 學者不道也 故相形不如論心 論心不如擇術 形不勝心 心不勝術 術正而心順之 則形相雖惡而心術善 無害爲君子也 形相雖善而心術惡 無害爲小人也 君子之謂吉 小人之謂凶 故長短小大善惡形相 非吉凶也 古之人無有也 學者不道也 蓋帝堯長 帝舜短 文王長 周公短 仲尼長 子弓短 昔者 衛靈公有臣曰公孫呂 身長七尺 面長三

尺 焉廣三寸 鼻目耳具 而名動天下 楚之孫叔敖 期思之鄙人也 突禿長左 軒較之下 而以楚覇 葉公子高 微小短瘠 行若將不勝其衣 然白公之亂也 令尹子西 司馬子期皆死焉 葉公子高入據楚 誅白公 定楚國 如反手爾 仁義功名 善於後世 故事不揣長 不揳大 不權輕重 亦將志乎爾 長短小大善惡形相 豈論也哉 且徐偃王之狀 目可瞻焉 仲尼之狀 面如蒙倛 周公之狀 身如斷菑 皐陶之狀 色如削瓜 閎夭之狀 面無見膚 傅說之狀 身如植鰭 伊尹之狀 面無須麋 禹跳湯偏 堯舜參牟子 從者將論志意 比類文學邪 直將差長短 辨美惡 而相欺傲邪 古者桀紂 長巨姣美 天下之傑也 筋力越勁 百人之敵也 然而身死國亡 爲天下大僇 後世言惡 則必稽焉 是非容貌之患也 聞見之不衆 論議之卑爾 今世俗之亂君 鄉曲之儇子 莫不美麗姚冶 奇衣婦飾 血氣態度擬於女子 婦人莫不願得以爲夫 處女莫不願得以爲士 弃其親

이니, 길거나 짧거나 크거나 작거나 좋고 나쁜 형상으로 길흉을 말할 수 없다. 상을 보는 것은 옛사람에게도 없었고 학자들도 가르치지 않았다.

요임금은 키가 컸고 순임금은 키가 작았으며, 문왕은 컸고 주공은 작았으며, 공자는 컸고 자궁(子弓)은 작았다. 옛날 위(衛)나라의 영공(靈公)에게는 공손려(公孫呂)라는 신하가 있었는데, 신장이 7척에다 얼굴 길이가 3척, 콧대가 세 치이며 코와 눈과 귀의 거리가 모두 멀어서 나쁜 상이었으나, 그 이름이 천하에 진동하였다.

초나라의 손숙오(孫叔敖)는 본래 기사(期思)지방의 벌판에 살던 사람으로서, 대머리에다 왼손이 더 긴데도 대부의 수레를 타고 초나라의 패업을 이룩하였다. 섭공자고(葉公子高)는 키가 작고 몸이 수척하여 나다닐 때는 옷을 이기지 못하였으나, 백공(白公)의 난리 때 영윤(令尹)인 자서(子西)와 사마(司馬)인 자기(子期)가 죽었는데도 섭공자고만이 초나라에 들어가 백공을 죽이고 초나라를 안정시키기를 손바닥 뒤집듯이 하여 인의와 공명이 후세에 찬양되었다. 그러므로 일에 있어서는 긴 것을 헤아리지 않고 큰 것도 따지지 않고 가볍고 무거운 것도 재지 않으며, 다만 성현의 학문에 뜻을 두고 있는가의 여부만을 볼 따름이다. 길다 짧다, 크다 작다, 아름답다 추하다 하는 형상 같은 것을 어찌 논할 것인가!

서(徐)의 언왕(偃王)의 상(狀)은 고개가 위로 향해 있어 말의 높이만을 볼 수 있었고 공자의 상은 가면을 뒤집어쓴 것 같았으며, 주공(周公)의 모양은 몸이 말라죽은 나무등걸과 같았고 고요(皐陶)의 상은 껍질을 깎은 오이빛이었으며, 굉요(閎夭)는 수염투성이라 얼굴의 피부가 보이지 않았고 부열(傅說)은 척추가 생선 등지느러미처럼 굽었으며, 이윤(伊尹)은 수염도 눈썹도 없었고 우왕은 걸음이 껑충껑충 뛰는 것 같았으며, 탕왕은 반신불수요, 요와 순은 눈동자가 세 개였다. 그러니 학문하는 사람들이 뜻을 논하고 문학을 비교 · 논란할 것인가, 아니면 단순히 길다 짧다, 아름답다 추하다는 등의 형상을 놓고 속이며 오만을 부리려 할 것인가?

옛날의 걸왕과 주왕은 키가 크고 얼굴이 잘나서 천하의 호걸이요, 근력(筋力)이 뛰어나서 백 사람을 당할 정도였으나, 몸은 죽고 나라는 망하고 천하의 큰 죄인이 되어 후세 사람들이 악인을 말할 때면 반드시 손꼽게 되었다. 이는 용모의 탓이 아니라 견문이 많지 않고 의론이 야비했던 까닭이다.

이제 세속의 어지러운 임금과 향촌의 경박한 사람들은 미려하고 요염하게 단장하고 아녀자들처럼 이상한 옷차림에다 혈기 · 태도가 아녀자를 닮지 않음이 없으니, 부인들 가운데 남편 얻은 것을 후회하지 않는 이가 없고 처녀들 가운데 모두 자기 배우자로 맞기를 거부하지 않는 이가 없어서, 그 본집을 버리고 달아나려는 자가 다투어 나선다.

그러나 보통 임금이라도 그들을 신하로 쓰려 하지 않고 보통 부모라도 자식으로 여기지 않으며, 보통 형이라도 아우로 여기지 않고 보통 사람이라도 벗으로 삼으려 하지 않을 것이니, 그런 사람은 오래지 않아 관아에 잡혀가 저자에서 처형당할 것이요, 하늘을 우러러 눈물을 흘려가며 눈앞

家而欲奔之者 比肩并起 然而中君羞以爲臣 中父羞以爲子 中兄羞以爲弟 中人羞以爲友 俄則束乎有司 而戮乎大市 莫不呼天啼哭 苦傷其今 而後悔其始 是非容貌之患也 聞見之不衆 論議之卑爾 然則從者將孰可也

언광삼촌(焉廣三寸) : 언(焉)은 알(頞)과 통하니 곧 콧대이다.

백공지란(白公之亂) : 백공(白公)은 초나라 태자 건(建)의 아들이며 평왕(平王)의 손자. 〈좌전(左傳)〉의 애공(哀公) 16년을 보라.

서언왕(徐偃王) : 서(徐)는 나라 이름. 언왕(偃王)은 참칭왕이다. 〈사기진본기(史記秦本紀)〉에 "무왕(繆王)이 서쪽으로 순수하여 즐긴 끝에 돌아갈 것을 잊자 언왕이 난을 일으켰다."고 하였다.

면무현부(面無見膚) : 얼굴에 수염이 많아 피부가 보이지 않는 것을 말한다.

우도(禹跳) : 우왕이 치수(治水)를 하느라 15년 동안 천하를 헤매다 보니 발이 부르터서 걸음걸이가 뛰는 것처럼 보였다 한다.

의 재앙에 더없이 괴로워하는 가운데 그 당초의 소행을 후회할 것이다. 그러나 이것은 용모의 탓이 아니라 문견(聞見)이 적고 논의가 야비했던 때문이다. 그렇다면 학문하는 자들은 장차 무엇을 일삼을 것인가?

| 풀이 | 항간에서는 오늘날에도 관상학이니 점성술이니 하여 마치 이런 것들이 어떤 학문의 한 갈래인 듯 위장하지만, 이것은 노자의 말류(末類)들이 꾸며낸 것으로, 학자들이라면 이런 것은 말하지 않는다. 인간이 성공하는가 실패하는가, 위대한가 비루한가의 여부는 그가 정도(正道)를 닦아 공부하고 수신(修身)하는 데 달려 있을 뿐, 상과는 아무 관계가 없다. 위인의 모습은 대체로 아름답지 못한 것이다.

2

사람에게 세 가지 상서롭지 못한 것이 있다. 어려서는 어른 섬기기를 싫어할 뿐 아니라 천한 몸으로서 귀한 이 섬기기를 싫어하며, 깨우침이 없으면서도 현자 섬기기를 싫어하니, 이것이 사람의 세 가지 상서롭지 못한 것이다.

또한 사람에게 세 가지 필연적으로 궁해지는 원인이 있다. 윗사람이 되어 아랫사람을 사랑할 줄 모르고 아랫사람이 되어 윗사람을 곧잘 거스른다면, 이것이 사람이 필연적으로 궁해지는 원인의 한 가지요, 마주대하면서 순종하려 아니하고 배반한 다음에는 업신여겨 헐뜯는다면, 이것이 사

2// 人有三不祥 幼而不肯事長 賤而不肯事貴 不肖而不肯事賢 是人之三不祥也 人有三必窮 爲上則不能愛下 爲下則好非其上 是人之一必窮也 鄉則不若 偝則謾之 是人之二必窮也 知行淺薄 曲直有以相縣矣 然而仁人不能推 知士不能明 是人之三必窮也 人有此三數行者 以爲上則必

람이 필연적으로 궁해지는 원인의 두 가지이다. 그리고 알고 행하는 것이 천박하며 옳고 그른 판단력이 남과 현격한 차이가 있으면서도 어진 사람을 추존할 줄 모르고 지식 있는 선비를 존중할 줄 모른다면, 이것이 사람이 필연적으로 궁해지는 원인의 세 가지이다.

인간으로서 이 세 가지 행위가 있는 자라면, 그가 윗자리에 있을 경우 반드시 위태롭고 아랫자리에 있을 경우 반드시 멸망할 것이다. 〈시경〉에 말하기를, "눈비가 쏟아져 내려도 해가 한번 났다 하면 스러지는 것을, 소인이 겸손하게 사람들을 따르려 하지 않고 언제나 그 모양대로 방자함만 일삼네." 하였으니 이를 가리킨 것이다.

사람이 사람다운 것이 무엇인가? 말하자면 분별이 있기 때문이다. 배가 고프면 밥을 먹고 싶고 추우면 따뜻하게 입고 싶고 수고로우면 쉬고 싶을 뿐 아니라 이익을 좋아하고 손해를 싫어하니, 이것은 사람이 나면서부터 지니고 있는 것이지 그렇게 되고자 해서가 아니며, 이는 우왕이나 걸왕이나 똑같은 것이다.

그렇다면 사람이 사람답다는 것은, 두 발로 걷고 털이 없다는 특별한 이유에서가 아니라 분별이 있기 때문이다. 성성(狌狌)이란 짐승은 웃는 흉내도 내고 두 발인데다가 얼굴에 털도 없지만, 군자는 그 국을 마시고 그 고기를 먹는다. 그러므로 사람이 사람답다는 것은 특별히 두 발이고 털이 없다 해서가 아니라 분별이 있기 때문이다. 저들 짐승은 부자(父子)가 있는데도 부자의 친함이 없고 암컷과 수컷은

危 爲下則必滅 詩曰 雨雪瀌瀌 宴然聿消 莫肯下隧 式居屢驕 此之謂也 人之所以爲人者 何已也 曰 以其有辨也 飢而欲食 寒而欲煖 勞而欲息 好利而惡害 是人之所生而有也 是無待而然者也 是禹桀之所同也 然則人之所以爲人者 非特以二足而無毛也 以其有辨也 今夫狌狌形笑亦二足而毛也 然而君子啜其羹 食其胾 故人之所以爲人者 非特以其二足而無毛也 以其有辨也 夫禽獸有父子而無父子之親 有牝牡而無男女之別 故人道莫不有辨 辨莫大於分 分莫大於禮 禮莫大於聖王 聖王有百 吾孰法焉 故曰 文久而息 節族久而絕 守法數之有司 極禮而褫 故曰 欲觀聖王之跡 則於其粲然者矣 後王是也 彼後王者 天下之君也 舍後王而道上古 譬之是猶舍己之君而事人之君也 故曰 欲觀千歲 則數今日 欲知億萬 則審一二 欲知上世 則審周道 欲知周道 則審其人所貴君子 故曰 以近知遠 以一知萬 以

微知明 此之謂也

향즉불약(鄕則不若) : 향(鄕)은 향(嚮)에서 온 말로서, 마주하다의 뜻이고 약(若)은 따르다.

식기자(食其胾) : 자(胾)는 보통 저민 고깃점이지만 여기서는 고깃덩이를 크게 썰어 먹는다는 뜻. 〈설문해자〉에 자(胾)는 대련야(大臠也)라 했다.

절족구이절(節族久而絕) : 절족(節族)은 절주(節奏). 즉, 가락과 주악이다.

극례이치(極禮而褫) : 극(極)은 구(久)의 뜻. 치(褫)는 옷을 벗는다는 뜻이다. 예의가 지극하면 옷을 벗는다는 속담은 곧 같은 일에 너무 열심히 오래 종사하다 보면 싫증이 나고 물린다는 뜻.

있지만 남녀의 구별이 없다. 그러므로 사람의 도리는 반드시 분별이 있는 것이다.

분별에 있어서는 상하의 구분보다 큰 것이 없고 상하의 구분에 있어서는 예(禮)보다 큰 것이 없으며, 예에 있어서는 성왕(聖王)의 법보다 큰 것이 없다. 성왕이 백 사람이라면 나는 누구의 법을 따라야 하는가? 그러므로 말하기를, 예문제도(禮文制度)는 오래되면 소멸하고 노랫가락도 오래되면 끊어진다고 하며, 법도를 지키던 관리도 오래되면 해이해진다고 하는 것이다. 그래서 성왕의 사적을 알려면 있는 그대로의 흔적을 보아야 할 것이니, 후왕(後王)이 그 본보기이다. 후왕이란 천하의 임금이니, 후왕을 버리고 상고의 법을 말하는 것은 비유컨대 자기 임금을 버리고 남의 임금을 섬기는 것과 같다.

그러므로 천 년의 일을 알려면 오늘을 헤아리고 억만의 수를 알려면 하나, 둘에서 살펴야 하며, 상고시대를 알려면 주(周)나라의 도를 살펴야 하고 주나라의 도를 알려면 그 도를 귀하게 여기는 후왕인 군자를 살펴야 한다고 하는 것이다. 따라서 가까운 것으로써 먼 것을 알고 하나로써 만을 알며, 희미한 것으로써 밝음을 안다고 하니 바로 이를 가리키는 것이다.

| 풀이 | 인간의 세 가지 좋지 못한 행위와 곤란한 행위, 그리고 인간이 인간다울 수 있는 것으로서 분별력을 크게 강조하였다.

3

저 망령된 사람들은 말하기를, "옛날과 오늘날은 사정이 다르므로 치란(治亂)의 도리 역시 다르다."고 하여 대중들은 여기에 미혹해버린다. 대중들은 어리석은데다 변설의 능력도 없고 고루하며 헤아릴 줄을 모른다. 눈앞의 일을 보고도 속는 그들인데 하물며 천 년을 두고 전해온 이야기를 어찌 알랴! 망령된 사람들은 문앞이나 뜰 안의 사실도 속이려 드는데, 하물며 천 년이 넘는 일을 상고함에 있어서랴! 성인은 어찌하여 속지 않는가? 성인은 자기 스스로 헤아리는 자이기 때문이다. 그러므로 사람으로써 사람을 헤아리고 인정으로써 인정을 헤아리며, 갈래로써 갈래를 헤아리고, 말로써 공적을 헤아리며 도로써 그 극치를 살피기 때문에, 옛날과 오늘을 한 가지로 헤아리는 것이다.

사물의 갈래가 다르지 않은 이상, 비록 오래되었다 해도 이치는 같으므로 맞대고 하는 간사하고 왜곡된 일에도 미혹되지 아니하며, 잡다한 사물을 살피면서도 미혹되지 않는 것은, 이와 같이 전해 내려오는 이치로써 이를 헤아리기 때문이다. 오제(五帝) 이전의 사람으로서 전해오는 이가 없는 것은 현인이 없었기 때문이 아니라 오래되었기 때문이다. 오제 사이에 있었던 정치가 전하지 않는 것은 선정(善政)이 없었기 때문이 아니라 오래되었기 때문이다.

우왕과 탕왕의 정치가 전하는 것은 있으되, 주나라의 정치처럼 자세하지 못한 것은 선정이 없었기 때문이 아니라

3// 夫妄人曰 古今異情 其以治亂者異道而衆人惑焉 彼衆人者 愚而無說 陋而無度者也 其所見焉 猶可欺也 而況於千世之傳也 妄人者 門庭之間 猶可誣欺也 而況於千世之上乎 聖人何以不欺 曰 聖人者 以己度者也 故以人度人 以情度情 以類度類 以說度功 以道觀盡 古今一度也 類不悖 雖久同理 故鄕乎邪曲而不迷 觀乎雜物而不惑 以此度之 五帝之外無傳人 非無賢人也 久故也 五帝之中無傳政 非無善政也 久故也 禹湯有傳政而不若周之察也 非無善政也 久故也 傳者久則論略 近則論詳 略則擧大 詳則擧小 愚者聞其略而不知其詳 聞其詳而不知其大也 是以文久而滅 節族久而絕 凡言不合先王 不順禮義 謂之姦言 雖辯 君子不聽 法先王 順禮義 黨學者 然而不好言 不樂言 則必非誠士也 故君子之於言也 志好之

行安之 樂言之 故君子必辯 凡人莫不好言其所善 而君子爲甚 故贈人以言 重於金石珠玉 觀人以言 美於黼黻文章 聽人以言 樂於鐘鼓琴瑟 故君子之言無厭 鄙夫反是 好其實不恤其文 是以終身不免埤汙傭俗 故易曰 括囊 無咎無譽 腐儒之謂也 凡說之難 以至高遇至卑 以至治接至亂 未可直至也 遠擧則病繆近世則病傭 善者於是閑也 亦必遠擧而不繆近擧而不傭 與時遷徙與世偃仰 緩急嬴絀 府然若渠匽檃栝之於己也 曲得所謂焉 然而不折傷 故君子之度己則以繩 接人則用枻 度己以繩 故足以爲天下法則矣 接人用枻 故能寬容因求以成天下之大事矣 故君子賢而能容罷知而能容愚 博而能容淺 粹而能容雜 夫是之謂兼術 詩曰 徐方既同 天下之功 此之謂也

오래되었기 때문이다. 전하는 것이 오래되면 간략해지고 가까우면 자세하니, 간략하면 큰 것만을 들추고 자세하면 작은 것까지 들추게 된다. 어리석은 자들은 그 대략만을 듣고는 그 자세한 것은 알지 못하고, 그 자세한 것만 듣고는 그 큰 것은 모른다. 그러므로 예문제도는 오래되면 소멸하고 노랫가락은 오래되면 끊어진다는 것이다.

무릇 말이 선왕의 법도에 맞지 않고 예의에 따르지 않으면 간사한 말이라고 이르나니, 비록 아무리 말을 잘해도 군자는 듣지 않는다. 선왕을 본받고 예의에 따르며 배우는 자를 가까이할 수 있으면서도, 말하기를 좋아하지 않고 강론하기를 즐겨하지 않는다면 성실하고 훌륭한 선비라고 할 수 없다.

그러므로 군자는 말을 함에 있어 내심으로 좋아하고 행동하여 편안하면 그것을 말해주고 싶어한다. 그러므로 군자는 반드시 말을 잘하며, 사람들은 누구나 선한 것을 말하기를 좋아하지만 군자가 특히 더하다고 할 수 있다. 따라서 사람들에게 좋은 언설을 보여준다는 것은 금석이나 주옥을 주는 것보다 더욱 귀중하며, 남들에게 좋은 언설을 보여주면 보불(黼黻)보다도 아름다우며, 남에게 좋은 말을 들려주면 음악보다도 더 즐겁게 한다. 그러므로 군자는 변론에 싫증을 느끼지 않는 것이다.

그러나 비루한 사람들은 이와는 반대로 실질적인 것만을 애써 추구하고 문식(文飾)을 좋아하며 아낄 줄을 모르니, 평생토록 비속한 데서 벗어나지 못한다. 그래서 〈역경(易經)〉

유불패(類不悖) : 유(類)는 종류(種類), 불패(不悖)는 불괴패(不乖悖).

에 말하기를, "주머니 속에 물건을 감추고 쓰지 않으면 허물도 없고 명예도 없다." 하였으니 이는 부패한 선비들을 두고 한 말이다.

무릇 말하기 어려운 것은, 최고의 도리를 가장 비루한 사람에게 설명하는 것과 가장 잘 다스려진 도를 가장 어지러운 임금에게 말하는 것이다. 직접 그들에게 설명할 수도 없으니, 옛일을 말하면 싫어하여 잘못듣기 쉽고 근세의 일을 들어 말하면 통속적으로 되기 쉽다. 훌륭한 변설자는 그 중간에서 먼 것을 말하되 반드시 그릇되지 않고 근세의 것을 말하되 통속적으로 되지 않으며, 시대를 따라 변동하고 세속을 따라 굽어보며 완급(緩急)에 남거나 모자람이 없이 굽혔다 폈다 참작을 하면서 마치 둑을 바로잡는 버팀목처럼 자기가 하려는 말을 거침없이 다 하되, 자기의 도에 조금도 손상을 입히지 않는다.

그러므로 군자는 자기를 단속할 때는 먹줄을 치듯 똑바로 하되 남과 접촉할 때는 배의 노를 쓰듯이 한다. 자기를 단속할 때 먹줄을 치듯이 똑바로 하는 까닭에 족히 천하의 법칙이 되고, 남과 접촉할 때 노로 배를 바로잡아 주듯이 하므로 능히 관용으로 대중을 이끌어 천하의 큰일을 성취할 수 있는 것이다.

그러므로 군자는 스스로 현능하면서 능히 무능한 자를 너그럽게 받아들이고 스스로 밝은 지혜를 가졌으면서도 어리석은 자를 받아들이며, 스스로 넓고 깊으면서 좁고 얕은 자를 받아들이고 스스로 순수하면서 순수하지 못한 자를 받아

오제지외(五帝之外) : 오제(五帝)는 소호(少昊) · 전욱(顓頊) · 제곡(帝嚳) · 요(堯) · 순(舜), 외(外)는 이전(以前)의 뜻. 아래의 중(中)은 간(間)의 뜻이다.
접인즉용예(接人則用枻) : 예(枻)는 끌어당기다. 여기서는 예(栧)로 보아 즙(楫), 즉 노로 풀이한다.

들이니, 이것을 겸용지술(兼用之術), 곧 포용력이라 하는 것이다. 〈시경〉에 말하기를, "서주(徐州)의 백성이 동화됨은 천자의 공업일세." 하였으니 바로 이러한 도리를 가리키는 것이다.

| 풀이 | 사물을 관찰함에 있어서는 항상 비근한 데서 시작하여 유원(幽遠)한 진리를 터득하는 것이며, 진정한 학자라면 자기가 좋아하는 논의일 경우에는 거리낌없이 후학(後學)하여 이를 전해야 한다. 만일 입을 다물고 아무런 노력도 하지 않는다면 그것은 부패한 선비라고 하겠다. 학문의 효용은 발표하는 데 있기 때문이다. 그리하여 학자가 자기의 의견을 말할 때는 우선 인격적으로 스스로가 확립되어 있어야 하고, 상대를 이해시킴에 있어서는 여러 가지 기술과 방법 및 지혜가 필요하며, 또한 넓은 포용력이 없어서는 안 된다. '역왈(易曰)'은 〈역경〉의 곤괘(坤卦) 가운데 64효(爻)의 사(辭)이고, '시왈(詩曰)'은 〈시경〉 대아(大雅)의 상무(常武) 제 6장이다.

4

4// 談說之術 矜莊以莅之 端誠以處之 堅彊以持之 分別以喩之 譬稱以明之 欣驩芬薌以送之 寶之 珍之 貴之 神之 如是則說常無不

말로 설득시키는 기술은, 장중한 태도로 임하여 단정하고 정성스러운 태도를 견지하고 견실 · 확고하게 소신을 유지하여 비유를 들어 밝게 일러주며, 분별로써 이치를 명백히 하고 즐겁고 부드러운 태도로 접근시켜 그 내용을 보배롭게 하고, 진귀하게 하고, 귀중하게 하고, 신묘하게 한다면, 자기의 말은 끊임없이 상대방에게 받아들여질 것이다. 비록 남에게 큰 기쁨을 주지는 못할지라도 귀중하게 여기지 않는 사람이 없을 것이다. 이런 것을 가리켜 능히 귀중하게 여겨야 할 것을 마땅히 귀중하게 여긴다고 말하는 것이다. 전해오는 말에 "오로지 군자라야 존귀한 것을 귀하게 여긴다." 하였으니 바로 이를 가리킨 것이다.

군자는 반드시 변설한다. 대체로 사람이란 자기가 좋다고 여기는 바를 남에게 말하기를 좋아하는데, 군자는 특히 더하다. 소인이 변설하면 험하고 거짓되지만, 군자의 변설은 어질고 의롭다.

말하는 것이 인(仁)에 부합되지 않는다면 그 변설은 침묵만 못하고 말을 더듬는 것보다 못하다. 언변이 인에 합치된다면 그 말을 하는 것이 최상이요, 말하기 싫어하면 최하이다. 따라서 인에 합치된 변론이라면 대단히 위대하니, 위에 있는 사람이 아랫사람을 이끌어 다스릴 경우 훌륭한 정령(政令)이 되는 것이요, 아랫사람이 충성을 다하여 윗사람에게 말할 경우 임금의 잘못을 그치게 하는 각언이 되는 것이다. 그러므로 군자는 인을 행함에 있어 싫증을 내지 않는다. 내심으로 좋다고 생각되면 행동하여 실천하며 그것을 말하는 것을 즐거움으로 삼으니, 그래서 군자는 반드시 변설하기를 좋아한다고 하는 것이다.

사소한 변론은 일의 실마리를 보여주느니만 못하고 실마리를 보여주는 것은 분별의 근본을 보여주느니만 못하다.

受 雖不說人 人莫不貴 夫是之謂爲能貴其所貴 傳曰 唯君子爲能貴其所貴 此之謂也 君子必辯 凡人莫不好言其所善 而君子爲甚焉 是以小人辯言險 而君子辯言仁也 言而非仁之中也 則其言不若其默也 其辯不若其吶也 言而仁之中也 則好言者上矣 不好言者下也 故仁言大矣 起於上所以道於下 正令是也 起於下所以忠於上 謀救是也 故君子之行仁也無厭 志好之 行安之 樂言之 故言君子必辯 小辯不如見端 見端不如見本分 小辯而察 見端而明 本分而理 聖人士君子之分具矣 有小人之辯者 有士君子之辯者 有聖人之辯者 不先慮 不早謀 發之而當 成文而類 居錯遷徙 應變不窮 是聖人之辯者也 先慮之 早謀之 斯須之言而足聽 文而致實 博而黨正 是士君子之辯者也 聽其言則辭辯而無統 用其身則多詐而無功 上不足以順明王 下不足以和齊百姓 然而口舌之均噡唯則節 足以爲奇偉偃卻之屬 夫是之謂姦

人之雄 聖王起 所以先誅也 然後盜賊次之 盜賊得變 此不得變也

분향(芬薌) : 화기(和氣)의 뜻.
모구시야(謀救是也) : 모구(謀救)는 왕염손의 설에 따르면 마땅히 간구(諫救)가 되어야 한다. 곧 간언으로 구한다는 뜻.
기위언각(奇偉偃却) : 기위(奇偉)는 과대, 언각(偃却)은 언앙(偃仰)과 같으니 곧 간웅(奸雄)의 구변을 말한 것이다.

소상하게 말하며 밝게 살피고 실마리를 보여주되 환히 깨우치며, 분별의 근본을 보여주되 이치에 통달하면 이는 성인과 사군자의 본분을 두루 갖춘 것이다.

소인의 변설과 사군자의 변설, 그리고 성인의 변설이 있다. 먼저 생각할 필요도 없고 미리 계획을 세울 필요도 없이 입을 열어 말하되, 타당성 있고 문리(文理)를 세워 말하면 법도에 맞아 앉고 서고 이리저리 자리를 옮기면서 임기응변으로 말해도 전혀 막히는 일이 없으면 이것이 성인의 변설이다. 먼저 생각해두고 미리 계획을 세우며, 잠시 하는 말도 들을 만하며 문리가 있되 실질적이고 박식하되 정직하면 이것은 사군자의 변설이다.

그러나 그의 말을 듣는 데 있어 언사가 좋아도 그 근본을 알 수 없고 그 몸을 기용해보면 거짓이 많고 공효가 없으며, 위로는 밝은 임금을 섬기며 순종하기에 부족하고 아래로는 백성을 다스려 화평하게 하지도 못하면서도 말은 그럴듯하여 대답하는 말이 모두 절도에 맞는 듯 스스로 과대평가하여 위인처럼 보이니, 대체로 이런 사람을 가리켜 간사한 사람 중의 우두머리라고 한다.

성인이 일어나면 이런 자들을 먼저 처벌하고 그런 다음에 도둑을 잡아 다스리는데, 도둑은 그래도 아직 변화시킬 수가 있지만 이런 무리들은 변화시킬 수가 없는 것이다.

| 풀이 | 비상편(非相篇)은 글 전체가 동일성이 없고 생각나는 대로 쓰는 수상(隨想)의 형식을 취하고 있다. 앞에서는

인간의 상(相)을 말하였고 뒤에 와서는 주로 변설(辯說)하는 기술을 말하고 있는 것이다. 어떤 대목은 그 글의 제목으로 삼아야 할 정도이다. 예를 들면 '담설지술(談說之術)', '군자필변(君子必辯)' 등이다. 요컨대 성인이나 군자는 남을 가르칠 의무가 있음을 강조하고 있다.

6 비십이자편 非十二子篇

1

지금 세상에 사설(邪說)을 꾸미고 간언(姦言)을 꾸며 천하를 소란하게 하고, 간사한 속임수와 거짓과 왜곡된 자질구레한 방담(放談)으로 천하를 혼란시키면서 옳고 그름과 다스려지고 혼란한 것의 소재가 어디에 있는지조차 모르는 사람들이 있다. 방종하기를 성정(性情)이 움직이는 대로 하고 방자한 마음을 옳은 듯이 여겨 행위는 짐승 같으며, 예문(禮文)이 합치되고 치란의 도에 통하기에는 부족하면서 그 주장을 견지함에 있어 이유를 대고 말할 때는 조리가 있어 족히 어리석은 대중들을 기만하고 미혹시키니, 타효(它囂)와 위모(魏牟)가 그런 사람들이다.

또 성정을 억지로 참아가며 초연하게 앉아 진정 사람들과 다른 것을 고상하게 여기면서 이것으로 대중을 영합시키고, 큰 분별을 밝히기에는 부족하면서도 자기의 주장에다 이유를 대고 말에 조리가 있어 족히 어리석은 대중을 기만하고

1// 假今之世 飾邪說文姦言 以梟亂天下 矞宇嵬瑣 使天下混然 不知是非治亂之所存者有人矣 縱情性 安恣睢 禽獸行 不足以合文通治 然而其持之有故 其言之成理 足以欺惑愚衆 是它囂魏牟也 忍情性 綦谿利跂 苟以分異人爲高 不足以合大衆 明大分 然而其持之有故 其言之成理 足以欺惑愚衆 是陳仲史鰌也 不知壹天下 建國家之權稱 上功用 大儉約 而優差等 曾不足以容辨異 縣君臣 然而其持之有故 其言之成理 足以欺惑愚衆 是墨翟宋鈃也 尙法而無

미혹시키니 진중(陳仲)과 사추(史鰌)가 그런 사람들이다.

천하를 통일하고 국가를 건설하는 근본법도를 모르면서 공리와 절용을 중시하여 검약을 크게 부르짖고, 등급의 차이에는 태만하여 사회의 계급적 분별을 몰라 군신(君臣)의 상하를 밝히지 못하면서도 자기의 주장을 견지함에 있어 이유를 대고 말에 조리가 있어 족히 어리석은 대중을 기만하고 미혹시키니, 묵적(墨翟)과 송견(宋鈃)이 이런 사람들이다.

또 말로는 법을 존중하면서도 실제로는 법을 모르고 수양하는 것을 가벼이 여기면서도 자기의 주장을 글로 짓기를 좋아하여, 위로는 임금이 귀를 기울이고 아래로는 속된 사람들이 듣고 순종하도록 종일 담론을 펴서는 그것으로 문전(文典)을 짓는데, 반복하여 검토하면 소원(疏遠)하여 구절을 이루는 부분이 없으며, 국가를 다스리는 법도를 정하지 못하면서도 자기의 주장에 이유를 대며 말에 조리가 있어 족히 어리석은 대중을 기만하고 미혹시키니, 신도(愼到)와 전병(田駢)이 이런 사람들이다.

선왕을 본받지 않고 예의에 찬동하지 아니하며, 괴이한 변설을 논하기를 좋아하고 이상한 말장난을 하면서 비록 잘 살피는 것 같아도 세상에 은혜롭지 못하며, 말이 유창해도 쓸모가 없고 일은 많이 하지만 공은 적어 기강을 세우고 다스릴 수 없으면서도 그 주장에 근거를 대고 말에 조리가 있어 족히 어리석은 대중들을 기만하고 미혹시키니, 혜시(惠施)와 등석(鄧析)이 이런 사람들이다.

대략 선왕을 본받았으나 그 정통을 모르며, 점잖고 조용

法 下脩而好作 上則取聽於上 下則取從於俗 終日言成文典 反紃察之 則倜然無所歸宿 不可以經國定分 然而其持之有故 其言之成理 足以欺惑愚衆 是愼到田駢也 不法先王不是禮義 而好治怪說玩琦辭 甚察而不惠 辯而無用 多事而寡功 不可以爲治綱紀 然而其持之有故 其言之成理足以欺惑愚衆 是惠施鄧析也 略法先王而不知其統 然而猶材劇志大 聞見雜博 案往舊造說 謂之五行 甚僻違而無類 幽隱而無說 閉約而無解 案飾其辭而祗敬之曰 此眞先君子之言也 子思唱之 孟軻和之 世俗之溝猶瞀儒 嚾嚾然不知其所非也 遂受而傳之 以爲仲尼子游爲茲厚於後世 是則子思孟軻之罪也 若夫總方略 齊言行 壹統類 而羣天下之英傑而告之以大古 敎之以至順 奧窔之間 簟席之上 斂然聖王之文章具焉 佛然平世之俗起焉 六說者不能入也 十二子者不能親也 無置錐之地 而王公不能與之

하며 재질이 번다하고 뜻이 크지만 듣고 보는 것이 잡되고도 넓다. 옛일을 기초로 하여 스스로 말을 만들고 인의예지신(仁義禮智信)의 오행(五行)을 운운하지만 심히 괴팍하여 갈래가 없고, 뜻이 깊이 감추어져 있어 해설하지 못하면서도 언사를 수식하여 자기 학설을 스스로 공경하면서 이것을 진정 옛 군자의 말이라고 한다. 자사(子思)가 제창하고 맹가(孟軻)가 호응하여 세속의 어리석고 몽매한 사람들이 떠들어대도 그 잘못을 모르며, 마침내는 이것이 전하면서 공자와 자유(子游)가 이 때문에 후세에 존중받게 되었다고 생각하니, 이것은 자사와 맹가의 죄이다.

만약 방책을 모두 어우르고 말과 행동을 같게 하고 여러 규범을 통일하며, 천하의 영걸을 모아 그들에게 옛날의 사정을 일러주고, 그들을 가르쳐 지순(至順)한 도리를 깨우치면 깊숙한 방 구석이나 대자리 위에까지 성왕의 예법과 제도가 갖추어지고 태평시대의 풍속이 일어날 것이다.

이렇게 하면 앞에서 말한 여섯 종류의 학설은 들어오지 못할 것이며, 열두 학자들도 접근할 수가 없을 것이다. 비록 송곳을 세울 땅조차 없다 해도 왕공도 그와 이름을 다투지 못할 것이요, 대부의 자리에 있게 되면 임금도 그를 길들일 수 없고 한 국가만으로는 그를 쓰지 못하며, 명성이 제후들 사이에 퍼져 신하로 쓰기를 원하지 않는 사람이 없는데, 이는 성인으로서 지위를 얻지 못한 것이니 공자와 자궁이 이런 사람이다.

천하를 통일하고 만물을 마름하며 만민을 잘 다스려 천하

爭名 在一大夫之位 則一君不能獨畜 一國不能獨容 成名況乎諸侯 莫不願以爲臣 是聖人之不得埶者也 仲尼子弓是也 一天下 財萬物 長養人民 兼利天下 通達之屬 莫不從服 六說者立息 十二子者遷化 則聖人之得埶者 舜禹是也 今夫仁人也 將何務哉 上則法舜禹之制 下則法仲尼子弓之義 以務息十二子之說 如是則天下之害除 仁人之事畢 聖王之跡著矣

가금지세(假今之世) : 가(假)는 차(借). 즉, 가령. 금지세전국(今之世戰國)의 혼란한 세상을 가리킨 것.

율우외쇄(矞宇嵬瑣) : 율(矞)은 휼(譎)과 같으니 곧 속이다. 우(宇)는 호(訏)에서 차용한 것이니 곧 떠들썩한 것. 외쇄(嵬瑣)는 위쇄(委瑣)와 같으니 곧 위곡쇄세(委曲瑣細). 즉, 자질구레하다는 뜻으로 풀이한다.

를 이익되게 함으로써 모두를 귀속시키면, 앞의 여섯 종류의 학설은 설 자리가 없을 것이고 열두 사람의 학자가 감화될 것이다. 이것이 성인의 지위를 얻은 것이니, 순임금과 우임금이 그렇다. 이제 어진 사람들은 무엇에 힘쓸 것인가? 위로는 순임금과 우임금의 제도를 본받고 아래로는 공자와 자궁의 의(義)를 본받아 십이자(十二子)의 변설을 침묵시키는데 힘쓸 것이요, 이렇게 하면 천하의 해독이 없어지고 어진이의 일이 끝나니, 성왕의 행적이 크게 뚜렷해질 것이다.

| 풀이 | 사상가 12명을 비평한 글이다. 고대 성왕이나 공자 등의 가르침을 척도로 하여 정치와 사회에 적용시켜야 하며, 그밖의 사상은 무용하다는 것이 순자의 생각이다. 또한 공문(孔門) 후예들의 스승에 대한 그릇된 해석을 비판·배격하였다. 후세에 이르러 선사(先師)들의 사상이 왜곡·연역됨을 경계한 것이 특색이다. 자사(子思)나 맹자(孟子)의 학설은 공자에 근원을 두고 있으면서도 그 언설(言說)이 멋대로 꾸며져 있다고 주장한다.

2

믿을 만한 것을 믿는 것이 신(信)이요, 의심할 만한 것을 의심하는 것도 역시 신이다. 어진 것을 귀하게 여기는 것은 인(仁)이요, 불초한 것을 천하게 여기는 것도 인이다. 말하여 도리에 합당하면 지(知)이고 침묵하는 것이 도리에 합당

2// 信信 信也 疑疑 亦信也 貴賢 仁也 賤不肖 亦仁也 言而當 知也 默而當 亦知也 故知默猶知言也 故多言而類 聖人也 少言

而法 君子也 多少無法而流湎然 雖辯 小人也 故勞力而不當民務 謂之姦事 勞知而不律先王 謂之姦心 辯說譬諭 齊給便利 而不順禮義 謂之姦說 此三姦者 聖王之所禁也 知而險 賊而神 爲詐而巧 言無用而辯 辯不惠而察 治之大殃也 行辟而堅 飾非而好 玩姦而澤 言辯而逆 古之大禁也 知而無法 勇而無憚 察辯而操僻 淫大而用之 好姦而與衆 利足而迷 負石而墜 是天下之所棄也 兼服天下之心 高上尊貴不以驕人 聰明聖智不以窮人 齊給速通不爭先人 剛毅勇敢不以傷人 不知則問 不能則學 雖能必讓 然後爲德 遇君則修臣下之義 遇鄕則修長幼之義 遇長則修子弟之義 遇友則修禮節辭讓之義 遇賤而少者則修告導寬容之義 無不愛也 無不敬也 無與人爭也 恢然如天地之苞萬物 如是則賢者貴之 不肖者親之 如是而不服者 則可謂訞怪狡猾之人矣 雖則子弟之中 刑及之而宜 詩云 匪上帝不時 殷不

하는 것도 지이다. 따라서 침묵의 의미를 아는 것과 말할 필요성을 아는 것은 같다고 하겠다. 그러니 말이 많아도 그것이 법과 이치에 맞으면 성인(聖人)이요, 말은 적지만 이치와 법에 맞으면 군자요, 말이 많거나 적거나 간에 법과 이치에 맞지 않고 방자하고 절도가 없으면 비록 말을 잘한다 하더라도 소인이다.

그래서 노력해도 백성이 필요로 하는 것에 합치되지 않으면 이를 간사(姦事)라 하고, 힘들여 지혜를 다한다 해도 선왕의 도를 법으로 하지 않는다면 이를 간심(姦心)이라고 하며, 변설이나 비유가 재치있고 민첩해도 예나 의에 따르지 않으면 간설(姦說)이라고 하니, 이 세 가지 간사한 것은 성왕으로서 금하는 바이다.

지혜로우면서도 음험하고 해치면서도 감쪽같이 하며, 속여 넘기면서 교묘하게 하고 무용한 것을 말하는 데 말재주가 좋으며, 말이 유순하지 않는데도 세밀한 것은 정치의 큰 해독이다. 편벽된 행동을 하면서 고집이 세고 자기의 나쁜 점을 꾸며 좋게 보이도록 하며, 농간을 부리면서 그럴듯하고 달변인데도 상리에 벗어나는 것은 예로부터 이를 크게 금했다. 지혜로우면서 법도가 없고 용기는 있으나 거리낌이 없으며, 변설은 세밀하나 절조는 편벽되고 사치가 심해도 재용(財用)은 부족하지 않으며, 간악한 짓을 하면서 대중과 함께하고 걸음은 날랜데 길을 잃고 방황하며, 힘도 없으면서 무거운 짐을 지려 하는 것, 이런 것들은 천하에서 버리는 것이다.

천하의 인심을 한결같이 복종시키려면 높고 존귀한 자리에 있어도 남들에게 교만하지 아니하며, 총명 · 지혜로우면서도 남을 궁하게 하지 아니하며, 재치있고 민첩하다 하더라도 남과 앞을 다투지 아니하며, 굳세고 꿋꿋하며 용감해도 남을 상하게 하지 않는다. 모르면 묻고 능하지 못하면 배울 것이요, 비록 능하더라도 반드시 겸손해야 하니, 그런 뒤에야 덕이 이루어지는 것이다.

임금을 섬기면서는 신하의 도리를 닦아야 하고 마을에 있으면서도 어른과 아이를 대하는 도리를 닦아야 하며, 연장자를 대해서는 자제의 도리를 닦아야 하고 친구를 만나서는 예절과 사양하는 도리를 닦아야 하며, 신분이 낮거나 어린 사람을 만나면 타일러 이끌어주고 관용하는 도리를 닦아야 하며, 사랑하고 공경하며 모든 사람과 다투는 일 없이 천지가 만물을 감싸듯이 마음이 넓어야 한다. 이렇게 하면 천하의 현자들이 그를 존중할 것이요, 불초한 자도 친밀하게 대해올 것이다.

그러나 이렇게 하고서도 순종하고 복종하지 않는다면 이는 요사스럽고 교활한 사람이라고 말할 것이다. 이러한 사람이라면 그 자식이라도 마땅히 징계하여 다스려야 한다. 〈시경〉에 말하기를, "하늘의 상제가 잘못 점지하신 것이 아니요 은나라가 옛 법을 쓰지 않았음이니, 비록 노성(老成)한 신하가 없다 하나 아직 그 전범(典範)은 남아 있지 않았던가. 어찌하여 이에 귀를 기울이지 않고 크신 천명을 기울게 하였던고!"라고 하였으니 이를 가리킨 것이다.

用舊 雖無老成人 尙有典刑 曾是莫聽 大命以傾 此之謂也 古之所謂仕士者 厚敦者也 合羣者也 樂富貴者也 樂分施者也 遠罪過者也 務事理者也 羞獨富者也 今之所謂仕士者 汙漫者也 賊亂者也 恣睢者也 貪利者也 觸抵者也 無禮義而唯權埶之嗜者也 古之所謂處士者 德盛者也 能靜者也 修正者也 知命者也 箸是者也 今之所謂處士者 無能而云能者也 無知而云知者也 利心無足而佯無欲者也 行僞險穢而彊高言謹慤者也 以不俗爲俗 離縱而跂訾者也

음대이용지(淫大而用之) : 매우 사치스러우나 재용은 부족하지 않다는 뜻.

이종이기자자야(離縱而跂訾者也) : 종(縱)은 종(蹤)과 같으니, 통속적으로 수레바퀴의 흔적을 가리킨다. 그러므로 이종(離縱)은 보통 사람들의 행적에서 떨어진다는 뜻.

옛날의 이른바 벼슬하던 선비들은 돈독·후덕하였고 백성들과 화합하였으며, 분수에 맞는 부귀에 기뻐하고 골고루 나누어 베풀어짐을 즐겨하였으며, 죄과를 멀리하고 사리를 밝히는 데 힘을 썼으며, 자기만 홀로 풍족하게 사는 것을 부끄러워했다. 그런데 오늘날의 이른바 벼슬하는 선비들은 거칠고 오만하며, 남을 해치고 세상을 어지럽히며, 방자하여 남을 함부로 대하고 이익만을 탐하며, 죄과에 저촉되면서 예와 의를 강구함이 없이 오로지 권세만을 탐하는 자들이다.

처사(處士) : 세상 밖에 나서지 않고 조용히 묻혀 사는 선비.

옛날의 이른바 처사(處士)들은 도덕이 융성하고 능히 안존하며, 몸을 닦아 바로 행하고 천명을 즐겨 알며, 옳은 일을 나타냈다. 그러나 지금은 이른바 처사라는 사람들은 재능이 없으면서 스스로는 재능이 있다 말하고 지식이 없으면서 지식이 있다 말하며, 이익을 좋아하여 만족을 모르면서도 욕심이 없는 척 꾸미며, 행실이 거짓되고 거칠면서도 근엄하고 고상한 척하며, 속되지 않다고 하면서도 속되며, 남들과 다르다고 하면서도 혼자 잘난 체하며 남을 비방하는 자들이다.

| 풀이 | 지성인이 특히 갖추어야 할 것으로 신(信)·인(仁)·지(智)의 덕(德)을 말하였다. 이러한 덕을 갖춘 인물이라면 능히 대중을 설복하여 포용할 수 있는 것이다. 그러나 오늘날의 인사(人士)들은 그가 조정에 있건 초야(草野)에 있건 간에 위선과 허황된 사고방식에 사로잡혀 있고 게다가 난폭하기까지 하다. 전국시대의 진리나 오늘의 진리나 다를 바가 없는 것이다.

3

사군자(士君子)가 할 수 있는 것과 할 수 없는 것이 있으니, 군자는 능히 귀하게 여기는 도덕적 실천을 할 수는 있으나 타인으로 하여금 반드시 자기 자신을 귀하게 여기도록 할 수는 없고, 능히 스스로 신실(信實)할 수는 있어도 타인으로 하여금 자기를 믿도록 할 수는 없으며, 능히 쓸모 있는 인간이 될 수는 있으나 타인으로 하여금 자기를 기용하게 할 수는 없다.

그러므로 군자는 수신하지 않음을 부끄럽게 여기나 남이 욕되게 하는 것은 부끄러워하지 않고, 스스로 신실하지 못한 것을 부끄럽게 여기나 남에게 신뢰를 얻지 못함은 부끄럽게 여기지 아니하며, 스스로 무능함을 부끄럽게 여기지만 임용되지 못함을 부끄럽게 여기지는 않는다. 그러므로 군자는 영예스러움을 뽐내지 않으며, 비방을 듣는 것을 두려워하지 않으며, 솔선하여 도를 행하고 단정하게 자기 몸을 바로잡아 사물에 따라 기울어지는 일이 없으니, 대체로 이런 사람을 가리켜 참된 군자라고 한다. 〈시경〉에 이르기를, "온순하고 공손한 사람은 덕을 기르는 바탕이다."라고 하였으니 이를 가리킨 것이다.

사군자의 용모를 보면, 그 관(冠)은 우뚝 솟아 있고 옷은 크고 그 모습은 훌륭하며, 근엄 · 장엄하고 씩씩하고 평화로우며, 너그럽고 광대하며 뚜렷하고 호탕하니, 이는 부형(父兄)으로서의 태도이다. 그리고 그 관이 높직하고 옷은 크며,

3// 士君子之所能不能爲 君子能爲可貴 不能使人必貴己 能爲可信不能使人必信己 能爲可用 不能使人必用己 故君子恥不修 不恥見汙 恥不信 不恥不見信 恥不能 不恥不見用 是以不誘於譽 不恐於誹 率道而行 端然正己 不爲物傾側 夫是之謂誠君子 詩云 溫溫恭人 維德之基 此之謂也 士君子之容 其冠進 其衣逢 其容良 儼然 壯然 祺然 蕼然 恢恢然 廣廣然 昭昭然 蕩蕩然 是父兄之容也 其冠進 其衣逢 其容愨 儉然 恀然 輔然 端然 訾然 洞然 綴綴然 瞀瞀然 是子弟之容也 吾語汝學者之嵬容 其冠絻 其纓禁緩 其容簡連 塡塡然 狄狄然 莫莫然 瞡瞡然 瞿瞿然 盡盡然 盱盱然 酒食聲色之中則瞞瞞然 瞑瞑然 禮節之中則疾疾然 訾訾然 勞苦事業之中則儢儢然 離離然 偷儒而罔 無廉恥而忍謑詢 是學者之嵬也 弟佗其冠 神禫

其辭 禹行而舜趨 是子張氏之賤儒也 正其衣冠 齊其顔色 嗛然而終日不言 是子夏氏之賤儒也 偷儒憚事 無廉恥而耆飮食 必曰君子固不用力 是子游氏之賤儒也 彼君子則不然 佚而不惰 勞而不優 宗原應變 曲得其宜 如是然後聖人也

기관진(其冠進) : 진(進)은 준(峻)에서 차용한 말로 고준(高峻). 즉, 높다는 뜻.

외용(嵬容) : 기궤(奇詭)한 모습.

기관면(其冠絻) : 면(絻)은 마땅히 면(俛)이어야 한다. 즉, 앞을 향해 굽어보는 듯한 모양.

제타(弟佗) : 위사(委蛇). 모자나 관의 모양이 구부러진 형태로 높은 것.

모습은 삼가는 듯 공손하고 고분고분 친절하며, 번듯하고 한결같으며 성실하고 다소곳하니, 이는 자제(子弟)로서의 모습이다.

내 그대들에게 학문하는 자들의 괴상한 모습을 말하리라. 그 관은 축 처져 있고 갓끈은 흔들흔들 늘어져 있으며, 태도는 오만불손하고 만족한 듯 까불거리며 속되고 좀스럽고, 엄숙한 척 점잖은 척 눈은 지그시 감았다 부릅떴다 하여 절도가 없으면서 술 · 음식 · 소리 · 여색 중에서는 눈을 감으며 무시하는 척하지만 혼을 빼앗기고, 예절을 지키는 자리에서는 증오하고 헐뜯으며, 고된 일을 벌이는 자리에서는 빈둥거리며 게으름을 피워 일에 마음을 붙이지 않으며, 힘든 일은 애써 피하면서 남의 말은 두려워하지도 않고 염치없이 남을 꾸짖기만 하니, 이것이 학문하는 자들의 괴상한 모양이다.

관은 찌그러졌지만 높직하고 말은 깊은 뜻이 담긴 것처럼 그럴듯하며, 우임금을 닮은 걸음걸이에다 순임금의 몸짓을 하는 이런 사람들은 자장(子張)의 천박한 후예들이다. 옷차림이나 관은 바르고 엄숙하며, 안색은 장중하여 종일 가만히 말없이 앉아 있는 사람들은 자하(子夏)의 천박한 후예들이다. 일하기를 싫어하고 염치없이 먹기만을 즐기며, 입으로는 항상 군자를 거론하지만 기력을 쓰지 않음을 당연한 것으로 아는 사람들은 자유(子游)의 천박한 후예들이다.

군자들이란 그렇지가 않아서 안일하되 게으르지 아니하고 수고하되 게으름을 피우지 아니하며, 예와 의를 근본으로 하여 변화에 대처하고 모든 일에 타당하지 않은 것이 없으니, 이와 같아야만 성인을 이루는 것이다.

| 풀이 | 순자의 지론(持論)을 보면, 공자의 제자들인 자장(子張)·자유(子游)·자하(子夏)의 학문은 모두 사이비(似而非)로서 그 종지(宗旨)를 조상의 도를 본받아 서술하여 밝힐 뿐 몸소 실천하지는 못한다고 한다. 그들의 학문형식도 이미 공자의 가르침과는 유리되었다는 주장이다.

성인의 가르침이 후세에 내려올수록 거듭 연역(演繹)되고 부연되는 것은 흔히 있는 일이지만, 그러는 동안에 그 종지는 차츰 더 유원(幽遠)한 곳으로 사라져버리고 한낱 족적(足跡)을 줍는 데 그칠 뿐이다. 그리하여 마침내는 왜곡된 설(說)이 유도되기도 하는데, 순자가 비난한 점은 이런 것들이다. 학문을 하면 그것을 실천하는 것이 공교에서는 무엇보다도 필요하기 때문이다.

여기에 인용된 〈시경〉은 '대아' 억편(抑篇) 제9장이다.

지론(持論) : 늘 주장하는 의견이나 이론(理論).

7 중니편 仲尼篇

1

1// 仲尼之門人 五尺之豎子 言羞稱乎五伯 是何也 日 然 彼誠可羞稱也 齊桓 五伯之盛者也 前事則殺兄而爭國 內行則姑姉妹之不嫁者七人 閨門之內 盤樂奢汰 以齊之分奉之而不足 外事則詐邾襲莒 并國三十五 其事行也若是其險汙淫汰也 彼固曷足稱乎大君子之門哉 若是而不亡 乃霸 何也 日 於乎 夫齊桓公有天下之大節焉 夫孰能亡之 倓然見管仲之能足以託國也 是天下之大知也 安忘其怒 出忘其讐 遂立以爲仲父 是天下之大決也 立以爲仲父 而貴

공자의 문하에서는 키가 다섯 자 정도 되는 아이들까지도 오패(五覇)를 일컫는 것을 부끄러워하는데, 이는 어째서인가? 말하자면 저들 오패란 진실로 입에 담기 부끄러운 것이다.

제(齊)나라 환공(桓公)은 오패 가운데서도 가장 융성했던 자이니, 그는 패도를 이루기 위해 형을 죽이면서 나라의 패권을 다투었고 가정적으로는 그 소행이 고모들과 누이들을 시집보내지 않아 일곱 사람이나 처녀로 늙고 있었으며, 사생활에 있어서는 사치가 극에 달해 제나라 국고수입의 절반을 낭비해도 부족하였다.

또 외교적으로는 주(邾)나라를 속여 거(莒)나라를 습격하는 등 합병한 나라가 35개국이었는데, 그 사업이나 행적이 이렇듯 음험하고 추잡했으니 그같은 인물을 대군자의 문하생들이 어찌 입에 담을 수 있으랴. 그러나 이같이 했으면서도 망하지 않고 패자가 된 것은 무슨 까닭인가?

말하자면, 아아, 저 제나라 환공에게는 천하의 큰 절의(節義)가 있었으니 누가 능히 이를 멸망시킬 수 있었으랴. 관중(管仲)의 능력을 보자 아무런 의심도 없이 나라를 맡겼으니 이것이 천하의 큰 지혜라는 것이다. 편안할 때 그 급박한 시기의 원한과 노여움을 잊고 곤경에서 벗어나면 그 곤란했을 때의 재난을 잊는 것처럼(옛날 상대국에서 자기를 죽이려던 일을 모조리 잊어버리고), 마침내 그를 세워 중보(仲父)로 삼았으니 이것이 천하의 큰 결단이라는 것이다.

관중을 중보로 삼은 다음에는 귀인이나 인척 중에 감히 그를 시기하는 자가 없었으니, 그를 고씨(高氏)와 국씨(國氏) 같은 상경(上卿)의 지위에 올려 대우했어도 신하들 가운데 그를 미워하는 자가 없었으며, 25가구씩 3백이나 되는 큰 고을의 땅을 주어도 부호들간에 감히 그를 적대시하는 자가 없었고, 귀하거나 천하거나 노소를 막론하고 나란히 환공을 따라 그를 공경하고 귀하게 여기지 않는 사람이 없었으니, 이것이 천하의 큰 절의라는 것이다.

여러 제후들 가운데 이러한 절의 중 한 가지만이라도 가진 자가 있다고 할지라도 망하지 않았을 것인데, 환공은 여러 가지 절의를 모두 가지고 있었으니 다시 누가 그를 멸망시킬 수 있었으랴. 그의 패도는 당연한 것이다. 이는 요행이 아니라 이치상 당연한 일인 것이다.

그런데도 공자의 문하에서는 키가 다섯 자 정도의 아이들까지 오패에 대하여 일컫는 것을 부끄럽게 여기니 어찌된 일인가? 말하자면 이러하다. 그의 정교일치(政敎一致)를 근

戚莫之敢妬也 與之高國之位 而本朝之臣莫之敢惡也 與之書社三百 而富人莫之敢距也 貴賤長少 秩秩焉 莫不從桓公而貴敬之 是天下之大節也 諸侯有一節如是 則莫之能亡也 桓公兼此數節者而盡有之 夫又何可亡也 其覇也 宜哉 非幸也 數也 然而仲尼之門人五尺之豎子 言羞稱乎五伯 是何也 曰 然 彼非本政教也 非致隆高也 非綦文理也 非服人之心也 鄉方略 審勞佚 畜積修鬪 而能顚倒其敵者也 詐心以勝矣 彼以讓飾爭 依乎仁而蹈利者也 小人之傑也 彼固曷足稱乎大君子之門哉 彼王者則不然 致賢而能以救不肖 致彊而能以寬弱 戰必能殆之而羞與之鬪 委然成文以示之天下 而暴國安自化矣 有災繆者然後誅之 故聖王之誅也 綦省矣 文王誅四 武王誅二 周公卒業 至於成王則安無誅矣 故道豈不行矣哉 文王載 百里地而天下一 桀紂舍之 厚於有天下之埶而不得以匹夫老 故善用之 則百

里之國足以獨立矣 不善用之 則楚六千里而爲讎人役 故人主不務得道而廣有其埶 是其所以危也

반락사태(般樂奢汰) : 반(般)은 낙(樂)과 같고 태(汰)는 치(侈).

담연(倓然) : 안연불의(安然不疑). 즉, 조금도 의심치 않다.

서사(書社) : 사(社)는 〈주례(周禮)〉에 의하면 25가(家)를 가리킨다.

위수인역(爲讎人役) : 여기서 수인(讎人)이란 진(秦)나라를 가리킨다. 초(楚)나라의 회왕(懷王)이 진나라에서 죽었고 또 그 아들이 다시 진나라에 잡혀 역사(役使)당한 고사(故事).

본으로 하지 않았고 그 융성하고 고매한 예의를 지극하게 하지도 않았으며, 문장과 조리의 극치를 다하지도 않았고 인심을 진실로 복종시키지도 않았기 때문이다. 다만 한결같이 천하의 방책으로써 백성들의 수고로움과 편안함을 잘 살펴, 재화를 축적하면서 능히 적을 쓰러뜨릴 수 있게 되자 수단과 방법을 가리지 않고 속임수로 승리하였으며, 겸양하는 체 쟁욕(爭欲)을 꾸며 인(仁)을 내세워 온갖 이익을 독차지하였으니 소인 중의 영걸이었다. 그러니 그가 어찌 대군자의 문하생의 일컬음을 받을 것인가.

저 왕자(王者)란 그렇지가 않으니, 현명을 다해서 어리석은 자들을 구해주고 강대한 나라가 되도록 힘쓰면서 약소국에 대해 너그러우며, 싸워서 능히 상대방을 위태롭게 할 수 있으면서도 어울려 전쟁하는 것을 부끄럽게 여기고, 예와 의의 도덕적 법칙을 세워 천하에 보임으로써 난폭한 나라가 스스로 감화되게 하면서 재해를 끼치는 자가 있으면 이를 처형한다. 그러므로 성왕이 남의 나라를 토벌하는 일은 극히 드물다.

문왕은 네 나라를 토벌하였고 무왕은 두 나라를 토벌하였으며, 주공은 대업을 완성한 다음 성왕에 이르기까지 조용히 한 번도 남의 나라를 토벌한 일이 없었다. 그러니 도(道)가 어찌 행해지지 않겠는가. 문왕은 사방 백 리밖에 안 되는 작은 나라에서 시작하여 천하를 통일하였으나, 걸왕과 주왕은 도를 행하지 않았으므로 천하의 권력을 충분히 가지고 있으면서도 그 일생은 필부처럼 늙을 수밖에 없었다.

그러므로 도를 선용하면 사방 백 리의 나라로써도 족히 독립할 수 있으며, 이를 선용하지 않으면 초나라와 같은 사방 6천 리의 큰 나라로써도 적국 사람들의 부림을 받게 되는 것이다. 그러므로 임금으로서 도를 행하는 데 힘쓰지 않고 그 세력을 넓히는 데만 힘쓴다면 나라가 위태로운 원인이 된다.

선용(善用) : 올바르게 씀.

| 풀이 | 왕자(王者)와 패자(覇者)의 다른 점은 무엇인가? 왕자는 예의(禮義)를 이념으로 하고 패자는 권모술수를 위주로 한다. 제나라의 환공은 진 문공(晉文公) · 오왕 합려(吳王闔閭) · 월왕 구천(越王勾踐) · 초 장왕(楚莊王)과 더불어 춘추시대에 패업을 이룩한 다섯 사람 중 하나로서, 제 양공(齊襄公)이 무도하여 내란이 일어났을 때 형인 규(糾)를 죽이고 왕위에 오른 사람이다. 그러니 맏형의 나라를 놓고 두 아우가 다툰 셈이었다.

관중은 이러한 때 규의 신하로 일했으니, 원수인데도 자기 신하인 포숙아(鮑叔牙)의 천거로 선뜻 관중을 기용하였던 것인데, 이는 단지 그 능력을 중시했기 때문이다. 이 일은 오늘날의 정치풍토와 다를 바가 없다.

포숙아(鮑叔牙) : 제나라의 어진 신하. 친구인 관중을 환공에게 천거하여 재상이 되게 하여 환공의 패업을 달성시켰다.

이에 반하여 성군(聖君)이던 문왕(文王)은 천하를 통일하기 위해 밀(密) · 원(阮) · 공(共) · 숭(崇)의 네 나라를 정벌하는 것만으로 천하의 인심을 감화시켰으며, 무왕(武王)은 주(紂)와 엄(奄)을 정벌하였을 뿐이다.

2

2// 持寵處位終身不厭之術 主尊貴之 則恭敬而僔 主信愛之 則謹愼而嗛 主專任之 則拘守而詳 主安近之 則愼比而不邪 主疏遠之 則全一而不倍 主損絀之 則恐懼而不怨 貴而不爲夸 信而不處謙 任重而不敢專 財利至則善而不及也 必將盡辭讓之義然後受 福事至則和而理 禍事至則靜而理 富則施廣 貧則用節 可貴可賤也 可富可貧也 可殺而不可使爲姦也 是持寵處位終身不厭之術也 雖在貧窮徒處之埶 亦取象於是矣 夫是之謂吉人 詩曰 媚玆一人 應侯順德 永言孝思 昭哉嗣服 此之謂也 求善處大重 理任大事 擅寵於萬乘之國 必無後患之術 莫若好同之 援賢博施 除怨而無妨害人 能耐任之 則愼行此道也 能而不耐任 且恐失寵 則莫若早同之 推賢讓能 而安隨其後 如是 有寵則必榮 失寵則必無罪 是事君者

임금의 총애로 높은 지위에 올라 평생토록 도를 행함에 있어 싫증이 나지 않는 방법은, 임금이 존귀하게 여겨주면 공경하여 몸을 낮추어 물러나고 임금이 믿고 아끼면 삼가서 겸양할 것이며, 임금이 전적으로 일을 맡기면 임무를 굳게 지켜 빈틈없이 처리하고 임금이 안심하고 측근에 두면 복종하고 삼가되 간사하지 말 것이며, 임금이 멀리한다고 해도 한결같이 행하여 배반하지 아니하며, 임금이 버려도 두려워하며 원망하지 말아야 한다.

또한 신분이 귀해져도 자랑하지 말고 신임을 받는다 할지라도 혐의를 받는 부분이 없게 하며, 중용될지라도 마음대로 전단하지 말 것이며, 재물과 이익 앞에 닥치면 선행이 그에 미치지 못한다는 듯 반드시 극구 사양하는 예의를 보인 뒤에 받아야 한다. 복된 일이 닥치면 화순(和順)하여 법도에 맞게 하고 불행한 일이 닥치면 안정하여 법도에 맞게 하며, 부하면 베풀고 가난하면 절용하며, 귀하면 귀한 대로 천하면 천한 대로, 부유하면 부유한 대로 가난하면 가난한 대로 적절히 처신하여 비록 죽인다 해도 간사한 일을 해서는 안 된다. 이것이 총애를 받고 높은 지위에서 죽을 때까지 싫증 내지 않는 방법이다.

비록 벼슬을 못하여 가난한 외돌토리가 되었을지라도 이를 모범으로 삼아 살아가야 하는 것이니, 대체로 이런 사람을 일러 길인(吉人)이라고 하는 것이다. 〈시경〉에 말하기를,

"여기 아끼는 한 사람이 있으니 효심의 덕을 따름이로다. 길이 효도를 다하신 분이니, 빛나도다 그의 후사(後嗣)여!" 하였으니 바로 이를 가리킨 말이다.

높은 지위에서 나라의 큰일을 맡아 처리하며 만승(萬乘)의 나라 임금의 총애를 한껏 받으면서도 후환이 없게 하는 방법으로는, 어진 이들과 화합하기를 좋아하는 것보다 더함이 없고 어진 이를 이끌어 쓰고 널리 은혜를 베풀며, 원한을 없애고 남을 해치지 말아야 한다. 그 책임을 능히 감당할 만하면 그 도를 삼가 행하고 능히 감당할 수 없으면서도 또한 총애를 잃기가 두렵다면 일찍 어진 이들과 화합해야 하나니, 현자를 추대하고 능력있는 이들에게 양보하며 자신은 뒤에서 그들의 뜻에 따라야 한다.

이렇게 하면 임금의 총애가 있을 때는 반드시 영화롭고 총애를 잃었을 때라도 반드시 죄를 짓는 일이 없게 된다. 이것이 임금을 섬기는 자의 보배로운 일이요, 후환을 입지 않는 방법이다. 그러므로 지혜있는 자가 일을 함에 있어서는, 가득 찼을 때는 부족한 것을 생각하고 평안할 때는 험난한 것을 생각하며, 안락할 때는 위태로움을 생각하고 그 예비함을 중시하여 오히려 그 화가 미칠 것을 두려워하니, 이리하여 백 가지 일을 해도 액운에 빠지지 않는 것이다.

공자가 말하기를, "정교하되 법도를 좋아하면 반드시 절도가 있고 용감하되 화합하면 반드시 승리하며, 지혜로우면서 겸양하면 현자이다."라고 하였으니 이를 가리키는 것이다.

그러나 어리석은 자는 이와 반대로 중요한 지위에 있으면

之寶 而必無後患之術也 故知者之擧事也 滿則慮嗛 平則慮險 安則慮危 曲重其豫 猶恐及其旤 是以百擧而不陷也 孔子曰 巧而好度必節 勇而好同 必勝 知而好謙 必賢 此之謂也 愚者反是 處重擅權 則好專事而妬賢能 抑有功而擠有罪 志驕盈而輕舊怨 以吝嗇而不行施道乎上 爲重招權於下以妨害人 雖欲無危 得乎哉 是以位尊則必危 任重則必廢 擅寵則必辱 可立而待也 可炊而僥也 是何也則墮之者衆而持之者寡矣 天下之行術 以事君則必通 以爲仁則必聖 立隆而勿貳也 然後恭敬以先之 忠信以統之 愼謹以行之 端慤以守之 頓窮則從之疾力以申重之 君雖不知 無怨疾之心 功雖甚大 無伐德之色 省求多功 愛敬不勌 如是則常無不順矣 以事君則必通 以爲仁則必聖夫是之謂天下之行術少事長 賤事貴 不肖事賢 是天下之通義也有人也 埶不在人上 而羞爲人下 是姦人之心也 志不免乎姦心 行不

免乎姦道 而求有君子聖人之名 辟之是猶伏而咶天 救經而引其足也 說必不行矣 俞務而俞遠 故君子時詘則詘 時伸則伸也

공경이준(恭敬而僔) : 준(僔)은 준(撙)과 같으므로, 낮추어 물러나는 것.
도호상위중(道乎上爲重) : 어리석은 자가 권세를 함부로 휘두르면서 그의 언행이 모두 윗사람의 뜻인 양 스스로 무겁게 하는 것.
가취이경야(可炊而儝也) : 취(炊)는 밥을 끓이는 것, 경(儝)은 경(竟)과 같은 뜻으로 보아 '마치다'로 풀이한다.
이위인(以爲仁) : 인(仁)을 여기서는 인(人)으로 해석한다.

권력을 함부로 휘두르고 독단적으로 일을 처리하기를 좋아하며, 현명하고 능력있는 자를 시기하고 공이 있는 자를 억압해 죄상을 들추어내고 뜻이 교만으로 가득 차서 묵은 원한까지 들추어 경솔하게 대하며, 인색하여 남에게 베푸는 일이 없고 위에서 하는 말이라고 스스로 중히 여기면서 아랫사람으로부터 권세를 한 몸에 불러모아 남을 해치니, 비록 위태로워지지 않고자 한들 제대로 될 것인가?

이리하여 지위가 높아지면 반드시 위태롭게 되고 임무가 중해지면 반드시 파직되며, 총애를 한껏 받으면 반드시 오욕이 돌아오니, 서서 기다리는 것처럼 불을 때서 밥을 짓는 잠깐 사이에 금방 닥칠 것이다. 이는 무슨 까닭인가? 그를 떨어뜨리려는 사람은 많고 그를 지지하는 사람은 적기 때문이다.

천하에서 행하는 방술이란, 임금을 섬기면 반드시 통달하고 남을 위해 일을 하면 반드시 성스럽게 되며, 중도(中道)를 세워 두 마음을 품지 않는 것이다. 그런 뒤에 공경하는 마음으로 이를 앞세우고 충성과 믿음으로 이를 통솔하며, 삼가면서 이를 행하고 단정하고 정성스럽게 이를 지키며, 곤궁에 처할지라도 이를 따르면서 힘써 거듭한다.

임금이 비록 알아주지 않아도 원망하는 마음이 없고 공적이 아무리 클지라도 덕을 자랑하는 빛을 나타내지 않으며, 요구는 줄이고 공적은 많게 하며, 아끼고 공경하며 싫증을 내지 않아야 한다. 이같이 한다면 항상 순조롭지 않음이 없을 것이다. 임금을 섬김으로써 반드시 통달하고 남을 위해

일함으로써 반드시 성스럽게 된다. 대체로 이런 것을 가리켜 천하에 행하는 방술이라 한다.

방술(方術) : 방법과 기술.

젊은이는 어른을 섬기고 천한 사람은 귀한 사람을 섬기며, 어리석은 사람이 현자를 섬기는 것은 천하의 공통된 도리이다. 권세가 남보다 위에 있지 않은 사람으로서 남의 아랫자리에 있는 것을 수치로 여기는 것은 간사한 사람의 마음이다. 뜻이 간사한 마음에서 벗어나지 못하고 행실이 간사한 범주에서 벗어나지 못하면서 군자니 성인이니 하는 이름을 얻고자 하는 것은, 비유컨대 엎드려서 하늘을 핥는 격이요 목을 맨 사람을 구하겠다고 그 발을 잡아당기는 격이니, 말해도 실행되지 않으며 애를 쓸수록 점점 멀어질 것이다. 그러므로 군자는 시기에 적절하게 굽혀야 할 때는 굽히고 펴야 할 때는 펴는 것이다.

| 풀이 | 〈시경〉의 인용은 '대아' 하무(下武) 제4장인데, 성왕(成王)이 무왕(武王)의 효심을 본받아 행실을 돈독히 한 것을 가리킨 것이다. 이 편명(篇名)인 '중니(仲尼)'는 단순히 머릿글자를 따서 붙인 것에 불과하다. 군자의 처신과 소인의 처신은 어떠한가? 군자로서 처신하는 방법을 유교적 입장에서 비판한 글이다.

중니(仲尼) : 공자(孔子)의 자(字).

8 유효편 儒效篇

1

1// 大儒之效 武王崩 成王幼 周公屛成王而及武王以屬天下 惡天下之倍周也 履天子之籍 聽天下之斷 偃然如固有之 而天下不稱貪焉 殺管叔 虛殷國 而天下不稱戾焉 兼制天下 立七十一國 姬姓獨居五十三人 而天下不稱偏焉 敎誨開導成王 使諭於道 而能揜迹於文武 周公歸周 反籍於成王 而天下不輟事周 然而周公北面而朝之 天子也者 不可以少當也 不可以假攝爲也 能則天下歸之 不能則天下去之 是以周公屛成王而及武王以屬天下 惡天下之離周

위대한 유자의 공효를 볼 것 같으면, 무왕이 죽고 뒤를 이은 성왕이 나이 어리니 성왕을 잠시 물리고 주공(周公)이 무왕을 계승하여 천하의 인심을 잡은 것은, 천하가 주(周)나라에 등을 돌릴까 걱정되었기 때문이다. 천자의 자리에 올라 태연한 모습으로 천하의 정치를 들으며 오히려 그것이 당연한 양 하였어도 천하가 아무도 탐욕스럽다고 하지 않았으며, 형인 관숙(管叔)을 죽이고 은(殷)나라를 폐허로 만들었어도 천하가 아무도 흉포하다고 하지 않았다. 천하를 다스려 71개 제후국을 세우고 그 중 53개국을 희성(姬姓)의 친족이 다스렸으나, 천하가 아무도 불공평하다고 하지 않았다.

성왕을 깨우치고 인도하여 도를 깨닫게 한 다음, 문왕과 무왕의 대업을 계승하게 하고 주공은 전과 같이 옛 주나라로 돌아와 성왕에게 자리를 돌려주니 천하가 주나라 왕조를 섬겨 변함이 없었으며, 이렇게 한 뒤에 주공은 신하로서 북면(北面)하여 성왕을 배알했다.

천자의 자리는 어린 사람으로서는 감당할 수 없고 오랜 동안 섭정을 할 수도 없는 것이요, 유능하면 천하가 귀순하지만 무능하면 천하가 버리고 가버린다. 그래서 주공은 성왕을 잠시 물리고 무왕을 계승하여 천하를 잡았으니, 이는 천하가 주나라 왕조를 떠날까 걱정해서였던 것이다.

성왕이 나이가 차서 성인이 되자 주공은 옛 주나라로 돌아가고 천자의 자리를 돌려주었으니, 임금을 멸하지 않는다는 대의(大義)를 밝힌 것이다. 주공은 원래부터 천하가 없었으니 천하를 가졌다가 이제 천하가 없어진 것은 제위를 물려준 것이 아니요, 성왕이 천하를 갖지 못하였다가 이제 천하를 소유하게 된 것은 제위를 빼앗은 것도 아니며, 정세의 변화에 따른 순서와 절차가 그런 것이다.

그러므로 친족으로서 임금을 대신한 것은 월권이 아니요, 아우로서 형을 죽인 것은 포악이 아니며, 임금과 신하가 자리를 바꾼 것은 순리를 거스른 것이 아니다. 천하의 화평에 근거를 두고 문·무의 대업을 수행하며 주군과 친족의 의리를 밝히고, 또한 변화에 적절히 대처하였다. 그러나 천하가 복종함이 한결같았다. 이는 성인이 아니고서는 할 수가 없는 일인데, 대체로 이를 가리켜 위대한 유자의 공효라 한다.

진(秦)나라 소왕(昭王)이 손경자에게 물었다. "유학자(儒學者)는 국가에 이익이 됩니까?" 하니 손경자가 대답했다. "유학자는 선왕을 본받고 예의를 존숭하며 삼가 신하의 도리를 행함으로써 그 윗사람을 귀하게 합니다. 임금이 그를 기용

也 成王冠 成人 周公歸周反籍焉 明不滅主之義也 周公無天下矣 鄉有天下 今無天下 非擅也 成王鄉無天下 今有天下 非奪也 變埶次序節然也 故以枝代主而非越也 以弟誅兄而非暴也 君臣易位而非不順也 因天下之和 遂文武之業 明枝主之義 抑亦變化矣 天下厭然猶一也 非聖人莫之能爲 夫是之謂大儒之效

秦昭王問孫卿子曰 儒無益於人之國 孫卿子曰 儒者法先王 隆禮義 謹乎臣子而致貴其上者也 人主用之 則埶在本朝而宜 不用則退編百姓而慤 必爲順下矣 雖窮困凍餧 必不以邪道爲貪 無置錐之地 而明於持社稷之大義 嗚呼而莫之能應 然而通乎財萬物 養百姓之經紀 埶在人上 則王公之材也 在人下 則社稷之臣 國君之寶也 雖隱於窮閻漏屋 人莫不貴之 道誠存也 仲尼將爲司寇 沈猶氏不敢朝飮其羊 公愼氏出其妻 愼潰氏踰境而徙 魯之粥牛馬者不豫賈 必蚤正以待之也 居於闕黨 闕黨之子弟 罔不

分 有親者取多 孝弟以化之也 儒者在本朝則美政 在下位則美俗 儒之爲人下如是矣 王曰 然則其爲人上何如 孫卿曰 其爲人上也 廣大矣 志意定乎內 禮節脩乎朝 法則度量正乎官 忠信愛利形乎下 行一不義 殺一無罪 而得天下 不爲也 此君義信乎人矣 通於四海 則天下應之如讙 是何也 則貴名白而天下治也 故近者歌謳而樂之 遠者竭蹶而趨之 四海之內若一家 通達之屬莫不從服 夫是之爲人師 詩曰 自西自東 自南自北 無思不服 此之謂也 夫其爲人下也如彼 其爲人上也如此 何謂其無益於人之國也 昭王曰 善

이지대주(以枝代主) : 지(枝)는 지자(枝子). 주공은 무왕(武王)의 아우이므로 지(枝)라 할 수 있다. 주(主)는 성왕(成王)이다.

필조(必蚤) : 여기서 필(必)은 덧붙인 글자이다. 조(蚤)는 수(修)의 오자가 아닌가 생각된다.

망불분(罔不分) : 망(罔)은

하면 조정에 나아가 모든 일을 합당하게 처리하고 기용되지 않으면 물러나 백성들 사이에 끼여 정성을 다해 반드시 순응할 것입니다.

비록 곤궁하여 추위와 굶주림에 허덕이더라도 결코 사도(邪道)로써 탐하지 않으며, 비록 송곳을 꽂을 땅 한 조각이 없더라도 사직의 대의를 견지하여 이를 분명히 합니다. 부름에 아무도 대답해줄 사람이 없어도 만물을 풍부하게 하고 백성을 기르는 도리와 기강에 통해 있습니다.

세력을 얻어 남의 윗자리에 있게 되면 왕공의 재목이요, 남의 밑에 있게 되면 사직의 신하로서 임금의 보배입니다. 비록 궁벽한 시골의 누추한 집에 은거하여도 사람들이 이를 귀하게 여기지 않음이 없으니, 이는 도가 진실로 존재하고 있기 때문입니다.

공자께서 장차 사구(司寇)가 되려 하시매 심유씨(沈猶氏)가 그날 아침부터 양에게 물을 먹여 파는 행위를 금하도록 하였고, 공신씨(公愼氏)는 음란한 아내를 쫓아보냈으며, 신궤씨(愼潰氏)는 사치와 방종을 일삼던 자기의 죄를 알고 국경을 넘어 이사하였고 노나라의 소장수와 말장수들은 미리 값을 더 얹어 매기지를 않았으니, 이는 몸을 바르게 닦고서 기다린 때문입니다.

공자께서 궐당(闕黨)에 거주할 때는 궐당의 자제들이 그물로 잡은 물고기나 짐승을 분배함에 있어 어버이가 있는 자가 많이 갖도록 하였으니, 효제(孝弟)로써 이들을 감화시켰던 까닭입니다. 유자란 조정에 있으면 정사를 아름답게 하고 아랫자리에 있으면 풍속을 아름답게 합니다. 유자가 남의 아랫자리에 있을 때는 이러한 것입니다." 하였다.

왕이 말했다. "그러면 그가 임금의 자리에 오를 경우에는 어떻게 되겠습니까?" 하니 순자가 말했다. "유자가 임금이 된다면 그 공덕은 광대합니다. 안으로는 견고하게 안정된 의지가 있으며, 조정에서는 예절이 잘 닦여지고 관아에서는 법과 도량형이 바르게 지켜지며 충성과 믿음, 사랑과 이익되는 풍속이 아래로 형성됩니다. 단 한 번이라도 불의를 행하거나 죄없는 자를 죽이거나 하여 천하를 얻는 행위는 하지 않습니다. 이런 임금의 의리는 백성들이 신임하는 바가 되니, 온 세상에 널리 통하여 천하가 떠들썩하게 호응합니다. 이것은 어째서인가 하면, 귀한 이름이 명백히 드러나 천하가 다스려졌기 때문입니다.

그러므로 가까이 있는 자들은 덕을 기리어 노래를 부르며 즐거워하고 멀리 있는 자들은 넘어지면서도 달려옵니다. 온 세상이 한집안 같아서 길이 통하는 모든 곳의 사람들은 복종하지 않는 이가 없습니다. 대체로 이런 사람을 일러 우두머리라 합니다.

〈시경〉에 말하기를, '서쪽에서 동쪽에서, 남쪽에서 북쪽에서 복종해오지 않는 백성이 없도다.' 하였으니 바로 이를 말함입니다. 그리고 대체로 그 사람이 아래로 남의 신하가 되면 먼저 말한 것과 같고, 위로 임금의 자리에 있으면 지금 말한 것과 같으리니, 어째서 나라에 무익한 사람이겠습니까?" 하니 소왕이 말했다. "좋은 말이오!"

망(網)의 고자(古字). 불(不)은 부(罘)로 그물이라는 뜻. 모두 짐승을 잡는 그물이다.

| 풀이 | 진정한 유자(儒者)의 행위를 논한 글이다. 순자 32편은 대개 순자 자신의 글이라 하고 있으나, 여기서 '손경자왈(孫卿子曰)'이라고 한 것으로 보아 그 제자들이 조술(祖述)한 것으로 생각된다. 처음부터 유가학설(儒家學說)의 옹호로서 그 효능과 공적에 대하여 논하고 있다.

조술(祖述) : 선인(先人)의 설을 본받아 그 뜻을 펴서 서술함.

2

선왕(先王)의 도는 인(仁)을 숭상하는 것으로서, 이는 중도(中道)를 따라 실천해가는 것이다. 그렇다면 무엇을 중도라 하는가? 말하자면 예의(禮義)가 이것이다. 도란 하늘의 도도 아니요 땅의 도도 아니며, 사람으로서 가야 할 길이고 군자가 밟아나가는 길이다.

군자를 가리켜 이른바 현자라고 하는 것은 모든 일을 두루 잘한다고 해서 그러는 것이 아니요, 군자를 가리켜 이른바 지자(知者)라고 하는 것은 모든 사람이 아는 일을 두루 다 안다고 해서 그런 것이 아니며, 군자를 가리켜 이른바 변설자라고 하는 것은 모든 사람들이 하는 변설을 두루 잘한다고 해서 그러는 것이 아니며, 군자를 가리켜 이른바 밝게 살피는 사람이라고 하는 것은 모든 일을 두루 잘 살핀다고 해서 그러는 것이 아니니, 그치고 정착하는 바, 곧 예가 있기 때문이다.

높고 낮은 곳을 보아 비옥한 데를 골라서 오곡을 때에 따라 심고 거두는 일에 있어서는 군자가 농군만 못하고, 재화

2// 先王之道 仁之隆也 比中而行之 曷謂中曰禮義是也 道者 非天之道 非地之道 人之所以道也 君子之道也 君子之所謂賢者 非能徧能人之所能之謂也 君子之所謂知者 非能徧知人之所知之謂也 君子之所謂辯者 非能徧辯人之所辯之謂也 君子之所謂察者 非能徧察人之所察之謂也 有所正矣 相高下 視墝肥 序五種 君子不如農人 通財貨 相美惡 辯貴賤 君子不如賈人 設規矩 陳繩墨 便備用 君子不如工人 不卹是非然不然之情 以相薦撙 以相恥怍 君子不若惠施鄧析 若夫譎德而定次 量能而授官 使賢不肖皆得其位 能不

를 유통시키고 좋고 나쁜 것을 보아 비싸고 싼 것을 가리는 일에 있어서는 군자가 상인만 못하며, 자와 먹줄을 벌여놓고 일상생활의 편리한 기구들을 만드는 데는 군자가 공인(工人)만 못하다. 옳다 그르다, 그렇다 그렇지 않다 하는 등의 사정은 돌보지 않고 서로 억지를 부려 말로 상대에게 창피를 주려는 일은 군자가 혜시나 등석을 따르지 못한다.

그러나 사람의 덕을 헤아려 지위의 차례를 정하고 능력을 재량하여 벼슬을 주며, 어진 자와 불초한 자들이 모두 그 자리를 얻게 하고, 재능있는 자와 재능없는 자가 모두 관직을 얻어서 만물이 그 마땅한 바를 얻고 그 변화에 따라 적응하도록 하며, 신도(愼到)와 묵적(墨翟)이 그들의 담론을 다 펴지 못하게 하고 혜시와 등석이 감히 궤변을 다 늘어놓지 못하게 하는 등, 말은 반드시 사리에 마땅하고 일은 반드시 실무에 마땅하게 하니, 이것이 군자의 장점인 것이다.

모든 일과 행위가 도리에 유익한 것은 이를 세워 권장하고 유익하지 못한 것은 이를 폐지하니, 대체로 이를 일러 중도(中道)라고 하는 것이다. 모든 학설은 도리에 유익하면 이를 행해지게 하고 무익한 것은 버리니, 대체로 이를 일러 중정(中正)을 얻은 학설이라고 한다. 일과 행위가 중도를 잃으면 이를 일러 간사한 일이라 하고 학설이 중도를 잃으면 이를 일러 간사한 도리라고 하니, 간사한 일과 간사한 도리는 세상이 다스려지는 데 있어서는 버림받고, 난세에 있어서는 그대로 받아들여지는 것이다.

만일 가득 차고 빈 것을 서로 바꿔 말하고 단단하고 흰 돌

能皆得其官 萬物得其宜 事變得其應 愼墨不得進其談 惠施鄧析不敢竄其察 言必當理 事必當務 是然後君子之所長也 凡事行 有益於理者 立之 無益於理者 廢之 夫是之謂中事 凡知說 有益於理者 爲之 無益於理者 舍之 夫是之謂中說 事行失中謂之姦事 知說失中謂之姦道 姦事 姦道 治世之所棄而亂世之所從服也 若夫充虛之相施易也 堅白同異之分隔也 是聰耳之所不能聽也 明目之不能見也 辯士之所不能言也 雖有聖人之知 未能僂指也 不知 無害爲君子 知之 無損爲小人 工匠不知 無害爲巧 君子不知 無害爲治 王公好之則亂法 百姓好之則亂事 而狂惑戇陋之人 乃始率其羣徒 辯其談說 明其辟稱 老身長子 不知惡也 夫是之謂上愚 曾不如相鷄狗之可以爲名也 詩曰 爲鬼爲蜮 則不可得 有靦面目 視人罔極 作此好歌 以極反側 此之謂也 我欲賤而貴 愚而智 貧而富 可乎 曰 其唯學乎 彼學者 行之 曰士也

敦慕焉 君子也 知之聖人也 上爲聖人 下爲士君子 孰禁我哉 鄕也 混然涂之人也 俄而竝乎堯禹 豈不賤而貴矣哉 鄕也 效門室之辨 混然曾不能決也 俄而原仁義 分是非 圖回天下於掌上 而辨白黑 豈不愚而知矣哉 鄕也 胥靡之人 俄而治天下之大器擧在此 豈不貧而富矣哉 今有人於此 屑然藏千溢之寶 雖行貸而食 人謂之富矣 彼寶也者 衣之 不可衣也 食之 不可食也 賣之 不可僂售也 然而人謂之富 何也 豈不大富之器誠在此也 是杅杅亦富人已 豈不貧而富矣哉 故君子無爵而貴 無祿而富 不言而信 不怒而威 窮處而榮 獨居而樂 豈不至尊至富至重至嚴之情擧積此哉 故曰 貴名不可以比周爭也 不可以夸誕有也 不可以埶重脅也 必將誠此然後就也 爭之則失 讓之則至 遵道則積 夸誕則虛 故君子務脩其內而讓之於外 務積德於身而處之以遵道 如是 則貴名起如日月 天下應之如雷霆 故曰 君子隱而顯 微

을 서로 다른 것으로 격리시켜 단단한 돌과 흰 돌이 다르다는 것은 아무리 총명한 귀로도 들을 수 없는 것이요, 밝은 눈으로도 보이지 않고 웅변가라도 말을 할 수 없는 바이니, 비록 성인의 지혜를 가졌다 해도 쉽사리 따지기 어려운 것이다. 이런 것을 모른다 해도 군자가 되는 데 해롭지 않고 이를 안다고 해서 소인이 되지 않는 것은 아니다. 기술자가 이를 모른다 해서 정교한 기구를 만드는 데 해로울 것이 없으며, 군자가 이것을 모른다 해도 정치하는 데 해로울 것이 없다. 왕공이 이를 좋아하면 법도를 어지럽히고 백성이 이를 좋아하면 생업을 어지럽힌다.

그런데 광적(狂的)이며 어리석고 고루한 사람들이 처음 그 무리를 모아서 그런 그릇된 담설을 변론하여 자신이 늙고 그 자식이 어른이 될 때까지도 나쁜 줄을 모른다. 대개 이런 것을 가리켜 최고의 어리석음이라고 하니, 이와 같은 이름을 얻는 것은 닭이나 개의 상(相)보다 못하다.

〈시경〉에 말하기를, “귀신이나 물여우는 모습을 볼 수 없다지만 사람을 면대하여 그 눈을 흐리게 하네. 이 노래를 지어 부르는 것은 뉘우침 있기를 바라서라네.” 하였으니 이를 가리킨 것이다.

내가 천하면서 귀해지고 싶고 어리석으면서 지혜로워지고 싶으며 가난하면서 부자가 되고 싶은데 가능할까? 말하자면 오로지 배우는 길밖에 없다. 저들 학문하는 자가 이를 행하면 선비요, 돈독히 사모하면 군자요, 이를 알면 성인이라 하는 것이다. 위로는 성인이 될 수 있고 아래로는 사군자가 될 수 있으니, 누구라서 나를 막으랴.

조금 전까지는 혼연히 거리의 사람들과 섞여 있던 사람이 갑자기 요나 우와 견줄 만한 신분이 되었다면, 어찌 천하면서 귀하게 되었다고 하지 않을 수 있으랴. 조금 전까지는 문과 방의 일조차 제대로 분별하지 못하고 어지러이 섞여다니면서 결단을 내리지 못하다가 갑자기 인의의 근본을 알아, 시비를 가리고 천하를 손바닥 위에 놓고 다루듯 흑백을 가리니, 어찌 어리석은 자가 슬기롭게 되었다고 하지 않으랴. 조금 전까지는 텅 비어 아무것도 가진 것이 없다가 갑자기 천하를 다스리는 큰 그릇이 되어 그 몸에 갖추어져 있으니, 어찌 가난하면서 부자가 되었다고 하지 않을 수 있으랴.

이제 여기 한 사람이 있는데 몸에 천만금의 보물을 지니고 있다면 길에서 밥을 빌어먹는다고 해도 사람들이 부자라고 할 것이다. 저 보물이란 것은 옷을 해 입으려고 해도 입을 수 없고 먹으려고 해도 먹을 수 없으며, 팔려고 해도 쉽사리 팔 수 없는데도 사람들은 부자라고 일컬으니, 이는 무슨 까닭인가? 진실로 큰 부자가 될 물건을 몸에 지니고 있기 때문이 아니겠는가? 이것은 틀림없이 대단한 부자이니 어찌 가난하면서 부자라고 아니할 수 있으랴.

그러므로 군자는 작위가 없으면서도 귀하고 녹이 없으면서도 부자이며, 말을 아니해도 믿음직하고 노하지 않아도 위엄이 있으며, 궁벽한 곳에 있어도 영화롭고 혼자 있어도 즐거우니, 어찌 지극히 존귀하고 지극히 부유하고 지극히 중대하고 지극한 위엄을 그 몸에 지니고 있다고 하지 않으랴. 그

而明 辭讓而勝 詩曰 鶴鳴於九皐 聲聞於天 此之謂也 鄙夫反是 比周而譽俞少 鄙爭而名俞辱 煩勞以求安利 其身俞危 詩曰 民之無良 相怨一方 受爵不讓 至於己斯亡 此之謂也 故能小而事大 辟之是猶力之少而任重也 舍粹折無適也 身不肖而誣賢 是猶傴伸而好升高也 指其頂者愈衆 故明主譎德而序位 所以爲不亂也 忠臣誠能然後敢受職 所以爲不窮也 分不亂於上 能不窮於下 治辯之極也 詩曰 平平左右 亦是率從 是言上下之交不相亂也

불휼(不卹) : 휼은 휼(恤)과 통하니 고휼(顧恤). 즉, 불쌍히 여겨 돌봐준다는 뜻.

서미(胥靡) : 서(胥)는 소(疏)로 공허하다는 뜻이고 미(靡)는 무(無)의 뜻. 즉, 극빈한 사람.

무현(誣賢) : 여기서 무(誣)는 어리석은 사람이 스스로 잘못 생각한다는 뜻이다.

러므로 말하기를 귀한 이름이란 소인배들과 어울려 싸운다고 해서 얻어지는 것이 아니요, 호언장담으로 얻어지는 것도 아니요, 권세의 힘으로 협박하여 되는 것도 아니요, 반드시 앞에서 말한 정성이 있은 연후에야 얻어지는 것이다. 이를 얻기 위해 다투면 잃게 되고 사양하면 가까이 이르며, 법도를 지키면 쌓이고 과장하여 떠들면 없어지게 마련이다.

그러므로 군자는 안으로 그 자신을 힘써 닦으며 밖으로 이를 사양하고, 그 몸에 덕을 쌓기에 힘쓰면서 이것으로써 법도를 삼으니, 이같이 한다면 그 귀한 이름이 해와 달처럼 일어날 것이요, 천하가 우레처럼 향응해올 것이다. 그래서 말하기를, 군자는 숨어도 드러나고 미천해도 밝아지며 사양하는데도 이긴다고 하는 것이다.

〈시경〉에 말하기를, "늪에서 학이 우니 그 울음소리 하늘에까지 들리네."라고 하였으니 바로 이를 가리킨 것이다.

비부(鄙夫) : 어리석고 천한 사람. 도량이 좁은 사람. 이익을 탐하는 사람.

그러나 비부(鄙夫)는 이와 반대로 소인배들로 무리를 지으니 명예는 갈수록 작아지고 하찮은 일로 싸우기만 하니 명성은 갈수록 욕되며, 번거롭게 수고하며 안락과 이익을 구하여도 그 몸은 갈수록 위태로워진다.

〈시경〉에 말하기를, "착하지 못한 백성들은 서로 남만 원망하고 벼슬을 사양할 줄도 모르면서 스스로 제 몸만 망치네." 하였으니 바로 이를 가리킨 것이다. 그러므로 능력은 작으면서 큰 일을 하는 것은, 비유컨대 힘은 적으면서 무거운 짐을 지는 것과 같으니 뼈가 부러져 쓰러지기에 알맞다. 자신이 어리석으면서 어질다고 생각하는 것은 몸이 구부러졌으면서 높은 데로 오르기를 좋아하는 것과 같으니, 아래로 떨어지는 그 이마를 보고 손가락질을 하는 자는 갈수록 많아질 것이다.

그러므로 현명한 임금은 덕을 헤아려 신하들의 관직의 차례를 정하니, 이는 질서를 문란시키지 않으려는 것이요, 충신이 진실로 재능을 기른 뒤에 관직을 받는 것은 곤궁한 일이 없게 하려는 것이다. 신분의 질서가 문란하지 않도록 위에서 다스리고, 재능이 밑에서 궁색하지 않다면 이것이 정치의 극치인 것이다. 〈시경〉에 말하기를, "좌우로 늘어선 신하들, 이 또한 모두 이끌어 복종하네." 하였으니, 이는 상하가 서로 어울려 질서정연한 것을 말한다.

| 풀이 | 군자는 옛 성인들을 전범으로 하여 예의를 굳게 지키므로 하는 일마다 그 마땅한 바를 얻는다. 이것은 모두 중정(中正)을 유지하고 있는 까닭이며, 중정을 잃으면 이를 간사(姦事)라 하고 그릇된 학설을 간도(姦道)라 한다. 인간으로서 만사가 형통하려면 학문으로 지혜를 갖추는 길밖에 없다. 부귀해지는 것도 존대해지는 것도 모두 학문에 의해서 가능한 것이다.

전범(典範) : 본보기가 될 만한 모범.

3

세속의 흐름에 따라 선을 행하고 재물을 모아서 보배로 삼아 삶을 영위하려는 것은 자신을 위한 최고의 도이니, 이

3// 以從俗爲善 以貨財爲寶 以養生爲己至道是民德也 行法志堅 不

以私欲亂所聞 如是 則可謂勁士矣 行法志堅好脩正其所聞 以橋飾其情性 其言多當矣 而未諭也 其行多當矣 而未安也 其知慮多當矣而未周密也 上則能大其所隆 下則能開道不己若者 如是 則可謂篤厚君子矣 脩百王之法 若辨白黑 應當時之變 若數一二 行禮要節而安之 若生四枝 要時立功之巧 若詔四時 平正和民之善 億萬之衆而博若一人 如是 則可謂聖人矣 井井兮其有理也 嚴嚴兮其能敬己也 分分兮其有終始也 猒猒兮其能長久也 樂樂兮其執道不殆也 炤炤兮其用知之明也 脩脩兮其用統類之行也 綏綏兮其有文章也 熙熙兮其樂人之臧也 隱隱兮其恐人之不當也 如是 則可謂聖人矣 此其道出乎一 曷謂一 曰 執神而固 曷謂神 曰 盡善挾治之謂神 曷謂固 曰 萬物莫足以傾之之謂固 神固之謂聖人 聖人也者 道之管也 天下之道管是矣 百王之道一是矣 故詩書禮樂之歸是矣 詩言是 其志也 書言是 其事也 禮

것이 곧 백성의 도덕이다. 행실에 법도가 있고 뜻이 견고하며, 사욕으로 말미암아 가르침을 어지럽히지 않는다면 가히 곧은 선비라고 할 것이다. 행실에 법도가 있고 뜻이 견고하며, 수신(修身)하기를 즐겨 그 가르침을 바로하고 그 성정을 다듬어 바로잡으며, 그 말이 타당하나 불충분하고 그 행실이 타당하나 안정되지 못하며, 그 생각하는 바 역시 타당하나 조밀하지 못하고, 위로는 능히 존중할 것을 존중하고 아래로는 자기보다 못한 자를 계도해 나갈 수 있다면 독실한 군자라고 할 것이다.

여러 성왕의 법을 닦아 흑백을 가리듯 분명히 하고 시세의 변화에 대응하기를 숫자를 하나 둘 헤아리듯 하며, 예를 행함에 있어 절도를 지켜 이를 안정시키기를 자기의 사지를 놀리듯 하며, 때를 맞아 공을 세우기를 네 계절의 자연현상과 같이 정확하게 하고 공평한 정치를 하여 백성들을 평화롭게 한다면 만백성이 성인이라고 칭할 것이다.

조리가 바르고 엄중하게 자신을 공경하며, 처음과 끝이 분명하고 고고한 상태를 오랫동안 유지하면서 굳게 정도(正道)를 지켜 위태롭지 않으며, 지혜를 사용하는 데 대낮처럼 밝게 하고 법칙을 지켜가는 데 기강이 있으며, 편안하고 아름다운 문장이 있고 빛나고 화락한 가운데 다른 사람의 선행을 바라며, 걱정하고 남의 부당함을 두려워한다면, 가히 성인이라 할 수 있을 것이다.

이와 같은 도리는 모두 하나에서 나온다. 어찌하여 하나에서 나온다고 하는가? 그것은 일상생활의 도가 오로지 하나의 원리에서 나왔기 때문이다. 그 하나란 무엇인가? 신, 곧 도를 다스리는 정신을 고수하는 것이다. 신이란 무엇인가? 지극한 선(善)으로써 몸과 마음 구석까지 다스리는 것을 신이라 한다.

만물은 모두 족하지 아니하니 이를 기울지 않도록 하는 것을 고(固)라 한다. 신과 고를 갖춘 사람을 일러 성인이라 하는데, 성인이란 도의 중추이다. 천하의 도의 중추가 바로 이것이며, 여러 성왕의 도가 하나란 바로 이를 말하는 것이다. 그러므로 시·서·예·악이 귀착하는 곳은 여기이다. 시란 성인의 그 의지를 말한 것이요, 서는 그 사적을, 예는 그 행실을, 악은 그 화락함을, 춘추는 그 미묘함을 말한 것이다.

그러므로 '국풍(國風)'이 음란에 흐르지 않는 것은 성인의 도에 따라 이를 절제했기 때문이고 '소아(小雅)'가 소아로 된 것은 성인의 도에 따라 문식(文飾)되었기 때문이며, '대아(大雅)'가 대아로 된 것은 성인의 도에 따라 광대해졌기 때문이고 '송(頌)'이 덕의 극치를 다한 것은 성인의 도에 따라 일관되었기 때문이다. 천하의 도는 모두 여기서 끝나는 것이니, 성인의 도를 향해 나아가는 자는 선이 저장되고 이를 배반하는 자는 멸망한다. 성인의 도를 향해 나아가는데도 선이 저장되지 않고 이를 배신하는데도 멸망하지 않는 경우는 예로부터 오늘에 이르기까지 아직 없었다.

한 손님이 도를 말했다. "공자께서 말씀하시기를, 주공은 덕성이 위대한 분이었다. 몸이 귀하게 되니 더욱 공손하고

言是 其行也 樂言是其和也 春秋言是 其微也 故風之所以爲不逐者 取是以節之也 小雅之所以爲小雅者 取是而文之也 大雅之所以爲大雅者 取是而光之也 頌之所以爲至者 取是而通之也 天下之道畢是矣 鄉是者臧 倍是者亡 鄉是如不臧 倍是如不亡者 自古及今未嘗有也 客有道曰 孔子曰 周公其盛乎 身貴而愈恭 家富而愈儉 勝敵而愈戒 應之曰 是殆非周公之行 非孔子之言也 武王崩 成王幼 周公屛成王而及武王 履天子之籍 負扆而坐 諸侯趨走堂下 當是時也 夫又誰爲恭矣哉 兼制天下 立七十一國 姬姓獨居五十三人焉 周之子孫 苟不狂惑者 莫不爲天下之顯諸侯 孰謂周公儉哉 武王之誅紂也 行之日以兵忌 東面而迎太歲 至汜而汎 至懷而壞 至共頭而山隧 霍叔懼曰 出三日而五災至 無乃不可乎 周公曰 刳比干而囚箕子 飛廉惡來知政 夫又惡有不可焉 遂選馬而進 朝食於戚 暮宿於百泉 厭旦於牧之野 鼓

집이 부하게 되니 더욱 검소했으며, 적을 이기자 더욱 자신을 경계하였다."고. 그러나 나는 대답하기를, 이는 주공의 행위도 아니요 공자의 말씀도 아니었다. 무왕이 붕어하고 성왕이 아직 나이 어리니, 주공이 성왕을 잠시 물러나게 하고 무왕의 뒤를 이어 천자의 자리에 올라 천자의 병풍을 등지고 앉아 당(堂) 아래에서 근신하는 제후들의 조회를 받았으니, 당시에 누가 그를 공손했다 할 것인가!

또한 천하를 다스려 71개국을 세우고 친족인 희성(姬姓)이 53인이었으니, 주나라의 자손으로서 진실로 광기에 사로잡힌 자가 아니라면 천하에 드러나는 제후가 되지 않은 이가 없었다. 누가 다시 주공을 일러 검소하다 하였는가! 무왕이 주왕을 치고자 하여 출발하던 그날은 마침 병가(兵家)들이 기피하는 날이었고, 동쪽 은나라 방향에 나타난 목성(木星)에 역행하여 마주보며 나아가게 되었는데, 사수(氾水)에 이르자 강이 세차게 넘쳐흘렀고 회(懷) 땅에 이르자 길이 무너져내렸으며, 공두산(共頭山)에 이르자 산이 무너져내렸다.

곽숙(霍叔)이 두려워 말하기를, '출병하여 사흘 만에 다섯 가지 재난이 이르니 불가한 것이 아닐까요?' 하였다. 그때 주공은 말하기를, '비간(比干)의 배를 갈라 죽이고 기자(箕子)를 옥에 가두었으며, 비렴(飛廉) · 오래(惡來)와 같은 간신이 정사를 맡고 있는 형편인데 무슨 안 될 일이 있겠는가?' 하고는 드디어 말을 몰고 나아가 아침은 척(戚) 땅에서 먹고 저녁에는 백천(百泉)에서 묵은 다음, 새벽에 목야(牧野)에서 은나라 군사를 위압했다.

之而紂卒易鄉 遂乘殷人而誅紂 蓋殺者非周人 因殷人也 故無首虜之獲 無蹈難之賞 反而定三革 偃五兵 合天下立聲樂 於是武象起而韶護發矣 四海之內 莫不變心易慮以化順之 故外闔不閉 跨天下而無蘄 當是時也 夫又誰爲戒矣哉

미유(未諭) : 유(諭)는 그 의(義)를 밝힌다는 뜻.
향시자장 배시자망(鄉是者臧倍是者亡) : 향(鄉)은 향(向). 즉, 향하다. 장(臧)은 선(善)을 축적한다는 뜻. 배(倍)는 배(背).
부의이좌(負扆而坐) : 의(扆)는 도끼의 머리를 수놓은 병풍으로 천자(天子)의 거처에 치는 것. 곧 천자의 자리를 뜻한다.
영태세(迎太歲) : 여기서 영(迎)은 역(逆)의 뜻. 태세(太歲)는 곧 목성(木星)을 말하는데, 길조(吉兆)를 나타낸다.

그리고는 북을 치면서 앞으로 나아가자 주(紂)의 군사들이 병기를 반대로 들었으므로 그 승세를 타고 은나라 군사를 무찌르고 마침내 주왕을 주살하였다. 주왕(紂王)을 죽인 것은 주나라 사람이 아니니, 그것은 은나라 사람들이 병기를 반대로 들고 달아나면서 서로를 찔러 죽였던 것이다.

그러므로 포로가 된 자의 목을 자른 일이 없었고 위험을 무릅쓴 일도 없었으며, 상을 받은 사람도 없었다. 군사를 돌려 환국해서는 가죽으로 만든 갑옷 · 투구 · 방패를 거두고 창 · 칼 · 활 등의 다섯 가지 병기도 모두 거두어들인 다음 천하의 제후를 모아 음악을 새로 만들었으니, 이로써 무(武) · 상(象)이라는 새로운 음악이 등장하고 소(韶) · 호(濩)는 폐지되었다. 온 세상 사람들은 한결같이 마음을 돌려 무왕에게 귀순해오지 않는 사람이 없었으니, 그래서 대문을 닫을 필요가 없었고 천하가 하나로 되어 경계선이 없어졌다. 이런 시기에 누가 다시 경계태세를 갖출 것인가?"

소(韶) · **호**(濩) : 둘 다 은나라 탕왕이 지었다는 은나라의 음악.

| 풀이 | 성인은 도(道)의 상징이므로 천하의 진리는 모두 성인에게로 귀결된다. 그러므로 주공(周公)이 내세운 대의(大義) 앞에서는 모든 징조가 무색하였다. 인간이 정도(正道)를 따라갈 때 불길한 징조 따위는 소용없는 것이 된다.

4

조보(造父)는 천하에서 말을 잘 몰기로 유명한 사람이지만

4// 造父者 天下之善御

者也 無輿馬則無所見其能 羿者 天下之善射者也 無弓矢則無所見其巧 大儒者 善調一天下者也 無百里之地則無所見其功 輿固馬選矣 而不能以至遠一日而千里 則非造父也 弓調矢直矣 而不能以射遠中微 則非羿也 用百里之地 而不能以調一天下制彊暴 則非大儒也 彼大儒者 雖隱於窮閻漏屋 無置錐之地 而王公不能與之爭名 在一大夫之位 則一君不能獨畜 一國不能獨容 成名況乎諸侯 莫不願得以爲臣 用百里之地 而千里之國莫能與之爭勝 笞棰暴國 齊一天下 而莫能傾也 是大儒之徵也 其言有類 其行有禮 其擧事無悔 其持險應變曲當 與時遷徙 與世偃仰 千擧萬變 其道一也 是大儒之稽也 其窮也 俗儒笑之 其通也 英傑化之 嵬瑣逃之 邪說畏之 衆人媿之 通則一天下 窮則獨立貴名 天不能死 地不能埋 桀跖之世不能汙 非大儒莫之能立 仲尼子弓是也 故有俗人者 有俗儒者 有雅儒者 有大儒者 不學

수레와 말이 없다면 그 능력을 보일 수가 없고, 예(羿)는 천하에서 활을 잘 쏘기로 유명하지만, 활이 없다면 그 재주를 보일 수가 없다. 대유(大儒)는 천하를 훌륭하게 조화 · 통일시키는 자이지만 백 리의 땅이 없다면 그 공을 보일 수가 없다.

수레가 튼튼하고 말이 선택되었는데도 멀리 달릴 수 없고 하루에 천 리를 달리지 못한다면 조보라고 할 수 없으며, 활이 잘 조절되고 화살이 곧은데 멀리 있는 작은 표적을 맞힐 수 없다면 예가 아니며, 백 리의 땅을 가지고도 천하를 조화 · 통일시키지 못하고 난폭하고 강한 자를 막을 수 없다면 대유가 아니다.

저 대유는 비록 궁벽한 마을의 누추한 집에 은거하며 송곳을 꽂을 땅조차 없지만 왕공이 그와 이름을 다툴 수 없다. 또 대부(大夫)의 자리에 있게 되면 임금이 홀로 독차지할 수 없고 국가도 홀로 수용할 수 없으며, 제후보다도 더 명성이 높아져 제후로서 그를 신하로 얻기를 원하지 않는 사람이 없다. 그가 백 리의 땅을 운용하게 되면 천 리의 땅을 가진 나라라도 능히 그와 승리를 다툴 수가 없는 것이다. 그는 또 포학한 나라를 응징하여 천하를 하나로 거느리게 되니, 아무도 쓰러뜨릴 수가 없다. 이것이 다음의 증거이다.

그 말은 법칙에 통하고 행실은 예가 있으며, 일을 일으켜 후회함이 없고 그 위험에 대처하여 임기응변으로써 타당함을 얻으며, 때와 더불어 옮기고 세상과 더불어 함께하여 비록 천 번이고 만 번이고 변해도 그 도는 하나이다. 이것이 대유가 하는 일이다.

그가 막히면 속된 선비들이 그를 비웃지만 그가 통하면 영웅·호걸도 감화된다. 따라서 기괴한 궤변가는 도망치고 사악한 학설은 두려워하며 대중은 부끄러워한다. 통하면 곧 천하와 하나가 되고 막히면 곧 홀로 귀한 이름을 세우는 것이다. 그러므로 하늘이라도 없앨 수 없고 땅이라도 묻을 수 없으며, 걸왕이나 도척의 세상이라도 더럽힐 수 없는데, 이는 대유가 아니면 능히 될 수 없는 것이니, 공자와 자궁(子弓)이 이런 사람이다. 그러므로 속인이 있고 속유(俗儒)가 있으며, 아유(雅儒)가 있고 대유(大儒)가 있다.

학문을 하지 않고 정의(正義)도 없이 부자의 이익만을 높이고 중시하는 것이 속인이다. 속유란, 헐렁한 옷에 넓은 띠를 두르고 가운데가 불룩 솟은 관을 쓰고 조잡한 선왕의 법도로써 족히 세상을 어지럽히기에 알맞으며, 그릇된 학문을 잡박하게 늘어놓을 뿐만 아니라 후왕(侯王)을 모범으로 하여 제도를 통일할 줄도 모르고 예와 의를 존숭함으로써 〈시경〉·〈서경〉이 그 다음이라는 것도 모르며, 그의 의관(衣冠)이나 행위가 세속의 사람들과 똑같은데도 그것이 나쁜 것임도 모른다. 또 그의 언론과 담설이 묵자(墨子)와 다를 바가 없는데도 그것을 분별하지 못하고 그저 잘난 체를 한다.

또한 입으로는 선왕을 일컬으며 어리석은 사람들을 속여 의식(衣食)을 구하며, 재물을 축적하여 입에 풀칠하기에 족하면 그것으로 득의양양하면서 신분이 귀한 사람이나 따라다니고 또는 관직이 대단치 않은 신하들과 친분을 갖고서 나라의 하잘것없는 상객(上客)으로 대접받으며, 안연히 죽을

問 無正義 以富利爲隆 是俗人者也 逢衣淺帶 解果其冠 略法先王而足亂世術 繆學雜擧 不知法後王而一制度 不知隆禮義而殺詩書 其衣冠行僞已同於世俗矣 然而不知惡者其言議談說 已無以異於墨子矣 然而明不能別 呼先王以欺愚者而求衣食焉 得委積足以揜其口 則揚揚如也 隨其長子 事其便辟 擧其上客 億然若終身之虜而不敢有他志 是俗儒者也 法後王 一制度隆禮義而殺詩書 其言行已有大法矣 然而明不能齊 法敎之所不及聞見之所未至 則知不能類也 知之曰知之 不知曰不知 內不自以誣外不自以欺 以是尊賢畏法而不敢怠傲 是雅儒者也 法先王 統禮義 一制度 以淺持博以古持今 以一持萬 苟仁義之類也 雖在鳥獸之中 若別白黑 倚物怪變 所未嘗聞也 所未嘗見也 卒然起一方 則擧統類而應之 無所儗怎 張法而度之 則晻然若合符節 是大儒者也故人主用俗人 則萬乘之國亡 用俗儒 則萬

乘之國存 用雅儒 則千乘之國安 用大儒 則百里之地 久而後三年 天下爲一 諸侯爲臣 用萬乘之國 則擧錯而定 一朝而伯

해과기관(解果其冠) : 모자 중간이 돌출된 것.
득위적족이엄기구(得委積足以揜其口) : 위적(委積)은 저축, 엄기구(揜其口)는 호기구(餬其口). 즉, 입에 풀칠한다는 뜻이다.
수기장자(隨其長子) : 순종귀현지인(順從貴顯之人)의 뜻.
법선왕(法先王) : 선왕(先王)은 후왕(後王)의 잘못이다.
무소의작(無所儗怎) : 의(儗)는 의(疑)와 통하고 작(怎)은 작(作)과 같다.

때까지 그런 묶인 몸으로 만족하면서 감히 다른 뜻을 갖지 못하는 이런 사람이 속유이다.

후왕의 법을 본받아 제도를 통일하고 예의를 존중하여 〈시경〉·〈서경〉을 그 다음으로 하며, 그의 언행이 대체의 법칙에 맞기는 하되 그 언행이 일치하지 않는 점이 있으면 그것을 분명히 안다. 법도와 교화가 미치지 못하는 곳이나 자기가 듣고 보지 못한 것에 대해서는 그것을 유추해 알 수 없다는 것을 알고 있다. 자신이 아는 것을 안다고 하고 모르는 것을 모른다고 하며, 내심으로 자기 자신을 속이지 않고 밖으로 남을 기만하지 않으며, 이로써 능히 현자를 존중하고 법을 두려워하면서 감히 게으르거나 오만하지 않은 이런 사람이 아유이다.

후왕을 모범으로 하고 예와 의를 근본으로 하여 제도를 한결같게 하고 얕은 것으로 미루어 깊은 것을 알아내며, 옛일을 미루어 지금의 일을 알아내고 한 가지로 미루어 만 가지를 알아내며, 진실로 인의에 관한 것이라면 비록 짐승들 가운데서라도 흑백의 분별처럼 판별할 수 있으며, 이상한 물건이나 괴상한 변이를 들은 일이 없고 본 일이 없을지라도 그 한 귀퉁이만 보고서도 모든 법칙을 들어 대응하여 거침이 없으며, 법을 써서 헤아려도 의심을 불러일으키는 일 없이 부절(符節)을 맞추듯 어김없이 부합되니 이것이 대유이다.

그러므로 임금으로서 속인을 기용하면 만승의 국가라도 멸망하고 속유를 기용하면 만승의 국가라도 보존되며, 아유를 기용하면 천승의 국가도 가히 편안히 다스려지고 대유를 기용하면 비록 백 리의 땅을 가지고서도 길어야 3년 후에는 천하를 통일하여 신하로서 제후들을 거느리게 되며, 그가 만승의 국가를 다스리게 되면 그가 앉았다 서고 손짓하는 사이에 나라가 안전하게 다스려지고 하루 사이에 그 명성이 천하에 드러나게 될 것이다.

5

듣지 않는 것은 듣는 것만 못하고 듣는 것은 보는 것만 못하며, 보는 것은 아는 것만 못하고 아는 것은 행하는 것만 못하다. 학문이란 이를 행하는 데 이르러서야 끝난다. 행하면 밝아지고 밝아지면 성인이 된다.

성인이란, 인의를 근본으로 하여 시비를 정확하게 가리며 언행이 한결같아서 추호도 어긋남이 없으니, 별다른 도리가 있는 것이 아니라 이를 행하는 것으로 끝내는 것이다. 그러므로 듣기만 하고 보지 않았다면 아무리 박식하다 하더라도 반드시 오류가 있을 것이며, 보기만 하고 알지 못한다면 아무리 지식이 있다 할지라도 반드시 허망하게 되며, 안다고 해도 행하지 않는다면 아무리 돈독하다 하더라도 반드시 곤궁하게 된다. 듣지도 못한데다가 보지도 못했다면 비록 마땅한 데가 있다 하더라도 인(仁)한 사람의 방법이 되지 못하므로, 그대로 백 번을 해도 백 번 다 실패할 것이다. 그러므로 사람은 스승이 없고 법이 없으면서 알기만 한다면 반드시 도둑이 되며, 용기만 있다면 반드시 약탈자가 될 것이며, 재주

5// 不聞不若聞之 聞之不若見之 見之不若知之 知之不若行之 學至於行之而止矣 行之明也 明之爲聖人 聖人也者 本仁義 當是非 齊言行 不失豪釐 無他道焉 已乎行之矣 故聞之而不見 雖博必謬 見之而不知 雖識必妄 知之而不行 雖敦必困 不聞不見 則雖當 非仁也 其道百擧而百陷也 故人無師無法 而知則必爲盜 勇則必爲賊 云能 則必爲亂 察 則必爲怪 辯 則必爲誕 人有師有法 而知則速通 勇 則速威 云能 則速成 察 則速盡 辯 則速論 故有師法者 人之大寶也 無師法者 人之大殃也 人無師法 則隆性矣 有師法

則隆積矣 而師法者 所得乎情 非所受乎性 不足以獨立而治 性也者 吾所不能爲也 然而可化也 情也者 非吾所有也 然而可爲也 注錯習俗 所以化性也 并一而不二 所以成積也 習俗移志 安久移質 并一而不二 則通於神明 參於天地矣 故積土而爲山 積水而爲海 旦暮積謂之歲 至高謂之天 至下謂之地 宇中六指謂之極 涂之人百姓 積善而全盡謂之聖人 彼求之而後得 爲之而後成 積之而後高 盡之而後聖 故聖人也者 人之所積也 人積耨耕而爲農夫 積斲削而爲工匠 積反貨而爲商賈 積禮義而爲君子 工匠之子莫不繼事 而都國之民 安習其服 居楚而楚 居越而越 居夏而夏 是非天性也 積靡使然也 故人知謹注錯 愼習俗 大積靡 則爲君子矣 縱性情而不足問學 則爲小人矣 爲君子則常安榮矣 爲小人則常危辱矣 凡人莫不欲安榮而惡危辱 故唯君子爲能得其所好 小人則日徼其所惡 詩曰 維此良人 弗求弗迪 維彼忍

가 있으면 반드시 어지럽힐 것이며, 관찰하는 눈이 밝으면 괴상한 짓을 할 것이며, 말재주가 있으면 졸속하게 된다.

사람에게 스승과 법이 있다면 사물에 바로 통달하게 되고, 용기가 있다면 바로 남을 위압하게 되고, 재주가 있다면 바로 이루게 된다. 관찰하는 눈이 밝다면 바로 다하게 되고, 말재주가 있다면 바로 논리적이 된다. 따라서 스승과 법이 있는 것은 인간의 큰 보배요, 스승과 법이 없는 것은 인간의 큰 재앙이다.

사람에게 스승과 법이 없으면 타고난 성정이 융숭할 것이요, 스승과 법이 있으면 학문의 습성이 쌓일 것이니, 스승이나 법이란 것은 인간의 학문의 습관이 쌓여서 얻어지는 것이지 타고난 인성대로 얻어지는 것이 아니므로, 독립해서 다스리기에도 부족한 것이다.

성(性)이란 스스로 어떻게 할 수 없는 것이지만, 변화시킬 수 있고 정(情 : 人習)이란 내게 있는 것이 아니지만, 할 수는 있는 것이다. 이는 주조(注錯)와 습속이 성(性)을 변화시키기 때문인데, 전일(專一)하여 두 가지를 일삼지 않는다면 훌륭한 습관이 쌓이는 것이다. 습속이란 사람의 마음을 쉽게 움직일 수 있어서 오래되면 사람의 기질도 고칠 수 있다. 전일하여 두 가지를 일삼지 않는다면 가히 신명(神明)에 통하고 천지와 함께할 수 있을 것이다. 그러므로 흙이 쌓여 산이 되고 물이 모여 바다가 되며, 하루하루가 모여 한 해가 된다고 하는 것이다. 가장 높은 것을 하늘이라 하고 가장 낮은 것을 땅이라고 하며, 우주 공간의 위아래와 사방을 극(極)이라고 한다.

거리의 백성들도 선(善)이 쌓이고 쌓여 극치에 이르면 성인이라고 한다. 이를 구하면 뒤에 얻어질 것이요, 이를 일삼으면 후에 성취할 것이요, 이를 쌓으면 높아지고 이를 다하면 성인이 될 것이니, 그러므로 성인이란 노력한 결과이다.

사람이 호미질과 밭갈이를 계속하여 기술을 쌓아가면 농부가 되고 깎고 쪼개는 일을 계속 쌓아가면 기술자가 되며, 사고파는 일을 계속 쌓아가면 상인이 되고 예와 의를 쌓아가면 군자가 된다. 기술자의 자식이 아버지의 직업을 계승하지 않음이 없으니, 이로써 도성에 사는 백성이 그 풍습에 젖었기에 거기서 안락하게 되는 것이다. 초(楚)나라에 살면 초나라 사람이 되고 월(越)나라에 살면 월나라 사람이 되며 하(夏)나라에 사는 사람은 하나라 사람이 되는 것이니, 이는 천성이 아니요 쌓인 습관이 그렇게 만든 것이다.

그러므로 사람은 주조에 조심하고 습속에 신중하여 크게 쌓여 순화되면 군자가 되고, 성정이 향하는 대로 계속하고 학문하는 것이 부족하면 곧 소인이 되는 것이다. 군자가 되면 늘 안락하고 영화롭지만 소인이 되면 늘 위태롭고 치욕을 당하게 된다. 무릇 사람이라면 안락과 영화를 바라지 않음이 없고 위험과 치욕을 싫어하지 않음이 없으니, 군자만이 오로지 자기가 좋아하는 바를 획득하려 하고 소인은 날마다 그 싫어하는 바를 초래하게 되는 것이다.

〈시경〉에 말하기를, "아, 이토록 어진 사람을 찾아볼 생각도 등용할 생각도 하지 않으면서 저렇게 심술 사나운 사람을 돌봐주고 어루만져주니, 백성들은 탐욕스럽고 어지러운

心 是顧是復 民之貪亂 寗爲茶毒 此之謂也 人論 志不免於曲私 而冀人之以己爲公也 行不免於汙漫 而冀人之以己爲修也 其愚陋溝瞀 而冀人之以己爲知也 是衆人也 志忍私然後能公 行忍情性然後能脩 知而好問然後能才 公脩而才 可謂小儒矣 志安公 行安脩 知通統類 如是則可謂大儒矣 大儒者 天子三公也 小儒者 諸侯大夫士也 衆人者 工農商賈也 禮者 人主之所以爲羣臣寸尺尋丈檢式也 人倫盡矣 君子言有壇宇 行有防表 道有一隆 言道德之求 不下於安存 言志意之求 不下於士 言道德之求 不二後王 道過三代謂之蕩 法二後王謂之不雅 高之 下之 小之 臣之 不外是矣 是君子之所以騁志意於壇宇宮庭也 故諸侯問政 不及安存 則不告也 匹夫問學 不及爲士 則不教也 百家之說 不及後王 則不聽也 夫是之謂君子言有壇宇 行有防表也

수당 비인야(雖當非人也) : 수당(雖當)은 수연우유소당(雖然偶有所當)의 뜻.
융적(隆積) : 익혀서 쌓은 학(學)을 확대시키는 것.
군자언유단우(君子言有壇宇) : 단(壇)은 집의 기초, 우(宇)는 집 주변. 여기서 단우(壇宇)란 한계구역의 뜻으로 범위라고 풀이한다.
도덕지구(道德之求) : 도덕(道德)은 정치(政治)의 잘못.
소지 신지(小之臣之) : 신(臣)은 거(巨)의 잘못이다.

가운데 평안하게 차의 독만 마시네." 하였으니 바로 이를 가리킨 것이다.

인간론—뜻이 왜곡된 사욕에서 벗어나지 못하면서도 남이 자기를 공정하다고 보아주기를 바라고, 행실은 더러운 데서 벗어나지 못하면서도 남이 자기를 수신했다고 보아주기를 바라며, 우둔하고 무지하면서도 남이 자기를 총명하다고 보아주기를 바라니 이것이 보통 사람들이다. 마음으로 애써 사욕을 참은 연후에야 공정하게 되고, 행위에 있어 애써 참은 연후에야 깨끗해지며, 총명하나 항상 남에게 즐겨 물은 연후에야 능히 재주를 발휘할 수 있으니, 공정하고 깨끗하고 재주 있으면 가히 소유(小儒)라고 할 것이다.

그리고 뜻이 본래 공정하고 행위가 본래 깨끗이 닦여졌으며, 지혜가 온갖 사리에 두루 통한다면 이것은 가히 대유(大儒)라고 할 것이다. 대유란 천자를 보필하는 삼공(三公)이요, 소유란 제후를 보좌하는 사대부(士大夫)요, 보통 사람들이란 농 · 공 · 상인이다. 예(禮)란 것은 임금으로서 신하들의 장단점을 추정하는 법식이니, 사람의 등급과 종류는 이것으로써 알 수 있다.

군자의 말에는 일정한 범위가 있고 행동에는 일정한 표준이 있으며, 도(道)를 지키는 데는 전일하여 숭상하는 것이 있다. 정치에 대하여 물어오면 아래로 백성을 안전하게 하는 일밖에 말해줄 것이 없고, 의지에 대하여 물어오면 선비가 되는 일밖에 말해줄 것이 없으며, 도덕을 물으면 후왕에 대해서 말해주는 것밖에 없으니, 도라는 것도 하 · 은 · 주 3

대 이전으로 올라가면 너무 호탕하여 믿기가 어렵다 하고 법이라는 것도 후왕을 넘어서는 정확하지 못하다고 한다.

고하(高下) · 대소(大小)를 가릴 것 없이 모두가 일정한 범위와 표준 외에는 없다. 이는 군자가 자기의 마음으로 일정한 한계와 범위를 넘어서 말하지 않기 때문이다. 그러므로 제후가 정치를 물어올 경우 백성의 안존에 미치지 아니하면 대답하지 않고, 필부가 학문을 물어올 경우 선비가 되는 일에 미치지 않으면 가르치지 않으며, 백가(百家)의 학설도 후왕의 일에 미치지 않으면 듣지 않는다. 대개 이것을 가리켜 군자의 말에 범위가 있고 행위에 표준이 있다고 하는 것이다.

필부(匹夫) : 대수롭지 않은, 그저 평범한 남자.

| 풀이 | 유학자의 여러 등급을 논한 글로서 속유(俗儒) · 아유(雅儒) · 대유(大儒)가 저마다 정치에 참여하여 다스려나갈 수 있는 정교일치(政敎一致)의 구체적인 해설이라고 여겨진다. 아유는 소유보다는 한 등급 위로 보이는데, 왜냐하면 아(雅)란 정(正)의 뜻이 있기 때문이다. 여기서 특히 두드러진 것은 순자의 성(性)에 대한 부정적인 태도이다.

정(情), 곧 인습(人習)에 의하여 타고난 성을 후천적으로 교정해나가야 한다고 주장한다. '유효편(儒效篇)'은 특히 유자(儒子)의 학설을 선양한 부분으로, 묵자나 그밖에 다른 명가(名家)와 법가(法家)들의 학문을 공격하고 백안시한 점에 있어 유가로서의 순자의 고루성을 면할 길이 없다. 우리 조선의 유수한 선비들 역시 이러한 사고방식에서 벗어나지 못했던 것은 유가들의 고질적인 오류 때문으로 생각된다.

선양(宣揚) : 널리 떨침.

백안시(白眼視) : 업신여기거나 냉대하여 흘겨봄.

9 왕제편 王制篇

1

1// 請問爲政 日賢能不待次而擧 罷不能不待須而廢 元惡不待敎而誅 中庸民不待政而化 分未定也 則有昭繆 雖王公士大夫之子孫 不能屬於禮義 則歸之庶人 雖庶人之子孫也 積文學正身行 能屬於禮義 則歸之卿相士大夫 故姦言姦說姦事姦能 遁逃反側之民職而敎之 須而待之 勉之以慶賞 懲之以刑罰 安職則畜 不安職則棄 五疾上收而養之 材而事之 官施而衣食之 兼覆無遺 才行反時者 死無赦 夫是之謂天德 是王者之政也 聽政之大分 以善至者待之以禮

정치에 대해서 묻고자 합니다 하니, 이에 대답하기를, 현자와 유능한 자는 차례를 기다릴 것 없이 바로 기용하고 열등하고 무능한 자는 지체없이 파면하며, 원흉은 가르칠 것 없이 처벌하고 보통 백성은 행정조치를 기다릴 것 없이 교화한다. 상하의 구분이 아직 안정되지 않았더라도 인재를 등용함에 있어서는 종묘의 소(昭)와 목(繆)을 갈라놓듯 분명히 한다. 비록 왕공이나 사대부의 자손이라도 예(禮)와 의(義)에 합치되지 않으면 서민에 귀속시키고 비록 서민의 자손이라도 학문을 쌓고 몸가짐을 바로하여 예와 의에 합치되면 경상(卿相)·사대부에 귀속시킨다.

따라서 간사한 말과 간사한 학설, 간사한 일, 간사한 재능 따위로 정처없이 떠돌아다니는 사람은 그의 직능을 보아 교도하고 개과천선하기를 기다린다. 상으로써 힘쓰게 하고 형벌로써 징계하는 등의 방법으로 직업에 안정시켜 길들이다가 그 직업에 안정하지 못하면 버린다.

벙어리 · 귀머거리 · 절름발이 · 앉은뱅이 · 난쟁이 등 다섯 가지 불구자는 윗자리에 있는 사람이 거두어 기르되, 그들의 재질에 따라 일을 맡겨 그들에게 의식(衣食)을 주며 모든 백성을 빠짐없이 보살펴 누락되는 일이 없도록 한다. 재능있는 자로서 시세(時勢)에 역행하는 자는 사형에 처하여 용서하지 않는다. 대체로 이것을 일러 하늘의 덕이라 하며, 이것이 왕자의 정치인 것이다.

정사를 듣고 처리하는〔聽聞〕 대요를 말하면, 선한 일을 가지고 오는 사람은 예로써 대접하고 선하지 못한 일을 가지고 오는 사람은 형벌로써 대한다. 이 양자가 구별되면 어진 이와 어리석은 자가 섞여 있을 리 없고 시비가 없을 것이다. 어진 이와 어리석은 자가 섞이지 않으면 영걸이 찾아오고 시비가 없으면 국가가 다스려진다. 이렇게 되면 그 명성이 날로 드높아져 천하가 다 사모할 것이요, 명령이 그대로 행해지고 금하면 멈추게 될 것이니 왕자된 사람의 정사는 완비되는 것이다.

무릇 청문이란 위엄과 준엄함만을 보이며 관용으로 사람을 유도하기를 좋아하지 않는다면 아랫사람이 두려워하여 감히 친근할 수 없고, 그 정을 감추고 나타내려 하지 않는다면 나라의 큰일은 위태로워 폐지되기 쉽고 작은 일에는 머뭇거리게 될 것이다. 부드럽게 말을 잘 들어주며 사람을 너그러이 인도하기를 좋아하여 적절히 제지하지 않는다면, 간사한 말들이 그칠 줄 모르고 몰려올 것이요 이를 빌미로 그

以不善至者待之以刑 兩者分別 則賢不肖不雜 是非不亂 賢不肖不雜則英傑至 是非不亂 則國家治 若是名聲日聞 天下願 令行禁止 則王者之事畢矣 凡聽 威嚴猛厲 而不好假道人 則下畏恐而不親 周閉而不竭 若是則大事殆乎弛 小事殆乎遂 和解調通 好假道人而無所凝止之 則姦言并至 嘗試之說鋒起 若是則聽大事煩 是又傷之也 故法而不議 則法之所不至者必廢 職而不通 則職之所不及者必隊 故法而議職而通 無隱謀無遺善而百事無過 非君子莫能 故公平者職之衡也 中和者聽之繩也 其有法者以法行 無法者以類舉 聽之盡也 偏黨而無經 聽之辟也 故有良法而亂者有之矣 有君子而亂者自古及今未嘗聞也 傳曰 治生乎君子 亂生乎小人 此之謂也 分均則不偏 埶齊則不壹 衆齊則不使 有天有地 而上下有差 明王始立 而處國有制 夫兩貴之不能相事 兩賤之不能相使 是天數也 埶位齊而欲惡同 物不

能澹 則必爭 爭則必亂 亂則窮矣 先王惡其亂也 故制禮義以分之 使有貧富貴賤之等 足以相兼臨者 是養天下之本也 書曰 維齊非齊 此之謂也

즉유소목(則有昭繆) : 소(昭)는 아비의 사당으로 오른쪽에 모시고, 목(繆)은 자식의 사당으로 왼편에 모신다. 목(繆)은 목(穆)과 같다.

관시(官施) : 임용(任用)하는 것.

화해조통(和解調通) : 관대·화평하여 아랫사람을 거스르지 않는 것.

의 정사를 시험하고 엿보려는 무리들이 줄지어 올 것이니, 이렇게 해서는 듣고자 하는 말이 번다해지고 오히려 정사를 해치게 된다.

그러므로 법도에 대해서 논의하지 않으면 그 법도가 미치지 못하는 곳에서는 폐해지고, 직무에 대해 통달하지 못하면 그 직무가 미치지 못하는 일에는 반드시 실수를 한다. 그러므로 법도에 대해 논의하면 그 직무에 안정하여 널리 통하게 되고 도모하는 바가 숨겨지는 일이 없으며, 훌륭한 사업이 흐르고 새는 일이 없으며 모든 사정에 그릇됨이 없으니, 군자가 아니고서는 이같이 할 수 없는 것이다.

공평하다는 것은 일을 하는 준칙이요, 알맞게 조화된다는 것은 정치 청문의 먹줄 같은 것이다. 법에 있는 일은 법에 따라 행하고 법에 없는 일은 전례에 따라 결정한다면 이것이 정치 청문의 최상의 도라고 할 수 있다. 법을 따르지 않고 한쪽 편만 드는 것은 정치 청문의 가장 왜곡된 일이다. 그러므로 좋은 법이 있어도 어지러워지는 일은 있었어도, 군자가 있으면서 어지러워진다는 말은 들어보지 못하였다. 전하는 말에 "다스려짐은 군자로부터 비롯되고 어지러워짐은 소인으로부터 비롯된다."고 하였으니 바로 이를 가리킨 것이다.

귀천의 신분이 균등하면 고루 만족할 수 없고 세력이 한결같으면 통일되지 아니하며, 대중이 한결같으면 부릴 수가 없다. 하늘이 있고 땅이 있으니 위아래의 차등이 있고, 밝은 임금이 서야만 비로소 국가를 다스리는 제도가 있게 된다. 무릇 귀한 이가 둘이면 서로 섬길 수 없고 천한 자가 둘이면

서로 부릴 수 없음은 자연의 도리이다.

세력 · 차등이 같고 구하는 바와 싫어하는 바가 서로 같으면 물자의 부족으로 서로 싸울 것이요, 싸우면 혼란해지고 혼란해지면 결국 막히게 된다. 선왕은 싸움과 혼란을 혐오하였으므로 예의를 제정하여 분별하였고, 빈부귀천의 등차를 두어 서로 부리게 함으로써 두루 겸양으로 서로 임하게 하였으니, 이것이 천하를 기르고 다스리는 근본이다. 〈서경〉에 말하기를, "고루 한결같다는 것은 가지런한 것이 아니다." 하였으니 바로 이를 가리킨 것이다.

| 풀이 | 이 글은 순자의 정치론이다. 그의 이상적인 정치 이념은 왕도(王道)라고 할 수 있으니, 사회생활을 영위하는 인간의 사회과학으로서 절대군주에 의한 왕권제도의 필요성과, 질서를 위한 사회규범이 계급사회의 준칙이 됨을 강조한 글이다.

2

수레를 모는 말이 놀라면 군자는 수레 위에서 안정될 수 없고, 백성들이 정사(政事)에 놀라면 군자는 그 지위에서 안정될 수가 없다. 수레를 모는 말이 놀라면 말을 안정시키는 것이 가장 좋은 일이요, 백성들이 정사에 놀라면 그들에게 은혜를 내려 사랑하는 것이 가장 좋은 일이다.

어질고 훌륭한 이를 뽑아 쓰고 돈독하고 공경스러운 사람

2// 馬駭輿 則君子不安輿 庶人駭政 則君子不安位 馬駭輿 則莫若靜之 庶人駭政 則莫若惠之 選賢良 擧篤敬 興孝弟 收孤寡 補貧窮 如是 則庶人安政矣 庶人安政 然後君子安位 傳曰 君者

舟也 庶人者 水也 水則載舟 水則覆舟 此之謂也 故君人者 欲安 則莫若平政愛民矣 欲榮 則莫若隆禮敬士矣 欲立功名 則莫若尙賢使能矣 是君人者之大節也 三節者當 則其餘莫不當矣 三節者不當 則其餘雖曲當 猶將無益也 孔子曰 大節是也 小節是也 上君也 大節是也 小節一出焉 一入焉 中君也 大節非也 小節雖是也 吾無觀其餘矣 成侯 嗣公 聚斂計數之君也 未及取民也 子産取民者也 未及爲政也 管仲爲政者也 未及修禮也 故修禮者王 爲政者彊 取民者安 聚斂者亡 故王者富民 霸者富士 僅存之國 富大夫 亡國富筐篋 實府庫 筐篋已富 府庫已實 而百姓貧 夫是之謂上溢而下漏 入不可以守 出不可以戰 則傾覆滅亡 可立而待也 故我聚之以亡 敵得之以彊 聚斂者 召寇肥敵 亡國危身之道也 故明君不蹈也 王奪之人 霸奪之與 彊奪之地 奪之人者 臣諸侯 奪之與者 友諸侯 奪之地者 敵

을 추대하며, 형제간의 우애를 일으키고 고아와 과부를 거두어 기르며 가난한 자를 도와주면, 백성들이 안정될 것이다. 백성들이 정사에 안정되어야만 군자도 그 지위에서 안정될 것이다.

전하는 말에 "임금은 배요 백성은 물이다. 물은 능히 배를 뜨게도 하고 전복시키기도 한다." 하였으니, 이런 도리를 두고 한 말이다. 그러므로 임금된 자가 편안하려면 곧 평화로운 정사로써 백성을 사랑하고, 영화로우려면 예를 숭상하고 선비를 공경하며, 공명을 세우려면 현자를 높이고 능한 자를 부리는 것이니, 이것이 임금된 자의 큰 법칙이다.

이상의 세 가지 법칙이 합당함을 얻으면 그 나머지는 합당하지 않음이 없을 것이고, 이 세 가지 법칙이 합당하지 않으면 그 나머지는 아무리 애를 써도 무익한 것이다. 공자가 말하기를, "큰 법칙도 옳고 작은 법칙도 옳으면 상등의 임금이요, 큰 법칙은 옳지만 작은 법칙이 들쭐날쭐하면 중등의 임금이며, 큰 법칙이 그릇되면 작은 법칙이 아무리 옳다 해도 그 나머지는 볼 필요가 없다." 하였다.

위국(衛國)의 성후(成侯)와 사공(嗣公)은 가렴주구(苛斂誅求)와 계산에는 능한 군주였으나 백성을 다스리는 일에는 서툴렀다. 자산(子産)은 백성을 잘 다스렸지만 정사에는 서툴렀고, 관중(管仲)은 정치는 잘하였지만 예를 닦는 일에는 서툴렀다. 그러므로 예를 닦은 사람은 왕자(王者)로서 능히 정치에 의해 강국이 될 수 있으며, 민심을 얻으면 편안하나 가렴주구하는 자는 망한다. 그러므로 왕자는 백성을 부하게 하고, 패자(覇者)는 사(士)를 부하게 하고, 겨우 존재하고 있는 나라는 대부(大夫)를 부하게 한다.

또한 망해가는 나라는 상자를 가득 차게 하고 창고를 채우는데, 상자가 이미 가득 차고 창고가 이미 채워지면 백성들이 가난해지게 마련이니, 대체로 이를 가리켜 위에서는 넘치고 아래로는 바닥났다고 하는 것이다. 들어가도 지킬 수 없고 나가서도 싸울 수 없으니, 곧 기울어지고 멸망하는 것을 서서 기다릴 수밖에 없다. 그러므로 내가 거두어 모으면 망하게 되는데, 적은 여기서 이익을 얻어 강성해진다. 거둬들이는 자는 원수를 불러들이고 적을 살찌게 하여 나라를 망치고 자신을 위태롭게 만드는 길이다. 그러므로 현명한 임금은 그 길을 밟지 않는다.

왕자는 백성을 빼앗고 패자는 나라를 빼앗고 강자는 토지를 빼앗는다. 백성을 빼앗으면 제후를 신하로 삼을 수 있고 나라를 빼앗으면 제후들과 우호를 맺을 수 있으며, 토지를 빼앗으면 제후들과 적대관계를 맺게 된다. 제후를 신하로 삼으면 천하의 왕이요, 제후와 우호를 맺으면 천하를 제패하고, 제후와 적대관계에 놓이면 위태롭게 된다.

강력한 힘을 사용하는 자는 남이 굳게 지키는 성과 그 백성들의 출전(出戰)에 대하여 무력으로 승리하는 것이니, 필연적으로 남의 백성들을 많이 상하게 하며, 백성들의 손상이 심하면 그 백성들은 반드시 나를 매우 미워할 것이요, 남의 백성들이 나를 매우 미워하면 언제나 나와 싸우려고 들 것이다.

諸侯 臣諸侯者王 友諸侯者霸 敵諸侯者危 用彊者 人之城守 人之出戰 而我以力勝之也 則傷人之民必甚矣 傷人之民甚 則人之民惡我必甚矣 人之民惡我甚 則日欲與我鬬 人之城守 人之出戰 而我以力勝之 則傷吾民必甚矣 傷吾民甚 則吾民之惡我必甚矣 吾民之惡我甚 則日不欲爲我鬬 人之民日欲與我鬬 吾民日不欲爲我鬬 是彊者之所以反弱也 地來而民去 累多而功少 雖守者益 所以守者損 是以大者之所以反削也 諸侯莫不懷交接 怨而不忘其敵 伺彊大之閒 承彊大之敝 此彊大之殆時也 知彊大者 不務彊也 慮以王命 全其力 凝其德 力全則諸侯不能弱也 德凝則諸侯不能削也 天下無王霸主 則常勝矣 是知彊道者也 彼霸者不然 辟田野 實倉廩 便備用 案謹募選閱材伎之士 然後漸慶賞以先之 嚴刑罰以糾之 存亡繼絕 衛弱禁暴 而無兼并之心 則諸侯親之矣 修友敵之道 以敬接諸侯 則諸侯說

之矣 所以親之者 以不并也 并之見 則諸侯疏矣 所以說之者 以友敵也 臣之見 則諸侯離矣 故明其不并之行 信其友敵之道 天下無王霸主 則常勝矣 是知霸道者也 閔王毀於五國 桓公劫於魯莊 無它故焉 非其道而慮之以王也 彼王者 不然 仁眇天下 義眇天下 威眇天下 仁眇天下 故天下莫不親也 義眇天下 故天下莫不貴也 威眇天下 故天下莫敢敵也 以不敵之威 輔服人之道 故不戰而勝 不功而得 甲兵不勞而天下服 是知王道者也 知此三具者 欲王而王 欲霸而霸 欲彊而彊矣

수수자익(雖守者益) : 여기서 수(守)는 토지를 지키는 것을 말한다. 즉, 땅을 지키는 군사가 증가한다는 뜻.

민왕훼어오국(閔王毁於五國) : 제(齊)나라의 민왕이 연(燕)·조(趙)·초(楚)·위(魏)·진(秦) 등 다섯 나라에 의해 무너진 것을 말한다.

비기도이려지이왕야(非其道而慮之以王也) : 그 도(道)를 행하지 않으면서 왕이 될 생각을 하는 것.

남이 굳게 지키는 성, 남의 출전에 대하여 내가 무력으로 싸워 이들을 이기면 반드시 나의 백성들도 많이 다치게 되며, 내 백성이 많이 다치면 내 백성은 나를 매우 미워할 것이요, 내 백성이 나를 매우 미워하면 언제나 나를 위해 싸우고자 아니할 것이다. 남의 백성이 언제나 나와 싸우고자 하고, 내 백성이 언제나 나를 위해 싸우고자 하지 않으면 이는 강자가 약해지는 원인이 된다.

땅은 내게로 오지만 백성들은 떠나가 버리고 근심만 가득 쌓일 뿐 공은 적어지며, 비록 지키는 땅은 증가할지라도 지키는 백성은 갈수록 줄어들 것이니, 이는 큰 것이 도리어 깎이는 원인이 된다. 제후들은 우호를 맺으려는 마음을 갖지 않는 자가 없고 옛날의 적대관계를 잊지 않을 것이며, 강대국의 틈을 엿보고 있다가 강대국의 약점을 이용하려 들 것이니, 이것이 강대국이 위태로워지는 시기인 것이다. 강대해지는 길을 아는 자는 강력한 힘을 구하기에 힘쓰지 아니하며, 항상 왕명(王命)을 고려하면서 그 힘을 온전히 하고 그 덕을 쌓는다. 힘을 온전히 하면 제후들이 그를 약화시킬 수가 없고 덕이 쌓이면 다른 제후들이 그의 땅을 깎을 수 없으며, 천하에 왕자나 패자가 없을 경우 항상 승리할 것이니, 이것이 강자의 도를 아는 것이다.

그러나 저 패자는 그렇지가 않아서 들판을 개척하고 창고를 채우며, 기구를 써서 편리하게 하고 무예가 있는 인사들을 엄중히 모집·선발하며, 상을 내려 그들을 인도하고 엄한 형벌로 규율을 세우며, 멸망해가는 자는 일으켜 세워주고 멸족되는 제후는 다시 명맥을 잇게 해주며, 약소국을 보호하고 강포한 자는 억누르면서 다른 나라를 병합할 마음을 갖지 않는다면 제후들이 가까이할 것이다.

서로 우방이 되어 대응한 도리로써 교류하고 공경하는 마음으로 제후들을 대접한다면 제후들은 이를 기뻐할 것이다. 가까이하는 것은 병합하려는 마음이 없기 때문이니, 병합하려는 기미를 보이면 제후들은 멀어질 것이다. 제후들이 기뻐하는 것은 우방으로서 대등한 도리를 가지고 교류하기 때문이니, 신하로 삼으려는 기미를 보인다면 제후들은 이탈할 것이다. 그러므로 병합하지 않는다는 것을 분명히 하고 대등한 우방으로 공존한다는 것을 믿게 한다면, 천하에 왕도를 행하는 임금이 없는 한 언제나 승리할 것이다. 이것이 패왕의 도를 아는 것이다.

제나라 민왕(閔王)이 다섯 나라에 의해 무너지고, 환공(桓公)이 노(魯)나라의 장공(莊公)에게 위협을 당한 것은 다른 이유에서가 아니라 앞에서 말한 도리를 따르지 않고 임금이 되려고만 생각했기 때문이다.

저 왕자(王者)란 그렇지가 않아서 인(仁)이 천하에 두루 미치고 의(義)가 천하에 두루 미치며, 위엄이 천하에 두루 미친다. 인이 천하에 두루 미치므로 천하가 친하고자 아니함이 없고, 의가 천하에 두루 미치므로 천하가 귀하게 여기지 않음이 없으며, 위엄이 천하에 두루 미치므로 천하가 감히 적으로 삼을 수 없을 것이다.

아무도 대적하지 못하는 위엄으로써 사람을 복종시키는

인묘천하(仁眇天下) : 여기서 묘(眇)는 두루 미친다는 뜻.

환공(桓公) : 춘추시대의 제나라 15대 왕. 성은 강(姜), 이름은 소백(小白). 관중을 등용하여 부국강병에 힘썼으며, 기원전 679년, 제후를 규합하여 맹주(盟主)가 되고 패업(覇業)을 완성하였다.

도를 따르는 까닭에 싸우지 않고도 이기고 공격하지 않고도 얻으며, 군사를 쓰는 수고로움이 없이도 천하가 믿고 복종하니, 이것이 왕도를 아는 것이다. 이 세 가지를 다 갖추어 아는 자라면 왕자가 되고자 할 경우 왕자가 되고, 패자가 되고자 할 경우 패자가 되며, 강자가 되고자 할 경우 강자가 될 것이다.

| 풀이 | 임금으로서 스스로의 안전과 명예와 공명을 얻기 위해서는 예를 존중하고 현자(賢者)를 기용해야 한다. 백성은 물과 같아서 배를 띄울 수도 있지만 그 물이 배를 전복시킬 수도 있는데, 배는 군주를 뜻한다. 그리고 군주 중에서도 왕자(王者)가 있고 패자(覇者)가 있으며 강자(彊者)가 있다. 이 세 가지는 위정자로서 반드시 알아야 할 일들임에 유의해야겠다.

3

3// 王者之人 飾動以禮義 聽斷以類 明振毫末 擧措應變而不窮 夫是之謂有原 是王者之人也 王者之制 道不過三代 法不貳後王 道過三代謂之蕩 法貳後王謂之不雅 衣服有制 宮室有度 人徒有數 喪祭械用 皆有等

왕자(王者)의 사람됨을 보면, 모든 동작에 예의를 갖추고 법도에 의하여 듣고 판단하며, 밝게 잘 살펴 추호도 놓치지 않으며, 그때그때의 상황에 적절히 대응하여 막힘이 없으니, 대체로 이러한 것을 가리켜 정치의 근본을 안다고 하며 이것이 왕자의 사람됨이다.

왕자(王者)의 제도는 왕도를 논함에 있어 하·은·주 3대 이전으로 올라가지 않고 법도는 후왕에 어긋나지 않으니,

왕도가 3대를 넘어서면 방탕하다 하고 법도가 후왕에 어긋나면 바르지 못하다고 하는 것이다.

의복에도 제도가 있고 궁실(宮室)에도 법도가 있으며, 부리는 사람에도 정해진 수가 있고 상제(喪祭)에도 사용하는 그릇이 있으며, 모두 등급이 있어 저마다 마땅한 바가 있다. 음악은 바른 음악이 아니면 모두 폐지하고 채색은 옛 문채인 오색이 아니면 모두 금지하며, 생활기구는 예로부터 쓰던 바른 것이 아니면 버리는데, 대개 이것을 복고(復古)라고 하니 바로 왕자의 제도이다.

왕자의 견해는, 덕이 있는 자로 존귀하게 되지 않음이 없고 능력이 있는 자로 벼슬하지 않음이 없으며, 공이 있는 자로 상이 없는 자가 없고 죄 없는 자로 벌을 받는 자가 없다. 조정에는 요행으로 지위를 얻은 자가 없고 백성으로서 요행으로 살아가는 자가 없으며, 어진 이를 높이고 유능한 자를 부려 모든 지위가 등급에 빠진 것이 없고, 정직한 사람을 가려내고 흉포한 사람은 억제하니 형벌에 실수가 없다.

그러므로 집에서도 착한 일을 한다면 조정에서 상을 받고 악한 일은 아무리 숨어서 해도 마침내 드러나, 남이 보는 앞에서 형벌을 받게 된다는 것을 백성들이 명백하게 알 것이다. 대체로 이것이 왕자의 불변하는 정론(定論)이며 왕자의 견해인 것이다.

왕자의 등급에 따른 부세(賦稅) 행정은 만물을 키워 다스리니, 이는 만민을 먹여 기르려는 것이다. 전야(田野)의 세는 10분의 1을 취하고, 관문이나 저자에서는 조사는 하되 세금

宜聲 則凡非雅聲者擧廢 色 則凡非舊文者擧息 械用 則凡非舊器者擧毁 夫是之謂復古 是王者之制也 王者之論 無德不貴 無能不官 無功不賞 無罪不罰 朝無幸位 民無幸生 尙賢使能 而等位不遺 析愿禁悍 而刑罰不過 百姓曉然皆知 夫爲善於家 而取賞於朝也 爲不善於幽 而蒙刑於顯也 夫是之謂定論 是王者之論也 王者之等賦政事 財萬物 所以養萬民也 田野什一 關市幾而不征 山林澤梁 以時禁發而不稅 相地而衰政 理道之遠近而致貢 通流財物粟米 無有滯留 使相歸移也 四海之內若一家 故近者不隱其能 遠者不疾其勞 無幽閒隱僻之國 莫不趨使而安樂之 夫是之謂人師 是王者之法也 北海則有走馬吠犬焉 然而中國得而畜使之 南海則有羽翮齒革曾青丹干焉 然而中國得而財之 東海則有紫紶魚鹽焉 然而中國得而衣食之 西海則有皮革文旄焉 然而中國得而用之 故澤人足乎木 山人足乎魚 農夫不斲

削 不陶冶而足械用 工賈不耕田而足菽粟 故虎豹爲猛矣 然君子剝而用之 故天之所覆 地之所載 莫不盡其美 致其用 上以飾賢良 下以養百姓 而安樂之 夫是之謂大神 詩曰 天作高山 大王荒之 彼作矣 文王康之 此之謂也

을 부과하지 않으며, 산림에서 벌목한다든가 물을 막아 고기를 잡는 일 등은 시기에 따라 금하든가 허용하든가 할 뿐 세금을 부과하지는 않는다.

토지의 비옥함과 척박함으로 미루어 조세에 차등을 두고 길의 멀고 가까움을 감안하여 공물을 진상하도록 하며, 재물과 곡식을 유통시켜 한 곳에 쌓아두는 일이 없게 하고, 필요에 따라 수송·교류한다면 넓은 세상이 한 집안같이 될 것이다.

그러므로 가까이 사는 사람들은 그 재능을 감추는 일이 없고 멀리 사는 사람들은 그 수고를 걱정하지 않는 것이다. 멀리 아주 깊은 곳의 나라라도 숨는 일 없이 왕자의 손길을 원하고 왕자의 정치적 교화에 편안할 것이니, 이것을 가리켜 백성의 어른이라 하며 이것이 왕자의 법도인 것이다.

북해(北海)에 잘 달리는 말과 잘 짖는 개가 있어서, 중국에서는 이것을 가져다가 길러서 부리고 있다. 또 남해(南海)에 새깃·상아·가죽·증청(曾青)·주사(朱砂)가 있어 중국에서는 이것을 가져다가 물자로 사용한다. 또 동해(東海)에는 자주빛 옷과 고운 갈포·물고기·소금 따위가 있어 중국에서는 이것을 가져다가 의식(衣食)을 삼는다. 서해(西海)에는 가죽과 쇠꼬리가 있어 중국에서는 이것을 가져다가 쓴다.

그러므로 늪에 사는 사람들도 목재가 넉넉하고 산중에 사는 사람들도 생선을 풍족히 먹으며, 농부는 자기 손으로 깎거나 다듬지 않고 질그릇을 굽지 않아도 기구를 풍족히 쓸 수 있고 기술자나 상인은 밭을 갈지 않아도 곡식이 풍족한

식동이예의(飾動以禮義) : 여기서 식(飾)은 칙(飭)에서 온 말로 동작이 반드시 예의에 자칙(自飭)함을 말한다.

구문자거식(舊文者擧息) : 구문(舊文)은 오색(五色)을 가리키며, 거(擧)는 개(皆)의 뜻.

석원(析愿) : 〈한시외전〉에는 '절포(折暴)'로 되어 있었다. 석(析)은 절(折)의 잘못이고 원(愿)은 원(傆).

재만물(財萬物) : 재(財)는 재(裁)와 통한다. 곧 재성(裁成).

상지이쇠정(相地而衰政) : 상(相)은 시(視), 쇠(衰)는 차등(差等), 정(政)은 정(征)이다.

북해(北海) : 북방절해고처(北方絕海孤處)를 말한다. 남해(南海)·동해(東海)·서해(西海)도 모두 같다.

대신(大神) : 대치(大治).

것이다. 그래서 호랑이나 표범 등 사나운 짐승이라도 군자는 그 가죽을 벗겨 사용할 수 있는 것이다. 그러므로 하늘을 덮고 있는 것이나 땅에 깔려 있는 물건은 모두가 아름다움을 다하여 인간에게 쓰이지 않는 것이 없으니, 위로는 이것을 현량(賢良)들을 장식하는 데 쓰고 아래로는 백성들을 길러 이들을 안락하게 하는데, 대개 이런 것을 가리켜 대신(大神)이라 한다.

〈이아석고(爾雅釋詁)〉에 신(神)은 치(治)라 하였다.

〈시경〉에 말하기를, "하늘이 만드신 높은 산, 대왕이 이를 다스리시다. 이렇게 만드신 것들, 문왕이 이를 강녕하게 하시도다……." 하였으니 이를 일러 한 말이다.

| 풀이 | 왕자를 보필하는 인물의 행동과 그 전범(典範)은 하 · 은 · 주 3대 이전으로 거슬러올라갈 필요가 없다. 왜냐하면 그 이전의 치적(治積)은 우(禹) · 탕(湯) · 문무(文武)의 제도에 귀착되고 있기 때문이며, 멀고 막연한 것은 허망하기 때문이다. 그밖에 왕자의 정치론으로 모든 제도가 약술(略述)되었는데, 특히 치국(治國)에 있어서 왕자가 행할 경제적 행위는 중요한 의미가 있다.

4

일반법칙인 통류(統類)로써 여러 가지 잡박한 문제를 처리하고 하나의 도로 만 가지를 행하며, 시작하면 끝나고 끝나면 또 시작하여 마치 고리처럼 끝없이 계속되니, 이것을 버

4// 以類行雜 以一行萬 始則終 終則始 若環之無端也 舍是而天下以衰矣 天地者 生

之始也 禮義者 治之始也 君子者 禮議之始也 爲之 貫之 積重之 致好之者 君子之始也 故天地生君子 君子理天地 君子者 天地之參也 萬物之摠也 民之父母也 無君子 則天地不理 禮義無統 上無君師 下無父子 夫是之謂至亂 君臣 父子 兄弟 夫婦 始則終 終則始 與天地同理 與萬世同久 夫是之謂大本 故喪祭 朝聘 師旅一也 貴賤 殺生 與奪一也 君君 臣臣 父父子子 兄兄 弟弟一也 農農 士士 工工 商商一也 水火有氣而無生 草木有生而無知 禽獸有知而無義 人有氣有生有知 亦且有義 故最爲天下貴也 力不若牛 走不若馬 而牛馬爲用 何也 日 人能羣 彼不能羣也 人何以能羣 日 分 分何以能行 日義 故義以分則和 和則一 一則多力 多力則彊 彊則勝物 故宮室可得而居也 故序四時 裁萬物 兼利天下 無它故焉 得之分義也 故人生不能無羣 羣而無分則爭 爭則亂 亂則離 離則弱 弱則不能

린다면 천하는 쇠퇴하게 마련이다. 천지란 만물이 나는 시원(始源)이요, 예의란 다스림의 시작이며 군자란 예의의 근원이니, 이를 일삼아 한결같이 닦고 익히기를 거듭하며 더없이 애호하는 것이 군자의 최초로 할 일이다.

그러므로 천지가 군자를 낳고 군자는 천지를 다스리는 것이요, 군자란 천지와 함께하여 만물을 총괄하니 백성의 어버이이다. 군자가 없으면 천지는 다스려지지 않고 예의도 통일되지 못할 것이요, 위로 임금과 스승이 없고 아래로는 아비와 아들이 없게 될 것이니, 이를 가리켜 극도의 혼란이라 한다. 임금과 신하, 아비와 자식, 형과 아우, 남편과 아내의 도리는 시작되면 끝나고 끝나면 또 시작되니, 천지와 더불어 함께 다스려지고 만세(萬世)와 더불어 영원히 함께하는데, 이를 가리켜 대본(大本)이라고 하는 것이다. 그러므로 상례(喪禮)와 제사(祭祀)와 조근(朝覲)과 빙문(聘問)과 군대의 예(禮)는 한 가지 도리인 것이다. 귀하고 천하게 하는 것, 죽이고 살리는 것, 주기도 하고 빼앗기도 하는 것도 한 가지 도리인 것이다. 임금은 임금답고 신하는 신하답고 아비는 아비답고 자식은 자식답고 형은 형답고 아우는 아우다워야 하는 것도 한 가지 도리요, 농부는 농부답고 사(士)는 사답고 공장(工匠)은 공장답고 상인은 상인다워야 하는 것도 한 가지 도리이다.

물과 불은 기(氣)는 있지만 생명이 없고 초목은 생명은 있지만 지각이 없으며, 짐승은 지각은 있지만 예의가 없으니, 오직 사람만이 기도 있고 생명도 있으며, 지각도 있고 또 예의도 있다. 그러므로 천하에서 가장 귀한 것이다. 그러나 힘은 소를 당할 수 없고 달리기는 말을 당하지 못하는데, 그럼에도 불구하고 말과 소를 부리니 어째서인가? 말하자면 사람은 무리를 지을 수 있으나 소나 말은 그렇게 못하기 때문이다.

그렇다면 사람은 어째서 무리를 지을 수 있는가? 말하자면 상하의 분별이 있기 때문이다. 상하의 분별은 또 어떻게 이루어지는가? 그것은 의(義)에 의하여 분별된다. 그러므로 의로써 분별하면 조화가 서고 조화가 서면 하나로 된다. 하나로 되면 힘이 증가하고 힘이 증가하면 강해지고 강해지면 만물을 이기니, 그래서 집을 짓고 살 수가 있는 것이다.

춘하추동 사계(四季)의 순서를 따라 만물을 길러내어 세상을 이익되게 하는 것은 다른 이유에서가 아니라 분별과 의로움이 있기 때문이다. 그러므로 사람은 나서 무리를 짓지 않을 수 없고 무리를 짓는데 있어 상하의 분별이 없으면 서로 싸우게 되며, 싸우게 되면 세상은 어지러워지고 어지럽게 되면 떨어지며, 떨어지게 되면 약해지고 약하게 되면 어떤 사물에도 이기지 못한다. 따라서 집을 짓고 살 수가 없을 것이다. 잠시라도 예의를 버려서는 안 된다고 하는 것은 이 때문이다.

어버이를 잘 섬기면 효요, 형을 잘 섬기면 제(弟)요, 윗사람을 잘 섬기는 것은 순(順)이며, 아랫사람을 잘 부리는 것은 임금이라 하니, 임금이란 사람을 잘 뭉치게 하는 자이다. 무리를 짓는 도리가 타당하면 만물도 모두 그 마땅함을 얻

勝物 故宮室不可得而居也 不可少頃舍禮義之謂也 能以事親謂之孝 能以事兄謂之弟 能以事上謂之順 能以使下謂之君 君者善羣也 羣道當 則萬物皆得其宜 六畜皆得其長 羣生皆得其命 故養長時 則六畜育 殺生時 則草木殖 政令時 則百姓一 賢良服 聖王之制也 草木榮華滋碩之時 則斧斤不入山林 不夭其生 不絕其長也 黿鼉魚鼈鰌鱣孕別之時 罔罟毒藥不入澤 不夭其生 不絕其長也 春耕夏耘 秋收冬藏 四者不失時 故五穀不絕 而百姓有餘食也 汙池淵沼川澤 謹其時禁 故魚鼈優多 而百姓有餘用也 斬伐養長不失其時 故山林不童 而百姓有餘材也 聖王之用也 上察於天 下錯於地 塞備天地之間 加施萬物之上 微而明 短而長 狹而廣 神明博大以至約 故曰 一與一是爲人者 謂之聖人 序官 宰爵知賓客祭祀饗食犧牲之牢數 司徒知百宗城郭立器之數 司馬知師旅甲兵乘白之數 修憲命 審詩商

고 소·말·양·돼지·개·닭 등 여섯 가지 가축도 다 잘 자라고 그밖의 모든 생명이 모두 제 명(命)을 다할 수 있는 것이다. 그러므로 때에 맞게 잘 키우고 기르면 여섯 가지 가축의 고기가 넉넉하고 죽이고 살리는 것이 때에 맞으면 초목도 번식하듯이, 정령(政令)도 때를 잘 맞추어 내리면 백성이 하나로 뭉치고 어진 이들도 복종하는 것이다. 이것이 성왕(聖王)의 제도이다.

초목이 한창 자라 꽃이 피고 가지가 벌어질 때 도끼가 산림에 들어가지 못하게 하는 것은 초목을 일찍 죽게 하거나 끊어버리지 않게 하기 위함이요, 자라와 악어와 미꾸라지와 상어 등 모든 물고기가 알을 배었을 때나 아직 어릴 때 못에 그물을 치거나 독약을 넣지 못하게 하는 것은 물고기를 일찍 죽게 하거나 그 성장을 끊어버리지 않게 하기 위함이다.

봄에는 밭을 갈고 여름에는 김을 매고 가을에는 거두어들여 겨울에 저장하는 등 이 네 가지 일에 각각 그 시기를 잃지 않음으로써 오곡이 떨어지는 일 없이 온 백성이 다같이 먹고도 남으며, 때에 맞추어 웅덩이·못·늪·개천 등에서 물고기를 잡는 일을 금지함으로써 물고기가 많이 번식하여 백성들이 먹고도 남음이 있는 것이요, 크게 자라 벌목할 수 있도록 때에 맞추어 보살핌으로써 산에는 언제나 나무가 우거져 백성들이 재목을 넉넉히 쓸 수 있는 것이다. 이것이 성왕의 재용(財用)이다.

위로는 하늘에 대해 살피고 아래로는 땅의 마땅함을 빌려 천지간에 덕이 충만하여 만물 위에 널리 베풀어지며, 희미

禁淫聲 以時順修 使夷俗邪音不敢亂雅 大師之事也 修隄梁 通溝澮 行水潦 安水臧 以時決塞 歲雖凶敗水旱 使民有所耘艾 司空之事也 相高下 視肥墝 序五種 省農功 謹蓄藏 以時順修 使農夫樸力而寡能 治田之事也 脩火憲 養山林藪澤草木魚鼈百索 以時禁發 使國家足用而財物不屈 虞師之事也 順州里 定廛宅 養六畜 閒樹藝 勸教化 趨孝弟 以時順修 使百姓順命 安樂處鄉 鄉師之事也 論百工 審時事 辨功苦 尚完利 便備用 使雕琢文采不敢專造於家 工師之事也 相陰陽 占祲兆 鑽龜陳卦 主攘擇五卜 知其吉凶妖祥 傴巫跛擊之事也 脩採清 易道路 謹盜賊 平室律 以時順修 使賓旅安而貨財通 治市之事也 抃急禁悍 防淫除邪 戮之以五刑 使暴悍以變 姦邪不作 司寇之事也 本政教 正法則 兼聽而時稽之 度其功勞 論其慶賞 以時愼修 使百吏免盡 而衆庶不偷 冢宰之事也 論禮樂 正身行 廣教

해도 밝고 기간은 짧아도 효과는 길며, 협소하면서도 광대하게 예의로써 나라를 다스리니, 이것이 이른바 신명(神明)은 광대하나 그 근본을 캐면 지극히 간략하다는 것이다. 그러므로 위에서 하나를 거들면 아래에서도 하나가 되어 거드니, 이런 사람을 성인이라고 말하는 것이다.

관직의 질서는 다음과 같다. 재작(宰爵)은 빈객 · 제사 · 향연, 그리고 희생으로 쓰는 소의 마리수를 관장하고, 사도(司徒)는 백성들의 호적, 성곽의 대소(大小), 부세의 일 등을 관장하고, 사마(司馬)는 군대의 병기, 전차 · 군마 등 대오(隊伍)에 관한 일을 관장한다.

법령을 바로잡고 시(詩)의 문장을 심사하여 정하며, 음란한 음악을 금지하여 때에 따라 수정하며, 오랑캐의 저속하고 사악한 음악이 감히 정통음악을 어지럽히지 못하게 하는 것은 태사(大師)의 일이다.

둑이나 다리를 보수 · 건설하고 용수로(用水路)가 사방으로 잘 통하게 하며, 웅덩이의 물을 통하게 하여 저수지를 만들어서 시기에 알맞게 수문을 열고 닫아 홍수나 가뭄 같은 천재를 만나도 농부가 농사를 지을 수 있게 하는 것은 사공(司空)의 소관이다.

지세의 높고 낮음을 살피고 비옥한 땅과 척박한 땅을 가려 차례로 오곡을 파종하여 농사의 형편을 살피며, 저장하는 일을 엄하게 하여 적절한 시기에 방출하도록 하며, 농부로 하여금 농사일에 전념하도록 하여 한 사람도 다른 직업에 이탈해서 소홀함을 없게 하는 것은 치전(治田)의 일이다.

化 美風俗 兼覆而調一 辟公之事也 全道德 致隆高 綦文理 一天下 振毫末 使天下莫不順比從服 天下之事也 故政事亂 則冢宰之罪也 國家失俗 則辟公之過也 天下不一 諸侯俗反 則天下非其人也

이류행잡(以類行雜) : 행(行)은 찰(察)의 뜻이다. 즉, 통류(統類)를 얻어 잡박한 것을 살펴 알 수 있는 것.

상제 조빙 사려일야(喪祭朝聘師旅一也) : 조(朝)는 조근(朝覲)으로 제후가 천자를 알현하는 것이고 빙(聘)은 빙문(聘問)으로 천자가 제후를 찾아보는 것이다.

의이분즉화(義以分則和) : 의(義)는 재단(裁斷)의 뜻. 즉, 자르다, 분별하다.

일여일시(一與一是) : 여(與)는 거(擧). 즉, 하나를 들면 따라서 하나를 드는 것.

입기(立器) : 임기(任器)의 잘못이다. 임기는 부세(賦稅)의 일을 가리킨다.

태사(大師) : 악관(樂官)의 장(長).

백삭(百索) : 백소(百疏). 즉, 여러 갈래로 통하다.

전조어가(專造於家) : 집

에서 사사로이 제조하는 것.
본정교(本政敎) : 여기서 본(本)은 평(平)이라는 설이 있다.

산불을 놓는 법칙을 관장하고 산림 또는 늪에 있는 초목이나 물고기, 그밖에 갖가지 채소를 기르며, 적절한 시기에 금지 또는 개방함으로써 국가의 재용(財用)이 넉넉하여 재물이 떨어지지 않게 하는 것은 우사(虞師)의 일이다.

고을과 마을을 잘 다스리고 점포와 주택의 한계를 정하며, 소·말·양·돼지·닭·개 등의 가축을 기르는 일을 권장하여 힘쓰게 하고 곡식 따위를 심고 가꾸는 일을 안정시켜 주며, 부지런히 교화하고 효도와 우애를 독려하여 적절한 시기에 상벌을 내려 바로잡으며, 백성들이 상부의 명에 순종하며 거처에서 안락하도록 하는 것은 향사(鄕師)의 일이다.

모든 기술자의 솜씨를 논하고 시기에 맞추어 일하도록 살피며, 제품의 잘되고 못된 것을 판별하여 쓰기에 편리한 것을 높여주고 일용품이 부족하지 않도록 하는 반면, 조각이나 무늬를 넣는 특수공예품은 가정에서 사사로이 만들어내지 못하도록 하는 등의 일은 공사(工師)의 소관이다.

음양의 이치를 살피고 길흉의 징조를 점치며, 거북점과 시초점을 쳐서 상서롭지 못한 것은 제거하고 길한 것은 가려 취하며, 날씨의 다섯 가지 징조를 맡아 길흉화복을 예고하는 일은 곱사등이 무당이나 절름발이 박수의 소관이다.

무덤이나 뒤간 등 불결한 곳을 청소하게 하고, 길을 닦고 도둑을 엄하게 단속하며, 물가를 공평하게 매겨 때에 알맞게 조정하고, 여행자가 마음놓고 재화를 유통하게 하는 일 등은 치시(治市)의 소관이다.

정직한 자를 가려내고 흉악한 자를 금지 · 근절시키며, 음란한 행동을 막고 사악을 제거하여 오형(五刑)으로 다스리며, 흉악한 무리를 교도해 변화시켜서 간사한 일을 하지 못하도록 하는 것은 사구(司寇)의 일이다.

오형(五刑) : 옛날 중국의 다섯 가지 형벌. 곧 피부에 먹실을 넣는 묵(墨), 코를 베는 의(劓), 발뒤꿈치를 베는 비(剕), 불알을 까는 궁(宮), 목을 베어 죽이는 대벽(大辟).

정치적 교화를 근본으로 하여 법칙을 바로잡고 널리 정사를 들어두었다가 이를 시기에 맞추어 쓰고 공로를 헤아려 그 포상을 논하며, 시기에 적절하게 순응하여 모든 관리가 직무에 진력하게 함으로써 일반 백성들이 게으름을 부리는 일이 없게 하는 것은 총재(冢宰)의 일이다.

예악을 논하고 행실을 바로하여 널리 교화하고 풍속을 아름답게 하며, 조화와 통일을 이루는 것은 벽공(辟公)의 일이다. 도덕을 온전하게 하고 이를 지극히 숭상하며 문장과 조리를 다하여 천하를 통일함으로써, 추호도 미진함이 없이 드러내어 온 천하가 순종하고 복종하지 않음이 없게 하는 것은 천왕(天王)의 일이다.

벽공(辟公) : 제후.

그러므로 정사가 어지러운 것은 총재(冢宰)의 죄요, 국가가 아름다운 풍속을 잃게 되는 것은 제후의 과실이며, 천하가 통일되지 않고 제후가 배반하는 것은 천왕이 그 자격을 갖추지 못한 것이다.

| 풀이 | 천지는 만물의 시초요, 예의는 다스림의 시초이며, 군자는 예의의 시초라 한다. 그러한 까닭에 고대 중국에서는 군주를 천자(天子)라고 하였다. 천자는 인간이 공동생활을 하며 혼란이 없도록 상하의 계급을 나누었고 그 밑으

로 각각 대관(大官)들의 임무가 설명되어 있다. 여기서 설명한 관직은 주로 〈주례(周禮)〉에 의한 것으로, 고대 관료제의 연구에 필요한 글들이다.

5

왕자(王者)로서의 조건을 모두 갖추어야만 왕자가 되고, 패자(霸者)로서의 조건을 모두 갖추어져야만 패자가 되며, 존재할 만한 조건이 모두 갖추어지면 존재하게 되고, 멸망할 만한 조건이 모두 갖추어지면 멸망하게 된다. 만승의 나라를 거느리는 것은 그만큼 강대한 위엄이 서 있기 때문이요 그만큼 명성이 아름답기 때문이며, 적국의 사람들이 모두 굴복하기 때문이니, 국가의 안위와 선악의 원인은 그 제도 및 나라 자체에 있는 것이지 남에게 있는 것이 아니다. 마찬가지로 왕자가 되는가 패자가 되는가, 안전한가 위태로운가, 존속하는가 멸망하는가 하는 것은 그 제도 및 그 나라 자체에 있는 것이지 남에게 있는 것이 아니다.

위력이 아직 이웃의 적대국을 위태롭게 하기에 부족하고, 명성이 아직 천하에 드날리기에 부족한 나라는 독립할 수가 없으니 어찌 천하의 누(累)를 면할 것인가. 천하가 난폭한 나라의 위협에 의해 한패가 되어 자기가 원치 않는 일을 해야만 하는 자는 날마다 걸왕(桀王)과 똑같은 일을 되풀이하면서도 요(堯)임금과 같이 되는 데 해로울 것이 없으나, 이는 공명이 이루어지는 일도 아니요 멸망해가는 나라를 존속

5// 具具而王 具具而霸 具具而存 具具而亡 用萬乘之國者 威彊之所以立也 名聲之所以美也 敵人之所以屈也 國之所以安危臧否也 制與在此亡乎人 王霸安存危殆滅亡 制與在我亡乎人 夫威彊未足以殆隣敵也 名聲未足以縣天下也 則是國未能獨立也 豈渠得免夫累乎 天下脅於暴國 而黨爲吾所不欲於是者 日與桀同事同行 無害爲堯 是非功名之所就也 非存亡安危之所墮也 功名之所就 存亡安危之所墮 必將於愉殷赤心之所 誠以其國爲王者之所 亦王 以其國爲危殆滅亡之所 亦危殆滅亡 殷之日 案以中立 無有所偏 而爲縱橫之事 偃然案兵無動 以觀夫暴國之相卒也 案平政教 審節奏

하게 하는 일도 아니며, 위태로운 나라를 안전하게 하는 일도 아니다. 공명을 이루고 멸망 또는 위태로운 길에서 벗어나려면 반드시 독립된 국가에서 본심을 유쾌한 가운데 드러낼 수 있어야 한다.

진실로 그 나라를 위하여 왕자다운 일을 해야만 왕이라고 할 수 있는데, 그 나라를 위험과 멸망으로 이끈다면 반드시 위태롭고 멸망하게 마련이다. 국력이 성할 때 밖으로는 중립을 지키고 어느 한편으로 기울어지는 일 없이 자유자재로 사업을 진행시키며, 편안히 군사를 자제시켜 움직이지 않으면서 난폭한 나라들이 서로 부딪쳐 싸우는 것을 관망한다. 안으로는 정교(政教)를 공평하게 하고 예의법도를 명백하게 하며, 모든 백성을 이끌어 노력해간다면 그날로 병력은 천하의 으뜸이 될 것이다. 그러면서 인의의 도를 닦고 예의를 존중하며 법칙을 바로잡고 어진 이들을 뽑아 정사를 맡김으로써 온 백성이 잘살게 한다면 아름다운 명성은 그날로 천하의 으뜸이 될 것이다. 권세와 병력과 명성이 누구보다도 무겁고 강하고 높다면, 저 천하를 통일한 요·순도 여기서 더하지는 못할 것이다.

권모술수로 나라를 전복시키는 그런 인간이 물러나면, 어질고 착하고 지혜가 성인과 같은 인사가 자진하여 나오게 마련이다. 형벌과 정치가 공평하고 백성이 다같이 화락하며 나라의 풍습에 절도가 있으면, 병력은 더욱 강해지고 성은 굳게 지켜져서 적국은 마침내 스스로 굴복하게 될 것이다. 자기 본연의 일에 힘써 재물을 쌓으면서 놀고 먹으며 낭비

砥礪百姓 爲是之日 而兵剸天下勁矣 案然修仁義 伉隆高 正法則選賢良 養百姓 爲是之日 而名聲剸天下之美矣 權者重之 兵者勁之 名聲者美之 夫堯舜者一天下也 不能加毫末於是矣 權謀傾覆之人退 則賢良知聖之士案自進矣 刑政平百姓和 國俗節 則兵勁城固 敵國案自詘矣 務本事 積財物 而勿忘棲遲薛越也 是使羣臣百姓 皆以制度行 則財物積 國家案自富矣 三者體此 而天下服 暴國之君 案自不能用其兵矣 何則 彼無與至也 彼其所與至者 必其民也 其民之親我也歡若父母 好我芳若芝蘭 反顧其上 則若灼黥 若仇讎 彼人之情性也 雖桀跖 豈有肯爲其所惡 賊其所好者哉 彼以奪矣 故古之人 有以一國取天下者 非往行之也 修政其所 莫不願 如是 而可以誅暴禁悍矣 故周公南征而北國怨 曰 何獨不來也 東征而西國怨 曰 何獨後我也 孰能有與是鬪者與 安以其國爲是者王 殷之日 安以

靜兵息民 慈愛百姓 辟田野 實倉廩 便備用 安謹募選閱材伎之士 然後漸賞慶以先之 嚴刑罰以防之 擇士之知事者 使相率貫也 是以厭然畜積修飾 而物用之足也 兵革器械者 彼將日日暴露毁折中原 我今將修飾之 拊循之 掩蓋之於府庫 貨財粟米者 彼將日日棲遲薛越之中野 我今將蓄積并聚之於倉廩 材技股肱健勇爪牙之士 彼將日日挫頓竭之於仇敵 我今將來致之 并閱之 砥礪之於朝廷 如是 則彼日積敝 我日積完 彼日積貧 我日積富 彼日積勞 我日積佚 君臣上下之間者 彼將厲厲焉 日日相離疾也 我今將頓頓焉 日日相親愛也 以是待其敝 安以其國爲是者霸 立身則從傭俗 事行則遵傭故 進退貴賤則擧傭士 之所以接下之人百姓者則庸寬惠 如是者則安存 立身則輕楛 事行則蠲疑 進退貴賤則擧佞倪 之所以接下之人百姓者則好取侵奪 如是者危殆 立身則憍暴 事行則傾覆 進退貴賤則擧幽險詐故 之所以接下之

하는 일이 없도록 하면, 군신들과 백성들이 모두 제도에 따라 행해져서 재물이 쌓이고 국가는 절로 부강해진다.

이 세 가지를 몸소 실천하여 잃지 않는다면 천하가 한결같이 복종해올 것이요, 난폭한 나라의 임금도 그 병력을 쓸 수가 없게 될 것이다. 왜냐하면 그를 도와 함께 싸워줄 사람이 없기 때문이다.

그가 거느리고 오는 군사는 틀림없이 자기 백성인데 한결같이 자기 임금을 버리고 도리어 아군의 임금을 친애하여 마치 자기 부모를 대하듯 반겨서 지초(芝草)와 난초의 향기처럼 좋아하는 반면, 자기 임금을 대하는 마음은 낙형(烙刑)이나 묵형(墨刑)을 당하는 듯 무서워하며 원수처럼 미워하게 되니, 그 임금의 성정이 비록 걸왕이나 도척과 같을지라도 어찌 증오하는 폭군을 위하여 어질고 좋아하는 임금을 해치는 일을 하겠는가! 싸우기도 전에 나라를 빼앗기게 될 것이다.

그러므로 옛사람 중에는 한 나라에서 일어나 천하를 얻은 사람도 있었으니, 그것은 몸소 나가 싸워서 얻은 것이 아니고 선정을 베풂으로서 천하가 그런 정치를 원하여 그 소원에 따른 것뿐이며, 이리하여 난폭한 자를 처벌하고 흉악한 자를 금할 수 있었던 것이다.

그래서 주공이 남쪽을 정벌하면 북쪽 나라에서 이를 원망하여 말하기를, "왜 우리나라에만 오시지 않는가." 하였고, 동쪽을 정벌하면 서쪽 나라에서 원망하여 말하기를, "왜 우리만 뒤로 미루는가." 하였으니, 그 누가 그와 더불어 대적하여 싸울 수 있겠는가? 나라가 이런 정도가 된다면 가히 천하를 다스리는 왕이 될 것이다.

나라가 성할 때 군사를 동원하지 않고 백성을 쉬게 하며, 백성들을 사랑하며 들판을 개척하여 곡식 창고를 채우고 일용기구를 사용함에 있어 불편이 없도록 충분히 만들어주고, 모집 선택의 방법을 신중하게 하여 재능과 기술 있는 사람을 기용하며, 그런 뒤에 표창과 상금으로 장려하고 형벌을 엄하게 하여 악을 막으며, 사리를 분별하는 선비를 뽑아 통솔하도록 하면서 편안한 가운데 재물이 쌓이고 겉모양도 꾸며져서 쓰는 물건이 풍족해지도록 한다.

난폭한 나라의 임금은 병기를 매일처럼 드러내놓고 들판에서 부수고 꺽지만, 이편에서는 정리하고 아끼며 잘 보관한다. 재물이나 식량도 저쪽에서는 매일처럼 낭비하는데 이쪽에서는 날마다 저축한다.

재능 및 기술이 있는 선비와 어금니 같은 신하와 용맹하고 씩씩한 장사들을, 적은 매일처럼 다치게 하고 적 앞에서 없애지만, 우리편은 매일처럼 모여드니 이를 채용하여 조정에서 부지런히 일하게 한다. 이렇게 되니 저들은 나날이 쇠약해지는데 우리는 나날이 왕성해지고, 저들은 나날이 가난해지는데 우리는 나날이 부유해지며, 저들은 나날이 피로해지는데 우리는 나날이 안락한 것이다.

임금과 신하의 위아래 사이에서도, 저들은 서로 미워하여 나날이 분산되고 우리는 나날이 화목하여 친애하니, 이것으로써 적국의 피폐함을 기다리면 되는 것이요, 그 나라를 이렇게 다스려 나간다면 틀림없이 패자가 될 것이다.

人百姓者 則好用其死力矣 而慢其功勞 好用其籍斂矣 而忘其本務 如是者滅亡 此五等者 不可不善擇也 王霸安存危殆滅亡之具也 善擇者制人 不善擇者人制之 善擇之者王 不善擇之者亡 夫王者之與亡者 制人之與人制之也 是其爲相縣也亦遠矣

제여재아망호인(制與在我亡乎人) : 여(與)는 거(擧)이니, 곧 개(皆)의 뜻. 망(亡)은 부재(不在). 곧 그 제도 자체에 달린 것이지 남에게 있는 것이 아님을 가리킨다.

비존망안위지소타야(非存亡安危之所墮也) : 여기서 타(墮)는 수(隨)로, 따른다는 뜻.

유은적심(愉殷赤心) : 유은(愉殷)은 근심과 즐거움, 적심(赤心)은 속에서 진심으로 우러나오는 마음.

경고(輕楛) : 경조람악(輕佻濫惡). 곧 경솔하고 함부로 악을 행하는 것.

영탈(佞侻) : 영예(佞銳). 곧 말재주가 있고 이익에 약삭빠름.

몸가짐도 보통 사람의 습속을 따르고 일을 행함에는 보편적인 것을 따르며, 귀하고 천한 관리를 임명하고 내쫓을 때는 일반적인 선비들 가운데서 선발해 쓰며, 아랫사람이나 백성을 대할 때는 관대하고 은혜롭게 한다면, 이런 자는 안연히 존속할 수 있다.

경박(輕薄) : 사람됨이 진중하지 못하고 가벼움.

수탈(收奪) : 재물 따위를 빼앗음.

그러나 처신이 경박한 데다 거칠고 일을 함에 있어 결단성이 없이 망설이며, 귀하고 천한 관리를 임명하고 내쫓을 때는 간사하고 약삭빠른 사람을 기용하고, 아랫사람이나 백성을 대할 때 수탈하고 거두어들이기만 좋아한다면 이런 자는 위태롭게 될 것이다.

처신이 교만하고 난폭할 뿐만 아니라 일을 행함에 있어 의심부터 앞세우고, 귀하고 천한 관리를 임명하고 내쫓을 때는 음험 · 간사한 자만을 골라 쓰며, 아랫사람이나 백성을 대할 때 온 힘을 다해 부리기를 좋아하면서 그들의 공로는 업신여기고 세금 거두기만을 좋아하면서 그들의 본업은 돌아보지 않으니, 이런 자는 멸망할 것이다.

이상과 같은 다섯 가지 사례는 잘 선택하지 않으면 안 된다. 이는 왕자가 되고 패자가 되고 안연히 존속하고 위태로워지고 멸망하는 조건이기 때문이다. 잘 선택하면 남을 지배할 수 있고 선택을 잘못 한 사람은 남에게 지배를 받게 되니, 잘 선택한 사람은 가히 천하의 왕자요, 잘 선택하지 못한 자는 멸망이 있을 뿐이다. 천하의 왕자가 되는 것과 멸망하는 것, 남을 제압하는 것과 남에게 제압받는 것, 이 사이는 현격하게 거리가 먼 것이다.

| 풀이 | 이상적인 군주와 이상적인 정치인 사례가 많아 순자의 정치관과 사회관이 생동감 있게 펼쳐지고 있다. 특히 마지막 주공(周公)의 정토(征討)에서 인용된 백성의 소리는 다른 많은 문헌에도 소개되었으며, 유가(儒家)들의 전범(典範)이 되는 글이다. 전편(全篇)을 통하여 사회제도와 신분 구별의 중요성, 경제정책, 왕도(王道), 패도(霸道), 강자(彊者)의 구별이 소상하게 서술되었고 그 근본이 되는 규범으로 예의(禮義)를 들고 있다. 예란 오늘날에 이르러 헌법으로 발전하였으니, 이것이 곧 사회질서 유지의 기본이 되고 있는 것이다.

정토(征討) : 무력을 써서 적이나 죄 있는 무리를 치는 일. 정벌(征伐).

10 부국편 富國篇

1

1// 萬物同宇而異體 無宜而有用爲人 數也 人倫竝處 同求而異道 同欲而異知 生也 皆有可也 知愚同 所可異也 知愚分 埶同而知異 行私而無禍 縱欲而不窮 則民心奮 而不可說也 如是 則知者未得治也 知者未得治 則功名未成也 功名未成 則羣衆未縣也 羣衆未縣 則君臣未立也 無君以制臣 無上以制下 天下害生縱欲 欲惡同物 欲多而物寡 寡則必爭矣 故百技所成 所以養一人也 而能不能兼技 人不能兼官 離居不相待則窮 羣而無分則爭 窮者患也 爭

만물은 같은 우주 안에 존재하면서도 형체를 서로 달리하고 있고 아무런 관계도 없으면서 모두가 인간을 위하여 유용한 것이 자연의 이치이다. 인류는 모여 살면서 같은 것을 추구하지만 행하는 도리는 같지 않고 욕구 역시 같지만 지혜는 같지 않은데, 이는 타고난 것이다. 사람이 옳다고 여기는 것은 지혜 있는 자나 어리석은 자나 같지만, 옳다고 인정하는 정도가 다른 것은 지혜롭고 어리석은 분별의 차이 때문이다.

모든 사람의 지위가 사회적으로 한결같으면서도 인식하는 지혜가 같지 않고, 사사로운 이익을 추구하는데도 화를 당하지 않고 욕심대로 제멋대로 행하는데도 궁하지 않다면, 민심은 분발하여 경쟁할 것이니 이를 설복할 도리가 없는 것이다. 그렇게 되면 아무리 지혜로운 자라 할지라도 다스릴 수가 없고 지혜로운 자가 다스리지 못한다면 공명을 이룰 수 없으며, 공명을 이룰 수 없다면 군중들이 구별하지 못할 것이니, 임금과 신하의 관계가 성립될 수 없는 것이다. 임금으로서 신하를 거느릴 수 없고 윗사람으로서 아랫사람을 거느릴 수 없다.

천하의 해독은 제멋대로 욕심을 부리는 데서 발생한다. 바라고 싫어하는 것이 한결같고 욕심은 많은데 물자는 적으니, 적으면 반드시 다투게 된다. 여러 기술자가 만든 물건은 한 사람을 부양하기 위한 것이다. 그런데 기능은 한 사람이 모든 기능을 지닐 수 없고, 한 사람이 모든 벼슬을 겸할 수도 없는 것이다. 인류가 떨어져 살지만 서로 의지하지 않으면 곧 궁한 법이고, 모여 살면서 상하의 분별이 없다면 분쟁이 일어난다. 그러니 곤궁은 우환이고 다툼은 화근이 되므로 우환을 구하고 화근을 없애려면, 상하의 분별을 분명히 하고 함께 살도록 해야 할 것이다.

강자가 약자를 위협하고 지혜로운 자가 어리석은 자를 놀라게 하며, 윗사람을 거스르고 연소자가 연장자를 능멸하게 된다면 이는 덕으로써 정치를 하지 않은 탓이다. 이렇게 되면 노인과 약한 사람은 부양받을 길이 막힐 염려가 있고 장년(壯年)들이 분쟁을 벌이는 화근이 된다.

수고하여 일하기를 싫어하고 공명과 이익을 좋아하며, 직업의 구분이 없게 된다면, 이는 사람으로서 근심스런 일을 만드는 것이며 공명을 다투는 화근이 될 것이다. 남녀의 결합, 부부 사이의 분별, 혼인할 때의 빙문(娉問)과 납례(納禮) 등의 예가 없다면, 사람으로서 배우자를 잃고 근심을 낳게

者禍也 救患除禍 則莫若明分使羣矣 彊脅弱也 知懼愚也 民下違上 少陵長 不以德爲政 如是 則老弱有失養之憂 而壯者有分爭之禍矣 事業所惡也 功利所好也 職業無分 如是 則人有樹事之患 而有爭功之禍矣 男女之合 夫婦之分 婚姻娉內 送逆無禮 如是 則人有失合之憂 而有爭色之禍矣 故知者爲之分也 足國之道 節用裕民 而善臧其餘 節用以禮 裕民以政 彼裕民故多餘 裕民則民富 民富則田肥以易 田肥以易則出實百倍 上以法取焉 而下以禮節用之 餘若丘山 不時焚燒 無所臧之 夫君子奚患乎無餘 故知節用裕民 則必有仁義聖良之名 而且有富厚丘山之積矣 此無它故焉 生於節用裕民也 不知節用裕民則民貧 民貧則田瘠以穢 田瘠以穢則出實不半 上雖好取侵奪 猶將寡獲也 而或以無禮節用之 則必有貪利糾譑之名 而且有空虛窮乏之積矣 此無它故焉 不知節用裕民也 康誥曰 弘覆乎

되는 것이요 여색을 다투는 화근이 될 것이다. 그러므로 지혜로운 자는 상하의 분별을 하는 것이다.

부유한 나라를 만드는 길은 절약하여 백성을 풍족하게 하고 남은 것을 잘 저축하는 것이다. 절약은 예의에 따르고 백성을 넉넉하게 하는 것은 정치로써 한다. 백성을 넉넉하게 함으로써 모두가 부유해지고 백성이 부유해지면 논밭이 비옥해져 잘 가꾸어진다. 논밭이 비옥하여 경작이 쉬우면 수확이 백 배로 늘어난다. 위에서 법에 따라 조세를 거두어들이고 아래에서는 예로써 이를 절약하여 쓴다면, 남는 것이 언덕이나 산처럼 되고 때때로 태워 없애지 않으면 그것을 저장할 곳이 없을 정도가 된다.

군자로서 남은 것이 없음을 어찌 근심하랴. 그러므로 용도를 절약하고 백성을 부유하게 할 줄 알면, 반드시 인의와 성명(聖明)의 아름다운 명성이 있게 되고 또 산더미와 같은 저장이 있게 되는 것이다. 이는 다른 연유에서가 아니라 씀씀이를 절약하고 백성을 부유하게 하는 데서 생기는 것이다.

씀씀이를 절약하여 백성을 부유하게 해줄 줄 모른다면 백성은 가난해지고 백성이 가난해지면 전답은 메말라 황폐해지며, 전답이 메말라 황폐해지면 결실도 풍성하지 못할 것이니, 위에서 비록 침탈하여 거두어들이기를 좋아한다 할지라도 얻는 것은 얼마 되지 않을 것이다. 여기에 혹 예에 따라 씀씀이를 절약하는 일까지 없다면 반드시 이익을 탐하여 거두어들인다는 이름이 드러나게 될 뿐더러 실제로 곳간은 비어 궁핍 속에 허덕일 것이다. 이는 다른 이유에서가 아니

天 若德裕乃身 此之謂也 禮者 貴賤有等 長幼有差 貧富輕重皆有稱者也 故天子袾袶衣冕 諸侯玄袶衣冕 大夫裨冕 士皮弁服 德必稱位 位必稱祿 祿必稱用 由士以上則必以禮樂節之 衆庶百姓則必以法數制之 量地而立國 計利而畜民 度人力而授事 使民必勝事 事必出利 利足以生民 皆使衣食百用出入相揜 必時臧餘 謂之稱數 故自天子通於庶人 事無大小多少 由是推之 故曰 朝無幸位 民無幸生 此之謂也 輕田野之稅 平關市之征 省商賈之數 罕興力役 無奪農時 如是則國富矣 夫是之謂以政裕民

탐리규교지명(貪利糾譑之名) : 규(糾)는 거두어들이다. 교(譑)는 들추어내다. 즉, 이익을 탐하여 거두어들인다는 이름이 드러나다.

대부비면(大夫裨冕) : 비(裨)는 비의(裨衣), 즉 제복(祭服)을 가리킨다. 곤의(袞衣) 이하는 균등하게 비의(裨衣)라 한다.

피변복(皮弁服) : 피변(皮弁)은 흰 사슴가죽으로

라 씀씀이를 절약하여 백성을 부유하게 할 줄을 모르는 까닭이다.

〈서경〉 강고(康誥)에 말하기를, "거대하게 만물을 포용하는 하늘처럼 덕이 그 몸에 넉넉하도록 하라." 하였으니 이를 가리켜 말한 것이다.

예(禮)란 귀천에 등급이 있고 어른과 아이에 차이가 있으며, 가난하고 부유한 사람과 신분이 귀하고 낮은 사람에 따라 어울리는 것이 있음을 말한다. 그러므로 천자는 붉은 곤룡포에 면류관을 쓰고 제후는 검은 곤룡포에 면류관을, 대부는 비의(裨衣)에 면류관을 쓰며, 사(士)는 흰 사슴가죽의 관에 관복을 받쳐 입는다. 덕은 반드시 그 지위에 어울리고 지위는 반드시 그 봉록에 어울리며, 봉록은 반드시 그 쓰임에 어울리니, 사(士) 이상은 반드시 예악(禮樂)으로 이를 절제하며, 일반 백성은 반드시 법에 의하여 제재를 받는다.

땅을 측량하여 나라를 세우고 땅의 이익을 계산하여 백성을 기르며, 백성들의 힘을 헤아려 직책을 주어 반드시 주어진 일을 감당해 나가도록 하며, 모든 일에 반드시 이익이 나오도록 하여 백성을 기르는 데 충분하도록 하며, 그들의 의식(衣食)이나 용도에 있어 수입과 지출이 균형 맞도록 하고 반드시 때를 맞추어 저장하게 하니, 이를 가리켜 만사에 알맞다고 한다.

그러므로 천자로부터 서민에 이르기까지 일의 크고 작고 많고 적고가 없이 이런 도리로 헤아려 나가는 것이다. 그래서 말하기를 "조정에서 요행으로 지위를 차지하는 일이 없

만든 고깔로서, 사(士)가 조정에 들어갈 때 입는 복장에 받쳐 쓰는 것인데, 여기에는 올이 50승이 되는 포(布)로 지은 치마 같은 옷을 입는다. 그래서 피변복이라 한다.

고 백성으로서 요행스럽게 사는 자가 없다."고 하니 이를 가리킨 것이다. 논밭의 조세를 가볍게 하고 관문(關門)이나 시장의 세금을 공평하게 하며, 상인의 수를 줄이고 부역의 횟수를 감소시키며, 농사짓는 시기를 빼앗지 않도록 한다. 이리하면 국가는 부유해질 것이니, 대체로 이것을 가리켜 정치로써 백성을 여유 있게 한다고 하는 것이다.

| 풀이 | 부국(富國)의 요체는 생산 · 절약 · 축적의 관계에서 이루어지는데, 여기에는 사회계급의 정연한 분류에서 그 지위와 신분에 따라 각자가 맡은 바 책임을 다하는 분업정신이 필요하다. 천자는 천자로서, 제후는 제후로서, 대부는 대부로서, 사(士)는 사(士)로서, 일반 서민은 서민으로서 그 맡은 바 책임을 다하여 한결같이 생산 · 절약 · 저축의 3대 요소를 갖추어야만 부유한 나라가 된다는 것을 유교 윤리의 관점에서 설파하였다. 상공업이 충분히 발달되지 못한 시대이므로 농업을 가장 중요시하였고, 사회 여러 계층의 정점은 제왕(帝王)이요, 모든 이익은 제왕에게 귀결되었다는 데 유의해야 한다.

설파(說破) : ① 사물의 내용을 밝혀 말함. ② 상대편의 이론을 깨뜨려 뒤엎음.

2

인간이란 나면서부터 공동생활을 하지 않을 수 없는데, 공동생활에 있어서 차등과 분별이 없으면 다투게 되고 다투면 어지러우며 어지러우면 궁핍해진다. 그러므로 차등 · 분

2// 人之生 不能無羣 羣而無分則爭 爭則亂 亂則窮矣 故無分者 人之大害也 有分者 天

별이 없는 것은 인간의 큰 화근이고 차등 · 분별이 있는 것은 천하의 본질적인 이익이다. 여기서 임금된 자는 차등 · 분별을 관리하는 중추적인 주체가 된다. 그러므로 이를 아름답게 하는 것은 천하의 본질을 아름답게 하는 것이요, 이를 안정되게 하는 것은 천하의 본질을 안정시키는 것이며, 이를 귀하게 하는 것은 천하의 본질을 귀하게 하는 것이다. 옛 임금들은 서로 다른 차등을 두어 혹은 아름답게 여기고 혹은 미워하며, 후하게도 주고 박하게도 주며, 혹은 안락하게 혹은 수고롭게 하는 등의 차별을 하였으니, 이는 호사스럽고 미려하게 명성을 얻으려는 것이 아니라 장차 인(仁)의 문식(文飾), 곧 예의를 명백히 하고 인의 질서에 통달하게 하려는 것이었다.

그러므로 금석(金石)에 조각을 하고 옷에 색채와 무늬를 넣은 것은 오직 귀천을 분별하기 위해서일 뿐 겉모양을 꾸미기 위해서가 아니다. 또 종과 북, 피리와 경쇠, 거문고와 비파, 우(竽)와 생황(笙簧) 등을 만든 것은 오로지 길흉을 분별하고 기쁨과 안정 · 화락을 위해서일 뿐 그 이상의 것을 구해서가 아니며, 집을 짓고 누각과 전각 등을 지은 것도 더위와 습기 등을 피하고 덕을 기르며 귀천을 분별하기 위해서일 뿐 그 밖의 것을 구해서가 아니었다. 〈시경〉에 말하기를, "갈고 닦은 문채에 그 바탕은 금이나 옥이요, 수고하시는 우리 임금은 천하의 기상일세." 하였으니 이를 가리킨 것이다.

대체로 여러 가지 색깔의 옷을 입고 여러 가지 맛있는 음식을 먹으며, 숱한 재물을 관리하면서 천하를 통합한 임금

下之本利也 而人君者所以管分之樞要也 故美之者 是美天下之本也 安之者 是安天下之本也 貴之者 是貴天下之本也 古者先王分割而等異之也 故使或美或惡或厚或薄或佚惑樂或劬惑勞 非特以爲淫泰夸麗之聲 將以明仁之文 通仁之順也 故爲之雕琢刻鏤黼黻文章 使足以辨貴賤而已 不求其觀 爲之鐘鼓管磬琴瑟竽笙 使足以辨吉凶 合歡定和而已 不求其餘 爲之宮室臺榭 使足以避燥溼養德 辨輕重而已 不求其外 詩曰 雕琢其章 金玉其相 亹亹我王 綱紀四方 此之謂也 若夫重色而衣之 重味而食之 重財物而制之 合天下而君之 非特以爲淫泰也 固以爲王天下 治萬變 材萬物 養萬民 兼利天下者 爲莫若仁人之善也夫 故其知慮足以治之 其仁厚足以安之 其德音足以化之 得之則治 失之則亂 百姓誠賴其知也 故相率而爲之勞苦 以務佚之 以養其知也 誠美其厚也 故爲之出死斷亡 以覆救

之 以養其厚也 誠美其德也 故爲之雕琢刻鏤黼黻文章 以藩飾之 以養其德也 故仁人在上 百姓貴之如帝 親之如父母 爲之出死斷亡而愉者 無它故焉 其所是焉誠美 其所得焉誠大 其所利焉誠多 詩曰 我任我輦 我車我牛 我行旣集 蓋云歸哉 此之謂也 故曰 君子以德 小人以力 力者德之役也 百姓之力 待之而後功 百姓之羣 待之而後和 百姓之財 待之而後聚 百姓之埶 待之而後安 百姓之壽 待之而後長 父子不得不親 兄弟不得不順 男女不得不歡 少者以長 老者以養 故曰 天地生之 聖人成之 此之謂也 今之世而不然 厚刀布之斂以奪之財 重田野之稅以奪之食 苛關市之征以難其事 不然而已矣 有掎挈伺詐 權謀傾覆 以相顚倒 以靡敝之 百姓曉然皆知其汙漫暴亂而將大危亡也 是以臣或弑其君 下或殺其上 粥其城 倍其節 而不死其事者 無它故焉 人主自取之也 詩曰 無言不讎 無德不報 此之謂也 兼足天

이 되는 것은 호사를 누리기 위해서가 아니라 군이 천하를 다스리는 왕이 되고자 해서이다. 만 가지 변화를 다스리고 만물을 헤아리며 만백성을 길러 천하를 통제하는 것은 인덕 있는 사람의 선정(善政)을 목적으로 하기 때문이다.

그러므로 그 사람의 지혜와 사려는 족히 이를 다스리고 그 인후(仁厚)함은 족히 이를 안정시키며, 그 덕망은 족히 이를 교화하는 것이다. 이같은 임금을 얻으면 다스려지고 잃으면 혼란해지는 것이다. 백성이 진실로 그 지혜를 의지하는 까닭에 서로 애써 노력하며 편안한 가운데 그 지혜를 기르는 것이다. 진실로 그 후덕함을 아름답게 여기는 까닭에 그를 위하여 필사적으로 이를 옹호하니, 이로써 그 후덕함을 더욱 기르는 것이다. 진실로 그 덕을 아름답게 여기는 까닭에 그를 위하여 금옥에 장식을 하고 색깔과 무늬있는 옷으로써 아름답게 꾸며 그 덕을 길러준다.

그러므로 어진 사람이 위에 있고 백성들이 이를 천제(天帝)처럼 귀하게 여겨 부모처럼 가까이하며, 이를 위해 필사적으로 희생하며 기뻐하는 것은 다른 이유에서가 아니라, 그 사람이 옳다고 하는 것은 진실한 아름다움이요, 그 취득한 바가 진실로 크며 그 이익되는 바가 진실로 많기 때문이다. 〈시경〉에 말하기를, "등짐에 보따리, 수레에도 보따리, 나 수레 몰고 소를 모네. 우리들 행역(行役)이 완성되니 이제 다들 돌아간다 말하네." 하였으니 이를 가리키는 것이다.

그러므로 말하기를, 군자는 덕으로만 힘써도 백성들은 노력으로써 그를 섬긴다고 하였다. 노력이란 덕의 부림을 받는 것이다. 백성의 노력은 이를 기다린 다음에야 공을 이루는 것이고 백성의 무리는 이를 기다린 다음에야 화목하는 것이며, 백성들의 재물은 이를 기다린 다음에야 모이는 것이고 백성들의 위치는 이를 기다린 다음에야 안정되며, 백성들의 수명도 이를 기다린 다음에야 장수하는 것이다. 부자간에 친함을 얻지 못하면 형제간에도 화순(和順)할 수 없고 남녀간에도 기쁨을 얻을 수 없다. 연소자는 임금의 덕에 의하여 성장하고 노인은 봉양을 받는다. 그러므로 말하기를, "천지가 낳고 성인(聖人)이 성취한다."고 하였으니 이를 가리킨 것이다.

그러나 오늘날의 세상은 그렇지가 않아서 세금으로 무리하게 재물을 빼앗고 토지세를 되도록 무겁게 하여 백성들의 양식을 강제로 빼앗으며, 관문과 저자의 세금을 가혹하게 하여 그들의 일을 어렵게 만든다. 그렇지 않으면 끌어당기고 감시하여 기만하며, 권모술수로 그들을 넘어뜨려 아주 피폐하게 함으로써 일어설 수 없도록 만드니, 백성들은 그 더럽고 난폭한 것을 모두 환히 알게 되고 오래지 않아서 큰 위험이 닥쳐 다함께 멸망하리라는 것을 예감하게 된다. 이로써 혹은 신하된 자가 그 임금을 죽이고 혹은 아랫사람이 윗사람을 죽이며, 때로는 자기가 지키던 성을 적에게 팔아넘기고 절의를 배반하여 임금이나 나라를 위해 목숨을 바치려 하지 않으니, 이는 다른 이유에서가 아니라 임금이 그 재앙을 스스로 부른 것이다. 〈시경〉에 말하기를, "말하면 대답하지 않음이 없고 인덕에 보답이 돌아오지 않음이 없네." 하

下之道在明分 掩地表畝 刺屮殖穀 多糞肥田 是農夫衆庶之事也 守時力民 進事長功 和齊百姓 使人不偷 是將率之事也 高者不旱 下者不水 寒暑和節 而五穀以時孰 是天下之事也 若夫兼而覆之 兼而愛之 兼而制之 歲雖凶敗水旱 使百姓無凍餒之患 則是聖君賢相之事也

유기설사사(有掎挈伺詐) : 유(有)는 우(又)와 통하고 그 아래는 기무(掎撫)·설거(挈擧)·사후(伺候)·사위(詐僞)로 풀었다.

엄지표묘(掩地表畝) : 엄(掩)은 규(揆)의 잘못. 규(揆)는 도(度). 즉, 재는 것.

자철(刺屮) : 제초(除草). 자(刺)는 직상(直傷), 철(屮)은 초목의 싹.

장솔지사(將率之事) : 장솔(將率)은 주장(州長)이나 당정(堂正)의 관(官)을 가리킨다.

였으니 이를 가리키는 것이다.

온 천하가 다 풍족하게 되는 길은 저마다가 직분을 분명히 하는 데 있으니, 땅을 잘 측량하여 경계를 명확하게 하고 잡초를 제거하여 오곡을 뿌린 후 거름을 충분히 주어 밭을 비옥하게 하는 것 등은 농부나 백성의 일이다. 때를 지켜 백성을 힘써 일하게 하고 일을 추진시켜 공적을 조장하게 하며, 백성들을 한결같이 화락하게 하여 한 사람도 구차하게 살지 않게 하는 것 등은 고을의 장이 할 일이다.

고지대라도 가뭄이 들지 않게 하고 저지대라도 물이 넘치지 않게 하며, 추위와 더위를 적절히 조화시켜 오곡이 시기를 따라 충분히 여물도록 하는 것은 천지자연의 일이다. 그러나 온 세상을 똑같이 덮어주고 똑같이 사랑해주며 똑같이 관리해주어, 비록 흉년이나 수재 · 한발이 드는 해라도 백성들이 춥고 배고픈 근심이 없도록 하는 것 등은 성군(聖君)이나 어진 재상이 할 일이다.

| 풀이 | 군주는 사회적 계급의 분별을 관장하는 중요한 임무를 띠고 있으니, 온 천하를 다같이 부유하게 하기 위해서는 각자의 직분을 명확하게 해주어야 한다.

3

3// 墨子之言昭昭然爲天下憂不足 夫不足非天下之公患也 特墨

묵자(墨子)는 자나깨나 천하를 위하여 부족한 것을 근심했다고 한다. 부족한 것은 천하의 공통된 근심거리는 아니며,

그것은 묵자의 개인적인 근심으로서 잘못된 생각이다. 지금 이 땅에서 오곡을 생산하고 있는데, 사람이 밭갈이를 더욱 잘 해간다면 1묘(畝)에서 몇 분(盆)의 곡식을 더 생산하고 1년에 두 번 수확할 수도 있다. 여기에다 오이 · 복숭아 · 대추 · 오얏 등의 과실도 한 나무에 가히 분으로 계량할 정도요, 파나 마늘 등 백 가지 채소류는 못(澤)으로 계량할 정도이며, 소 · 양 · 말 · 개 · 돼지 · 닭 등의 가축과 날짐승 및 길짐승은 한 마리로 한 수레에 가득 찰 정도요, 큰 자라와 악어 등 물고기의 종류도 철마다 번식하여 종류마다 떼를 이루고 오리 · 기러기 등도 번식하여 바다를 뒤덮은 연기처럼 많으니, 곤충이나 만물이 그 사이에 생존하여 서로 먹고 살아갈 수 있는 것은 이루 헤아릴 수가 없다.

천지가 만물을 생산할 때는 본래 사람에게 먹을 것을 공급하고도 남음이 있게 하였으며, 삼 · 칡 · 명주실 · 새털 · 짐승의 털 · 상아 · 가죽 따위도 본래 여유가 있어 사람마다 입을 것이 넉넉한 것이다. 이토록 넉넉한데도 부족하다고 하는 것은 천하의 공통된 근심거리가 아니요, 이는 묵자의 개인적인 근심이며 잘못된 생각인 것이다.

천하의 공통된 근심거리는 혼란으로 인해 천하가 상해를 받는 일이다. 그렇다면 어째서 세상을 어지럽히는 인물이 누군지 찾아보지 않는가. 묵자가 음악을 부정한 것은 천하를 혼란시키는 것이요, 물자의 사용을 절약하는 것은 천하를 가난하게 만드는 것으로 생각되니, 장차 세상을 무너뜨리는 것은 아니겠지만 그러한 비난을 면치 못할 것이다.

子之私憂過計也 今是土之生五穀也 人善治之 則畝數盆 一歲而再獲之 然後瓜桃棗李一本數以盆鼓 然後葷菜百疏以澤量 然後六畜禽獸 一而剸車 黿鼉魚鼈鰌鱣以時別 一而成羣 然後飛鳥鳧雁 若烟海 然後昆蟲萬物生其間 可以相食養者 不可勝數也 夫天地之生萬物也 固有餘 足以食人矣 麻葛繭絲鳥獸之羽毛齒革也 固有餘足以衣人矣 夫有餘 不足非天下之公患也 特墨子之私憂過計也 天下之公患 亂傷之也 胡不嘗試相與求亂之者誰也 我以墨子之非樂也 則使天下亂 墨子之節用也 則使天下貧 非將墮之也 說不免焉 墨子大有天下 小有一國 將蹙然衣麤食惡 憂戚而非樂 若是則瘠 瘠則不足欲 不足欲則賞不行 墨子大有天下 小有一國 將少人徒 省官職 上功勞苦 與百姓均事業 齊功勞 若是則不威 不威則罰不行 賞不行 則賢者不可得而進也 罰不行 則不肖者不可得而退也 賢者不可得而進也 不

肖者不可得而退也 則能不能不可得而官也 若是則萬物失宜 事變失應 上失天時 下失地利 中失人和 天下敖然 若燒若焦 墨子雖爲之衣褐帶索 嚽菽飮水 惡能足之乎 旣以伐其本 竭其原 而焦天下矣 故先王聖人爲之不然 知夫爲人主上者 不美不飾之不足以一民也 不富不厚之不足以管下也 不威不强之不足以禁暴勝悍也 故必將撞大鐘 擊鳴鼓 吹笙竽彈琴瑟 以塞其耳 必將錭琢刻鏤黼黻文章 以塞其目 必將芻豢稻粱 五味芬芳以塞其口 然後衆人徒備官職 漸慶賞 嚴刑罰 以戒其心 使天下生民之屬 皆知己之所願欲之擧在是于也 故其賞行 皆知己之所畏恐之擧在是于也 故其罰威 賞行罰威 則賢者可得而進也 不肖者可得而退也 能不能可得而官也 若是則萬物得宜 事變得應 上得天時 下得地理 中得人和 則財貨渾渾如泉源 汸汸如河海 暴暴如丘山 不時焚燒 無所臧之 夫天下何患乎不

묵자에게 크게는 천하가 있고 작게는 한 나라가 있다면, 반드시 조의악식(粗衣惡食)의 근심이 닥칠 것이니 근심 때문에 음악도 없다고 할 것이며, 이렇게 되면 세상이 야박해지고 세상이 야박해지면 백성의 욕구를 충족시킬 수가 없으며, 욕구를 충족시킬 수 없다면 상을 내리고자 해도 행할 수 없을 것이다. 묵자에게 크게는 천하가 있고 작게는 한 나라가 있다면 부리는 사람을 적게 하고 관직도 줄이며, 오로지 공로를 숭상하여 애쓰고 백성과 함께 사업에 종사하며 공로를 한결같이 할 것이니, 이렇게 되면 임금으로서 위엄이 없어질 것이요, 위엄이 없어지면 형벌을 시행할 수가 없을 것이다.

상을 내리는 일도 시행할 수가 없다면 어진 이를 가려 쓸 수가 없을 것이요, 형벌을 시행할 수가 없다면 어리석은 자를 가려 내쫓을 수도 없을 것이다. 어진 이를 맞아들일 수 없고 어리석은 자들을 가려 내쫓을 수도 없게 되면 유능한 자와 무능한 자를 가려 알맞는 직위에 앉힐 수가 없다.

만약 이렇게 되면 만물이 모두 그 마땅함을 잃어 일의 변화에 대처할 방법을 찾지 못하여 위로는 하늘의 때를, 아래로는 땅의 이(利)를, 그 사이에서는 인화를 잃게 되니 세상은 온통 불타버린 듯 궁핍하게 될 것이다. 묵자가 비록 굵은 베옷에 새끼로 만든 띠를 매고 콩밥에 물을 마신다고 한들 어떻게 풍족하게 만들 수 있으랴. 이미 그 근본이 잘려나가고 그 본원(本原)이 메말랐으며, 천하는 불타버렸으니 말이다.

그러므로 선왕이나 성인들은 그렇게 하지 않았으니, 남의 임금이 된 자는 아름답게 장식을 하지 않고서는 백성을 하나로 다스리기에는 부족하다는 것을 알았고, 풍부하지 않고서는 아랫사람을 통괄하기에는 부족하다는 것을 알았으며, 강대한 위엄이 없고서는 난폭하고 사나운 자들을 막아 승리할 수 없다는 것을 알았다.

그리하여 반드시 큰 종을 치며 북을 울리고 생황과 우(竽)를 불며 거문고와 비파를 뜯어 귀를 막았고, 반드시 금옥을 새겨 장식을 하고 의복에 색채와 무늬를 넣어 눈을 막았으며, 또 소·양·개·돼지·닭 등의 고기에 다섯 가지 조미료와 향료를 써서 입을 막았다. 그런 뒤에 부리는 사람을 늘리고 관직을 완비하여 상을 크게 내리고 형벌을 엄하게 함으로써 그들의 마음을 경계하였다. 천하의 백성들에게 그들이 바라고 욕구하는 바가 여기에 있다는 것을 알게 하였으므로 상을 내릴 수 있었으며, 그들이 두려워하고 멀리하는 것이 여기에 있다는 것을 알게 하였으므로 형벌의 위엄을 드러낼 수 있었다.

상이 시행되고 형벌에 위엄이 서면 현자를 가려서 등용할 수가 있고 어리석은 자는 가려 내쫓을 수가 있으며, 유능한 자와 무능한 자를 가려 관직에 앉힐 수가 있는 것이다. 만약 이렇게 되면 만물은 모두 그 마땅함을 얻고 사태의 변화에 적절히 대처할 수 있으며, 위로는 하늘의 때를 얻고 아래로는 땅의 이를 얻으며 중간에서는 인화를 얻어 재화가 온통 샘솟는 듯 하해(河海)처럼 넘쳐흐르며, 낟가리가 언덕이나

足也 故儒術誠行 則天下大而富 使而功 撞鐘擊鼓而和 詩曰 鐘鼓喤喤 管磬瑲瑲 降福穰穰 降福簡簡 威儀反反 旣醉旣飽 福祿來反 此之謂也 故墨術誠行 則天下尙儉而彌貧 非鬪而日爭 勞苦頓萃而愈無功 愀然憂戚非樂而日不和 詩曰 天下薦瘥 喪亂弘多 民言無嘉 憯莫懲嗟 此之謂也

분고(盆鼓) : 모두 동이를 말하는데, 분(盆)은 6말 4되들이, 고(鼓)는 12말들이이다. 혹은 고(鼓)를 양(量)으로 풀이하기도 한다.

일이전거(一而剸車) : 일수만일거(一獸滿一車)의 뜻. 전(剸)은 전(專)과 통한다.

중인도(衆人徒) : 소인도사중다(召人徒使衆多)의 뜻.

사이공(使而功) : 일이공(佚而功)의 잘못으로 안일이유공적(安佚而有功績)의 뜻.

돈췌(頓萃) : 여기서 췌(萃)는 췌(顇)로 보아 곤고(困苦)로 풀이한다.

산처럼 쌓여 불시에 불살라버리지 않으면 이루 저장할 곳이 없게 될 것이니, 이렇게 되면 천하가 다시 무슨 부족되는 것을 걱정하리오. 그러므로 유가(儒家)의 정치방법을 진실로 실행할 수만 있다면 천하는 태평하고 부유해질 것이요, 안일한 가운데 공이 있어서 종을 치고 북을 두들기며 대단히 화락하게 될 것이다.

〈시경〉에 말하기를, "종과 북소리 태평하고 경쇠 치고 피리 부는 소리 화평하며, 내리는 복은 끝이 없어 광대하구나. 위의는 갈수록 더 신중하고, 취하고 배부르며 복록이 자주 와서 겹치네." 하였으니 이를 가리킨 것이다. 그러므로 묵자의 정치방법을 진실로 실행한다면 천하는 절약 · 근검을 높여갈수록 더욱 빈궁해질 것이요, 싸우지 않음을 주장하면서도 날마다 다투게 되고 죽도록 수고해도 갈수록 공이 없어질 것이며, 초연히 걱정하고 근심하여 음악을 없앤다면 사람들은 날마다 불화할 것이다. 〈시경〉에 말하기를, "하늘도 바야흐로 질병을 내리고 죽음의 난리가 크게 번지니, 백성들의 원성은 높아만 가는데 어찌 그리도 고치지 못하는고!" 하였으니 바로 이를 가리킨 것이다.

연역(演繹) : 일반적인 원리로부터 논리의 절차를 밟아서 낱낱의 사실이나 명제를 이끌어냄. 또는 그러한 일.

| 풀이 | 묵자의 학설에 대한 비평정신이 순자의 논리정연한 연역적(演繹的) 방법으로 일견 타당성 있게 전개되어 있다. 묵자는 부(富)가 한 곳에 편중되어 있고 인구가 증가하므로 절약함으로써 이를 막아야 한다고 주장한 반면, 순자는 전적으로 우주자연의 무한한 능력에 의존하고 있는 것이 특

색으로 드러난다. 그러고 보면 묵자는 인간을 말하고 순자는 하늘을 일컫는다고 할 수 있다. 마치 우주자연을 말한 플라톤과 인간을 말한 아리스토텔레스의 관계와 흡사하다.

4

큰 사업은 버려두고 백성을 길러 어루만지고 쓰다듬어주며 자애로써 대하고, 겨울에는 된 죽이나 묽은 죽을 먹게 하고 여름에는 오이나 보리 죽을 먹게 함으로써 일시적인 명예를 훔쳐 가지려는 것은 구차하고 얄팍한 좀도둑의 짓이니, 한때 간사한 백성의 칭찬을 들을 수는 있을지언정 장구하게 취할 도리는 아니다. 사업에 진척이 없으면 공로는 반드시 성립되지 못하므로 이것은 간사한 정치인이나 할 짓인 것이다.

바쁘게 사업을 벌여놓아 힘써 백성을 부역시키고 사업적 공리(功利)를 증진시키기 위하여 백성의 평판을 경시한 나머지 민심을 잃어버린다면, 사업은 비록 증진될지라도 백성이 싫어할 것이니, 이 또한 구차스러운 도둑질이라 아니할 수 없는 것이다. 그렇게 하면 구차스럽게 공리를 구해도 모든 것이 무너져버려 도리어 공이 없게 될 것이다.

그러므로 사업을 버려두고 명예를 추구해서도 안 되고 공을 구하기에 힘쓴 나머지 백성을 잊어버려서도 안 되는 것은 간사한 방법들이기 때문이다. 그러므로 옛사람들은 그렇지가 않아서 백성을 부역에 종사시키되, 여름에는 더위를

4// 垂事養民 拊循之 唲嘔之 冬日則爲之饘粥 夏日則與之瓜麩 以偷取少頃之譽焉 是偷道也 可以少頃得姦民之譽 然而非長久之道也 事必不就 功必不立 是姦治者也 僡然要時務民 進事長功 輕非譽 而恬失民 事進矣而百姓疾之 是又不可偷偏者也 徒壞墮落 必反無功 故垂事養譽不可 以遂功而忘民 亦不可 皆姦道也 故古人爲之不然 使民夏不宛暍 冬不凍寒 急不傷力 緩不後時 事成功立 上下俱富 而百姓皆愛其上 人歸之如流水 親之歡如父母 爲之出死斷亡而愉者 無它故焉 忠信調和均辨之至也 故君國長民者欲趨時遂功 則和調累解 速乎急疾 忠信均辨 說乎賞慶矣 必先修正其在我者 然後徐

責其在人者 威乎刑罰 三德者誠乎上 則下應之如景嚮 雖欲無明達得乎哉 書曰 乃大明服 惟民其力懋 和而有疾 此之謂也 故不敎而誅 則刑繁而邪不勝 敎而不誅 則姦民不懲 誅而不賞 則勤屬之民不勸 誅賞而不類 則下疑俗儉而百姓不一 故先王明禮義以壹之 致忠信以愛之 尙賢使能以次之 爵服慶賞以申重之 時其事 輕其任 以調齊之 潢然兼覆之 養長之 如保赤子 若是 故姦邪不作 盜賊不起 而化善者勸勉矣 是何邪 則其道易 其塞固 其政令一 其防表明 故曰上一則下一矣 上二則下二矣 辟地若屮木 枝葉必類本 此之謂也 不利而利之 不如利而後利之之利也 不愛而用之 不如愛而後用之之功也 利而後利之 不如利而不利者之利也 愛而後用之 不如愛而不用者之功也 利而不利也 愛而不用也者 取天下矣 利而後利之 愛而後用之者 保社稷也 不利而利之 不愛而用之者 危國家也 觀國

먹지 않게 하고 겨울에는 추위에 떨지 않게 하였으며, 공이 급해도 힘을 상하게 하지 않았고 천천히 기다려 하되 시기를 놓치지 않았다.

그리하여 사업을 성취하고 공도 세우며 상하가 부유해지니, 백성은 다같이 윗사람을 사랑하여 흐르는 물과 같이 귀속하고 부모와 같이 친근히 여겨 기뻐하며, 그를 위해 필사적으로 희생하면서도 기뻐하였다. 이는 다른 연유에서가 아니라 그의 충성심과 신의 · 조화 · 형평의 도리가 이렇게 만든 것이다.

그러므로 나라의 임금이 되고 백성의 우두머리가 된 사람이 빨리 공을 세우고자 할 때 조화롭고 평온하게 한다면 백성을 급히 몰아치는 것보다 빠를 것이요, 충성과 신의와 형평에 의한다면 상을 내려 독려하는 것보다 더 기뻐할 것이요, 무엇보다도 먼저 내 몸을 바로 닦은 후에 남을 꾸짖어 독려한다면 형벌을 내리는 것보다 위엄이 설 것이다. 이 세 가지 덕을 갖춘 사람이 위에 앉으면 백성들은 이에 부응하여 마치 그림자가 따르듯 소리가 울리듯 따르게 될 것이니, 비록 영달을 생각하지 않더라도 가능한 일이 아니겠는가.

〈서경〉에 말하기를, "대명(大明)으로써 다스려 복종시키면 백성은 오로지 힘써 일할 것이요, 조화로써 신속히 응하리라." 하였으니 이를 가리킨 것이다. 교화를 펴지 않고 사형과 형벌을 쓴다면 형법이 아무리 번다해도 사악함을 억제할 수 없을 것이며, 교화를 펴고 형벌을 가하지 않는다면 간사한 백성을 다스릴 수 없을 것이며, 형벌만 내리고 상을 내리지 않는다면 백성들에게 근면하도록 권할 수 없을 것이며, 형벌이나 포상이 그 당위성을 잃게 되면 아랫사람들이 의심하여 풍속은 험악·간사해질 것이니 백성을 하나같이 거느릴 수가 없다.

그러므로 선왕들은 예의(禮義)를 밝혀 이를 한결같이 하였고 충성과 믿음을 다하여 사랑하며, 어질고 유능한 자를 높여 써서 그들의 차례를 정하고 벼슬과 옷과 상으로 거듭 차례를 정하였다. 일을 맡기되 때에 알맞게 하고 부담을 경감시켜 그들의 일을 조절해 주었으며, 넓고도 크게 그들을 포용하여 마치 갓난아이 기르듯 하였다.

이렇게 하니 간사한 무리가 고개를 들지 못하였고 도둑이 생겨나지 않았으며, 모두 착하게 감회되어 더욱 힘쓰게 되었던 것이다. 이는 어째서인가? 곧 그 도(道)가 행하기 쉽고 민심이 돈독히 다져지며, 정령(政令)이 통일되어 있고 정치의 준칙이 명백하여 알아보기 쉬웠기 때문이다. 그래서 흔히 말하기를, 위에서 하나로 하면 아래에서 하나로 되고 위에서 둘로 하면 아래에서는 두 가지 마음이 되는데, 비유컨대 초목의 가지와 잎이 반드시 그 줄기와 뿌리에 따르는 것과 같다고 하였으니, 이를 가리켜 한 말이다.

백성을 이롭게 하지 않고 백성의 이익을 취하려 하는 것은 먼저 이익을 준 다음에 이용하여 이익을 취하느니만 못하고, 백성들을 사랑하지 않고 이들을 쓰는 것은 사랑한 뒤에 부리는 효과만 못하다. 또 백성을 이롭게 한 뒤에 이익을 취한다 해도 이익을 주면서 이용하지 아니함만 못하고, 사

之治亂臧否 至於疆易而端已見矣 其候徼支繚 其竟關之政盡察 是亂國已 入其境 其田疇穢 都邑露 是貪主已 觀其朝廷 則其貴者不賢 觀其官職 則其治者不能 觀其便嬖則其信者不愨 是闇主已 凡主相臣下百吏之俗 其於貨財取與計數也 須孰盡察 其禮義節奏也 芒軔僈楛 是辱國已 其耕者樂田 其戰士安難 其百吏好法其朝廷隆禮 其卿相調議 是治國已 觀其朝廷 則其貴者賢 觀其官職 則其治者能 觀其便嬖 則其信者愨 是明主已 凡主相臣下百吏之屬 其於貨財取與計數也 寬饒簡易 其於禮義節奏也 陵謹盡察 是榮國已 賢齊則其親者先貴 能齊則其故者先官 其臣下百吏汙者皆化而修 悍者皆化而愿 躁者皆化而愨是明主之功已 觀國之强弱貧富有徵 上不隆禮則兵弱 上不愛民則兵弱 已諾不信則兵弱慶賞不漸則兵弱 將率不能則兵弱 上好功則國貧 上好利則國貧 士大夫衆則國貧 工商衆

則國貧 無制數度量則國貧 下貧則上貧 下富則上富 故田野縣鄙者財之本也 垣窌倉廩者財之末也 百姓時和事業得敍者 貨之源也 等賦府庫者 貨之流也 故明主必謹 養其和 節其流 開其源 而時斟酌焉 潢然使天下必有餘 而上下憂不足 如是則上下俱富 交無所藏之 是知國計之極也 故禹十年水 湯七年旱 而天下無菜色者 十年之後 年穀復孰 而陳積有餘 是無它故焉 知本末源流之謂也 故田野荒而倉廩實 百姓虛而府庫滿 夫是之謂國蹷 伐其本 竭其源 而并之其末 然而主相不知惡也 則其傾覆滅亡可立而待也 以國持之而不足以容其身 夫是之謂至貪 是愚主之極也 將以求富而喪其國 張以求利而危其身 古有萬國 今有十數焉 是無它故焉 其所以失之一也 君人者 亦可以覺矣 百里之國 足以獨立矣

거(麮) : 여기서는 맥감죽(麥甘粥)을 말하는데, 이

랑한 뒤에 이들을 부린다 해도 사랑하면서도 부리지 않고 얻는 효과만 못하다. 이익을 주면서도 그들에게서 이익을 취하지 않고 사랑하면서도 그들을 부리지 않는 사람은 천하를 차지할 것이요, 이롭게 한 다음에 백성에게서 이익을 취하고 사랑한 다음에 이를 이용하려는 사람은 가히 사직을 보존할 수 있을 것이며, 이익을 주지 않으면서도 이익을 취하려 하고 사랑하지 않으면서도 그들을 부리려는 자는 국가를 위태롭게 할 것이다.

국가가 잘 다스려지는가 혼란한가의 여부는 그 나라의 국경에 들어가 보면 실마리를 찾을 수 있다. 그 척후병이나 순라꾼이 교대로 곳곳을 다니며 경계하고 그 국경 관문의 행정이 두루 살피지 않는 곳이 없으면 이는 어지러운 나라이다. 또 그 국경에 들어가보아 그 논밭이 거칠고 더러우며, 도성이나 고을 안의 담장이 모두 허물어져 있다면 이는 탐욕스러운 임금의 나라이다. 그 조정에 들어가보아 높은 지위의 신하들이 어질지 못하고 관직을 보아 백성을 다스리는 자가 무능하며, 임금의 측근들을 보아 신임을 받는 자로서 성실함이 없다면 이는 매우 어리석은 임금의 나라이다. 대체로 임금과 재상 및 신하를 비롯한 백관의 무리들이 재화를 취득하는 데 계산이 밝아 모두 세밀하고 밝으면서도 예의와 절도에는 어둡고 게을러서 되는 대로 행한다면 이는 멀지 않아 치욕을 당할 나라이다.

반대로 밭가는 사람들이 농사일을 즐거워하고 군사들은 위난을 편히 생각하며, 대소 관리들은 모두 법을 지키기를

좋아하고 조정은 예의를 숭상하며, 공경재상들이 조화와 협동하는 가운데 나랏일을 의논한다면 이는 잘 다스려지는 나라이다. 그들의 조정을 살피건대 존귀한 자리에 앉은 인사들이 모두 어질고 훌륭하며, 그들의 관직을 살피건대 행정을 담당한 관리들이 모두가 유능하며, 임금의 측근들을 살피건대 모두가 믿음직스럽고 성실하다면 이는 밝은 임금의 나라이다.

대체로 임금을 비롯하여 재상과 신하, 그리고 그 아래의 모든 관속이 재화를 취하는 데 있어 계산이 너그럽고 간편하게 하면서도 예의와 절도가 대단히 근엄하고 까다롭다면 이는 번영하는 나라이다. 어질고 훌륭한 것이 같다면 친근한 사람을 먼저 귀한 자리에 앉히고 능력이 같다면 오래된 사람을 먼저 벼슬에 앉히니, 그들의 신하나 관리들 중에 혹 비뚤어지고 깨끗하지 못한 인물이 있더라도 감화를 받아 몸을 바로 닦게 되고 흉포한 자라도 곧 너그러워지며, 거친 자라도 모두 감화되어 삼가고 성실해진다면 이는 오로지 현명한 임금의 공적인 것이다.

한 나라의 강약 및 빈부를 보자면 징조가 있게 마련이니, 위에서 예를 존숭하지 않으면 군사는 약해지고 위에서 백성을 사랑하지 않아도 군사는 약해지며, 이미 허락한 일에 대해 신의를 지키지 않아도 군사는 약해지고 포상이 고르지 않아도 군사가 약해지며, 장수들이 무능해도 군사는 약해진다. 위에서 공명 탐하기를 좋아하면 나라는 가난해지고 위에서 이익을 좋아해도 나라가 가난해지며, 사대부들이 너무

것을 마시면 기갈이 멎는다고 한다.

진사장공(進事長功) : 윗사람의 사업적 공리(功利).

완갈(宛暍) : 완(宛)은 뜻이 온(蘊)에서 온 것으로, 곧 더운 기운. 갈(暍)은 상서(傷暑), 곧 더위로 인하여 걸린 병.

후요지료(候徼支繚) : 후(候)는 척후(斥候), 요(徼)는 순(巡). 지료(支繚)는 지분요료(支分徼繚)로 풀면 된다. 즉, 이곳저곳 나누어 살피는 것.

편폐(便嬖) : 좌우에서 시중드는 측근의 신하.

망인(芒軔) : 망(芒)은 매(昧), 인(軔)은 유(柔). 다 같이 게으르다는 뜻이 있다.

조자(躁者) : 조(躁)는 거칠거나 난폭한 것.

많아도 나라가 가난해지고 기술자나 상인이 너무 많아도 나라가 가난해지며, 숫자나 도량(度量) 등의 제도가 없어도 나라는 가난해진다. 백성이 가난하면 임금도 가난해지고 백성이 부유하면 임금도 부유해진다.

그러므로 논밭과 고을이 모두 재화의 근본이요, 담장이나 움집 · 곳간 · 광 같은 것은 재원의 말단이다. 따라서 온 백성이 모두 천시(天時)의 화기(和氣)를 얻고 사업에 차례를 얻으니 이는 재화의 근본이요, 차등을 두어 거두어들인 국고의 저장물은 재화의 지류(支流)이다.

천시(天時) : ① 하늘의 도움을 받는 시기. ② 때에 따라 변하는 자연의 현상.

지류(支流) : 원줄기로 흘러들어가는 물줄기. 원줄기에서 갈려 흐르는 물줄기.

그러므로 현명한 임금은 반드시 신중하게 화기(和氣)를 기르고 그 지류를 절제하며, 재화의 근원을 더욱 개발하여 시기에 따라 모든 것을 적절히 조절한다. 온 천하는 반드시 여유가 있게 할 것이니, 위에서는 부족되는 것을 근심하지 아니하고, 상하가 모두 부유해져 이루 저장할 곳이 없게 되는데, 이것이 국가 계획의 극치임을 알 수 있는 것이다.

그러므로 우임금이 10년 동안의 홍수를 겪었고 탕임금이 7년의 가뭄을 겪었어도 천하에 굶주린 빛이 도는 사람은 아무도 없었으며, 10년 뒤에는 해마다 곡식이 풍년들어 낟가리를 쌓고도 남음이 있었으니, 이는 다른 이유에서가 아니라 재화의 근원과 말단, 그 원천과 지류의 도리를 잘 알고 있었기 때문이다.

그러므로 논밭은 황폐하여 더러운데 창고는 가득하고 백성이 허기져서 궁핍한데 국고가 가득 차 있다면, 이를 가리켜 나라가 망할 위기라고 하는 것이다. 근본을 끊어버리고 그 원천을 고갈시키며 창고를 가득 채우는 말단적인 일이나 하면서도 임금과 재상이 그것이 나쁜 일인 줄 모른다면 그 나라의 전복 · 멸망은 뻔한 것이다. 이런 임금은 한 나라를 가지고 있으면서도 결국 자기 한 몸마저 의지할 곳이 없는 가련한 신세가 될 것이니, 이는 극히 탐욕스럽고 가장 어리석은 임금이라 할 것이다. 부를 구하려다 나라를 잃고 이익을 추구하려다 그 자신을 위태롭게 만드는 것이다. 그래서 옛날에는 만 개의 나라가 있었는데, 지금은 십여 개의 나라만 있다. 이는 다른 연유에서가 아니라 모두가 앞에서 말한 것과 한 가지이다. 만일 이런 도리를 깨달은 임금이라면 백리밖에 안 되는 나라를 가지고서도 넉넉히 독립할 수 있을 것이다.

| 풀이 | 임금이 공업(功業)을 성취하기 위해서는 성실 · 조화 · 공평을 이상으로 하여야 하며, 반드시 자기 자신을 바로 닦은 다음에 남을 다스려야 한다. 백성을 다스리는 일도 마찬가지여서 먼저 자신이 백성을 사랑하고 그들에게 이익을 주어야 하는 것이다. 그밖에도 한 나라의 치란(治亂)의 도(道)가 극명(克明)하게 기술되어 있다. 마지막으로 국가의 부(富)가 백성의 부와 일치되어야 함을 강조하였다. 부나 국가의 주체가 국민임을 암시한 대목이다.

5

대체로 남을 공격하는 것은 명예를 위해서가 아니면 이익 때문이요, 그렇지 않으면 그를 노하게 했기 때문이다. 어진 사람이 나라를 다스릴 때는 그 뜻을 닦고 그 행위를 바로잡으며, 예의를 극진히 하여 충성과 신의를 다하며 문장과 조리를 극진히 한다. 거친 베옷에 짚신을 신은 선비라도 진실로 이같이 할 수 있다면 그가 비록 궁벽한 마을의 누추한 집에 살더라도 왕공이 그와 이름을 다툴 수 없고, 한 나라를 맡아 이를 몸소 실천한다면 천하라도 그 나라의 명성을 숨기지 못할 것이니, 이렇게 하면 명성을 위하는 사람이라도 남의 나라를 공격하는 일은 없을 것이다.

논밭과 들판을 개간하여 창고를 충실히 하고 기계를 써서 편리하게 하며, 상하가 한 마음이 되고 삼군이 힘을 뭉치고 있다면 포학한 나라가 군사를 거느리고 쳐들어와도 무너뜨릴 수 없을 것이요, 우리 경내의 둔소가 안전 · 견고하므로 적의 군사를 정탐하여 적장을 사로잡는 것은 마치 볶은 보리를 튀기듯 쉬운 일이다. 적이 비록 소득이 있다 할지라도 다친 것을 치료하고 부서진 병기를 보충하기에는 부족할 것이며, 그가 자기를 보좌하는 자들을 사랑하면서 그의 원수들을 두려워하게 되니, 이렇게 되면 이익을 위해서 남을 공격 · 정벌할 수가 없는 것이다.

거기다 소국이 대국을 섬기고 약한 자가 강한 자를 섬기는 도리를 신중히 하여 예절을 매우 잘 갖추며, 옥과 구슬

5// 凡攻人者 非以爲名 則案以爲利也 不然則忿之也 仁人之用國 將脩志意 正身行 伉隆高 致忠信 期文理 布衣紃屨之士誠是 則雖在窮閻漏屋 而王公不能與之爭名 以國載之 則天下莫之能隱匿也 若是 則爲名者不攻也 將辟田野 實倉廩 便備用 上下一心 三軍同力 與之遠擧極戰 則不可 境內之聚也保固 視可 午其軍 取其將 若撥麷 彼得之不足以藥傷補敗 彼愛其瓜牙 畏其仇敵 若是 則爲利者不攻也 將脩小大强弱之義以持愼之 禮節將甚文 珪璧將甚碩 貨賂將甚厚 所以說之者必將雅文辯慧之君子也 彼苟有人意焉 夫誰能忿之 若是 則忿之者不攻也 爲名者否 爲利者否 爲忿者否 則國安於盤石 壽於旗翼 人皆亂 我獨治 人皆危 我獨安 人皆失喪之 我按起而制之 故仁人之用國 非特將持其有而已也 又將兼人

같은 예물은 크게 하고 바치는 재물도 후하며, 사신으로서 용건을 말할 자는 반드시 풍채가 아름답고 말을 잘하며 총명한 군자일 경우, 상대방이 인간적인 마음을 가지고 있다면 누가 그에게 노여움을 보일 것인가? 이렇게 되면 노여움을 가진 자라도 공격하려 하지 않을 것이다.

명성을 추구하는 나라도 공격하지 못하고 이익을 추구하는 나라도 공격하지 못하며, 분노 때문에 싸우려는 나라도 공격하지 못하게 되면, 나라는 반석처럼 안정되고 기성(箕星)이나 익성(翼星)처럼 오래갈 것이다. 남은 모두 어지러운데 나는 홀로 편안히 다스려지고 남은 모두 위태로운데 나만 홀로 안정되며, 남은 모두 잃었는데 나만은 일어나 세상을 다스리게 될 것이다. 그러므로 어진 이가 다스리는 나라는 자기 나라를 안전히 유지할 뿐만 아니라 남까지도 아울러 다스리게 되는 것이다. 〈시경〉에 말하기를, "어진 저 군자, 그 거동 한결같네. 그 거동 한결같으니 모든 나라 바로잡네." 하였으니 바로 이를 가리킨 것이다.

나라를 유지함에 있어 쉽고 어려움이 있으니, 강포한 국가를 섬기기는 어렵지만 강포한 나라가 나를 섬기게 하기는 쉽다. 재화나 보물로 강국을 섬긴다면 그것이 다 없어져도 국교는 체결되지 않을 것이요, 약속이나 맹세로써 한다 해도 맹약이 맺어진 뒤 오래지 않아 배반할 것이며, 나라의 땅을 떼어 뇌물을 준다면 그것을 받은 다음 그 땅이 한정된 것임에도 그의 탐욕은 끝이 없게 될 것이다. 그를 섬기는 일은 더욱 번거로워지고 그의 침탈은 더욱 심해져, 한정된 재화

詩曰 淑人君子 其儀不忒 其儀不忒 正是四國 此之謂也 持國之難易 事强暴之國難 使强暴之國事我易 事之以貨寶 則貨寶單而交不結 約信盟誓 則約定而畔無日 割國之錙銖以賂之 則割定而欲無厭 事之彌煩 其侵人愈甚 必至於資單國擧然後已 雖左堯而右舜 未有能以此道得免焉者也 辟之是猶使處女嬰寶珠 佩寶玉 負戴黃金 而遇中山之盜也 雖爲之逢蒙視 詘要橈膕 若盧屋妾 由將不足以免也 故非有一人之道也 直將巧繁拜請而畏事之 則不足以持國安身 故明君不道也 必將脩禮以齊朝 正法以齊官 平政以齊民 然後節奏齊於朝 百事齊於官 衆庶齊於下 如是 則近者競親 遠方致願 上下一心 三軍同力 名聲足以暴炙之 威强足以捶笞之 拱揖指揮 而强暴之國莫不趨使 譬之是猶烏獲與焦僥搏也 故曰 事强暴之國難 使强暴之國事我易 此之謂也

순구(紃屨) : 순(紃)은 신발에 두르는 둥근 끈, 구(屨)는 신.
오기군(午其軍) : 오(午)는 우(迕)와 같다. 곧 적군과 맞부딪치는 것.
반무일(畔無日) : 반(畔)은 반(叛), 무일(無日)은 날짜를 셀 수 없을 정도라는 뜻.
오획(烏獲) : 진(秦)나라 무왕(武王)의 신하인데, 대단한 장사였다고 한다.
초요(焦僥) : 난쟁이가 산다는 중국 서남 지방의 나라.
편달(鞭撻) : 채찍으로 때린다는 뜻으로, 일깨워주고 격려하여 줌.

가 바닥나고 나라의 예산이 전부 바닥이 나서야 끝날 것이니, 비록 요임금과 순임금이 좌우에 있다 하더라도 이런 방법으로는 멸망을 면할 길이 없을 것이다.

비유컨대 이것은 한 처녀가 보주(寶珠)와 보옥(寶玉)을 차고 황금을 지고서 가다가 깊은 산 중에서 도둑을 만난 것과 같은데, 눈을 내려뜬 채 쳐다보지도 못하고 허리를 굽히며 무릎을 꿇고서 천한 여자처럼 애걸하고 아첨해도 위기를 모면할 수가 없을 것이다. 그러므로 인간의 도리를 갖추지 않고서 단지 교묘한 말과 날랜 아첨으로 겉으로만 두려운 듯 난폭한 나라를 섬기는 것으로는 나라를 유지하고 몸을 안전하게 보존하기에는 부족하다. 그러니 이는 현명한 임금이 취할 길이 아니다.

현명한 임금은 반드시 예의를 닦아 그 조정을 바로잡고 법을 엄정히 하여 백관을 하나로 거느리며, 정치를 공평히 하여 백성을 하나로 거느린다. 그런 뒤에 조정에 예의 절도가 바로잡히고 관직으로 모든 일이 정연히 진행되며, 온 백성을 한결같이 거느릴 수 있게 되는 것이다. 이리하여 가까운 곳에 있는 나라는 다투어 친근하려 할 것이요, 멀리 있는 나라는 사모하는 마음을 전달하려 할 것이며, 상하가 한 마음이 되고 삼군이 힘을 하나로 뭉쳐 그 명성이 일광이나 폭염처럼 사방에 빛날 것이요, 강맹한 위엄은 천하를 족히 편달할 것이다.

이렇게 되면 단지 팔짱을 끼고 지휘하는 것만으로도 강포한 나라가 종종걸음으로 달려와 섬기지 않을 수 없으니, 마치 오획(烏獲) 같은 장사와 초요(焦僥)의 난쟁이가 서로 싸우는 것과 같은 것이다. 그래서 말하기를, "강포한 나라를 섬기기는 어렵지만, 강포한 나라로 하여금 나를 섬기게 하기는 쉽다."고 함은 이를 가리킨 것이다.

| 풀이 | 이 마지막 대목은 마치 '왕제편(王制篇)'의 계속이라는 느낌이 든다. 난폭한 나라를 섬기기는 어려우나 난폭한 나라로 하여금 나를 섬기게 하기는 쉽다는 논리는 순전히 유도(儒道)의 정교일치(政敎一致)의 교의(敎義)로 전개한 것이지만, 오늘날의 시각으로는 너무 소원한 느낌이 든다. 유교의 정신으로 그 입장을 인정하려고 해도 결국 안이성을 면할 수는 없다. 단지 논리를 위한 논리인 것이다.

11 왕패편 王霸篇

1

1// 國者 天下之制利用也 人主者 天下之利埶也 得道以持之 則大安也 大榮也 積美之源也 不得道以持之 則大危也 大累也 有之不如無之 及其綦也 索爲匹夫不可得也 齊湣宋獻是也 故人主天下之利埶也 然而不能自安也 安之者必將道也 故用國者 義立而王 信立而覇 權謀立而亡 三者明主之所謹擇也 仁人之所務白也 挈國以呼禮義而無以害之 行一不義 殺一無罪 而得天下 仁者不爲也 擽然扶持心國 且若是其固也 之所與爲之者 之人則擧義士

국가란 천하에서 가장 이로운 그릇이요, 임금이란 천하에서 가장 이로운 권세인데, 정도(正道)를 얻어 이끌어나가면 안정할 수 있고 크게 영화로우며 아름다운 선(善)을 쌓는 원천이 될 것이다. 그러나 정도를 얻지 않고 이끌어나간다면 크게 위태해지고 반드시 큰 누(累)가 거듭하여 없느니만 못할 것이며, 마침내는 일개 필부로서도 살아갈 수 없을 것이니, 제나라 민왕(湣王)과 송나라 강왕(康王)이 그러했다. 그러므로 군주란 천하에서 가장 이로운 권세이면서도 스스로는 안전할 수 없으니, 스스로 안전하려면 반드시 도로써 다스려야 하는 것이다.

그러므로 국가를 다스리는 자로서 의(義)를 앞세우면 왕자가 되고 신(信)을 앞세우면 패자가 되며 권모술수를 앞세우면 멸망한다. 이 세 가지는 현명한 군주라면 신중히 선택해야 하는 것이요, 어진 사람이라면 힘써 밝혀야 하는 것이다. 온 나라를 들어 예의를 창도하여 해치는 일이 없게 하고, 한 가지라도 불의를 행하거나 한 사람이라도 무고한 사람을 죽인다거나 하는 일은 설령 천하를 얻을 수 있다 할지라도 어진 사람은 하지 않으니, 그의 마음가짐이나 나라를 유지하는 모양은 돌처럼 견고한 것이다. 그와 더불어 일하는 사람은 모두가 한결같이 의로운 인사요, 국가를 유지하기 위해 시행하는 형법은 모두가 의로운 법이며, 민활하게 앞장서서 군신들을 이끌어 지향(志向)하는 것은 모두가 의로운 의지일 뿐이다.

이렇게 되면 아래에서는 도의로써 위를 우러러 섬김으로 국가적 대도(大道)가 정립되는 것이요, 국가의 대도가 정립되면 나라는 안정되고 따라서 천하가 안정될 수 있는 것이다. 공자는 송곳을 꽂을 땅조차 가지고 있지 않았지만 참된 의(義)를 마음에 새기고 의로움을 행하며, 그것을 말로 나타내 천하에 널리 폄으로써 천하에 숨겨지지 않고 그 이름이 후세에까지 드러났던 것이다.

오늘날에도 역시 천하의 유명한 제후가 진실로 마음을 의에 의존하여 몸소 실천하고, 법칙이나 도량에 의를 더해 정사(政事)에 이를 나타내어 귀천 및 살생에 있어서 의로써 구별하여 한결같이 한다면 세상에 드러나는 명성이 어찌 해와 달이나 우레처럼 들리지 않겠는가! 그러므로 말하기를, 국가를 경영함에 있어 의를 한결같이 하여 나가면 하루아침에 유명해진다는 것이니, 탕왕과 무왕이 그러했다. 탕왕은 박(亳) 땅에서, 무왕은 호(鄗) 땅에서 모두 백 리밖에 안 되는

也 之所以爲布陳於國家刑法者 則擧義法也 主之所極然帥君臣而首鄕之者 則擧義志也 如是 則下仰上以義矣 是綦定也 綦定而國定 國定而天下定 仲尼無置錐之地 誠義乎志意 加義乎身行 箸之言語 濟之日 不隱乎天下 名垂乎後世 今亦以天下之顯諸侯 誠義乎志意 加義乎法則度量 箸之以政事 案申重之以貴賤殺生 使襲然終始猶一也 如是 則夫名聲之部發於天地之間也 豈不如日月雷霆然矣哉 故曰 以國齊義 一日而白 湯武是也 湯以亳 武王以鄗 皆百里之地也 天下爲一 諸侯爲臣 通達之屬 莫不從服 無它故焉 以濟義矣 是所謂義立而王也 德雖未至也 義雖未濟也 然而天下之理略奏矣 刑賞已諾 信乎天下矣 臣下曉然皆知其可要也 政令已陳 雖覩利敗 不欺其民 約結已定 雖覩利敗 不欺其與 如是 則兵勁城固 敵國畏之 國一綦明 與國信之 雖在僻陋之國 威動天下 五伯是也 非本政敎也 非

致隆高也 非綦文理也 非服人之心也 鄉方略 審勞佚 謹畜積 脩戰備 齺然上下相信 而天下莫之敢當 故齊桓晉文楚莊吳闔閭越句踐 是皆僻陋之國也 威動天下 彊殆中國 無它故焉 略信也 是所謂信立而霸也 挈國以呼功利 不務張其義 齊其信 唯利之求 內則不憚詐其民而求小利焉 外則不憚詐其與而求大利焉 內不脩正其所以有 然常欲人之有 如是 則臣下百姓莫不以詐心待其上矣 上詐其下 下詐其上 則是上下析也 如是 則敵國輕之 與國疑之 權謀日行 而國不免危削 綦之而亡 齊閔薛公是也 故用彊齊 非以修禮義也 非以本政教也 非以一天下也 緜緜常以結引馳外爲務 故彊南足以破楚 西足以詘秦 北足以敗燕 中足以擧宋 及以燕趙起而攻之 若振槁然 而身死國亡 爲天下大戮 後世言惡 則必稽焉 是無它故焉 唯其不由禮義而由權謀也 三者 明主之所以謹擇也 而仁人之所以務白也 善擇

영토를 가지고 일어나 천하를 통일하고 제후들을 신하로 삼음으로써 사방으로 통하는 길마다 복종하지 않는 사람이 없었으니, 이는 다른 이유에서가 아니라 의를 가지고서 다스렸기 때문이다. 이것을 가리켜 의가 섰으므로 왕이 되었다고 하는 것이다.

덕이 아직 부족하고 의가 비록 완성되지 못했다 할지라도, 천하의 이치가 대략 그 한 몸에 모아져서 상벌이나 이미 내린 정령에 신용이 있어 세상에 분명하다면 신하들은 모두 그 요령을 뚜렷이 알게 된다. 정령이 이미 선포되고 나서 비록 이해관계가 달라지는 일이 있더라도 백성을 속이지 아니하며, 맹약이 이미 맺어지고 난 뒤 비록 이해관계가 달라지는 일이 있더라도 다시 고쳐 동맹국을 기만하는 일이 없으니, 이렇게 한다면 곧 군사는 강해지고 성은 견고해져서 적국이 이를 두려워할 것이요, 나라가 통일되어 근본법칙이 분명해지면 동맹국들이 신임할 것이며, 비록 궁벽하고 외진 곳에 있는 나라라 할지라도 위엄이 천하를 울릴 것이니, 오패(五覇)가 그러했다.

정치와 교화를 근본으로 한 것도 아니고 예의를 극진히 한 것도 아니며, 또 예의 · 규범에 있어 형식을 다 차린 것도 아니고 사람의 마음을 열복(悅服)케 한 것도 아니다. 오로지 나라를 부강하게 할 책략을 다하여 수고함과 편안함을 살피고 물자를 축적하며 군비를 비축하여 상하가 서로 믿음이 있었기에 천하가 감히 이들을 당하지 못하였던 것이다.

그러므로 제나라 환공(桓公)이나 진(晉)나라 문공(文公), 초나라 장왕(莊王), 오왕 합려(闔閭), 월왕 구천(句踐)은 모두 변방의 외진 곳에 나라를 가지고 있었지만 위엄이 천하를 울리고 중원의 국가를 위태롭게 할 정도로 강하였으니, 그 이유는 다른 데 있는 것이 아니라 믿음이 있었기 때문이다. 이것을 가리켜 믿음을 내세워 패자가 되었다고 하는 것이다.

나라 전체를 들어 공리(功利)를 제일주의로 세워 의를 신장하고 믿음을 펴는 데 힘쓰지 않고 오로지 이익만을 추구하여, 안으로는 백성을 속이는 것도 두려워하지 않고 작은 이익을 구하며, 밖으로는 동맹국을 속이는 일도 꺼리지 않고 큰 이익을 구하며, 안으로 자기 자신을 바르게 닦지 않고 가지려고만 들면서 남이 가진 것을 항상 욕심내니, 이렇게 하면 신하나 백성 가운데 거짓된 마음으로 그 임금을 대하지 않는 이가 없을 것이다.

임금이 위에서 신하나 백성을 속이면 신하나 백성도 위에 있는 임금을 속여 마침내 위아래가 서로 흩어질 것이고, 이렇게 되면 적국은 업신여기고 동맹국은 의심하여 권모술수만이 날마다 자행되어 국가는 땅을 떼어주는 위태로움을 면치 못하고 결국 멸망하고 말 것이니, 제나라 민왕(閔王)과 그 재상 설공(薛公)이 이런 경우였다.

본디 그들은 강성한 제나라를 다스리면서 예의를 닦지도 않았고 정치와 교화를 근본으로 하지도 않았으며, 천하를 하나로 통일하지도 못하면서 끊임없이 동맹국을 끌어모아 대외교섭의 확대에만 힘을 썼던 것이다. 그래서 강성할 때는 남쪽의 초나라를 격파하고 서쪽의 진(秦)나라를 굴복시

者制人 不善擇者人制之

급기기야(及其綦也) : 여기서 기(綦)는 극(極)의 뜻.

제민송헌시야(齊湣宋獻是也) : 송헌(宋獻)은 송의 임금 언(偃)인데, 제(齊)의 민왕(湣王)에 의해 멸망했으니 이는 틀린 것이다. 〈여씨춘추(呂氏春秋)〉에 따라 송강왕(宋康王)이라 해야 맞는다.

시기정야(是綦定也) : 여기서 기(綦)는 훈(訓)이 극(極), 곧 황극(皇極)이니 중정(中正)의 도(道). 즉, 대도(大道)의 뜻이다.

이락(已諾) : 이(已)는 불평(不評), 락(諾)은 허(許).

즉필계언(則必稽焉) : 계(稽)는 귀지(歸止).

켰으며, 북쪽의 연(燕)나라를 격파하고 중앙의 송(宋)나라를 쳐서 멸망시킬 정도였으나, 후에 연(燕)과 조(趙)가 군사를 일으켜 공격하자 마치 마른 나뭇잎을 흔들어 떨어뜨리듯 쉽게 쳐부수어, 몸은 죽고 나라는 망하여 천하에 다시 없는 큰 형륙을 당하고 후세의 악담거리가 되어 욕이 그들 자신에게로 돌아갔으니, 여기에는 다른 이유가 있는 것이 아니라 그들이 예의를 따르지 않고 권모술수만을 일삼았기 때문이다.

이 세 가지는 현명한 군주로서 신중히 선택할 일이요, 어진 사람이 명백하게 세상에 밝히려고 힘쓰는 일이다. 그러므로 이를 잘 선택하여 쓰는 사람은 남을 제압할 수 있으나, 잘 선택하지 못한 사람은 남의 제압을 당하는 것이다.

| 풀이 | 왕도(王道)와 패도(霸道)의 차이는 예의를 위주로 하느냐 신의를 위주로 하느냐에 있는데, 이것을 알지 못하고 나라를 다스리는 데 권모술수를 위주로 한다면 그 나라는 망국의 길을 달리는 셈이니, 임금이나 인자(仁者)는 이를 잘 가려야 한다. 여기서는 앞서 기술한 3자의 득실을 논하고 있다.

2

2// 國者 天下之大器也 重任也 不可不善爲擇所而後錯之 錯險則危 不可不善爲擇道

국가는 천하의 큰 그릇이요 무거운 짐이므로 그 둘 곳을 잘 선택하지 않으면 안 되는데, 위험한 곳에 두면 위태로워진다. 또 정도(正道)를 잘 선택하여 그 정도를 따라 행하지 않으면 안 된다. 길이 더러우면 막히게 되고, 위태롭게 막히면 망하는 것이다. 국가를 둔다는 것은 경계를 긋는다는 것이 아니라, 어떤 법으로 정치를 하고 어떤 사람을 기용하는가 하는 것이다.

그러므로 왕자의 법으로써 정치를 하고 왕자에 어울리는 사람과 함께 정치를 하면 왕이 되는 것이며, 패자의 법으로써 정치를 하고 패자에 어울리는 사람과 함께 정치를 하면 패자가 되는 것이며, 망국의 법으로써 정치를 하고 망국의 인물들과 함께 정치를 하면 패망하게 마련이니, 이 세 가지는 현명한 군주로서 신중히 선택해야 할 바요, 어진 사람으로서 명백히 힘써야 할 일이다.

국가란 무거운 짐이므로 오래 유지할 방법으로 다스리지 않으면 존립할 수가 없다. 그러므로 국가란 시대에 따라 새로워져야 하지만 탄탄(憚憚)하여 변함이 없도록 해야 하고, 왕이 되면 그 행동도 달라져야 한다.

그러므로 하루아침에 일이 일어나고 하루 사이에 사람이 달라져도 국가는 천 년이나 이어지니 이것은 무슨 까닭인가? 이는 바로 천세토록 변함없는 법으로 유지해나가고 천세토록 변함없는 믿을 만한 인사를 기용하여 정치를 하기 때문이다. 사람으로 백 세를 사는 사람이 없는데, 천세토록 변함없는 믿을 만한 인사가 있다는 것은 무슨 뜻인가? 말하자면 천세토록 변함없는 법을 지탱하여 스스로 지켜나가는 자가 바로 천세토록 변함없는 믿을 만한 인사인 것이다.

그러므로 예의를 쌓은 군자와 더불어 정치를 해나가면 곧

然後道之 涂薉則塞 危塞則亡 彼國錯者 非封焉之謂也 何法之道 誰子之與也 故道王者之法 與王者之人爲之 則亦王 道霸者之法 與霸者之人爲之 則亦霸 道亡國之法 與亡國之人爲之 則亦亡 三者 明王之所以謹擇也 而仁人之所以務白也 故國者 重任也 不以積持之則不立 故國者 世所以新者也 是憚憚 非變也 改王改行也 故一朝之日也 一日之人也 然而厭焉 有千歲之固何也 曰 援夫千歲之信法以持之也 安與夫千歲之信士爲之也 人無百歲之壽 而有千歲之信士 何也 曰 以夫千歲之法自持者 是乃千歲之信士矣 故與積禮義之君子爲之則王 與端誠信全之士爲之則霸 與權謀傾覆之人爲之則亡 三者 明主之所以謹擇也 而仁人之所以務白也 善擇之者制人 不善擇之者人制之 彼持國者 必不可以獨也 然則彊固榮辱在於取相矣 身能相能 如是者王 身不能知恐懼而求能者 如是者彊 身不能 不知恐

懼而求能者 安唯便僻左右親比己者之用 如是者危削 綦之而亡 國者 巨用之則大 小用之則小 綦大而王 綦小而亡 小巨分流者存 巨用之者 先義而後利 安不卹親疏 不卹貴賤 唯誠能之求 夫是之謂巨用之 小用之者 先利而後義 安不卹是非 不治曲直 唯便僻親比己者之用 夫是之謂小用之 巨用之者若彼 小用之者若此 小巨分流者 亦一若彼 一若此也 故日 粹而王 駮而覇 無一焉而亡 此之謂也 國無禮則不正 禮之所以正國也 譬之猶衡之於輕重也 猶繩墨之於曲直也 猶規矩之於方圓也 旣錯之而人莫之能誣也 詩云 如霜雪之將將 如日月之光明 爲之則存 不爲則亡 此之謂也 國危則無樂君 國安則無憂民 亂則國危 治則國安 今君人者 急逐樂而緩治國 豈不過甚矣哉 譬之是由好聲色而恬無耳目也 豈不哀哉 夫人之情 目欲綦色 耳欲綦聲 口欲綦味 鼻欲綦臭 心欲綦佚 此五綦者 人情之所必不免也

왕이요, 진실로 믿음이 극진한 인사와 함께 정치를 하면 패자(覇者)이며, 권모술수로 전복시키는 사람과 함께 정치를 하면 패망하게 마련이다. 이 세 가지는 현명한 임금이 신중히 선택할 바요, 어진 사람이 명백히 힘써야 할 일이다. 이 선택을 잘하면 남을 제압할 수 있고 이 선택을 잘못하면 남에게 제압을 당한다.

국가는 혼자 힘으로는 유지할 수 없다. 국가가 강해지는가 피폐해지는가, 영화로운가 치욕적인가는 재상을 고르는 데 달려 있다. 스스로 재능이 있고 재상도 유능하다면 왕자가 될 수 있고, 스스로는 무능하지만 다만 두려워할 줄 알아 유능한 인사를 구한다면 강자가 될 수 있다.

스스로 무능한데도 두려워할 줄 모르고 유능한 자를 구하지 않고 아첨이나 하는 자기 측근의 친한 자만을 기용한다면 나라의 땅을 떼어 줄 위태로움에 빠질 것이니, 이것이 심하면 망하게 된다. 국가란 크게 운용하면 크게 되고 작게 운용하면 작게 된다. 그 크기가 극에 이르면 왕자가 되고 작기가 극에 이르면 망하며, 작고 큰 것을 각각 절반 정도로 운용해나가면 안존(安存)할 수 있다.

크게 운용한다는 것은 의를 먼저 하고 이익을 뒤로 하며, 친하고 친하지 않은 것과 귀하고 천한 것을 가리지 않으며, 참으로 유능한 인사만을 찾아 구하는 것을 말한다. 작게 운용한다는 것은 이익을 먼저 하고 의를 뒤로 하며, 옳고 그른 것과 굽고 곧은 것을 가리지도 않으며, 아첨이나 하는 자기와 친근한 인사만을 기용하는 것을 말한다.

크게 운용하는 것은 저렇고 작게 운용하는 것은 이러한데, 작은 것과 큰 것을 각각 양분한 모양이란 저런 모양이기도 하고 이런 모양이기도 한 것이다. 그러므로 말하기를, "순수하면 왕자요, 권모가 섞이면 패자요, 이런 것이 하나도 없으면 멸망한다."고 하였으니 바로 이를 가리킨 것이다.

국가에 예(禮)가 없으면 바르게 되지 못한다. 예가 나라를 바로잡는 것은 비유컨대 저울이 무겁고 가벼운 것을 달아보는 것과 같고, 먹줄이 굽고 곧은 것을 바로잡는 것과 같으며, 그림쇠가 모나고 둥근 것을 재는 것과 같으니, 일단 이것을 기준으로 한 이상은 누구도 속일 수가 없는 것이다. 〈시경〉에 말하기를, "눈과 서리가 온 하늘에 내리듯, 해와 달이 밝게 비추듯, 이를 일삼으니 안존하고 이를 일삼지 않으니 멸망하네." 하였으니 바로 이를 말한 것이다.

국가가 위태로우면 즐기는 임금이 없고 국가가 편안하면 근심하는 백성이 없다. 혼란하면 나라는 위태롭고 다스려지면 나라는 편안하다. 오늘날 임금된 자들은 안락을 추구하는 데는 성급하면서도 나라를 다스리는 일에는 게으르니, 어찌 잘못이 크다고 하지 않으랴. 비유컨대 이는 아름다운 음악과 여색을 좋아하면서 눈도 귀도 없이 편안히 지내는 모양이니, 어찌 슬프다 하지 않으랴. 대체로 인간의 감정이란 눈은 최고의 미색을 보려 하고, 귀는 최고의 음악을, 입은 최고의 맛을, 코는 최고의 냄새를, 마음은 최고의 평안함을 바라는데, 이 다섯 가지의 욕구는 사람의 감정으로서는 절대로 벗어날 수 없는 것이다.

養五綦者有具 無其具則五綦者 不可得而致也 萬乘之國 可謂廣大富厚矣 加有治辨彊固之道焉 若是則恬愉無患難矣 然後養五綦者之具 具也 故百樂者 生於治國者也 憂患者 生於亂國者也 急逐樂而緩治國者 非知樂者也 故明君者 必將先治其國 然後百樂得其中 闇君者 必將急逐樂而緩治國 故憂患不可勝校也 必至於身死國亡然後止也 豈不哀哉 將以爲樂 乃得憂焉 將以爲安 乃得危焉 將以爲福 乃得死亡焉 豈不哀哉 於乎 君人者亦可以察若言矣 故治國有道 人主有職 若夫貫日而治詳 一日而曲列之 是所使夫百吏官人爲也 不足以是傷游玩安燕之樂 若夫論一相以兼率之 使臣下百吏莫不宿道鄉方而務 是夫人主之職也 若是則一天下 名配堯禹 之主者 守至約而詳 事之佚而功 垂衣裳不下簟席之上 而海內之人莫不願得以爲帝王 夫是之謂至約 樂莫大焉

시탄탄 비변야(是憚憚非變也) : 탄(憚)은 선(禪)과 통하고 선(禪)은 선(墠)과 통한다. 고대에 왕이 처음 즉위할 때는 단(壇)을 만들었는데, 이것을 제거하고 지내는 제사가 선(墠)이다. 그러므로 선위(禪位)의 뜻.

개왕개행(改王改行) : 양주(楊注)에서는 왕(王)을 옥(玉)으로 보아, 임금이 패옥(佩玉)을 고쳐 찬다는 뜻으로 풀이했다. 그래서 신하가 임금의 옥을 차는 것을 개왕(改王)이라 하였으니 이는 '찬탈'의 뜻인데, 왕위 찬탈은 범상한 일이 아니므로 그저 왕의 뜻으로 풀어 '왕이 되니 행동도 고쳐진다.'는 뜻으로 본다.

소거분류(小巨分流) : 작은 것과 큰 것을 반반으로 하여 정치에 선용(善用)하다.

숙도향방이무(宿道鄕方而務) : 숙도(宿道)는 숙지어도(宿止於道), 향방(鄕方)은 향방(向方), 곧 어지럽지 않은 방향이라는 뜻.

그러나 이 다섯 가지를 좋아하려면 갖추어야 할 것이 있으니, 이것을 갖추지 않고서는 이 욕구를 만족시킬 수가 없는 일이다. 만승(萬乘)의 나라는 크고 넓고 부유하다고 말할 수 있는데, 이 위에 다시 나라가 잘 다스려져 강하고 견고하게 되는 길이 더해진다면 여기에는 안락만이 있을 뿐 환난이란 없을 것이요, 이런 다음에야 다섯 가지 욕구를 만족시키는 데 필요한 조건이 갖추어지게 되는 것이다.

그러므로 백 가지 즐거움이란 나라가 다스려진 다음에 생기는 것이요, 근심걱정이란 나라가 혼란해지는 데서 생기는 것이다. 즐거움을 추구하는 데는 성급하면서 나라를 다스리는 데는 게으른 자는 즐거움이 무엇인지를 모르는 자이다.

그러므로 현명한 임금은 반드시 그 나라를 먼저 다스린 다음에 그 가운데서 백 가지 즐거움을 얻지만, 어리석은 임금은 반드시 즐거움을 찾기에 급급하여 나라를 다스리는 데는 게으르므로 돌아오는 우환은 헤아릴 수 없을 정도요, 반드시 몸이 죽고 나라가 망한 연후에야 그치게 되니 어찌 슬프지 않으랴! 즐거움을 얻고자 하다가 근심만 얻게 되고 안락을 얻고자 하다가 위험만 얻게 되며, 복을 얻고자 하다가 죽음만 얻게 되니, 어찌 슬프지 않으랴. 아아, 임금된 자는 역시 이같은 말을 깊이 살펴야 할 것이다.

그러므로 나라를 다스리는 데는 도(道)가 있고 임금에게는 지켜야 할 직분이 있다고 하는 것이다. 날마다 계속해서 해야 할 여러 가지 일과 하루 동안에 처리해야 하는 일은 바로 여러 관리들을 시켜 할 일이다. 이런 것으로써 놀고 즐기는 임금의 즐거움을 방해할 수는 없다. 만약 한 사람의 재상을 뽑아 통솔을 맡김으로써 신하들과 모든 벼슬아치들이 정도를 벗어나지 않고 맡은 바 직무를 향해 노력하지 않음이 없다면 이것이 대개 임금의 직분이요, 만약 이렇게 하여 천하를 통일한다면 그 이름이 요임금 · 순임금과 견줄 것이다.

이러한 임금은 지켜나가야 할 일이 매우 간략하면서도 소상하고 일은 지극히 편안하면서도 공이 있어, 다만 옷을 늘어뜨리고 높은 자리에 앉아 있어도 온 세상 사람들이 그를 제왕으로 삼고 싶어할 것이니, 이것을 일러 지극히 간략하면서 즐거움이 더할 수 없이 크다고 하는 것이다.

| 풀이 | 국가를 크게 다스린다는 것은 정도를 밟아 의와 예를 법도로 함을 말한다. 이런 법도가 없는 나라는 작게 다스리는 나라이므로 마침내 멸망한다. 그러나 여기서 대국(大國)에서 쓰는 예(禮)와 절충하고 신(信)과 이(利)를 구한다면 이는 중간 정도가 되는 패자(覇者)의 나라가 될 것이다. 크게 국가를 운용하려면 반드시 예를 근본으로 해야 하며, 여기에서 군주로서의 쾌락도 생길 수 있을 것이다.

임금된 자가 나라를 다스리는 근본을 모른다면 안락을 찾을 수가 없는데, 그렇다고 임금이 모든 국사(國事)에 일일이 간섭하는 것이 아니라 유능한 재상을 등용하여 정사를 맡기면 되는 것이다. 유능한 임금은 유능한 재상을 얻을 것이니, 그런 임금은 재상의 위에서 안락을 구해도 좋다. 그것이 왕의 직분이기도 한 것이다.

3

3// 人主者 以官人爲能者也 匹夫者 以自能爲能者也 人主得使人爲之 匹夫則無所移之 百畝一守 事業窮無所移之也 今以一人兼聽天下 日有餘而治不足者 使人爲之也 大有天下 小有一國 必自爲之然後可 則勞苦秏顇莫甚焉 如是 則雖臧獲不肯與天子易埶業 以是縣天下 一四海 何故必自爲之 爲之者 役夫之道也 墨子之說也 論德使能而官施之者 聖王之道也 儒之所謹守也 傳曰 農分田而耕 賈分貨而販 百工分事而勸 士大夫分職而聽 建國諸侯之君分土而守 三公摠方而議 則天子共己而已 出若入若 天下莫不平均 莫不治辨 是百王之所同也 而禮法之大分也 百里之地可以取天下 是不虛 其難者在人主之知之也 取天下者 非負其土地而從之之謂也 道足以壹人而已矣 彼其人苟壹 則其土地且奚去我而適它 故百里之地 其等

임금은 능히 관리를 임용하는 자요, 필부는 자기의 능력에 따라 직분을 다하는 자이다. 임금은 사람에게 일을 맡겨 부릴 수 있지만 필부는 일을 남에게 떠맡기지 못하는데, 백묘(畝)의 밭을 한 농부가 경작하면서 자기 혼자로는 어렵다 할지라도 남에게 맡길 수가 없는 것이다. 지금 임금 한 사람이 천하의 정사를 두루 다스려 가면서도 날마다 여유가 있고 다스릴 일이 많지 않은 것은 임금으로서 남을 부리고 있기 때문이다.

크게는 천하가 있고 작게는 한 나라가 있어, 사사건건 반드시 자기 자신이 직접 처리해 나간다면 정신적 · 육체적으로 이보다 더한 수고는 없을 것이다. 이렇게 된다면 노비라 할지라도 천자의 지위와 사업을 바꾸려고 하지 않을 것이다. 천하를 태평하게 하고 세상을 통일하는 일을 어찌하여 그 스스로가 한단 말인가? 이를 일삼는 것은 일꾼들의 일이요, 묵자(墨子)의 학설이다.

덕을 논하고 유능한 자를 가려 관직에 임명하여 정치를 하는 것은 성왕(聖王)의 도(道)요, 유가(儒家)들이 삼가 지키는 바이다. 전해오는 말에, "농부는 밭을 나누어 경작하고 장사꾼은 재화를 나누어 팔며, 각종 기술자는 일을 나누어 공력(功力)을 들이고 사대부는 직위를 구분하여 정사를 보며, 봉건제후는 땅을 나누어 지키고 삼공(三公)은 각 방면의 정사를 총괄하여 일을 논의해 나가면 천자는 단지 팔짱을 끼고 앉아 있기만 하면 된다. 안팎으로 일이 이와 같다면 천하는 공평하지 않음이 없고 다스려지지 않음이 없으리니, 이는 여러 제왕들이 한결같이 행한 일이요, 이것이 예법의 대본(大本)이다."라고 하였다.

백 리의 땅을 가지고 천하를 취한다는 말은 거짓이 아니다. 그것이 어려운 것은 임금이 그 방법을 아는 것이 어렵기 때문이다. 이른바 천하를 취한다는 것은 사람들이 토지문서를 들고 따라온다는 것이 아니라, 그의 도(道)가 사람의 마음을 한곳으로 모으기에 충분하다는 것이다. 그 사람들이 진실로 한마음이 된다면 그 토지가 어찌 나를 버리고 다른 곳으로 가겠는가!

그러므로 백 리의 땅이라도 그 등급과 직위 및 벼슬과 복제(服制)로 천하의 현사(賢士)들을 받아들이기에 족하고, 그의 관직과 사업으로 천하의 유능한 인사들을 받아들이기에 족하며, 옛 법을 따라 좋은 용도에 가려 쓰면 이익을 좋아하는 사람들을 족히 순복(順服)시킬 수가 있다. 어진 인사가 한결같이 벼슬하고 유능한 사(士)가 모두 임용되며 이익을 좋아하는 사람들이 모두 순복하여, 이 세 가지가 다 갖추어지면 천하에서 더할 일은 없는 것이다.

그러므로 백 리의 땅으로도 천하의 세력을 모두 넉넉히 모을 수 있고 충성과 신의를 다하고 인의(仁義)를 밝힌다면 족히 천하 사람들을 모두 모을 수 있다. 이 두 가지가 합쳐지면 천하를 취할 수 있으니, 제후들 중에 동조하기를 주저하는 자가 있으면 먼저 위태로워질 것이다. 〈시경〉에 말하

位爵服 足以容天下之賢士矣 其官職事業 足以容天下之能士矣 循其舊法 擇其善者而明用之 足以順服好利之人矣 賢士一焉 能士官焉 好利之人服焉 三者具而天下盡 無有是其外矣 故百里之地 足以竭埶矣 致忠信 著仁義 足以竭人矣 兩者合而天下取 諸侯後同者先危 詩曰 自西自東 自南自北 無思不服 一人之謂也 羿蠭門者 善服射者也 王良造父者 善服馭者也 聰明君子者 善服人者也 人服而埶從之 人不服而埶去之 故王者已於服人矣 故人主欲得善射射遠中微 則莫若羿蠭門矣 欲得善馭 及速致遠 則莫若王良造父矣 欲得調壹天下 制秦楚 則莫若聰明君子矣 其用知甚簡 其爲事不勞而功名致大 甚易處而綦可樂也 故明君以爲寶 而愚者以爲難 夫貴爲天子 富有天下 名爲聖王 兼制人 人莫得而制也 是人情之所同欲也 而王者兼而有是者也 重色而衣之 重味而食之 重財物而制之 合天下而

君之 飮食甚厚 聲樂甚大 臺謝甚高 園囿甚廣 臣使諸侯 一天下 是又人情之所同欲也 而天子之禮制 如是者也 制度以陳 政令以挾 官人失要則死 公侯失禮則幽 四方之國有侈離之德則必滅 名聲若日月 功績如天地 天下之人應之如景嚮 是又人情之所同欲也 而王者兼而有是者也 故人之情 口好味而臭味莫美焉 耳好聲而聲樂莫大焉 目好色而文章致繁 婦女莫衆焉 形體好佚而安重閑靜莫愉焉 心好利而穀祿莫厚焉 合天下之所同願 兼而有之 睾牢天下而制之 若制子孫 人苟不狂惑戇陋者 其誰能睹是而不樂也哉 欲是之主竝肩而存 能建是之士不世絕 千歲而不合 何也 曰 人主不公 人臣不忠也 人主則外賢而偏擧 人臣則爭職而妬賢 是其所以不合之故也 人主胡不廣焉 無卹親疏 無偏貴賤 唯誠能之求 若是則人臣輕職業讓賢 而安隨其後 如是 則舜禹還至 王業還起 功壹天下 名配舜禹 物由

기를, "서에서도 동에서도 남에서도 북에서도 복종해오지 않는 이 없네……." 하였으니, 이는 인심이 한결같음을 말한 것이다.

예(羿)와 봉문(蠭門)은 활 쏘는 사람들을 굴복시키는 명사수요, 왕량(王良)과 조보(造父)는 말 부리는 사람들을 굴복시키는 훌륭한 자이며, 총명한 군자는 모든 사람들을 잘 복종시키는 자이다. 사람들이 굴복하면 세력도 따라오고 사람들이 복종하지 않으면 세력도 가버리므로, 왕자(王者)는 사람을 굴복시키는 데서 그 공이 극에 이르는 것이다.

그러므로 임금으로서 활 잘 쏘는 궁사를 얻고자 함에 있어 활을 쏘아 멀리 있는 표적을 맞히는 데 예나 봉문보다 나은 사람이 없고, 마부를 얻고자 함에 있어 말을 빨리 달려 멀리까지 가는 데 왕량이나 조보보다 나은 사람은 없으며, 천하를 통일하여 진(秦)이나 초(楚) 같은 큰 나라를 제압하려면 총명한 군자보다 더한 사람은 없다. 그 쓰는 지혜는 아주 간략하고 그가 하는 일은 수고롭지 않은데도 공로와 명성은 매우 크다. 처신하기가 매우 쉬워지고 안락하게 될 것이다. 그러므로 현명한 임금은 그들을 보배로 여기는데, 어리석은 자들은 그렇게 하기가 어려운 것이다.

대체로 귀하기로는 천자가 되고 부유하기로는 천하를 소유하며, 명성으로는 성왕이 되어 사람들을 한결같이 제압함으로써 그 누구에게서도 제압받지 않고자 하는 것은 인지상정이요 공통되는 희망인데, 왕자(王者)는 이 모든 것을 한꺼번에 지닌다. 다채로운 옷을 입고 맛 좋은 음식을 먹으며,

많은 재물을 관리하고 천하를 통합하여 군림하며, 음식은 아주 많고 음악은 대단히 성대하며, 높은 누대와 전각 및 넓은 동산을 소유하고 제후들을 신하로 부리며, 천하를 통일하고자 하는 것은 인지상정이요 다같이 바라는 바인데, 천자의 예법 및 제도가 바로 이와 같이 규정해 주는 것이다.

제도가 시행되고 정령이 두루 미치는데도 관리들 가운데 정령의 요점을 그르치는 자는 죽이고 공후(公侯) 가운데 예를 잃는 자는 유폐시키며, 사방의 여러 나라 중 덕에 어긋난 나라는 반드시 파멸시킨다. 명성이 일월(日月)과 같고 공적은 천지처럼 커서 천하의 모든 사람이 그림자나 메아리처럼 따르는 것도 사람으로서는 누구나 한결같이 바라는 바이니, 이는 왕자만이 아울러 가질 수 있는 것이다.

그러므로 인지상정으로 입은 맛을 좋아하나 냄새와 맛은 왕자보다 못하고 귀는 음악을 좋아하나 음악이 그처럼 성대하지 못하며, 눈은 미색을 좋아하나 화려한 장식이나 부녀의 수에 있어 그와 같지 못하고 육체는 편안한 것을 좋아하나 그 안락 · 유쾌함이 그와 같지 못하며, 마음은 이익을 좋아하나 봉록이 그처럼 많지 못한데, 천하를 통틀어 한결같이 원하는 것을 모두 다 소유하며 천하를 우리에 넣어 다룸에 있어 자손을 다루듯이 하고 있는 것이다. 사람으로서 광기에 사로잡히거나 어리석은 자가 아니고서야 이것들을 보고 좋아하지 않을 사람이 어디 있으랴.

이러한 임금이 되고자 어깨를 나란히 하는 자는 얼마든지 있고 이러한 임금을 세우고자 하는 인사는 세상에 항상 있

有可樂如是其美焉者乎 嗚呼 君人者亦可以察若言矣 楊朱哭衢涂曰 此夫過擧蹞步 而覺跌千里者夫 哀哭之 此亦榮辱安危存亡之衢已 此其爲可哀 甚於衢涂 嗚呼 哀哉 君人者 千歲而不覺也

족이갈인의(足以竭人矣) : 갈(竭)은 진(盡). 즉, 천하 사람으로 하여금 모두 내귀(來歸)하게 하는 것.
정령이협(政令以挾) : 협(挾)은 협(浹)에서 그 뜻을 취한 것으로 흡(洽). 즉, 두루 미친다는 뜻으로 푼다.
역뢰(睪牢) : 역(睪)은 마땅히 고(皐)가 되어야 한다. 즉, 고뢰(皐牢)인데 천하를 새장이나 우리처럼 취급한다는 뜻.
양주곡구도(楊朱哭衢涂) : 양주(楊朱)는 묵자 이후에 등장한 전국시대 사람으로서, 위아설(爲我說)을 주창했다. 구도(衢涂)는 기로(岐路).

는데도 이 두 인물이 천세토록 서로 만나지 못하는 것은 어째서일까? 이는 임금으로서 공평하지 못하기 때문이요, 신하로서 불충하기 때문이다.

임금이 현신을 멀리하고 가까이 믿는 자를 편애하여 쓰며, 신하는 직위와 봉록을 쟁탈하여 현자를 질투하니, 이것이 서로 만나 합하지 못하는 이유이다. 임금은 어째서 마음을 활짝 열어 자기와의 친근 관계와는 상관없이 출신의 귀천을 따지지 않고, 오직 성실하고 유능한 인재를 구하려 하지 않는가. 이렇게 하면 신하는 그 직위를 가벼이 여겨 현자에게 양보하고 편안히 그 뒤를 따르지 않겠는가. 이렇게 된다면 순 · 우와 같은 성군이 다시 나는 것이요, 그들의 왕업이 다시 일어나는 것이며 공적은 천하를 통일하는 것이니, 그 명성은 순 · 우에 비길 만하게 된다.

세상의 즐거움으로서 이보다 더 아름다운 것이 있으랴. 오오, 임금된 자는 역시 이같은 말을 되새기지 않을 수 없는 것이다. 양주(楊朱)는 갈림길을 보고 말하기를, "여기서 반걸음이라도 잘못 내딛는 날에는 천 리 먼 길이 어그러짐을 알겠구나!" 하면서 슬피 울었다. 이것이야말로 영욕과 안위와 존망의 갈림길인 것이니, 이 슬픔이 바로 길이 갈라졌다는 것보다 더 심한 슬픔인 것이다. 오오, 슬프다! 임금된 자여, 천세토록 깨닫지 못하다니.

양주(楊朱) : 전국시대의 공자 이후, 맹자 이전의 학자. 노자(老子)의 무위독선설(無爲獨善說)을 따라서 염세적 인생관을 세우고 위아방종(爲我放縱)의 쾌락주의를 주장하여 일시적으로 그 세력을 떨쳤으나 주(周)나라 말기에 쇠퇴하였다.

| 풀이 | 사방 백 리밖에 안 되는 나라로 천하를 얻는 방법이 있다면 그것은 인심을 통일하는 것이다. 이를 달성하기

위해서는 유능한 인재를 기용해야 하는데, 총명한 군자는 현명한 임금에게 있어 보배로운 존재이다. 여기서는 이러한 현자를 등용하느냐 못하느냐에 따라서 국가의 영욕·안위·존망이 결정된다고 하였다.

4

나라가 없으면 다스려지는 법도 없고 나라가 없으면 어지러워지는 법도 없으며, 나라가 없으면 현명한 선비도 있을 수 없고 나라가 없으면 무능한 인사도 있을 수 없다. 나라가 없다면 성실한 백성도 있을 수 없고 나라가 없다면 흉악한 백성도 있을 수 없으며, 나라가 없다면 아름다운 풍속도 나쁜 풍속도 있을 수 없다. 이 양자가 병행함으로써 나라가 있는 것이다. 앞쪽으로 치우치면 나라가 안전하고 뒤쪽으로 치우치면 나라가 위태로워지니, 앞쪽으로 통일되면 왕자(王者)요 뒤쪽으로 통일되면 멸망하는 것이다.

그러므로 그 법이 다스려지는 법이면 그 보좌하는 신하도 현명한 신하요 그 풍속도 아름다운 풍속이니, 이 모두가 한결같이 갖추어지면 앞쪽으로 통일되었다고 말하는 것이다. 이같이 된다면 곧 싸우지 않고도 이길 수 있고 공격하지 않고도 취할 수 있으며, 군사를 수고롭게 하지 않더라도 천하가 복종한다.

그러므로 탕임금은 박(亳) 땅에서, 무왕은 호(鄗) 땅에서 저마다 백 리의 땅을 가지고 일어나 천하를 통일하고 여러

4// 無國而不有治法 無國而不有亂法 無國而不有賢士 無國而不有罷士 無國而不有愿民 無國而不有悍民 無國而不有美俗 無國而不有惡俗 兩者竝行而國 在上偏而國安 在下偏而國危 上一而王 下一而亡 故其法治 其佐賢 其民愿 其俗美 而四者齊 夫是之謂上一 如是 則不戰而勝 不攻而得 甲兵不勞而天下服 故湯以亳 武王以鄗 皆百里之地也 天下爲一 諸侯爲臣 通達之屬 莫不從服 無它故焉 四者齊也 桀紂卽序於有天下之埶 索爲匹夫而不可得也 是無它故焉 四者竝亡也 故百王之法不同 若是 所歸者一也 上莫不致愛其下 而制之以禮 上之於下 如保赤

子 政令制度 所以接下之人百姓 有不理者如豪末 則雖孤獨鰥寡必不加焉 故下之親上歡如父母 可殺而不可使不順 君臣上下 貴賤長幼 至於庶人 莫不以是爲隆正 然後皆內自省以謹於分 是百王之所以同也 而禮法之樞要也 然後農分田而耕 賈分貨而販 百工分事而勸 士大夫分職而聽 建國諸侯之君分土而守 三公摠方而議則天子共己而止矣 出若入若 天下莫不平均莫不治辨 是百王之所同 而禮法之大分也若夫貫日而治平 權物而稱用 使衣服有制宮室有度 人徒有數 喪祭械用皆有等宜 以是周挾於萬物 尺寸尋丈莫得不循乎制度數量然後行 則是官人使吏之事也 不足數於大君子之前 故君人者 立隆政本朝而當 所使要百事者 誠仁人也 則身佚而國治 功大而名美 上可以王 下可以覇立隆正本朝而不當 所使要百事者非仁人也則身勞而國亂 功廢而名辱 社稷必危 是人君者之樞機也 故能當

제후를 신하로 삼았으며, 사방으로 통달하여 따르고 복종하지 않음이 없었으니, 이는 다른 이유에서가 아니라 앞서 말한 네 가지가 한결같이 구비되었기 때문이다.

걸(桀)과 주(紂)는 천하를 지배하는 권세를 지닌 자리에 있었으나 필부의 하찮은 목숨조차 얻을 수 없었으니, 이는 다른 이유에서가 아니라 그 네 가지가 다 갖추어지지 못했기 때문이다. 그러므로 많은 왕들이 그 선택하는 법은 같지 않다 할지라도 그 최후의 귀착점은 네 가지 것을 갖춘다는 한 가지인 것이다.

윗사람이 아랫사람을 극진히 사랑하고 예로써 이를 통제하며, 윗사람이 아랫사람을 대하는 태도가 갓난아이를 돌보듯 하고 정령과 제도가 백성들 사이에 시행되며, 무리한 일은 털끝만큼도 없어서 비록 고아나 과부나 홀아비에게까지 가해지는 일이 없다.

이리하여 백성들이 윗사람 따르기를 부모처럼 가까이하여 죽일 수는 있다 해도 배반할 수는 없게 되고, 군신·상하·귀천·장유(長幼)에서 모든 서민에 이르기까지 이를 표준으로 삼았다. 그러고 나서 안으로 자기 자신을 반성하여 직분에 근신하는 것이 모든 왕자들이 한결같이 지켜온 바요 예법의 중심인 것이다. 그런 뒤에야 농부는 밭을 나누어 경작하고 상인은 재물을 나누어 팔며, 여러 공인들은 일을 나누어 힘쓰고 사대부는 사무를 나누어 정령을 따라 일을 하며, 제후는 나라를 세워 땅을 나누어 지키고 삼공(三公)은 국사를 총괄하여 논하니, 천자는 팔짱을 끼고 있어도 되는 것이다. 안팎으로 이러하면 천하는 고루 공평하지 않음이 없고 다스려지지 않음이 없으니, 이는 모든 왕들이 다같이 행한 것이요 예법의 강령인 것이다.

날을 거듭하여 자세한 사정을 다스려 나가는 가운데 사물을 저울질하여 쓰는 데 알맞게 하고 의복을 규제하게 하며, 사는 집에 법도가 있게 하고 부리는 사람의 수를 정하며, 상례와 제기(祭器)들은 모두 저마다 등급에 맞게 하고 만사에 일정한 법규와 척도가 있어 어긋남이 없게 하니, 이는 모두 관리나 하급 벼슬아치들이 하는 일로서 대군자의 면전에서 논란할 일이 못되는 것이다.

그러므로 임금된 사람이 조정에 앉아 있으면서 능히 정도를 세워 그 마땅함을 얻고 여러 가지 일을 주재할 사람을 두는데, 그가 기강이 바른 어진 인사이면 군주의 몸은 편안하고 국가는 공평하게 다스려지며 공적은 커서 명성이 아름다워질 것이니, 위로는 가히 왕이요 아래로는 적어도 패자가 될 것이다. 조정에 앉아 정도를 세워도 그 마땅함을 얻지 못하고 여러 가지 일을 주재할 사람을 두어도 그가 어질지 못하다면, 군주는 그 몸이 번거롭게 수고해도 나라가 어지럽고 공업은 간 데 없이 치욕만 돌아오며 사직이 반드시 위태로워질 것이니, 이것이 바로 임금된 자의 중요한 정무이다.

한 사람을 기용하여 능히 마땅함을 얻는다면 천하를 취할 수 있고 한 사람을 기용하여 그 마땅함을 잃는다면 사직은 위태로워지게 마련이니, 한 사람의 마땅한 인사를 기용하지 못하고도 천 사람, 백 사람의 마땅한 관리들을 기용했다는 말

一人而天下取 失當一人而社稷危 不能當一人而能當千人百人者 說無之有也 旣能當一人 則身有何勞而爲 垂衣裳而天下定 故湯用伊尹 文王用呂尙 武王用召公 成王用周公旦 卑者五伯 齊桓公閨門之內 縣樂奢泰游抏之脩 於天下不見謂脩 然九合諸侯 一匡天下 爲五伯長 是亦無它故焉 知一政於管仲也 是君人者之要守也 知者易爲之興力 而功名綦大 舍是而孰足爲也 故古之人 有大功名者 必道是者也 喪其國 危其身者 必反是者也 故孔子曰 知者之知 固以多矣 有以守少 能無察乎 愚者之知 固以少矣 有以守多 能無狂乎 此之謂也 治國者分已定 則主相臣下百吏各謹其所聞 不務聽其所不聞 各謹其所見 不務視其所不見 所聞所見誠以齊矣 則雖幽閑隱辟 百姓莫敢不敬分安制以化其上 是治國之徵也

소사요백사자(所使要百事者) : 백 가지의 일을 요약하여 주재하는 관원이니, 곧 재상(宰相)을 가리킨다.

경분안제(敬分安制) : 국가의 제도가 안정되어 있으므로 남의 직분을 넘보지 않는다는 뜻.

은 일찍이 들어본 바가 없다. 이미 한 사람의 마땅한 재상을 기용하였다면 그 자신이 무슨 수고를 할 일이 있으랴. 그저 옷을 늘어뜨리고 앉아만 있어도 천하는 안정되는 것이다.

그래서 탕(湯)임금은 이윤(伊尹)을 기용하였고 문왕(文王)은 여상(呂尙)을, 무왕(武王)은 소공(召公)을, 성왕(成王)은 주공 단(周公旦)을 기용했던 것이다. 그 공업(功業)이 비교적 낮은 오패(五霸)로 말할 것 같으면, 제나라 환공의 사생활은 온갖 사치와 음락과 유희에 탐닉했으므로 세상에서 그를 올바로 수신한 사람이라고 말하는 이가 없었는데도, 제후들을 규합하여 천하를 바로잡아 오패의 우두머리가 되었으니, 이는 다른 이유에서가 아니라 관중(管仲)에게 국정을 일임할 줄 알았기 때문이다. 이것이 군주된 자가 지켜야 할 중요한 일이다. 지혜로운 사람이 쉽게 역량을 발휘함으로써 공명은 극대해지니, 이런 것을 버리고 또 무슨 일을 도모할 것인가?

그러므로 옛사람 가운데 위대한 공명이 있는 자는 반드시 이런 길을 따른 사람들이요, 국가를 잃고 그 몸이 위태로워진 자들은 모두 이와는 상반된 길을 걸었던 사람들이다. 그래서 공자는 말하기를, "지혜로운 사람의 앎은 풍부하므로 현자를 임용하여 일을 맡겨 자신의 일은 적으니 명찰한 것이 아닌가. 또한 어리석은 자의 앎은 적으므로 자신이 번거로운데도 현자를 임용하여 맡길 줄을 모르니 어지럽지 않겠는가!" 하였으니 이를 가리켜 말한 것이다.

잘 다스려지는 나라란, 저마다의 직분이 이미 정해져 있어 임금과 재상과 신하 및 모든 벼슬아치가 자기의 소관사만을 삼가 듣고 처리할 뿐 자기의 소관 밖의 일은 들으려 하지 않으며, 저마다 삼가서 보되 자기에게 보이지 않는 바는 애써 보려고 하지 않는 것이다. 듣고 보는 바가 진실로 이처럼 소관 업무에 들어맞다면 비록 조용한 곳에 숨어 사는 백성이라도 자기의 분수를 공경히 지키지 않음이 없이 제도에 안주하고 윗사람의 정치에 감화될 것이니, 이것이 잘 다스려지는 나라의 징조라는 것이다.

| 풀이 | 훌륭한 치법(治法)과 인인(仁人)과 백성, 그리고 아름다운 풍속을 갖추어야만 비로소 불멸하는 왕국을 유지할 수 있다. 그러기 위해서 군주는 반드시 훌륭한 인재를 재상으로 기용해야 한다. 임금은 조정에 들어앉아 중정(中正)한 예로서 표준을 세우고 현자에게 정사를 맡겨 다스려 나가도록 하면 그것으로 충분한 것이다. 말하자면 군주가 할 일과 재상이 할 일은 저절로 구분되는 것이요, 잘 다스려지는 나라는 국민 전체가 저마다 맡은 바 직분을 충실히 수행하며 자기 영역 밖의 일은 간섭하거나 넘보지 말아야 하는 것이다. 이것이 이상적인 왕국이다.

5

임금의 도는 가까운 것을 다스리고 먼 것은 다스리지 않으며, 명백한 것을 다스리고 어두운 것은 다스리지 않으며,

5// 主道治近不治遠 治明不治幽 治一不治二 主能治近則遠者理

主能治明則幽者化 主能當一則百事正 夫兼聽天下 日有餘而治不足者 如此也 是治之極也 既能治近 又務治遠 既能治明 又務見幽 既能當一 又務正百 是過者也 過猶不及也 辟之是猶立直木而求其景之枉也 不能治近 又務治遠 不能察明 又務見幽 不能當一 又務正百 是悖者也 辟之是猶立枉木而求其景之直也 故明主好要 而闇主好詳 主好要則百事詳 主好詳則百事荒 君者 論一相 陳一法 明一指 以兼覆之 兼炤之 以觀其盛者也 相者 論列百官之長 要百事之聽 以飾朝廷臣下百吏之分 度其功勞 論其慶賞 歲終奉其成功以效於君 當則可 不當則廢 故君人勞於索之 而休於使之 用國者 得百姓之力者富 得百姓之死者彊 得百姓之譽者榮 三得者具 而天下歸之 三得者亡而天下去之 天下歸之之謂王 天下去之之謂亡 湯武者 循其道 行其義 興天下同利 除天下同害 天下歸之 故厚德

한 가지로 다스릴 뿐 두 가지로 잡다한 것까지 다스리지는 않는다. 이는 임금이 가까운 것을 잘 다스리면 먼 것도 따라서 다스려지고, 분명한 것을 잘 다스리면 어두운 것도 따라서 변화되며, 한 가지 일을 합당하게 할 수 있으면 백 가지 일이 바르게 되기 때문이다. 대체로 천하의 일을 한꺼번에 들으면서도 날마다 여유가 있고 다스릴 일이 부족하다는 것은 이와 같으니, 이것이 정치의 이상적인 극치이다.

능히 가까운 것을 다스리면서도 먼 것에 힘쓰고 능히 분명한 것을 다스리면서도 어두운 것을 알아보려 힘쓰며, 능히 한 가지 일을 합당하게 하고 나서 다시 백 가지 일을 바로잡으려 하는 것은 지나침이요, 지나침은 모자람과 같으니, 비유하여 말하면 곧은 나무를 세워놓고 그 그림자가 구부러지기를 바라는 것과 같다.

가까운 것도 잘 다스리지 못하면서 먼 것을 다스리려 애쓰고 분명한 것도 잘 살피지 못하면서 어두운 것을 보려고 애쓰며, 한 가지 일도 합당하게 할 줄도 모르면서 백 가지 일을 바로잡으려고 애쓰는 것은 이치에 어긋나는 일로서, 비유컨대 이는 굽은 나무를 세워놓고 그 그림자가 곧기를 바라는 것과 같다.

그러므로 현명한 임금은 요약을 좋아하고 어리석은 임금은 상세히 갖추기를 좋아하는 것이다. 임금이 요약을 좋아하면 백 가지 일도 상세히 갖추어지지만, 임금이 상세히 갖추기를 좋아하면 백 가지 일이 다 거칠고 태만해지게 마련이다. 군주란 한 사람의 재상을 가려 앉히고 한 가지 법으로 시행하며, 한 가지 지침만을 밝혀 온 천하를 한꺼번에 포용하고 비추며 그 성취를 관망하는 자이다.

재상이란 백관의 장(長)을 거론하고 백 가지 일의 요약을 들으며, 이로써 조정에 있는 신하들과 모든 하급관리들의 직분을 바로잡고 그들의 공로를 헤아려 포상할 일을 논하여 연말에 가서 그 공적을 임금에게 아뢰는데, 여기서 마땅함을 얻으면 재가하고 마땅함을 얻지 못하면 폐기한다. 그러므로 임금된 사람은 수고하여 현자를 찾고 현자를 찾음으로써 이를 믿고 쉬게 되는 것이다.

국가를 운용하는 자로서 백성의 힘을 얻는 자는 부유해지고, 백성의 희생을 얻는 자는 강해지며, 백성의 칭찬을 얻는 자는 영화로워지는데, 이 세 가지를 다 얻어 갖추면 천하가 모두 돌아오지만 이 세 가지를 잃으면 천하는 가버린다.

천하가 돌아오면 왕이라 하고 천하가 가버리면 망했다고 말한다. 탕왕이나 무왕은 그러한 도리를 밟아 의(義)를 행하고 천하의 공통되는 이익을 위해 일어나 천하의 해독을 제거함으로써 천하가 돌아오게 하였다.

그러므로 덕망을 두텁게 하여 선도하고 예의(禮義)를 명백하게 하여 유도하며, 충성과 신의를 다하여 사랑하고 현자를 높이고 유능한 자를 기용하여 서열을 정하며, 벼슬과 옷과 상으로 더욱 무겁게 하고 시기에 맞게 일을 시켜 부담을 가볍게 하여 조절해주며, 널리 포용하여 길러주기를 갓난아이를 돌보듯 한다.

그러면 백성들의 생활은 넉넉해지고 백성들을 부리는 데

音以先之 明禮義以道之 致忠信以愛之 賞賢使能以次之 爵服賞慶以申重之 時其事 輕其任以調齊之 潢然兼覆之 養長之 如保赤子 生民則致寬 使民則綦理 辯政令制度 所以接下之人百姓 有非理者如豪末 則雖孤獨鰥寡必不加焉 是故百姓貴之如帝 親之如父母 爲之出死斷亡而不愉者 無它故焉 道德誠明 利澤誠厚也 亂世不然 汙漫突盜以先之 權謀傾覆以示之 俳優侏儒婦女之請謁以悖之 使愚詔知 使不肖臨賢 生民則致貧隘 使民則綦勞苦 是故百姓賤之如尪 惡之如鬼 日欲司間而相與投藉之 去逐之 卒有寇難之事 又望百姓之爲己死 不可得也 說無以取之焉 孔子曰 審吾所以適人 人之所以來我也 此之謂也 傷國者何也 曰 以小人尙民而威 以非所取於民而巧 是傷國之大災也 大國之主也 而好見小利 是傷國 其於聲色臺謝園囿也 愈厭而好新 是傷國 不好修正其所以有 啖啖常欲人之有 是傷國 三

邪者在匈中 而又好以權謀傾覆之人 斷事其外 若是 則權輕名辱 社稷必危 是傷國者也 大國之主也 不隆本行 不敬舊法 而好詐故 若是 則夫朝廷羣臣亦從而成俗於不隆禮義 而好傾覆也 朝廷羣臣之俗若是 則夫衆庶百姓亦從而成俗於不隆禮義 而好貪利矣 君臣上下之俗莫不若是 則地雖廣 權必輕 人雖衆 兵必弱 刑罰雖繁 令不下通 夫是之謂危國 是傷國者也 儒者爲之不然 必將曲辨 朝廷必將隆禮義而審貴賤 若是 則士大夫莫不敬節死制者矣 百官則將齊其制度 重其官秩 若是 則百吏莫不畏法而遵繩矣 關市幾而不征 質律禁止而不偏 如是 則商賈莫不敦愨而無詐矣 百工將時斬伐 佻其期日 而利其巧任 如是 則百工莫不忠信而不楛矣 縣鄙將輕田野之稅 省刀布之斂 罕擧力役 無奪農時 如是 則農夫莫不朴力而寡能矣 士大夫務節死制 然而兵勁 百吏畏法循繩 然後國常不亂 商賈敦愨無詐

는 도리를 다하며, 정령과 제도가 천하 백성들에게 적용되는 방법을 잘 살핀다. 털끝만큼이라도 도리에 맞지 않는 것이 있는 경우 비록 고아나 자식 없는 노인이나 홀아비나 과부에게도 절대로 그것을 강요하지 않는다.

그러므로 백성은 그를 천제(天帝)처럼 존귀하게 여기고 부모처럼 친애하며 목숨이 끊어져도 기뻐하는 것은, 다른 이유에서가 아니라 도덕이 진실로 분명하고 이익과 혜택이 진실로 두텁기 때문이다.

그런데 난세(亂世)에서는 그렇지가 못하여, 임금이 더러운 행실로 남을 짓밟아 이익을 가로채는 것으로써 선도하고 권모술수로 남을 전복시키는 것으로써 본보기를 보이며, 어릿광대 · 난쟁이 · 부녀자들의 청원을 받아들여 혼란시키고, 어리석은 자로 하여금 지혜있는 자를 가르치게 하고 깨우치지 못한 자로 하여금 현자 위에 군림하게 하며, 백성들의 생활을 더 곤궁하게 하고 백성들을 더 부려 매우 힘들게 한다.

이러한 까닭으로 백성은 절름발이를 보듯 임금을 천하게 여기고 악귀를 보듯 싫어하며, 날마다 기회만 있으면 서로 모여 그를 던지고 짓밟아서 아주 내쫓을 생각만 하니, 만일 졸지에 외적의 침입이라도 있을 경우에는 다시 백성이 자기를 위해 목숨을 바치기를 바라더라도 되지 않을 것이요, 어떤 이론도 이와 같은 것이 채택되는 일은 없을 것이다. 공자가 말하기를, "내가 남을 대하는 방법을 잘 살펴야 하는 것은 내가 남을 대한 대로 나에게 돌아오기 때문이다." 하였으니 이를 일러 말한 것이다.

나라를 상하게 하는 것은 무엇인가? 그것은 소인을 백성들 위에 앉혀 위세를 부리게 하고 백성들에게 취해서는 안 될 교묘한 명분을 취한다면, 이것이 나라를 상하게 하는 큰 재앙이다. 대국의 군주가 작은 이익을 보고 좋아하면 이는 나라를 상하게 하는 것이다. 음악과 여색, 전각과 누대, 동산 같은 것을 만족하지 못하여 새 것을 좋아하면 이는 나라를 상하게 하는 것이다. 나라를 바로잡아 나가기를 좋아하지 않고 항상 게걸스럽게 남의 것을 욕심내면 이는 나라를 상하게 하는 것이다.

이 세 가지 간사한 생각이 마음속에 있고, 거기에 다시 권모술수를 일삼아 남을 쓰러뜨리기를 일삼는 무리를 등용하여 대외적인 국사를 전담하게 하면, 곧 권위가 가벼워지고 명망이 욕되며 사직이 위태로워질 것이니, 이것이 나라를 해치는 것이다. 대국의 임금으로서 근본되는 직무를 존중하지 않고 옛 법도를 공경하지 않으면서 위선을 좋아한다면, 대체로 조정의 군신들도 따라서 예의를 숭상하지 않는 풍속을 이루어 남을 모함하기를 좋아하게 된다. 조정 군신의 습속이 이와 같으면 수많은 백성들도 따라서 예의를 숭상하지 않는 풍속을 이루어 탐욕스럽게 이익만을 좋아하게 된다.

군신 · 상하의 풍속이 한결같이 이러하다면 비록 땅이 넓다 해도 권위는 가벼워지고 백성이 비록 많다 해도 군대는 약해지며, 형벌이 비록 많다 해도 명령이 아래로 통하지 아니하니, 이런 것을 가리켜 대체로 위태로운 나라라고 하며, 이것이 나라를 해치는 것이다.

則商旅安 貨通財 而國求給矣 百工忠信而不楛 則器用巧便而財不匱矣 農夫朴力而寡能 則上不失天時 下不失地利 中得人和 而百事不廢 是之謂政令行 風俗美 以守則固 以征則彊 居則有名 動則有功 此儒之所謂曲辨也

상현(賞賢) : 상현(尙賢)이라야 맞다. 즉, 현자를 높인다는 뜻.
곡변(曲辨) : 곡(曲)은 주(周), 변(辨)은 치(治)로, 곧 두루 다스린다는 뜻.
요기기일(佻其期日) : 그 기일을 늦춘다는 뜻.

유가(儒家) : 공자의 학설 · 학풍 등을 신봉하고 연구하는 학자나 학파.

백공(百工) : 온갖 장인, 온갖 기술자.

유가(儒家)가 하는 일은 그렇지 않아서 반드시 두루 살펴 다스린다. 조정에서는 예의를 숭상함으로써 귀천을 살필 것이다. 이렇게 하면 사대부들은 절의를 앞세워 자기 직무에 목숨을 바치려 하지 않는 이가 없을 것이다.

백관(百官)에게는 그 제도를 한결같이 하여 그의 관직과 봉록을 후하게 줄 것이니, 모든 벼슬아치가 법을 무서워하지 않음이 없어 어김없이 규칙을 지킨다. 관문이나 시장에서는 조사하는 데 그칠 뿐 세금을 부과하지 않으며, 증서로 법률화하여 간사한 사기꾼의 활동을 막고 한편으로 치우치지 않도록 한다. 이같이 된다면 상인들은 모두 후하고 성실하여 속임수가 없게 된다. 백공(百工)들은 시기를 가려 벌목하고 제작 기일을 여유있게 줌으로써 그들의 기능을 발휘하기에 유리하도록 하면, 백공으로서 충성과 믿음을 갖지 않는 자가 없게 되어 조악품을 만들어내지 않는다. 지방의 밭과 들에는 세금을 가볍게 하고 돈을 거두어들이는 일을 줄이며, 부역을 줄여 농사짓는 시기를 뺏는 일이 없도록 하면, 농부들이 자기 일에 힘쓰지 않는 이가 없고 다른 일에 힘쓰는 자가 적어진다.

사대부가 절의를 앞세워 자기 직분에 목숨을 건 연후에야 군대는 강해지고, 모든 벼슬아치들이 법을 두려워하여 규칙에 어긋남이 없게 된 연후에야 국가는 항상 어지러워지지 않을 것이다. 상인이 후하고 성실하여 속임수가 없으면 무역이 정착되고 재물의 유통이 잘되어 국가가 구하는 것들을 공급할 수 있게 된다. 백공들이 충성과 믿음으로 조악품을 만들지 않으면 기물은 사용하기에 편리해지기 때문에 생산량이 증가하여 재용이 궁핍하지 않게 된다.

농부들이 자기 일에 힘쓰고 다른 일에 힘쓰는 일이 적으면 위로는 하늘의 시기를 잃지 않고 아래로는 땅의 이익을 잃지 않으며, 중간에서는 사람들이 화목하여 모든 일이 폐기되는 법이 없는데, 이를 가리켜 정령이 행해지고 풍속이 아름답다고 하는 것이다. 그리하여 이것으로써 지키면 튼튼해지고 정벌하면 강해지며, 앉아 있어도 유명해지고 움직이면 공이 있으니, 이것이 이른바 유가들의 곡변(曲辨)이라는 것이다.

재용(財用) : ① 밑천. 자본. ② 씀씀이. 재물의 용도.

| 풀이 | 여기서는 한 나라의 군주뿐만 아니라 일반 단체의 우두머리로서 알아두어야 할 지도방법은, 참모 한 사람을 얻어 법과 기강을 한 가지로 베풀고 큰 방침 하나를 제시하는 것임을 강조하였는데, 일반적인 귀감이 되는 말이다. '왕패편'은 주로 국가 경영의 법칙을 유가적(儒家的)인 입장에서 밝힌 글이다. 잘 이해하여 기억해두면 일상생활에 효용이 될 만한 대목이 많으므로 가르침으로 삼아도 좋을 것이다.

12 군도편 君道篇

1

1// 有亂君 無亂國 有治人 無治法 羿之法非亡也 而羿不世中 禹之法猶存 而夏不世王 故法不能獨立 類不能自行 得其人則存 失其人則亡 法者 治之端也 君子者 法之原也 故有君子 則法雖省 足以徧矣 無君子 則法雖具 失先後之施 不能應事之變 足以亂矣 不知法之義而正法之數者 雖博 臨事必亂 故明主急得其人 而闇主急得其埶 急得其人 則身佚而國治 功大而名美 上可以王 下可以霸 不急得其人 而急得其埶 則身勞而國亂 功廢而名辱 社稷

어지러운 임금이 있는 것이지 어지러운 나라가 따로 있는 것이 아니요, 다스리는 사람이 있는 것이지 다스리는 법이 따로 있는 것이 아니다. 예(羿)의 활 쏘는 법이 세상에서 사라진 것이 아니건만 예와 같이 명중시키는 사람이 세상에 없었고, 우(禹)임금의 법이 아직도 존속하건만 하(夏)의 왕조는 대대로 왕노릇을 못했다.

그러므로 법이란 독립하여 있을 수 없고 율례(律例)는 혼자서 행할 수 없으니, 이를 이끌 사람을 만나면 존속하는 것이요, 그 사람을 잃으면 없어진다. 법이란 다스림의 단서요, 군자란 법의 원천적인 존재이다. 그러므로 군자가 있으면 법이 비록 간략하다 할지라도 두루 다스려지고, 군자가 없으면 법이 비록 완비되어 있다 할지라도 앞뒤로 시행할 순서를 잃어 일의 변화에 대처할 수 없으니 어지럽게 되고도 남는다.

법의 의의를 알지 못하면서 법의 조목을 바로잡으려는 사람은 비록 박식하다 할지라도 일을 당하면 반드시 혼란해진다. 그러므로 현명한 임금은 사람을 얻기를 서두르고 어리석은 임금은 권세를 얻기를 서두르게 된다. 사람 얻기를 서두르면 몸은 편안해지고 나라는 다스려질 것이고 공은 커지고 이름은 아름다워져, 위로는 왕이 되고 적어도 패자(覇者)가 되니, 사람을 얻는 일을 서두르지 않고 권세를 얻는 일에만 급급하면 몸은 피로해지고 나라는 어지러워질 것이요, 공은 버려지고 이름은 욕되어 사직은 반드시 위태해질 것이다. 그러므로 임금된 자는 이를 찾기에 수고하고, 이를 부림으로써 편안할 수 있는 것이다. 〈서경〉에 말하기를, "문왕은 공경하고 삼가면서 오직 한 사람을 찾았도다." 하였으니 바로 이를 가리킨 것이다.

부절(符節)을 맞춘다든가 어음을 나누어 갖는 것은 믿음을 위한 것인데, 윗사람이 권모술수를 좋아하면 신하나 모든 하급관리는 말할 것도 없고 속임수를 잘 쓰는 사람에 이르기까지도 이를 이용해 남을 속일 것이다. 또 제비를 뽑아 결정하는 것은 일의 공평을 기하기 위함인데, 윗사람이 자기 본위로 사심을 품고 부정을 하면 신하와 모든 관리들이 이를 이용하여 온갖 편벽된 일을 하게 된다. 저울로 달아보는 것은 평형을 유지하기 위함인데, 윗사람이 기울고 뒤집는 것을 좋아하면 신하나 모든 관리들이 이를 이용하여 음흉한 마음을 품게 된다.

또 말이나 되나 평미레를 사용하는 것은 분량을 일정하게 하기 위함인데, 윗사람이 탐리(貪利)를 좋아하면 신하나 모

必危 故君人者 勞於索之 而休於使之 書曰 惟文王敬忌 一人以擇 此之謂也 合符節 別契劵者 所以爲信也 上好權謀 則臣下百吏 誕詐之人 乘是而後欺 探籌投鉤者 所以爲公也 上好曲私 則臣下百吏 乘是而後偏 衡石稱縣者 所以爲平也 上好傾覆 則臣下百吏 乘是而後險 斗斛敦槪者 所以爲嘖也 上好貪利 則臣下百吏 乘是而後豊取刻與 以無度取於民 故械數者 治之流也 非治之原也 君子者 治之原也 官人守數 君子養原 原淸則流淸 原濁則流濁 故上好禮義 尙賢使能 無貪利之心 則下亦將綦辭讓 致忠信 而謹於臣子矣 如是 則雖在小民 不待合符節別契劵而信 不待探籌投鉤而公 不待衡石稱縣而平 不待斗斛敦槪而嘖 故賞不用而民勸 罰不用而民服 有司不勞而事治 政令不煩而俗美 百姓莫敢不順上之法 象上之志 而勸上之事 而安樂之矣 故藉斂忘費 事業忘勞 寇難忘死 城郭

不待飾而固 兵刃不待陵而勁 敵國不待服而詘 四海之民不待令而一 夫是之謂至平 詩曰 王猶允塞 徐方旣來 此之謂也

탐주투구(探籌投鉤) : 탐주(探籌)는 대나무를 깎아 글을 쓴 것을 사람들이 제비뽑는 것으로 오늘날의 추첨이다. 투구(投鉤)는 투전(投錢)의 방법으로, 돈을 던져 재물을 나누어 갖는 것인데 모두가 제비뽑기이다. 〈신자(愼子)〉에 '투구이분재(投鉤以分財)'라는 글이 보인다.
위책야(爲嘖也) : 정제(整齊)의 뜻. 곧 평형을 이루는 것.

든 관리들이 이를 이용하여 취할 때는 되도록 많이 받고 줄 때는 되도록 깎아서 백성들로부터 한없이 착취하게 된다. 그러므로 모든 기구와 수량 같은 것은 다스리는 말단의 흐름에 불과할 뿐 다스림의 근원은 아니다.

군자는 다스림의 근원이다. 관원은 법칙을 지키고 군자는 근원을 기르니, 근원이 맑아야 말단의 흐름도 맑고 근원이 탁하면 말단의 흐름도 탁한 법이다. 그러므로 위에서 예의를 좋아하고 현자를 높이며, 유능한 자를 부리면서 이익을 탐하는 마음이 없으면 아래에서도 사양하는 마음이 지극해지고 충성과 신의로 신하의 본분을 다하게 되는 것이다.

이같이 된다면 비록 일개 백성이라 할지라도 부절을 맞추어본다든가 어음을 나누어 갖지 않더라도 신의가 있을 것이요, 제비를 뽑지 않더라도 공평해질 것이며, 저울로 달아보지 않더라도 평형을 이룰 것이요, 말이나 되나 평미레를 사용하지 않더라도 일정한 분수를 지킬 것이다. 그리하여 포상제도를 쓰지 않더라도 백성은 노력하고 형벌제도를 쓰지 않더라도 백성은 복종하며, 관리가 수고하지 않더라도 일이 다스려지고 정령이 번잡하지 않더라도 풍속이 아름다워지니, 백성들로서 윗사람의 법에 순종하지 않음이 없고 윗사람의 뜻을 받들어 부지런히 힘쓰며 안락하게 되는 것이다.

따라서 세금을 내면서도 비용이 아까운 것을 잊고 국가사업에 수고로움을 잊으며, 외적의 전란에 죽음을 잊게 된다. 성곽은 손질하지 않아도 튼튼하고 군사와 병기는 날을 세우지 않아도 예리하며, 적국은 정복하지 않더라도 굴복하고 온 세상의 백성이 명령을 내리지 않더라도 하나로 되는데, 이것을 일러 평화의 극치라 한다. 〈시경〉에 말하기를, "왕의 계획이 진실로 믿음직하여 서(徐) 땅의 오랑캐까지 모두 와서 복종하네." 하였으니 바로 이를 가리킨 것이다.

| 풀이 | 온갖 인위적 규범이나 제도는 그것을 운용하는 인간에게 달린 것이지 그 자체가 훌륭한 것이 아니다. 여기서 군자란 인위적인 모든 것에 선행하는 완성된 인간을 말한다. 그러므로 법이나 제도가 말단의 흐름이라면 군자는 근원이라고 한 것이다. '군도편'의 도입부는 이같이 인본주의(人本主義)를 기점으로 하며, 법과 제도를 운용하는 인간의 중요성을 강조하고 있다.

2

임금되는 도리는 무엇인가? 말하자면 예에 따라 나누어 베풀고, 고르게 베풀어 한쪽으로 치우침이 없는 것이다. 신하된 도리는 무엇인가? 말하자면 예로써 임금을 모시며 충성과 순종으로 게으름이 없는 것이다. 아버지의 도리는 무엇인가? 관용과 은혜를 베풀면서 예가 있는 것이다. 자식된 도리는 무엇인가? 공경하고 사랑하면서 예의를 잘 지키는 것이다.

형된 도리는 무엇인가? 자애로우면서 우애를 보이는 것이다. 아우된 도리는 무엇인가? 공경히 순종하면서 거스르

2// 請問爲人君 日 以禮分施 均徧而不偏 請問爲人臣 日 以禮待君 忠順而不懈 請問爲人父 日 寬惠而有禮 請問爲人子 日 敬愛而致文 請問爲人兄 日 慈愛而見友 請問爲人弟 日 敬詘而不苟 請問爲人夫 日 致功而不流 致臨而有辨 請問爲人妻 日 夫有禮則柔從聽侍 夫無禮則恐懼而自竦也 此道也

偏立而亂 具立而治 其足以稽矣 請問兼能之奈何 日 審之禮也 古者先王審禮以方皇周浹於天下 動無不當也 故君子恭而不難 敬而不鞏 貧窮而不約 富貴而不驕 竝遇變態而不窮 審之禮也 故君子之於禮 敬而安之 其於事也 徑而不失 其於人也 寡怨寬裕而無阿 其所爲身也 謹修飾而不危 其應變故也 齊給便捷而不惑 其於天地萬物也 不務說其所以然而致善用其材 其於百官之事技藝之人也 不與之爭能而致善用其功 其待上也 忠順而不懈 其使下也 均徧而不偏 其交遊也 緣義而有類 其居鄉里也 容而不亂 是故窮則必有名 達則必有功 仁厚兼覆天下而不閔 明達用天地 理萬變而不疑 血氣和平 志意廣大 行義塞於天地之間 仁知之極也 夫是之謂聖人 審之禮也 請問爲國 日 聞脩身 未嘗聞爲國也 君者儀也 儀正而景正 君者槃也 槃圓而水圓 君者盂也 盂方而水方 君射則臣決 楚莊王好細腰 故朝有

지 않는 것이다. 남편된 도리는 무엇인가? 화락하되 음란하지 않으며 친애하면서도 남녀간의 구별이 있는 것이다. 아내된 도리는 무엇인가? 지아비에게 예가 있으면 온유하게 따르며 모시고, 지아비에게 예가 없으면 두려운 마음으로 자신을 돌아보며 다소곳이 섬기는 것이다.

이같은 도리는 일방적으로 성립되면 혼란하므로 함께 온전히 성립시킴으로써 다스려지는 것이니, 충분히 살피고 생각하지 않으면 안 된다. 그러면 이러한 도리를 아울러 실천하기 위해서는 어떻게 해야 하는가? 마땅히 예에 의하여 잘 살펴야 하나니, 옛날의 선왕(先王)들은 예에 의하여 살핌으로써 이를 확립하여 천하에 두루 미치게 하여, 그들의 행동에 합당하지 않은 것이 없었다.

그러므로 군자는 공손하되 비겁하지 아니하며 공경하되 겁내지 아니하며, 빈궁하되 궁색하지 아니하며, 부귀하되 교만하지 아니하며, 어떤 사태를 만나도 대응하여 궁색함이 없으니, 이는 예를 잘 살피기 때문이다.

그러므로 군자의 예를 행하는 모양은 공경하면서 편안하고 일에 대해서는 간편하고 용이하되 실패가 없으며, 사람에 대해서는 작은 원한은 너그러움으로 대하되 아첨함이 없으며, 자신에 대해서는 삼가 몸을 닦아 도에서 벗어나지 아니하며, 변천하는 사물에 대해서는 민첩하게 빈틈없이 처리하면서도 미혹되지 아니하며, 천지만물에 대해서는 성급히 그 이치를 설명하려 하지 않으면서도 그 재료를 잘 선용하며, 모든 관리들의 일과 기술자들에 대해서는 그들과 더불어 능력을 다투려 하지 않으면서도 그들의 공(功)을 선용하며, 윗사람을 모심에 있어서는 충성과 순종을 다하며 게으르지 아니하고, 아랫사람을 부림에 있어서는 고루 직분을 맡기되 사심에 치우치지 아니하며, 교제를 함에 있어서는 의를 기준으로 하여 선의를 가진 사람들과 어울리며, 향리에 있을 때는 관용하며 예를 어지럽히지 아니한다.

이런 까닭에 궁해도 유명해지고 영달하면 공적이 있으며, 인후함으로써 아울러 천하를 덮어 곤궁함이 없고 천지에 두루 밝게 통달하여 만 가지 변화를 다스려 가는 데 걸림이 없다. 혈기는 평화롭고 뜻은 원대하며, 의를 행하매 천지간에 충만하니 이는 어짐과 지혜로움의 극치이다. 이를 성인(聖人)이라 하는데, 모두가 예를 능히 살피는 사람이다.

나라를 다스리는 도리는 무엇인가? 몸을 닦는다는 말은 들었어도 나라를 다스린다는 말은 들어보지 못하였다. 임금은 표본이요 백성은 그림자이니, 표본이 바르면 그림자도 바르게 된다. 임금은 쟁반이요 백성은 물이니, 쟁반이 둥글면 담긴 물도 둥글다. 임금은 사발이니 사발이 네모꼴이면 물도 네모꼴이 된다. 임금이 활쏘기를 좋아하면 신하들도 늘 손가락에 활깍지를 끼게 된다.

초나라 장왕(莊王)이 허리 가는 여자를 좋아했더니 조정에는 허리를 졸라매다가 굶어죽은 사람이 있었다. 그러므로 몸을 닦는다는 말은 들었어도 나라를 다스린다는 말은 못 들었다고 하는 것이다.

임금은 백성의 근원이니, 근원이 맑아야 흐름도 맑고 근

餓人 故曰 聞脩身 未嘗聞爲國也 君者 民之原也 原淸則流淸 原濁則流濁 故有社稷者而不能愛民 不能利民而求民之親愛己 不可得也 民不親不愛 而求其爲己用 爲己死 不可得也 民不爲己用 不爲己死 而求兵之勁 城之固 不可得也 兵不勁城不固 而求敵之不至不可得也 敵至而求無危削 不滅亡 不可得也 危削滅亡之情擧積此矣 而求安樂 是狂生者也 狂生者 不胥時而落 故人主欲彊固安樂 則莫若反之民 欲附下一民 則莫若反之政 欲脩政美俗 則莫若求其人 彼或蓄積 而得之者不世絕 彼其人者 生乎今之世而志乎古之道 以天下之王公莫好之也 然而于是獨好之 以天下之民莫欲之也 然而于是獨爲之 好之者貧 爲之者窮 然而于是獨猶將爲之也 不爲少頃輟焉 曉然獨明於先王之所以得之 所以失之 知國之安危臧否 若別白黑 是其人者也 大用之 則天下爲一 諸侯爲臣 小用之 則威行隣敵 縱不

能用 使無去其疆域 則國終身無故 故君人者愛民而安 好士而榮 兩者無一焉而亡 詩曰 介人維藩 大師維垣 此之謂也

군사즉신결(君射則臣決) : 여기서 결(決)은 활을 쏠 때 엄지손가락에 끼는 깍지. 임금이 활을 쏘면 신하가 깍지를 낀다 함은, 신하가 임금을 닮는다는 뜻.

시광생자야(是狂生者也) : 여기서 광생(狂生)은 〈좌전〉 '민공 2년(閔公二年)'에 보이는 광부(狂夫)이니, 여러 문헌에 보이는 방상씨(方相氏)의 호(號)이다.

원이 탁하면 흐르는 물도 탁하다. 그러므로 사직을 보유한 자로서 백성을 사랑하지 못하고 이익되게 하지 못하면서 백성이 자기를 친애하기를 바란다는 것은 불가능한 일이다. 백성들이 친애하지도 않는데 그들이 자기를 위하여 일하고 자기를 위하여 죽어주기를 바란다는 것은 불가능한 일이다. 백성이 자기를 위해 일하지 않고 자기를 위해 죽으려고 하지 않는다면, 군사가 강해지고 성이 견고하기를 바란다는 것은 불가능한 일이다. 군사가 강하지 못하고 성이 견고하지 못하다면 적이 침범해 오지 않기를 바란다는 것은 불가능한 일이다. 적이 쳐들어오는데 땅이 깎이는 위태로움이 없고 멸망하지 않기를 바란다는 것도 불가능한 일이다. 땅이 깎이고 멸망할 위급한 실정이 모두 여기에 모여 쌓였는데도 안락을 바라는 것은 미치광이나 할 짓이다. 미치광이는 오래가지 않아서 멸망의 구렁텅이로 떨어질 것이다.

그러므로 임금된 자로서 강하고 견고해지고 안락하기를 바란다면 백성에 대해서 반성해보고, 아랫사람이 따르고 백성이 한결같이 되기를 바란다면 정치를 반성해보며, 정치가 바로잡히고 나라의 풍속이 아름답기를 바란다면 어진 사람을 구하는 것이 최선의 방법이다.

학문과 덕을 쌓아 도리를 터득한 자는 어느 세상에나 존재하는데, 이런 사람은 지금 세상에 살면서도 옛 성왕의 도에 뜻을 두고 있다. 천하의 임금으로서 성왕의 도를 좋아하는 이가 없건만 그 사람만이 유독 좋아하며, 천하의 백성으로서 이를 바라는 이가 없건만 오로지 그 한 사람만이 이것을 일삼을 뿐이다.

이를 좋아하는 자는 가난해지고 이를 일삼는 자는 궁하게 되는데도 오로지 그 한 사람만이 이를 일삼아 잠시도 쉬지 않는다. 그만이 홀로 옛 선왕들이 천하를 얻게 된 이유와 잃게 된 이유를 환히 알아서 나라의 안위와 선악을 마치 흑백을 분별하듯 하니, 이러한 사람을 얻어 크게 쓴다면 천하는 하나가 되어 제후를 신하로 삼을 수 있고 적게 쓴다면 위엄이 적국을 두렵게 할 수 있으며, 설혹 쓰지 못한다 하더라도 그가 그 국토를 떠나버리지 않는 한 그 나라는 종신토록 무고할 것이다.

무고(無故) : 아무 탈 없음.

그러므로 임금된 자는 백성을 사랑함으로써 편안하고 어진 이를 좋아함으로써 영화로우니, 이 두 가지가 하나도 없다면 멸망하는 것이다. 〈시경〉에 말하기를, "큰 덕을 지닌 이는 나라의 울타리요, 만백성은 그를 에워싸는 담장일세." 하였으니 바로 이를 가리킨 것이다.

| 풀이 | 이 글의 '군자우야 우방이수방(君者盂也 盂方而水方)'은 덧붙인 구절이라 하여 대개 해석하지 않지만 여기서는 그대로 두었다. 글의 내용 역시 예를 인륜(人倫)의 본위(本位)로 보아 이를 군주로서 갖추어야 함을 강조하였다. 특히 임금은 백성의 거울과 같은 존재이므로 항상 자신을 닦아야 하는데, 오늘날의 지도자상과 별로 다를 바가 없다.

인륜(人倫) : ① 사람으로서 마땅히 지켜야 할 도리. ② 사람과 사람 사이에 자연적으로 생겨난 질서.

3

도란 무엇인가? 말하자면 임금으로서 나아갈 길이다. 임금이란 무엇인가? 집단을 이끄는 사람이다. 집단을 이끌어 나간다는 것은 무엇인가? 사람들을 길러 잘살게 하는 것이요, 사람들을 잘 분별하여 다스리는 것이며, 사람들을 잘 기용하여 직분을 밝혀주고 그 지위에 따라 잘 갖추어주고 치장해주는 것이다.

사람들을 길러 잘살게 하면 사람들이 그를 가까이하고, 사람들을 잘 분별하여 다스리면 사람들이 편안히 순종하며, 사람들을 잘 기용하여 직분을 밝혀주면 사람들은 즐거워하고, 사람들을 그 지위에 따라 잘 갖추어주고 치장해주면 사람들은 영광으로 여길 것이니, 이 네 가지가 두루 구비되면 천하의 인심이 모여드는데, 대체로 이것을 가리켜 집단을 잘 이끌어나간다고 말하는 것이다.

반대로 사람을 잘 살게 해주지 못하면 사람들이 가까이하지 않으며, 사람을 분별하여 다스리지 못하면 사람들이 불안해하고, 사람들을 기용하여 직분을 밝혀주지 못하면 사람들은 즐거워하지 않으며, 사람들을 지위에 따라 갖추어주고 치장해주지 못하면 사람들은 영광으로 여기지 않으니, 이 네 가지를 잃어버리면 천하의 인심은 떠나가고 마는데, 대체로 이를 가리켜 이른바 필부(匹夫)라고 한다. 그러므로 도가 존재하면 나라도 존재하고 도를 잃으면 나라도 망한다고 하는 것이다.

3// 道者 何也 曰 君道也 君者 何也 曰 能羣也 能羣也者 何也 曰 善生養人者也 善班治人者也 善顯設人者也 善藩飾人者也 善生養人者人親之 善班治人者人安之 善顯設人者人樂之 善藩飾人者人榮之 四統者俱而天下歸之 夫是之謂能羣 不能生養人者 人不親也 不能班治人者 人不安也 不能顯設人者人不樂也 不能藩飾人者 人不榮也 四統者亡而天下去之 夫是之謂匹夫 故曰 道存則國存 道亡則國亡 省工賈 衆農夫 禁盜賊除姦邪 是所以生養之也 天子三公 諸侯一相 大夫擅官 士保職莫不法度而公 是所以班治之也 論德而定次量能而授官 皆使人載其事而各得其所宜 上賢使之爲三公 次賢使之爲諸侯 下賢使之爲士大夫 是所以顯設之也 修冠弁衣裳黼黻文章琱琢刻鏤 皆有等差是所以藩飾之也 故由天子至於庶人也 莫不

상공인을 줄이고 농부는 늘리며, 도적을 없애고 간사한 무리를 제거하는 것이 잘살도록 길러주는 것이다. 천자는 삼공(三公)을, 제후는 한 사람의 재상을, 대부는 그 관청의 일을 전담하고, 사(士)는 그 직책에 충실하여 법도를 갖추어 공정하지 않음이 없는 것은 분별하여 다스리는 것이다.

덕망을 논하여 차례를 정하고 능력을 헤아려 관직을 주며, 모든 사람에게 일을 맡겨 저마다 마땅함을 얻게 하고 가장 현명한 자를 삼공으로 삼으며, 그 다음으로 현명한 자를 제후로, 그 아래로 현자를 사대부로 삼으니 이것이 사람을 기용하여 직분을 밝혀주는 것이다.

관과 옷에 무늬와 채색을 하고 온갖 장신구로 치장해주며 차등을 두는 것은 지위에 따라 갖추어주고 치장해주는 것이다. 그래서 천자로부터 서민에 이르기까지 그 능력을 다하고 뜻을 얻어 그 직업에 안락한다면, 이것은 모두가 다 같이 그렇게 되는 것이다. 옷이 따뜻하고 먹을 것이 충분하며, 사는 곳이 안락하고 오락이 즐거우며, 일은 때에 맞고 제도는 명백하여 재용(財用)이 넉넉하면, 이것은 모두가 다 같이 그렇게 되는 것이다. 여기에 만일 색을 더하여 장식을 이루고 맛을 더하여 진미를 갖춘다면, 이는 생활의 여분인 것이다.

성왕들은 여분의 것을 잘 처리하고 정하여 상하의 차이를 분별하여 밝히며, 위로는 어질고 훌륭한 것을 장식하여 귀천을 분명히 하고 아래로는 어른과 아이를 꾸며 멀고 가까운 것을 밝히니, 위로는 왕공의 조정이 있고 아래로는 백성들의 집이 있어 천하가 이것으로써 모두 자기의 입장이 각

騁其能 得其志 安樂其事 是所同也 衣煖而食充 居安而游樂 事時制明而用足 是又所同也 若夫重色而成文章 重味而成珍備 是所衍也 聖王財衍以明辨異 上以飾賢良而明貴賤 下以飾長幼而明親疏 上在王公之朝 下在百姓之家 天下曉然皆知其非以爲異也 將以明分達治而保萬世也 故天子諸侯無靡費之用 士大夫無流淫之行 百吏官人無怠慢之事 衆庶百姓無姦怪之俗 無盜賊之罪 其能以稱義偏矣 故曰 治則衍及百姓 亂則不足及王公 此之謂也 至道大形 隆禮至法則國有常 尙賢使能則民知方 纂論公察則民不疑 賞克罰偷則民不怠 兼聽齊明則天下歸之 然後 明分職 序事業 材技官能 莫不治理 則公道達而私門塞矣 公義明而私事息矣 如是則德厚者進而佞說者止 貪利者退而廉節者起 書曰 先時者殺無赦 不逮時者殺無赦 人習其事而固 人之百事如耳目鼻口之不可以相借官也 故職分而民

不探 次定而序不亂 兼聽齊明而百事不留 如是 則臣下百吏至於庶人莫不修己而後敢安正 誠能而後敢受職 百姓易俗 小人變心 姦怪之屬莫不反慤 夫是之謂政教之極 故天子不視而見 不聽而聰 不慮而知 不動而功 塊然獨坐而天下從之如一體 如四胑之從心 夫是之謂大形 詩曰 溫溫恭人 維德之基 此之謂也

천관(擅官) : 천(擅)은 전(專)과 같다. 득전기관사(得專其官事)의 뜻.

성왕재연(聖王財衍) : 재(財)는 재(裁), 곧 재제(裁制).

상극벌투(賞克罰偷) : 극(克)은 면(免)의 잘못으로서 면(勉)으로 풀이한다. 왕염손의 〈한시외전〉에도 면(勉)으로 되어 있다.

불탐(不探) : 불만(不慢).

각 다름을 환히 알게 하였고, 직분을 구분하여 안전하게 다스림으로써 길이 만세를 보전하였던 것이다.

그러므로 천자나 제후는 헛되게 쓰는 일이 없고 사대부들도 음락에 흐르는 일이 없으며, 모든 관리들은 직분을 게을리함이 없고 만백성이 간사하거나 이상한 풍속이 없으며, 도둑질하는 죄를 범하는 일이 없어 능히 의에 합당하여 두루 퍼지게 되었던 것이다. 그래서 다스려지면 백성들에게 여유가 있고 어지러워지면 부족함이 왕공에게까지 미친다 하였으니, 바로 이를 가리킨 것이다.

지극한 도는 위대한 형태를 이룬다. 예를 존중하고 법을 지극하게 지킨다면 국가가 변함없이 안정될 것이며, 현자를 높이고 유능한 자를 기용한다면 백성들은 저마다 행할 방향을 알며, 여론을 모아 공정하게 살핀다면 백성이 의혹하지 않으며, 근면에 대해서는 상을 주고 게으름에 대해서는 벌을 준다면 백성은 태만하지 않을 것이며, 널리 정사를 듣고 한결같이 밝힌다면 천하의 인심이 모두 모여올 것이다. 그런 뒤에 직분을 밝히고 일의 차례를 정하며, 기술이 있는 자를 선발해 관직을 주어 다스려지지 않음이 없게 한다면, 공정한 도가 널리 행해지게 되어 사사로운 길이 막히고 공평한 의리가 밝아져 사사로운 일이 그치게 된다.

이렇게 되면 덕이 두터운 사람은 나아가 쓰이게 되고 궤변가들은 물러나게 되며, 이익을 탐하는 자는 물러가고 청렴하고 절개가 있는 자가 일어날 것이다. 〈서경〉에 말하기를, "때를 맞추지 않고 먼저 행하는 자는 죽이고 용서하지 않으며, 때에 미치지 못하는 자도 죽이고 용서하지 않는다." 하였다. 사람들은 자기의 일에 익숙하여 딴 일을 하지 않도록 해야 하며, 사람마다 부과된 백 가지 일은 마치 귀 · 코 · 입의 기능이 다른 것처럼 서로 벼슬을 대신할 수가 없다.

따라서 직위가 나뉨으로써 백성은 태만해지는 일이 없고 차례가 정해짐으로써 순서가 혼란되지 않으며, 널리 정사를 들어 한결같이 밝힘으로써 백 가지 일이 유예되지 않는다. 이같이 된다면 신하 및 여러 관리에서 서민에 이르기까지 스스로를 닦지 않음이 없으니, 그런 뒤에야 자기의 지위에 안정하게 되고 진실로 능력을 다한 뒤에야 감히 직책을 받으며, 백성들은 풍속을 바꾸고 소인들은 뜻을 기르며, 간사하고 괴상한 무리들이 정직한 데로 돌아오게 되니, 대체로 이것을 가리켜 정치와 교화의 극치라 하는 것이다.

그러므로 천자는 보고자 하지 않아도 모든 것을 볼 수 있고 듣고자 하지 않아도 다 들을 수 있으며, 생각하지 않고도 알 수 있고 움직이지 않아도 공이 있으며, 고요히 홀로 앉아 있어도 천하가 한 몸처럼 따르게 되고 사지처럼 마음대로 되니, 대체로 이것을 가리켜 위대한 형태라고 하는 것이다. 〈시경〉에 말하기를, "온순하고 공손한 사람이여, 덕화(德化)의 근본일세." 하였으니 이를 가리켜 말한 것이다.

덕화(德化) : 덕으로써 교화함. 또 그 교화.

| 풀이 | 순자의 정치이념이 가장 구체적으로 표현된 부분은 특히 이해를 돕기 위해 문답체를 사용하였다. 고위관리들이 그 복장을 화려하게 하여 그들의 명예를 돋보이도록

함으로써 자부심을 준다는 논리는 유가의 입장에서만 타당한 것으로 생각된다.

4

4// 爲人主者 莫不欲彊而惡弱 欲安而惡危 欲榮而惡辱 是禹桀之所同也 要此三欲 辟此三惡 果何道而便 曰 在愼取相 道莫徑是矣 故知而不仁 不可 仁而不知 不可 旣知且仁 是人主之寶也 而王霸之佐也 不急得 不知 得而不用 不仁 無其人而幸有其功 愚莫大焉 今人主有六患 使賢者爲之 則與不肖者規之 使知者慮之 則與愚者論之 使脩士行之 則與汙邪之人疑之 雖欲成功得乎哉 譬之是猶立直木 而恐其景之枉也 惑莫大焉 語曰 好女之色 惡者之孽也 公正之士 衆人之痤也 循乎道之人汙邪之賊也 今使汙邪之人 論其怨賊而求其無偏 得乎哉 譬之是立枉木而求其景之直也 亂莫大焉 故古之人爲之不然 其取人有道 其

임금된 자는 강하기를 바라고 약한 것을 싫어하며, 안락하기를 바라고 위태로운 것을 싫어하며, 영예롭기를 바라고 욕되는 것을 싫어한다. 이는 우(禹)나 걸(桀)이나 다 같다. 이상 세 가지의 바라는 것을 취하고 싫어하는 것을 피하기 위해서는 과연 어떻게 해야 하는가? 신중하게 재상을 등용하는 데 달린 것이니, 그보다 더 빠른 길은 없다.

그러므로 그 사람이 지혜롭다 해도 인자하지 않으면 안 되고 인자해도 지혜가 없으면 안 되니, 지혜로우면서 또 인자하다면 임금의 보배요 왕자나 패자의 오른팔이 된다. 이런 사람을 빨리 등용하지 않는다면 지혜롭지 못한 것이요, 얻어도 기용하지 못한다면 어질지 못한 것이다. 그러한 사람이 없이도 요행히 공적이 있기를 구한다면 이는 어리석기 짝이 없는 일이다.

지금의 임금들을 보면 큰 근심거리가 있는데, 현명한 사람에게 일을 시켜놓고는 어리석은 자들과 더불어 규제하고 지혜있는 사람에게 계책을 짜게 하고는 어리석은 자들과 더불어 이를 논하며, 몸을 닦은 인사에게 일을 행하게 해놓고는 몰지각한 사람들과 더불어 이를 의심하는 것이니, 비록 성공하기를 바란들 어찌 될 수 있겠는가. 비유하자면 이는 나무를 곧게 세워놓고 그 그림자가 구부러질까 두려워하는 것이니, 이보다 더 어지러운 일은 없다.

옛말에 "미녀의 아름다움은 추한 사람들의 재앙이요, 공정한 선비는 뭇사람들의 혹과 같다." 하였다. 도의가 있는 사람은 더럽고 간사한 사람들에게는 도적처럼 보이게 마련이다. 이제 더럽고 간사한 사람들에게 그들이 원망하는 도적을 비평하게 하고서 편벽되지 않음을 구하니 어찌 될 수 있겠는가. 비유하면 이는 굽은 나무를 세워놓고 그 그림자가 곧기를 요구하는 것과 같으니, 어지럽기가 이보다 더한 것은 없다.

옛사람들은 그렇지가 않아서 사람을 취하는 데 도가 있었고 사람을 쓰는 데도 법칙이 있었다. 사람을 취하는 방법은 예법이 있는가 없는가를 참작하였고 사람을 기용하는 법칙은 등급으로써 한계를 삼았다. 행의(行儀)·동정(動靜)은 예로써 헤아렸고 지혜·사려·취사선택의 분별력은 성취와 효용을 보아 고려되었으며, 오랜 시일을 두고 쌓은 노력은 공적을 보고 이를 계량·비교하였다. 그러므로 비천한 사람은 존귀한 사람 위에 군림할 수 없었고 말단에 있는 자가 중책을 진 사람을 비평할 수 없었으며, 어리석은 자가 지혜로운 이를 모략하지 못해서 만사에 실수가 없었던 것이다.

그러므로 예법으로써 가늠해보아 그가 공경을 받을 지위에 안주할 수 있는 사람인가를 관찰하였고, 그와 더불어 거조와 동작을 시험하여 그가 변화에 잘 대처할 수 있는 인물인가를 관찰하였으며, 그와 더불어 잔치를 벌여 탐닉에 흐

用人有法 取人之道 參之以禮 用人之法 禁之以等 行義動靜 度之以禮 知慮取舍 稽之以成 日月積久 校之以功 故卑不得以臨尊 輕不得以縣重 愚不得以謀知 是以萬擧不過也 故校之以禮 而觀其能安敬也 與之擧錯遷移 而觀其能應變也 與之安燕 而觀其能無流慆也 接之以聲色 權利 忿怒 患險 而觀其能無離守也 彼誠有之者 與誠無之者 若白黑然 可詘邪哉 苦伯樂不可欺以馬 而君子不可欺以人 此明王之道也 人主欲得善射 射遠中微者 縣貴爵重賞以招致之 內不可以阿子弟 外不可以隱遠人 能中是者取之 是豈不必得之之道也哉 雖聖人不能易也 欲得善馭速致遠者 一日而千里 縣貴爵重賞以招致之 內不可以阿子弟 外不可以隱遠人 能致是者取之 是豈不必得之之道也哉 雖聖人不能易也 欲治國馭民 調壹上下 將內以固城 外以拒難 治則制人 人不能制也 亂則危辱 滅亡可立而待也 然而求

卿相輔佐 則獨不若是其公也 案唯便嬖親比己者之用也 豈不過甚矣哉 故有社稷者莫不欲彊 俄則弱矣 莫不欲安 俄則危矣 莫不欲存 俄則亡矣 古有萬國 今有數十焉 是無它故 莫不失之是也 故明主有私人以金石珠玉 無私人以官職事業 是何也 曰 本不利於所私也 彼不能而主使之 則是主闇也 臣不能而誣能 則是臣詐也 主闇於上 臣詐於下 滅亡無日 俱害之道也 夫文王非無貴戚也 非無子弟也 非無便嬖也 倜然乃擧太公於州人而用之 豈私之也哉 以爲親邪 則周姬姓也 而彼姜姓也 以爲故邪 則未嘗相識也 以爲好麗邪 則夫人行年七十有二 齫然而齒墮矣 然而用之者 夫文王欲立貴道 欲白貴名 以惠天下 而不可以獨也 非于是子莫足以擧之 故擧是子而用之 於是乎貴道果立 貴名果明 兼制天下 立七十一國 姬姓獨居五十三人 周之子孫 苟不狂惑者 莫不爲天下之顯諸侯 如是者能愛

르는 일이 없는가를 관찰하였고, 그에게 음악·여색·권세·이익·분노·환난 따위를 접촉시켜보아 지조를 지키는가를 관찰하였다. 따라서 그가 진실로 가지고 있는 것과 진실로 가지지 못한 것은 흑백을 가리듯 분명하니 무엇으로 속일 것인가. 백낙(伯樂)에게는 말〔馬〕을 속일 수 없고 군자에게는 사람을 속일 수 없으니, 이는 현명한 임금이 사람을 가려 임용하는 방법인 것이다.

임금이 명사수를 얻기를 바라면서 다시 먼 표적을 잘 맞히는 사람을 얻고자 하면 귀한 작록과 많은 상금을 걸어놓고 불러서 오도록 하는데, 이때 안으로 일가의 자제들에 기울지 않고 밖으로 먼 곳 사람이라 하여 소홀히 하는 일이 없이 다만 표적을 잘 맞히는 사람만을 받아들여야 한다. 이것이 어찌 반드시 구하여 얻는 방법이 아니겠는가. 비록 성인이라 할지라도 바꿀 수 없다. 또 신속하게 멀리 말을 몰 수 있는 어자를 얻어 하루에 천 리를 가고자 한다면 역시 귀한 작위와 큰 상을 걸어놓고 불러서 오도록 하는데, 안으로 일가의 자제라 하여 기울어지는 일이 없고 밖으로 먼 곳에 있는 사람이라 하여 소홀히 하지 않는다면 능히 그런 사람을 얻을 것이다. 이것이 어찌 반드시 구하여 얻는 방법이 아니겠는가. 이는 비록 성인이라 할지라도 바꿀 수 없다.

나라를 잘 다스리고 백성을 잘 이끌어 상하가 한결같이 되게 하여, 안으로는 성곽을 튼튼히 하고 밖으로는 적의 환난에 항거하여 능히 잘 다스림으로써 남을 제압하고 남이 나를 넘볼 수 없게 하려 해도, 만일 잘못하여 혼란하면 위난과 치욕과 멸망을 서서 기다려야 할 것이다. 그런데도 나라의 재상이나 보좌하는 사람을 얻는 데 공평하지 않고 자기 마음에 드는 사람이나 가까이에서 아첨하는 사람들만을 가려 쓰니 이 어찌 큰 잘못이 아니겠는가?

그러므로 나라를 가지고 있는 사람들은 강대국이 되려고 하지 않음이 없으면서도 오래지 않아 약해지고, 안전하기를 바라면서도 오래지 않아 위태롭게 되며, 존속하기를 바라면서도 어느새 멸망하고 마는 것이다.

옛날에는 나라가 1만여 개국에 이르렀으나 오늘날에는 10여 개국에 불과한데, 그 이유는 다른 데 있는 것이 아니라 모두 인물 선택에 실패하였기 때문이다. 그러므로 현명한 임금은 사사로이 사랑하는 사람에게 금은보화를 주는 일은 있어도 관직이나 사업을 내려주는 일은 없으니, 이는 무슨 까닭인가? 말하자면 관직이나 사업을 사사로이 주는 것은 이롭지 못하기 때문이다. 그 사람이 무능한데 임금이 그에게 직위를 주었다면 곧 임금이 어두운 것이요, 신하로서 자신이 무능한 줄 알면서도 능한 척하였다면 이는 신하가 임금을 기만한 것이 된다.

임금이 위에서 어둡고 신하가 밑에서 기만하면 멸망할 날이 멀지 않으니, 이는 양쪽이 모두 해를 입는 길이다. 주나라 문왕(文王)은 결코 왕족이 없었던 것이 아니고 자제가 없었던 것이 아니며 마음에 드는 측근이 없었던 것도 아닌데, 초연히 낚시질 하던 강태공(姜太公)을 기용한 것은 사사로이 그를 아껴서였을까, 아니면 친척이었기 때문일까? 주(周)나

人也 故擧天下之大道 立天下之大功 然後隱其所憐所愛 其下猶足以爲天下之顯諸侯 故曰 唯明主爲能愛其所愛 闇主則必危其所愛 此之謂也

가굴야재(可詘耶哉) : 굴(詘)은 굴(屈)과 통한다. 따라서 왕굴(枉屈).

척연내거태공어주인(倜然乃擧太公於州人) : 척연(倜然)은 높이 들어올리다, 주인(州人)은 주인(周人). 태공(太公)은 위수(渭水)가에서 낚시질하던 어부였다.

라는 희씨(姬氏)요 태공망은 강씨(姜氏)였다.

그러면 옛친구였을까? 그들은 일찍이 만나본 적도 없었다. 그러면 그 외모가 훌륭했던가? 태공망의 나이는 72세로 치아가 이미 빠져버린 노인이었다. 그런데도 이를 기용한 것은 문왕께서 존귀한 왕도를 세우고 귀한 이름을 드러내어 천하에 은혜를 베풀고자 했으나, 혼자서는 불가능하고 이 사람이 아니고서는 될 수 없었기 때문에 선뜻 그를 기용하였던 것이다.

그 결과 존귀한 왕도가 세워지고 존귀한 명성이 알려져 천하를 아울러 다스려 71개국을 세우고 희씨 성을 가진 제후 만도 53명이었다. 주나라의 자손으로서 광기에 사로잡힌 사람이 아니고는 천하의 빛나는 제후가 되었다. 이같이 된 것은 능히 사람을 친애하였기 때문이다.

광기(狂氣) : ① 미친 증세. ② 함부로 날뛰는 성질.

그러므로 천하에 위대한 도를 행하고 천하에 큰 공을 세운 뒤에 자기가 아끼던 사람을 보호해주었으며, 그보다 못한 사람들을 천하의 제후가 되게 하였던 것이다. 그래서 말하기를, "오로지 현명한 임금만이 사랑하는 사람을 사랑할 수 있으며, 어리석은 임금은 사랑하는 사람을 위태롭게 만든다." 하였으니 이를 두고 한 말이다.

5

담장 밖의 것은 눈에 안 보이고 1리 앞쪽의 것은 귀에 들리지 않는데, 임금이 지킬 곳과 맡은 일은 멀리는 천하요 가

5// 墻之外 目不見也 里之前 耳不聞也 而人主之守司 遠者天下

까이는 국경 안이니, 대략이라도 알고 있지 않으면 안 된다. 천하의 변동이나 국경 안의 일에는 느슨한 것도 있고 서로 어긋나는 것도 있는데, 임금이 이를 알 길이 없다면 이것이 얽매이고 닫혀져 이목이 가려지는 실마리가 된다. 이목의 밝기가 이처럼 좁은데 임금이 지키고 맡을 일은 이같이 넓으니, 그 안의 일을 알지 못한다면 이는 위험하다.

그렇다면 임금은 이것을 어떻게 해서 알 수 있는가? 임금의 좌우에 있는 측근을 통해서이다. 그들은 임금이 알아야 할 먼 곳의 사정을 알아내고 살펴서 많은 의견을 수집해들이는 문이요 창문이니 일찍 갖추지 않을 수 없다. 그러므로 임금은 반드시 좌우에 믿을 만한 측근이 있어야만 일이 되고, 그들의 지혜가 넉넉히 모든 사물을 헤아리고 그들의 성실성이 족히 모든 사물을 부릴 수 있어야만 일이 되니, 대체로 이것을 가리켜 나라의 도구라고 하는 것이다.

임금이라 하여 유람한다든가 편안히 쉬고 잔치하는 때가 없을 수 없고 질병에 걸린다든가 뜻밖의 변고가 없을 수 없다. 그런데 국가라고 하는 것은 일이나 사물에 대하여 생물의 원천과도 같은 것이어서, 단 한 가지라도 잘못 처리한다면 이것이 바로 혼란의 실마리가 된다. 그래서 임금은 홀로 존재할 수 없다고 말하는 것이다. 재상이나 보좌하는 사람은 임금의 토대와 지팡이와 같아서 일찍 갖추지 않을 수 없다. 그러므로 임금은 족히 일을 맡길 수 있는 재상이나 보좌하는 사람이 있어야 하는데, 그의 덕망은 족히 온 백성을 달래주고 어루만져주며, 그의 지혜와 생각은 족히 만 가지 변

近者境內 不可不略知也 天下之變 境內之事 有弛易齵差者矣 而人主無由知之 則是拘脅蔽塞之端也 耳目之明 如是其狹也 人主之守司 如是其廣也 其中不可以不知也 如是其危也 然則人主將何以知之 曰 便嬖左右者 人主之所以窺遠 收衆之門戶牖嚮也 不可不早具也 故人主必將有便嬖左右足信者然後可 其知惠足使規物其端誠足使定物然後可 夫是之謂國具 人主不能不有遊觀安燕之時 則不得不有疾病物故之變焉 如是 國者 事物之至也如泉原 一物不應 亂之端也 故曰 人主不可以獨也 卿相輔佐 人主之基杖也 不可不早具也 故人主必將有卿相輔佐足任者 然後可 其德音足以塡撫百姓 其知慮足以應待萬變 然後可 夫是之謂國具 四隣諸侯之相與 不可以不相接也 然而不必相親也 故人主必將有足使喻志決疑於遠方者 然後可 其辯說足以解煩 其知慮足以決疑 其齊斷足以距難 不還秩不反君

然而應薄扞患足以持社稷 然後可 夫是之謂國具 故人主無便嬖左右足信者謂之闇 無卿相輔佐足任者謂之獨 所使於四隣諸侯者非其人謂之孤 孤獨而晻謂之危 國雖若存 古之人曰亡矣 詩曰 濟濟多士 文王以寧 此之謂也 材人 愿愨拘錄計數纖嗇而無敢遺喪是官人使吏之材也 脩飭端正 尊法敬分而無傾側之心 守職循業 不敢損益 可傳世也 而不可使侵奪 是士大夫官師之材也 知隆禮義之爲尊君也 知好士之爲美名也 知愛民之爲安國也 知有常法之爲一俗也 知尚賢使能之爲長功也 知務本禁末之爲多材也 知無與下爭小利之爲便於事也 知明制度權物稱用之爲不泥也 是卿相輔佐之材也 未及君道也 能論官此三材者而無失其次 是謂人主之道也 若是 則身佚而國治 功大而名美 上可以王 下可以覇 是人主之要守也 人主不能論此三材者 不知道此道 安値將卑埶出勞 併耳目之樂 而親自貫日而治詳 一內

화에 대처할 수 있어야만 가능한 것이니, 대체로 이를 가리켜 나라의 도구라고 말한다.

사방의 이웃 나라 제후들과도 서로 어울리게 되고 불가불 서로 접촉하게 되나, 그렇다고 반드시 서로 친하다고 할 수는 없으므로 임금은 반드시 먼 나라에 사신으로 보내 자기의 뜻을 전하고 여러 가지 의문을 해결할 수 있는 자가 있은 연후에야 임금 노릇을 할 수 있다. 그 사람의 변설이 족히 번거로운 일을 해결하고 그 지혜와 생각이 족히 어떠한 의심되는 일이라도 풀어 결단하며, 그의 결단이 족히 위난을 막을 수 있고 조금이라도 사심을 두거나 임금을 배신하지 않으며, 아무리 급박한 변화에 부딪혀도 즉시 환난을 막아내어 나라를 탈없이 유지해 나갈 수 있어야만 되니, 대체로 이런 사람을 가리켜 나라의 도구라고 한다.

그러므로 임금이 좌우에 믿을 만한 자가 없으면 어리석은 임금이라 하고 재상과 보좌하는 사람으로 족히 일을 맡길 만한 자가 없으면 고독한 임금이라 하며, 사방 이웃의 제후국에 사절로 보낼 만한 인물이 없으면 외톨이 임금라고 하는데, 고독한데다 어두우면 위태로워지는 것이다. 나라는 아직 존속되는 것 같지만 옛사람들은 이미 망한 나라라고 말하였다. 〈시경〉에 말하기를, "나라 안에 가득한 많은 인재가 문왕을 편안하게 하도다." 하였으니 이를 가리켜 한 말이다.

사람의 재능을 헤아리되, 성실 · 정직하고 부지런하며, 계산에 치밀하고 빈틈이 없어 결코 실수를 하지 않는다면 이는 일반 하급관리로서의 재목이다. 몸을 잘 닦아 단정하고 법도를 높이며, 본분을 무겁게 여겨 편벽된 마음이 없이 직위를 지켜 업무에 성실하며, 감히 늘이거나 줄이거나 하지 않고 대대로 계승하여 남에게 침탈당하지 않는다면 이는 사대부 등 상급관리의 재목이다.

예의를 존중하는 것이 임금을 존중하는 것인 줄 알고 선비를 좋아하는 것이 이름을 아름답게 하는 것인 줄 알며, 백성을 사랑하는 것이 나라를 편안하게 하는 것인 줄 알고 불변하는 법도가 있는 것은 풍속을 한결같이 하는 것인 줄 알며, 현자를 높이고 유능한 자를 부려 큰 공업(功業)을 기릴 줄 알고 농업에 힘쓰고 상공업을 억제하는 것은 재용이 풍부하게 되는 것인 줄 알며, 아래 백성과 작은 이익을 다투지 않는 것이 큰 일을 성취하기 위한 것인 줄 알며, 제도를 명확하게 하고 사물을 헤아려 쓰임에 들어맞도록 하는 것이 만사에 구애됨이 없이 처리해 나가는 길임을 안다면 이는 재상이나 보좌하는 사람의 재목이다.

그러나 아직도 임금의 도에는 미치지 못하는데, 능히 이 세 종류의 인재를 잘 따지고 골라 벼슬자리에 앉혀 그들의 서열이 잘못되는 일이 없도록 하는 것이 임금의 도이다. 이같이 된다면 자신은 편안하고 나라는 안전하게 다스려지며, 공적이 커서 명성이 아름다워지니, 위로는 왕이 될 수 있고 아래로는 패자라 할 수 있다. 이것이 임금이 지켜야 할 일인 것이다.

만일 임금으로서 앞에서 말한 세 종류의 인재를 잘 따지고 고르지 못한다면 도를 행할 줄 모르는 임금이다. 높은 위

而曲辨之 慮與臣下爭小察而綦偏能 自古及今 未有如此而不亂者也 是所謂視乎不可見 聽乎不可聞 爲乎不可成 此之謂也

불환질(不還秩) : 질(秩)은 사(私)의 잘못. 환(還)은 당(當)에서 그 뜻을 취한 것이다. 곧 사적당위(私的當爲)의 뜻.

지무본금말지위다재야(知務本禁末之爲多材也) : 본(本)은 천하지대본(天下之大本)인 농업(農業), 말(末)은 가장 끝인 상공업(商工業), 재(材)는 재(財)의 뜻이다.

불니야(不泥也) : 불구니(不拘泥). 즉, 구애됨이 없다는 뜻.

병이목지락(併耳目之樂) : 병(併)은 병(屏)과 통하며 물리친다는 뜻이다. 즉, 눈과 귀의 즐거움을 물리치다.

신을 낮추고 몸소 수고하며, 눈과 귀의 향락까지 물리쳐 가면서 날마다 친히 세세한 일까지 더하여 다스리려 하며, 연일 애써 두루 판별하면서 신하들과 작은 일을 살피는 일을 두고 다투어 자기의 치우친 능력을 다하려고만 생각하게 된다. 예로부터 오늘에 이르기까지 이같이 되고서도 어지러워지지 않은 나라는 없었다. 이것이 이른바 볼 수 없는 것을 보려 하고, 들을 수 없는 것을 들으려 하며, 이룰 수 없는 일을 하려 든다는 것이니, 바로 이러한 도리를 가리킨 것이다.

| 풀이 | 국가를 안전하게 다스리기 위하여 군왕이 터득해야 할 방법이 자세히 기록되어 있다. 즉, 예를 실천하는 것과 밑에 재상을 두어 모든 일을 관장하도록 하는 것이 그 방법이다. 따라서 덕망있는 인사가 재상이 되어야 한다는 것이다. 후반부에서는 재상의 능력이 비교적 구체적으로 언급되었다. 순자의 정치 · 사회의 관점은 이 편에 소개된 대로 양생(養生) · 변치(辨治) · 현용(顯用) · 번폐문식(藩蔽文飾)의 도(道)이다. 군주는 국가의 상징이므로 위에서 단지 예를 행하기만 하면 국가는 다스려진다고 하였다.

13 신도편 臣道篇

1

신하에 대해 논한다면, 아첨을 잘하는 태신(態臣)이 있고 임금의 자리를 빼앗는 찬신(簒臣)이 있으며, 공적을 세우는 공신(功臣)이 있고 지혜와 덕을 갖춘 성신(聖臣)이 있다. 안으로 백성을 통일하기에 부족하고 밖으로 외적의 환란을 막기에 부족하며, 백성이 가까이하지 않고 제후들이 신임하지 않는데, 그러면서도 교묘하고 민첩한 행동으로 아첨하여 임금의 총애를 잘 얻으니 이것이 태신이다.

위로 임금에게 충성하지 않고 아래로 백성들의 칭송을 잘 얻으며, 일체의 공정한 도리는 거들떠보지 않고 뜻이 통하여 붕당(朋黨)을 짓고 임금을 어지럽혀 사리사욕을 도모하는 데만 급급하니 이것이 찬신이다. 안으로는 족히 백성을 통일하고 밖으로는 족히 외적의 환란을 막으며, 백성들이 그를 가까이하고 선비들은 그를 믿으며, 위로 임금에게 충성하고 아래로 백성들을 사랑하는 데 게으르지 않으니 이것이

1// 人臣之論 有態臣者 有簒臣者 有功臣者 有聖臣者 內不足使一民 外不足使距難 百姓不親 諸侯不信 然而巧敏佞說 善取寵乎上 是態臣者也 上不忠乎君 下善取譽乎民 不卹公道通義 朋黨比周 以環主圖私爲務 是簒臣者也 內足使以一民 外足使以距難 民親之 士信之 上忠乎君 下愛百姓而不倦 是功臣者也 上則能尊君 下則能愛民 政令教化 刑下如影 應卒遇變 齊給如響 推類接譽 以待無方 曲成制象 是聖臣者也 故用聖臣者王 用功臣者彊 用簒

臣者危 用態臣者亡 態臣用 則必死 簒臣用則必危 功臣用 則必榮 聖臣用 則必尊 故齊之蘇秦 楚之州侯 秦之張儀 可謂態臣者也 韓之張去疾 趙之奉陽 齊之孟嘗 可謂簒臣也 齊之管仲 晉之咎犯 楚之孫叔敖 可謂功臣矣 殷之伊尹 周之太公 可謂聖臣矣 是人臣之論也 吉凶賢不肖之極也 必謹志之而愼自爲擇取焉 足以稽矣 從命而利君謂之順 從命而不利君謂之諂 逆命而利君謂之忠 逆命而不利君謂之簒 不卹君之榮辱 不卹國之臧否 偷合苟容以持祿養交而已耳 謂之國賊 君有過謀過事 將危國家 殞社稷之懼也 大臣 父兄有能進言於君 用則可 不用則去 謂之諫 有能進言於君 用則可 不用則死 謂之爭 有能比知同力 率羣臣百吏而相與彊君撟君 君雖不安 不能不聽 遂以解國之大患 除國之大害 成於尊君安國 謂之輔 有能抗君之命 竊君之重 反君之事 以安國之危 除君之辱 功伐足以成國之大利 謂

공신이다.

위로 임금을 존중하고 아래로 백성들을 사랑하며, 정령과 교화가 민중의 전형(典型)으로서 아랫사람이 그림자같이 따르고, 돌연한 변고에 대처하여 그 신속·적절함이 마치 소리에 응하는 메아리와 같고, 모든 사물을 유추하여 처리함에 있어 한 군데도 걸림이 없어 제도와 법칙이 치밀하게 이루어지도록 하니 이것이 성신이다.

그러므로 성신을 기용한 자는 왕자가 되고 공신을 기용한 자는 강자가 되며, 찬신을 기용한 자는 위태롭고 태신을 기용한 자는 망한다. 태신이 기용되면 임금은 반드시 목숨을 잃고 찬신이 기용되면 반드시 위태로워지며, 공신이 기용되면 반드시 영화롭게 되고 성신이 기용되면 존귀해진다.

그러므로 제(齊)나라의 소진(蘇秦)이나 초(楚)나라의 주후(州侯)나 진(秦)나라의 장의(張儀)는 태신이라 할 만하고, 한(韓)나라의 장거질(張去疾)이나 조(趙)나라의 봉양군(奉陽君)이나 제나라의 맹상(孟嘗)은 찬신이라 할 만하며, 제나라의 관중(管仲)이나 진(晉)나라의 구범(咎犯)이나 초나라의 손숙오(孫叔敖)는 공신이라 할 만하고, 은(殷)나라의 이윤(伊尹)이나 주(周)나라의 태공망(太公望)은 성신이라 할 만하다. 이것이 신하에 대해 논한 것이다. 나라의 길흉(吉凶)과 임금의 현명함과 그렇지 않음의 양극이니, 반드시 뜻을 삼가 선택에 신중을 기한다면 족히 신하를 기용하는 데 참고가 될 것이다.

명을 따르면서 임금을 이익되게 하는 것을 순(順)이라 하고 명을 따르면서도 임금을 이익되게 하지 못하는 것을 첨

(諂)이라 한다. 또 명을 거역하면서도 임금을 이익되게 하는 것을 충(忠)이라 하고 명을 거역하면서 임금을 이익되게 하지 못하는 것을 찬(簒)이라 하며, 임금의 명예와 치욕을 돌보지 않고 국가의 흥망을 돌보지 않으며, 오직 아첨하여 남의 비위를 맞추는 것으로써 구차하게 봉록을 유지하면서 교제를 넓히기만을 일삼는 것을 국적(國賊)이라 한다.

임금에게 그릇된 계책과 잘못된 일이 있어 장차 나라가 위태롭고 사직이 끊어질 두려운 운명에 처했을 때, 대신이나 부형 가운데 능히 임금에게 나아가 아뢰어 채택되면 괜찮지만 채택되지 않으면 물러나는데, 이것을 간(諫)이라 한다. 능히 임금에게 나아가 아뢰어 채택되면 괜찮지만 채택 안 되면 목숨을 버리는데, 이것을 쟁(爭)이라 한다.

또 능히 지혜를 합하고 힘을 뭉쳐 신하들과 모든 벼슬아치들을 거느리고 임금에게 강요해 바로잡고, 임금은 비록 불안하지만 듣지 않을 수 없어 마침내 국가의 큰 걱정거리가 해결되고 국가의 큰 해가 제거되어 임금을 존귀하게 하고 나라를 편안하게 하면, 이것을 보(輔)라 한다. 능히 임금의 명을 거역하면서 임금의 권력을 훔쳐 임금의 사업에 반대하여 나라의 위태로움을 안정시키고 임금의 치욕을 제거함으로써 그 공적이 족히 국가의 큰 이익을 이루고도 남으면, 이것을 필(拂)이라 한다.

그러므로 간쟁(諫爭)·보필(輔拂)하는 사람은 사직을 지키는 신하요 국왕의 보배이니 현명한 임금이 존중하고 후대하며, 어리석은 임금은 미혹되어 이를 자신을 해치는 적으로

之拂 故諫爭輔拂之人社稷之臣也 國君之寶也 明君之所尊厚也 而闇主惑君以爲己賊也 故明君之所賞 闇君之所罰也 闇君之所賞 明君之所殺也 伊尹箕子可謂諫矣 比干子胥可謂爭矣 平原君之於趙可謂輔矣 信陵君之於魏可謂拂矣 傳曰 從道不從君 此之謂也 故正義之臣設 則朝廷不頗 諫爭輔拂之人信 則君過不遠 爪牙之士施 則仇讎不作 邊境之臣處 則疆垂不喪 故明主好同 而闇主好獨 明主尙賢使能而饗其盛 闇主妬賢畏能而滅其功 罰其忠 賞其賊 夫是之謂至闇 桀紂所以滅也

곡성제상(曲成制象) : 위곡개성제도법상(委曲皆成制度法象)으로 푼다. 즉, 제도 또는 법칙이 상세하고 치밀하다는 뜻.

조아지사시(爪牙之士施) : 조아지사(爪牙之士)는 용맹한 사인(士人), 시(施)는 시용(施用).

생각하는 것이다. 그러므로 현명한 임금이 상주는 자는 어리석은 임금의 벌을 받는 바요, 어리석은 임금이 상주는 자는 현명한 임금으로서는 죽여야 할 자이다. 이윤이나 기자(箕子)는 간(諫)하는 신하라 할 수 있고 비간(比干)이나 자서(子胥)는 쟁(爭)하는 신하라 할 수 있으며, 평원군(平原君)은 조(趙)나라의 보(輔)하는 신하라 할 수 있고 신릉군(信陵君)은 위(魏)나라의 필(拂)하는 신하라 할 수 있다. 전하는 말에 "도(道)를 따를 뿐 임금을 따르지 않는다." 하였으니, 바로 이를 가리킨 것이다.

그러므로 정의로운 신하가 기용되면 조정은 사악한 데로 기울지 않고 간쟁 · 보필하는 사람이 신임을 받으면 임금에게 큰 과실이 없게 되며, 용기있는 무사가 기용되면 원수가 생기지 않고 변경을 잘 지키는 신하가 있으면 강토를 잃지 않는다.

그래서 현명한 임금은 사람들과 함께 다스리기를 좋아하고 어리석은 임금은 독단하여 전횡하기를 좋아하는 것이다. 현명한 임금은 어진 이를 존중하고 유능한 자를 기용하여 번영을 즐기는데, 어리석은 임금은 어진 이를 시기하고 유능한 자를 꺼리니 그 공이 깨어진다. 그 충신을 벌주고 그 적신을 상주니 대체로 이것을 가리켜 더없이 어리석은 임금이라 하며, 이것이 걸왕 · 주왕의 멸망한 원인이 되었던 것이다.

전횡(專橫) : 권세를 오로지 하여 제 마음대로 휘두름.

적신(賊臣) : 반역하는 신하. 불충한 신하.

| 풀이 | 신하를 논한 글인데, 대략 네 가지로 구분하여 아

첨하는 신하, 찬역하는 신하, 공적을 쌓는 신하, 성인 같은 신하가 있다고 하였다. 공적을 쌓는 신하로는 간쟁(諫爭)하는 신하가 있고 성인 같은 신하로는 보필(輔拂)하는 신하가 있다. 이러한 신하들은 현명한 임금에게는 보배로운 존재이나 어두운 임금에게는 시기를 받는 존재인데, 기자나 비간을 그 좋은 예로 꼽고 있다.

여기 나오는 주후(州侯)는 초나라 양왕(襄王)의 영신(佞臣)이요, 장거질(張去疾)은 한고조(韓高祖)의 충신으로 장량(張良)의 선조라 한다. 봉양군(奉陽君)은 조(趙)나라 숙후(肅侯)의 아우로서 재상이 되어 권세를 휘두른 자요, 구범(咎犯)은 진(晉)나라 문공(文公)의 외숙인 호언(狐偃)이다. 나머지는 모두 잘 알려진 인물들이다.

2

성군을 섬기면 듣고 따를 뿐 간쟁할 일이 없고 중등의 임금을 섬기면 간쟁할 일은 있어도 아첨할 필요가 없으며, 폭군을 섬기면 부족함을 보충하고 잘못을 없애기만 할 뿐 굴복시키거나 거스르려 들 필요가 없다. 어지러운 때를 만나 핍박을 당하고 포학한 나라에 살며 곤궁하여도 피할 수 없다면, 그의 아름다운 점을 높여주고 그의 잘하는 점을 칭송하며, 그의 나쁜 일을 덮어주고 패륜은 숨겨주며, 그의 장점만을 말하고 단점을 말하지 아니한다. 이것이 예로부터 있어온 일반적인 풍속이다. 〈시경〉에 말하기를, "국가에 큰 명

2// 事聖君者 有聽從無諫爭 事中君者 有諫爭無諂諛 事暴君者有補削無撟拂 迫脅於亂時 窮居於暴國 而無所避之 則崇其美 揚其善 違其惡 隱其敗言其所長 不稱其所短以爲成俗 詩日 國有大命 不可以告人 妨其躬身 此之謂也 恭敬而遜 聽從而敏 不敢有以私決擇也 不敢有以私取與也 以順上爲

志 是事聖君之義也 忠信而不諛 諫爭而不諂 撟然剛折端志而無傾側之心 是案曰是 非案曰非 是事中君之義也 調而不流 柔而不屈 寬容而不亂 曉然以至道 而無不調和也 而能化易 時關內之 是事暴君之義也 若馭樸馬 若養赤子 若食餧人 故因其懼也而改其過 因其憂也而辨其故 因其喜也而入其道 因其怒也而除其怨 曲得所謂焉 書曰 從命而不拂 微諫而不倦 爲上則明 爲下則遜 此之謂也 事人而不順者 不疾者也 疾而不順者 不敬者也 敬而不順者 不忠者也 忠而不順者 無功者也 有功而不順者 無德者也 故無德之爲道也 傷疾 墮功 滅苦 故君子不爲也 有大忠者 有次忠者 有下忠者 有國賊者 以德復君而化之 大忠也 以德調君而輔之 次忠也 以是諫非而怒之 下忠也 不卹君之榮辱 不卹國之臧否 偷合苟容以持祿養交而已耳 國賊也 若周公之於成王也 可謂大忠矣 若管仲之於桓公 可謂次忠矣 若

(命)이 있으나 남에게 말할 수 없고, 그래서 내 몸에 미치는 해를 면하네." 하였으니 이를 말한 것이다.

공경하면서 공손하고 명에 따라 민첩하며, 감히 사사로이 결단하거나 선택하지 않고 감히 사사로이 취하거나 주는 일도 없이 윗사람의 뜻에 순종만 한다면, 이것이 성군을 섬기는 도리이다. 충성과 신의가 있되 아첨하지 않으며, 간쟁하되 아첨하지 않으며, 의연한 태도로 결단하고 그 뜻을 굳게 하되 한쪽으로 치우치는 일이 없으며, 옳은 것은 옳다 하고 그른 것은 그르다고 말하는 것이 중등의 임금을 섬기는 도리이다.

조화를 이루면서도 되는 대로 흐르지 않고 부드러우면서도 굽히지 않으며, 너그럽게 받아들이면서 어지럽지 않고 최고의 도리로 명백히 말하되 조화되지 않음이 없으며, 그러면서도 임금을 감화시켜 고치도록 하고 항상 말하는 것이 시기에 적절하여 임금의 마음을 통하게 하는 것이 폭군을 섬기는 도리이다. 마치 길들이지 않는 말을 부리듯, 갓난아기를 돌보듯, 배고픈 사람에게 먹을 것을 주듯 하는 것이다.

그리하여 임금이 두려워하는 빛을 보이면 그 때를 타서 잘못을 고쳐주고 걱정하는 틈을 타서 그의 평상시의 성격을 변화시키며, 그가 기뻐하는 틈을 타서 도(道)에 들어가도록 이끌어주고 그가 분노한 때를 타서 원망의 대상을 제거해준다면, 말하고자 하는 바를 소상히 들려주어 알아듣게 할 수 있을 것이다.

〈서경〉에 말하기를, "명령에 순종하여 거역하지 말고 은

밀히 간하기를 게을리하지 않으며, 윗사람이 되어서는 밝게, 아랫사람이 되어서는 겸손하라." 하였으니 이를 말한 것이다.

남을 섬기면서 공순하지 못한 것은 게으른 것이요, 부지런해도 공순하지 못한 것은 불경한 것이며, 공경하면서도 공순하지 않은 것을 불충한 것이요, 충성스러우면서도 공순하지 않은 것은 공이 없는 것이요, 공이 있으면서도 공순하지 않은 것은 덕이 없는 것이다. 따라서 덕이 없는 행위는 힘을 다해도 상하고 공적은 훼손되며 노고는 사라지므로 군자는 이런 일을 하지 않는다.

대충(大忠)이 있고 차충(次忠)이 있고 하충(下忠)이 있으며, 국적(國賊)이라는 것이 있다. 덕으로써 임금을 덮어주어 이를 감화시키면 대충이요, 덕으로써 임금을 조화시켜 이를 보좌하면 차충이며, 옳은 것으로써 임금의 그릇됨을 간언하여 노하게 하면 하충이고, 임금의 명예와 치욕을 돌보지 않고 나라의 잘되고 못됨을 돌보지 않으면서, 오로지 비위를 맞추어가며 구차하게 봉록이나 지키고 교제만을 넓히면 국적이다. 주공(周公)이 성왕(成王)에 대해서 한 일은 대충이요, 관중이 환공(桓公)에 대해서 한 일은 차충이고, 오자서(吳子胥)가 부차(夫差)에 대해서 한 일은 하충이며, 조촉룡(曹觸龍)이 주왕(紂王)에 대해서 한 일은 국적인 것이다.

子胥之於夫差 可謂下忠矣 若曹觸龍之於紂者 可謂國賊矣

관내(關內) : 보통 상국(上國)을 관(關)이라 한다. 내(內)는 납(納)과 통한다.

박마(樸馬) : 길들이는 말. 박(樸)은 질박(質樸)이니 곧 야성(野性)의 뜻.

이덕복군이화지(以德復君而化之) : 복(復)은 부(覆). 신하의 덕망이 크면 그것으로써 임금을 가릴 수 있다는 뜻.

3

어진 사람은 반드시 남을 공경한다. 사람은 대개 현자가 아니면 못나게 마련이다. 현명한 사람인데 공경하지 않는다면 이는 새나 짐승이요, 못난 사람인데 공경하지 않으면 이는 사나운 호랑이를 깔보는 격이다. 새나 짐승이면 혼란한 것이요 사나운 호랑이라면 위태로운 것이니, 재앙이 그 몸에 미칠 것이다.

〈시경〉에 말하기를, "맨손으로 호랑이를 잡지 못하고 맨발로는 황하를 건너지 못하네. 이는 사람이라면 다 아는 일인데도 그밖의 것은 도무지 알지 못하네. 오로지 두려워하여 근심하면서 깊은 못가에 이른 듯 얇은 얼음을 밟는 듯 떨기만 하네." 하였으니 이것을 가리킨 것이다.

그러므로 어진 사람은 반드시 남을 공경하는 것이다. 남을 공경하는 데는 방법이 있으니, 현명한 사람은 귀하게 여겨 그를 공경하고 못난 자는 두려워하면서 그를 공경하며, 현명한 사람은 친근한 마음으로 이를 공경하고, 못난 자는 이를 멀리하면서 공경한다. 공경하는 것은 한 가지이나 그 사정은 두 가지인 것이다.

그러나 대체로 충성스럽고 신의가 있고 올바르고 성실하여 남을 해치지 않는 사람은 누구를 상대해도 그런 일이 없는데, 이것이 바로 어진 사람의 본질이다. 어진 사람은 충성과 믿음을 본질로 하고 올바르고 성실한 것을 기강으로 하며 예의를 치장으로 하며, 모든 윤리적 행위가 조리있어 말 한

3// 仁者必敬人 凡人非賢 則案不肖也 人賢而不敬 則是禽獸也 人不肖而不敬 則是狎虎也 禽獸則亂 狎虎則危 災及其身矣 詩曰 不敢暴虎 不敢馮河 人知其一 莫知其它 戰戰兢兢 如臨深淵 如履薄氷 此之謂也 故仁者必敬人 敬人有道 賢者則貴而敬之 不肖者則畏而敬之 賢者則親而敬之 不肖者則疏而敬之 其敬一也 其情二也 若夫忠信端慤而不害傷 則無接而不然 是仁人之質也 忠信以爲質 端慤以爲統 禮義以爲文 倫類以爲理 喘而言 臑而動 而一可以爲法則 詩曰 不僭不賊 鮮不爲則 此之謂也 恭敬 禮也 調和 樂也 謹愼 利也 鬪怒 害也 故君子安禮樂利 謹愼而無鬪怒 是以百擧不過也 小人反是 通忠之順 權險之平 禍亂之從聲 三者非明主莫之能知也 爭然後善 戾然後功 出死無私 致忠而公 夫是之謂通忠之順 信陵

마디 일거일동이 모두 한결같이 법칙이 되는 것이다. 〈시경〉에 말하기를, "어긋나거나 해치는 이 없을진대, 이를 모범으로 따르지 않음이 있으랴." 하였으니 이를 가리킨 것이다.

공경하는 것은 예(禮)요 조화하는 것은 악(樂)이며, 근신하는 것은 이(利)요 다투고 성내는 것은 해(害)가 된다. 그러므로 군자는 예에 안주하고 악을 즐기며 근신하면서 다투고 성냄이 없으니, 이로써 백 가지 일을 해도 실패하지 않지만 소인은 이와 정반대이다.

충성되지만 거스르는 듯한 말은 곧 순종과 통하고, 위험한 듯한 행동이 평안함과 통하며, 재앙과 혼란으로 망해가는데도 이에 호응하는 소리가 있다는 것, 이 세 가지는 현명한 임금이 아니고서는 잘 알지 못한다. 간쟁한 후에 착하게 만들고 거역한 후에 공이 있게 하며, 죽음으로 나아가며 사심없이 충성을 다하여 공도(公道)를 위하는 것, 이것을 일러 충성되지만 거스르는 듯한 말이 순종과 통한다 하니, 신릉군(信陵君)이 이와 비슷했다.

빼앗은 후에 의(義)에 합치고 죽인 후에 어짊을 알게 되며, 상하의 지위가 뒤바뀐 후에 바르게 되어 그 공업이 천지에 합치고 그 혜택이 백성에게 미치는 것, 이것을 일러 위험한 듯한 행동이 평안함과 통한다 하니, 탕임금과 무왕이 이러한 예이다. 잘못이 있어도 그에게 동조하고 다만 그의 뜻에 순종할 뿐 주견(主見)이 없으며, 시비를 돌보지 않고 옳고 그름을 논하지도 않으며, 정리에 얽매여 갈수록 구차하게 거둬들이며 어지럽게 만들어 눈을 가리는 것, 이것이 바로

君似之矣 奪然後義 殺然後仁 上下易位然後貞 功參天地 澤被生民 夫是之謂權險之平 湯武是也 過而通情 和而無經 不卹是非 不論曲直 偷合苟容 迷亂狂生 夫是之謂禍亂之從聲 飛廉惡來是也 傳曰 斬而齊 枉而順 不同而壹 詩曰 受小球大球 爲下國綴旒 此之謂也

악리(樂利) : 여기서 이(利)는 왕염손의 설에 따르면 악(樂)이라고 한다. 즉, 낙락(樂樂)으로 풀이한다.

전왈(傳曰) : 이 구절은, 처음에는 거스르는 것 같아도 뒤에는 모두 이치에 맞는다는 뜻.

재앙과 혼란으로 망해가는데도 이에 호응한다고 하는 것이니, 비렴(飛廉)이나 오래(惡來)가 그러하다.

예부터 전하는 말에 "잘라도 가지런해지고 구부려도 들어맞으며, 같지 않아도 하나가 된다."고 하였다. 〈시경〉에 말하기를, "작은 구슬 큰 구슬 받으시고 제후국들의 상징이 되게 하시도다." 하였으니 이를 가리켜 말한 것이다.

| 풀이 | 현자를 보고 공경하지 않는다면 짐승이라든가, 어리석은 자를 보고 공경하지 않는다면 이는 호랑이를 깔보는 격이라는 것은 매우 함축성 있는 글이다. 그래서 인자(仁者)는 타인에 대해서는 무조건 공경한다. 근신하는 것은 나를 이롭게 하지만 다투고 성내는 것은 나를 해롭게 한다는 것도 훌륭한 금언(金言)이라고 할 수 있다.

금언(金言) : 생활의 본보기가 될 귀중한 내용의 짧은 어구.

여기 나오는 비렴이나 오래는 모두 폭군 주왕에게 아첨했던 신하이다. 즉, 주왕으로 하여금 천하를 잃게 한 하충(下忠)이라 할 것이다. 오래는 비렴의 아들이라 한다. 또 앞에 나오는 권험지평(權險之平)은 탕왕(湯王)과 무왕(武王)의 예(例)이니, 탕왕은 하(夏)의 걸왕을, 무왕(武王)은 은(殷)의 주왕을 각각 죽이는 위험을 무릅쓰고 천하를 바로잡은 명군(明君)이다.

14 치사편 致士篇

1

공평하게 듣고 숨은 것을 나타내고 분명한 것을 다시 밝히며, 간사한 자를 물리치고 선량한 사람을 벼슬자리에 나아가게 하는 방법이다. 붕당을 만들어 어울려 다니며 저희들끼리 칭찬하는 말을 군자는 듣지 않고 남을 해치고 음해를 가하는 참소하는 말을 군자는 채용하지 않으며, 어진 사람을 시기하여 은폐하는 자를 군자는 가까이하지 않고 재물과 희생물 등의 뇌물로써 청탁하는 것을 군자는 허락하지 않는다.

또 근거없는 말 · 의견 · 사업 · 묘책, 근거없는 칭찬 · 참소 등 출처도 없이 제시되는 부당한 것을 군자는 특별히 신중하게 처리하며, 잘 듣고 잘 살펴 합당함과 부당함을 결정한 뒤에 비로소 상을 주거나 벌을 주는 것이니, 이같이 하면 간사한 말, 간사한 의견, 간사한 일, 간사한 꾀, 간사한 칭찬, 간사한 호소 등이 모두 발붙이지 못하고 충직한 말, 충

1// 衡聽顯幽 重明退姦 進良之術 朋黨比周之譽 君子不聽 殘賊加累之譖 君子不用 隱忌雍蔽之人 君子不近 貨材禽犢之請 君子不許 凡流言流說流事流謀流譽流愬 不官而衡至者 君子愼之 聞聽而明譽之 定其當而當 然後士其刑賞而還與之 如是 則姦言姦說姦事姦謀姦譽姦愬 莫之試也 忠言忠說忠事忠謀忠譽忠愬 莫不明通 方起以尙盡矣 夫是之謂衡聽顯幽 重明退姦進良之術 川淵深而魚鱉歸之 山林茂而禽獸歸之 刑政平而百姓歸之 禮義備而君子

歸之 故禮及身而行修義及國而政明 能以禮挾而貴名白 天下願令行禁止 王者之事畢矣 詩日 惠此中國 以綏四方 此之謂也 川淵者 龍魚之居也 山林者 鳥獸之居也 國家者 士民之居也 川淵枯則龍魚去之 山林險則鳥獸去之 國家失政則士民去之 無土則人不安居 無人則土不守 無道法則人不至無君子則道不擧 故土之與人也 道之與法也者 國家之本作也 君子也者 道法之摠要也不可少頃曠也 得之則治 失之則亂 得之則安 失之則危 得之則存 失之則亡 故有良法而亂者有之矣 有君子而亂者 自古及今 未嘗聞也 傳日 治生乎君子 亂生乎小人 此之謂也 得衆動天 美意延年 誠信如神 夸誕逐魂 人主之患 不在乎不言用賢 而在乎誠必用賢 夫言用賢者口也 却賢者 行也 口行相反 而欲賢者之至不肖者之退也 不亦難乎 夫耀蟬者 務在明其火 振其樹而已 火不明 雖振其樹 無益

직한 의견, 충직한 사업, 충직한 계획, 충직한 칭찬, 충직한 호소 등이 세상에 환히 드러나고 곳곳에서 생겨나 위에 전해질 것이다. 이것이 공평하게 듣고 숨은 것을 나타내고 분명한 것을 더욱 밝히며, 간사한 무리를 물리치고 선량한 인재를 벼슬자리에 나아가게 하는 방법이다.

물이 깊어야 고기가 모이고 산림이 무성해야 짐승이 모이듯, 나라의 정치와 형벌이 공평해야 백성이 모여들고 예의가 완비되어야 군자가 찾아드는 것이다. 그러므로 예로써 몸을 규제하면 행실이 올바르고 도의가 온 나라에 가득하면 그 나라의 정치가 밝아지며, 예와 의가 몸에 배면 귀한 이름이 드러나고 천하가 흠모하여 따르기를 원하게 되므로, 명령이 시행되고 금령이 지켜질 것이니, 여기서 왕자(王者)의 사업은 끝나는 것이다.

〈시경〉에 말하기를, "이 나라에 은혜 내리시니, 사방의 나라에는 평안이 찾아드네." 하였으니 이것을 가리킨 것이다. 냇물과 연못은 용과 고기가 사는 곳이요, 산과 숲은 짐승이 사는 곳이며, 나라는 선비와 백성이 사는 곳이다. 냇물과 연못이 마르면 용과 물고기가 가버리고 산과 숲이 험난하면 짐승들이 가버리며, 나라가 정치를 그르치면 선비도 백성도 가버리는 것이다.

땅이 없으면 백성이 안주하지 못하고 백성이 없으면 땅이 지켜지지 못하며, 도의와 법률이 없으면 백성이 이르지 않고 군자가 없으면 도가 행해지지 않는다. 그러므로 토지와 백성, 도의와 법률은 국가 구성의 근본이다. 군자는 도의와 법률을 총괄하는 요체여서 잠시도 없어서는 안 될 존재이다. 이를 얻으면 다스려지고 이를 잃으면 혼란해지며, 이를 얻으면 안전하고 이를 잃으면 위태로워지며, 이를 얻으면 존속할 수 있고 이를 잃으면 멸망한다.

그러므로 훌륭한 법률이 있어도 혼란이 일어날 수는 있지만, 군자가 있는데 혼란해졌다는 말은 자고이래로 들어보지 못하였다. 전하는 말에 "나라의 다스림은 군자에게서 생겨나고 국가의 혼란은 소인에게서 생겨난다." 하였으니 이것을 가리킨 것이다. 민중의 마음을 얻으면 하늘을 감동시키고 마음을 기쁘게 가지면 장수할 수 있다. 성실하면 신명(神明)처럼 통할 수 있고 과장되어 믿을 수가 없으면 혼이 달아난다.

임금의 근심은 현명한 사람을 기용하겠다고 말하는 데 있는 것이 아니라, 성심으로 반드시 현명한 사람을 기용하는가 하는 데 있다. 대개 현명한 사람을 기용하겠다고 하는 말은 입에서 나오는 소리이지만, 실제로는 현명한 사람을 물리치는 행동을 한다. 말과 행동이 서로 같지 않으면서 현명한 사람이 이르고 어리석은 자가 물러가기를 바란다면 이 또한 곤란한 일이 아닌가.

대체로 매미를 불로 모여들게 해서 잡고자 하는 사람은 불을 환히 켠 다음에 나무를 흔들면 되는데, 그 불이 밝지 못하면 나무를 아무리 흔들어도 아무 소용이 없다. 이제 임금이 그 밝은 덕행을 가졌다면 천하 사람들이 모두 귀복함이 매미떼가 밝은 불빛에 모여드는 것과 같을 것이다.

也 今人主有能明其德者 則天下歸之 若蟬之歸明火也 臨事接民而以義變應 寬裕而多容 恭敬而先之 政之始也 然後中和察斷以輔之 政之隆也 然後進退誅賞之 政之終也 故一年與之始 三年與之終 用其終爲始 則政令不行而上下怨疾 亂所以自作也 書曰 義刑義殺 勿庸以卽 女惟曰 未有順事 言先敎也 程者 物之準也 禮者 節之準也 程以立數 禮以定倫 德以敍位 能以授官 凡節奏欲陵 而生民欲寬 節奏陵而文 生民寬而安 上文下安 功名之極也 不可以加矣 君者 國之隆也 父者 家之隆也 隆一而治 二而亂 自古及今 未有二隆爭重而能長久者 師術有四 而博習不與焉 尊嚴而憚 可以爲師 耆艾而信 可以爲師 誦說而不陵不犯 可以爲師 知微而論 可以爲師 故師術有四 而博習不與焉 水深而回 樹落則糞本 弟子通利則思師 詩曰 無言不讎 無德不報 此之謂也 賞不欲僭 刑不欲濫 賞

僭則利及小人 刑濫則害及君子 若不幸而過寧僭無濫 與其害善 不若利淫

현유(顯幽) : 현(顯)은 나타내다, 유(幽)는 유인(幽人)으로 곧 은거해 있는 사람. 숨은 인재를 발탁하여 헌양한다는 뜻.

은기옹폐(隱忌雍蔽) : 은기(隱忌)는 의기(意忌), 즉 현자를 시기하는 것이고 옹폐(雍蔽)는 숨겨 덮어두다.

유소(流愬) : 유(流)는 근거없는 소리, 소(愬)는 참(譖)이니, 근거없는 소리로 남을 헐뜯어 윗사람에게 고한다는 뜻.

방기이상진의(方起以尙盡矣) : 방기(方起)는 병기(竝起), 상진(尙盡)은 상진(上盡). 곧 아울러 들어서 윗사람에게 모두 상달하는 것.

기애(耆艾) : 50을 애(艾), 60을 기(耆)라 한다.

일을 하고 백성을 대할 때는 의로움으로써 여러 가지 변화에 대응하고 관용으로써 널리 포용하며, 공경으로써 이를 선도하는 것이 정치의 출발이다. 그런 후에 알맞게 조화되게 살펴 단안을 내려 이를 도와 나가는 것이 정치의 중간이며, 그런 후에 성과에 따라 승진시키거나 물러나게도 하고 처벌하거나 상을 주는 것이 정치의 마지막이다.

그러므로 처음 1년은 출발이요, 최후의 3년은 그 마무리인데, 마무리를 처음부터 적용하면 정치법령이 시행되지 못하여 상하가 서로 원망하고 미워하여 혼란을 스스로 만드는 꼴이 된다. 〈서경〉에 말하기를, "옳은 형벌과 옳은 죽임이라도 곧바로 시행하지 말고 다만 교화와 형벌의 순서가 아직 바르지 못함을 말하라." 하였으니, 이는 교화가 앞서야 함을 말한 것이다.

저울이란 물건의 표준이요, 예(禮)란 절도의 표준이다. 저울은 수량을 결정하고 예는 윤리를 결정하며, 덕으로써 지위의 차례를 나누고 능력으로써 관직을 주는 것이다. 대체로 절도에 대해서는 엄밀해야 하고 백성에 대해서는 너그러워야 하니, 절도가 엄밀함으로써 치장이 되는 것이요, 백성에게 너그러움으로써 안락하게 살도록 하는 것이다. 윗사람이 능히 치장을 다하고 아랫사람이 능히 안락하게 살면 이것이 공업과 명성의 극치이니, 여기에 더 보탤 것은 없다.

임금이란 나라의 가장 웃어른이요, 아버지는 집안의 가장 웃어른이다. 웃어른이 한 사람 있다면 다스려지지만 웃어른이 둘이 있다면 혼란만 생길 뿐이니, 자고이래로 웃어른이 둘이 있어 서로 존중함을 다투어 능히 장구하게 유지된 일은 없었다.

스승이 되는 길은 네 가지가 있는데, 널리 가르치는 것만은 아직 그 안에 포함되지 않는다. 몸가짐이 존엄하여 남이 공경한다면 남의 스승이 될 만하고, 나이가 많고 믿음이 있으면 남의 스승이 될 만하고, 경전(經典)을 강설함에 있어 막힘이 없고 그 설(說)을 훼손하지 않으면 남의 스승이 될 만하고, 은미한 점을 알아 이치를 밝히면 남의 스승이 될 만하다. 그러므로 스승이 되는 네 가지 방법 중에 널리 가르치는 것은 포함되지 않는 것이다.

은미(隱微) : ① 겉으로 그리 드러나지 않음. ② 작아서 알기 어려움.

물이 깊으면 소용돌이치고, 나뭇잎이 떨어지면 뿌리의 거름이 되듯이, 제자가 학문에 통하고 출세를 하면 그 스승을 생각하게 마련이다. 〈시경〉에 말하기를, "대답없는 말이 없고 보답없는 덕이 없다." 하였으니 이를 가리킨 것이다.

상이 지나쳐서도 안 되고 형벌이 남발되어서도 안 된다. 상이 지나치면 그 이득이 소인들에게까지 미치고 형벌이 남발되면 그 해독이 군자에게까지 미치기 때문이다. 만일 불행히도 잘못이 행해졌다고 하면 차라리 상이 지나칠망정 형벌이 남발되어서는 안 되는 것이다. 착한 사람에게 해독을 끼치는 것은 사악한 자를 이롭게 하느니만 못하기 때문이다.

| 풀이 | 사악한 무리를 물리쳐야만 비로소 현명하고 유능한 인재가 모여들고, 형벌과 정치가 공평해야만 비로소 백성이 모여들며, 예의가 있어야만 비로소 군자가 모여든다.

군주가 덕을 환히 밝히면 멀리 있는 인재가 그 덕을 사모하여 모여들 것이다. 여기서 스승의 자격이 있는 사람 가운데 박식하여 널리 전습(傳習)하는 자는 제외된다.

전습(傳習) : 기술 · 지식 따위를 전수(傳受)하여 익힘.

내면적으로 수양을 쌓아 존엄하면서도 두려워하고 늙도록 신임을 잃지 않으며, 경전을 외워 막힘이 없으면서 그 설을 함부로 고치거나 비판하지 않으며, 정밀하고 깊은 의의를 깨닫고 있으면서 그것을 윤리로 알고 있는 것, 이것은 고래의 동양적인 교육자상이다. 재능보다 덕을 우선으로 하는 것은 그 교육관이 다분히 인격 완성을 주안으로 하기 때문이다.

15 의병편 議兵篇

1

임무군(臨武君)과 손경자(孫卿子)가 조(趙)나라 효성왕(孝成王) 앞에서 병법에 대해 논의했다. 왕이 물었다. "병법의 요체는 무엇입니까?" 임무군이 대답했다. "위로는 하늘의 때를 얻고 아래로는 땅의 이(利)를 얻으며, 적의 변동을 살핀 다음에 출발하여 먼저 이르는 것이 용병(用兵)의 중요한 술법입니다." 하니 손경자가 말했다.

"그렇지 않습니다. 신이 들은 바로는, 옛날의 방법은 모든 용병과 공격 전투의 근본은 백성을 하나로 하는 데 있다고 하였습니다. 활과 화살이 잘 조절되지 못하면 예(羿)도 표적을 맞힐 수 없고 수레를 끄는 여섯 필의 말도 화합하지 못하면 조보(造父)라 할지라도 멀리 갈 수 없듯이, 백성이 따르지 않으면 탕왕이나 무왕도 승리할 수 없는 것입니다. 그러므로 백성을 잘 따르게 하는 자가 용병을 잘하는 자이니, 병법의 요체는 백성을 잘 따르게 하는 데 있을 따름입니다."

1// 臨武君與孫卿子議兵於趙孝成王前 王曰 請問兵要 臨武君對曰 上得天時 下得地利 觀敵之變動 後之發 先之至 此用兵之要術也 孫卿子曰 不然 臣所聞古之道 凡用兵攻戰之本在乎壹民 弓矢不調 則羿不能以中微 六馬不和 則造父不能以致遠 士民不親附 則湯武不能以必勝也 苦善附民者 是乃善用兵者也 故兵要在乎善附民而已 臨武君曰 不然 兵之所貴者埶利也 所行者變詐也 善用兵者 感忽悠闇 莫知其所從出 孫吳用之無敵於天下 豈

必待附民哉 孫卿子曰 不然 臣之所道 仁人之兵 王者之志也 君之所貴 權謀埶利也 所行 攻奪變詐也 諸侯之事也 仁人之兵 不可詐也 彼可詐者 怠慢者也 路亶者也 君臣上下之間 滑然有離德者也 故以桀詐桀 猶巧拙有幸焉 以桀詐堯 譬之若以卵投石 以指撓沸 若赴水火 入焉焦沒耳 故仁人上下 百將一心 三軍同力 臣之於君也 下之於上也 若子之事父 弟之事兄 若手臂之扞頭目而覆胸腹也 詐而襲之 與先驚而後擊之一也 且仁人之用十里之國 則將有百里之聽 用百里之國 則將有千里之聽 用千里之國 則將有四海之聽 必將聰明警戒 和傳而一 故仁人之兵 聚則成卒 散則成列 延則若莫邪之長刃 嬰之者斷 兌則若莫邪之利鋒 當之者潰 圜居而方止則若盤石然 觸之者角摧 案角鹿埵隴種東籠而退耳 且夫暴國之君 將誰與至哉 彼其所與至者 必其民也 而其民之親我歡若父母 豈好我芬若椒蘭 彼反

임무군이 다시 말했다. "그렇지 않습니다. 병법에서는 형세를 이용하여 유리한 지형을 차지하는 것이 중요하며, 변화와 속임수를 잘 써야 합니다. 용병에 능한 자는 그 방법이 재빠르고 심원하여 그러한 계책이 어디에서 나오는지 알지 못합니다. 손무(孫武)나 오기(吳起)는 이런 방법을 써서 천하에 당할 적이 없었던 것이니, 어찌 반드시 백성이 따르기를 기다린단 말입니까."

손경자가 말했다. "그렇지 않습니다. 신이 말하는 것은 어진 사람의 용병술이요, 왕자(王者)가 지향하는 바입니다. 군(君)이 귀하게 여기는 바는 권모술수와 형세를 이용하여 유리함을 얻는 것이요, 행하는 바는 공격하여 빼앗고 임기응변의 계책과 속임수를 쓰는 것이니, 이는 제후들의 일입니다. 어진 사람의 용병술은 속임수를 쓸 수 없고 속임수를 쓴다는 것은 게으르거나 피폐해 있어서 군신 · 상하의 사이가 덕에서 멀리 떨어져 있을 때 적용되는 것입니다. 그러므로 걸왕 같은 군주가 역시 걸왕 같은 자를 속일 때는 교묘하고 졸렬한 용병술을 씀으로써 요행수가 있을 수 있겠으나, 걸왕으로서 요임금을 속인다는 것은 비유컨대 계란으로 바위를 치고, 손가락으로 끓는 물을 휘젓는 격이며, 물이나 불 속으로 뛰어드는 것과 같이 일단 들어간 뒤에는 타죽든가 빠져죽게 마련입니다.

그러므로 어진 사람의 군대는 모든 장수의 마음이 하나이기 때문에 3군이 힘을 하나로 뭉치게 되는 것입니다. 이리하여 신하가 임금을 대하는 태도나 아랫사람이 윗사람을 대하는 태도는 마치 자식이 아버지를 섬기고 아우가 형을 섬기는 것과 같고, 또 손과 팔이 머리와 눈을 지켜주고 가슴과 배를 덮어주는 것과 같으니, 속임수로 이같은 나라를 습격하는 것은 사전에 경고를 하고 뒤에 쳐들어가는 것과 마찬가지인 것입니다.

또한 어진 사람이 사방 10리의 나라를 다스리면 사방 백 리 밖의 일까지 듣고, 백 리의 나라를 다스리면 천 리 밖의 일까지 들으며, 천 리의 나라를 다스리면 사해(四海) 밖의 일까지 들을 것이니, 반드시 총명하게 경계하므로 완전히 하나로 화합하게 될 것입니다. 그러므로 인자의 병법은 모으면 대오(隊伍)가 되고 흩어져도 그대로 행렬을 이루며, 늘어서면 마치 막야(莫邪)의 장검(長劍) 같아서 여기에 닿는 것은 모조리 끊어지고, 예리하게 하면 막야의 날카로움이 있어 여기에 부딪치면 산산조각이 나며, 둥글게 진을 치건 네모지게 진을 치건 간에 반석같이 단단하여 여기에 부딪치면 군악(軍樂)소리가 끊기고 말채찍을 버린 채 눈물을 흘리며 고개를 떨어뜨리고 물러나게 마련입니다.

또 어느 난폭한 나라의 임금이 쳐들어온다면 누구를 이끌고 오겠습니까? 그가 거느리고 오는 사람은 반드시 그 백성인데, 그 백성이 나를 부모처럼 친애하고 향초의 향기처럼 좋아하는 반면, 그들의 임금을 돌아보고는 묵형(墨刑)을 당하는 듯 원수처럼 대할 것입니다. 사람의 정으로 볼 때 비록 걸왕이나 도척인들 어찌 자신이 미워하는 도적을 위해 자신이 좋아하는 사람을 해치겠습니까? 이는 남의 자식을 데리

顧其上 則若灼黥 若仇讎 人之情 雖桀跖 豈又肯爲其所惡 賊其所好者哉 是猶使人之子孫 自賊其父母也 彼必將來告之 夫又何可詐也 故仁人之用國 日明諸侯先順者安 後順者危 慮敵之者削 反之者亡 詩曰 武王載發 有虔秉鉞 如火烈烈 則莫我敢遏 此之謂也

감홀유암(感忽悠闇) : 감홀(感忽)은 황홀, 또는 움직임이 매우 빠른 것. 유암(悠闇)은 멀어서 분명하지 않은 모양.

노단(路亶) : 피폐의 뜻.

안각록타(案角鹿埵) : 안각(案角)은 고각(鼓角)이 소리가 나지 않는 것, 녹타(鹿埵)는 낙추(落箠)로 풀어 말채찍을 버린다는 뜻. 그러므로 안각록타는 군악(軍樂)이 울려오지 않고 말이 달려오지 않는 것.

농종동롱(隴種東籠) : 농종(隴種)이나 동롱(東籠)은 모두 패색(敗色)을 재촉하여 파미(披靡)하는 모양. 옛날의 방언이나 속언에서 나온 말이라 한다.

무왕재발(武王載發) : 여기서 무왕(武王)은 탕왕(湯王)을 가리킨다.

고 가서 그 부모를 해치라고 하는 것과 같으니, 그는 반드시 가서 이를 미리 고해 바칠 것이요, 그러니 또 무슨 수로 속이겠습니까?

그러므로 어진 사람이 나라를 다스리면 나날이 밝아져서 제후로서 먼저 따르는 자는 안락하고 뒤에 따르는 자는 위태로우며, 대적하려고 하는 자는 땅을 빼앗기고 반역하는 자는 멸망하게 마련입니다. 〈시경〉에 말하기를, '탕임금이 기를 꽂고 용병하니 경건한 모습으로 도끼를 잡으셨네. 그 위엄이 타오르는 불길 같아서 아무도 감히 막지를 못하네.' 하였으니 이를 두고 한 말입니다."

춘신군(春申君) : 전국시대 초나라의 재상 황헐(黃歇)의 봉호(封號). 20여 년간 재상으로 있었고 문하(門下)에 식객이 3천여 명이 있었다고 함.

| 풀이 | 임무군(臨武君)은 초나라 장군인데, 이름은 알려지지 않고 있다. 다만 〈전국책(戰國策)〉에 "천하가 합종(合從)하여 조(趙)의 사자인 위가(魏加)가 초의 춘신군(春申君)에게 '장수가 있는가.' 하고 묻자, 춘신군이 있노라고 대답하고 임무군을 장수로 삼으려고 하는데, 진(秦)의 장수들이 넘보지 못하는 존재."라고 한 말이 보인다. 조의 효성왕(孝成王)은 조간자(趙簡子)의 10세손(世孫)인 혜문왕(惠文王)의 아들로 이름은 단(丹)이며, 21년간 재위했다. 순자의 용병술은 특이하여 민심의 통일을 우선으로 하는데, 오늘날 말하는 총화단결이 곧 그것의 개념이 변모한 모양이라고 말할 수 있겠다. 여기 나오는 막야검(莫邪劍)은 이름난 명검으로 막야(鏌鋣)라고도 쓴다.

2

효성왕과 임무군이 말했다. “훌륭합니다. 그러면 왕자(王者)의 용병이란 어떤 방법이며, 어떻게 행해야 합니까?” 손경자가 말했다.

“적어도 대왕의 위치에서는 장수가 되어 군사를 거느린다는 것은 말단의 일입니다. 신은 청컨대 왕자와 제후의 강약(强弱), 존망의 효험, 안위의 형세에 대해서 말하고자 합니다. 임금이 현명하면 그 나라는 다스려지고 임금이 무능하면 그 나라는 어지러워지며, 예를 높이고 의를 귀하게 여기면 그 나라는 다스려지고 예를 소홀히 여기고 의를 천하게 여기면 그 나라는 어지러워집니다. 잘 다스려지면 강하고 어지러워지면 약한 것이 강약의 근본인 것입니다.

위에 앉은 임금이 우러러볼 만하면 아랫사람을 부릴 수가 있지만 우러러볼 만한 사람이 못되면 아랫사람을 부릴 수도 없습니다. 아랫사람을 부릴 수 있으면 강하고 부릴 수 없으면 약해지니, 이것이 강약의 법도입니다. 예를 높이고 공을 쌓아가면 최상이요, 봉록을 중히 하고 절의를 귀하게 하면 그 다음이요, 공을 숭상하고 절의를 천하게 여기면 최하이니, 이것이 강약의 일반적인 원칙입니다.

선비를 좋아하는 자는 강하고 좋아하지 않는 자는 약하며, 백성을 사랑하는 자는 강하고 사랑하지 않는 자는 약하며, 정령(政令)에 신의가 있는 자는 강하고 신실하지 못한 자는 약하며, 백성이 함께하는 자는 강하고 함께하지 않는 자

2// 孝成王臨武君曰 善 請問王者之兵 設何道何行而可 孫卿子曰 凡在大王 將率末事也 臣請遂道 王者諸侯彊弱存亡之效 安危之埶 君賢者其國治 君不能者其國亂 隆禮貴義者其國治 簡禮賤義者其國亂 治者强 亂者弱 是强弱之本也 上足印則下可用也 上不印則下不可用也 下可用則强 下不可用則弱 是强弱之常也 隆禮效功 上也 重祿貴節 次也 上功賤節 下也 是强弱之凡也 好士者强 不好士者弱 愛民者强 不愛民者弱 政令信者强 政令不信者弱 民齊者强 民不齊者弱 賞重者强 賞輕者弱 刑威者强 刑侮者弱 械用兵革攻完便利者强 械用兵革窳楛不便利者弱 重用兵者强 輕用兵者弱 權出一者强 權出二者弱 是强弱之常也 齊人隆技擊 其技也 得一首者 則賜贖錙金 無本賞矣 是事小敵毳則偷可用也 事大敵堅則渙焉離耳 兵

莫若飛鳥然 傾側反覆無日 是亡國之兵也 兵莫弱是矣 是其去賃巾傭而戰之 幾矣 魏氏之武卒 以度取之 衣三屬之甲 操十二石之弩 負服矢五十個 置戈其上 冠冑帶劍 贏三日之糧 日中而趨百里 中試則復其戶 利其田宅 是數年而衰 而未可奪也 改造則不易周也 是故地雖大 其稅必寡 是危國之兵也 秦人其生民也陿阨 其使民也酷烈 劫之以埶 隱之以阨 忸之以慶賞 鰌之以刑罰 使天下之民 所以要利於上者 非鬪無由也 阨而用之 得而後功之 功賞相長也 五甲首而隸五家 是最爲衆彊長久 多地以正 故四世有勝 非幸也 數也 故齊之技擊不可以遇魏氏之武卒 魏氏之武卒不可以遇秦之銳士 秦之銳士不可以當桓文之節制 桓文之節制不可以敵湯武之仁義 有遇之者 若以焦熬投石焉 兼是數國者 皆干賞蹈利之兵也 傭徒鬻賣之道也 未有貴上安制綦節之理也 諸侯有能微妙之以節 則作而兼殆之耳 故招延

는 약하며, 상이 무거운 자는 강하고 가벼운 자는 약하며, 형벌에 위엄이 있는 자는 강하고 업신여기는 자는 약합니다. 기계와 병기가 튼튼하여 쓰기에 편리하도록 되어 있는 나라는 강하고 조악품을 멋대로 방치하여 쓰기에 불편한 나라는 약하며, 군사를 쓰는 데 신중을 기하는 자는 강하고 경솔하게 하는 자는 약하며, 권위가 한 곳에서 나오는 자는 강하고 두 곳에서 나오는 자는 약하니, 이것이 강약의 법도인 것입니다.

제(齊)나라 사람들은 용력으로 적을 치는 기격(技擊)을 중하게 여겨, 그들의 기격에 의하여 적의 머리 하나를 베어오는 사람에게는 죄지은 사람이 내는 속죄금 8냥(兩)을 하사할 뿐, 싸움의 승패를 물어 하사하는 본상(本賞)은 없습니다. 이는 작은 규모의 전쟁에서 적이 취약한 경우에나 구차하게 써먹을 수 있는 것이지, 일이 커져서 적이 강하게 되면 뿔뿔이 흩어져 달아나기에 급급할 뿐인데, 이는 날아가버리는 새와 같아서 나라가 기울어져 전복되는 것도 멀지 않으리니, 망하는 나라의 군사로서 이보다 더 약한 군사는 없을 것이요, 이는 시정의 품팔이꾼에게 삯을 주고 나가 싸우게 하는 것이나 거의 다를 바 없습니다.

위(魏)나라에서는 병졸들을 일정한 기준에 의하여 선발합니다. 가슴 · 허리 · 정강이를 감싸는 갑옷을 입게 하고 12석짜리 쇠뇌를 들리며, 50개의 화살이 든 화살통을 지게 한 다음, 그 위에 창을 들고 투구를 쓰고 칼을 차고는 사흘 동안 먹을 양식을 짊어지고 아침부터 한낮까지 백 리를 달리게 합니다. 이런 시험을 거쳐서 합격이 되면 백성으로서의 부역을 면제해줄 뿐만 아니라 밭과 가옥의 세금도 줄여 줍니다.

여러 해가 지나 체력이 쇠약해진다 해도 이를 뺏을 수가 없기 때문에 다시 뽑는다 해도 그런 우대를 그 많은 사람들에게 고루 주기는 쉬운 일이 아닙니다. 그러므로 땅이 아무리 크다 해도 세금으로 들어오는 것은 반드시 줄어들 것입니다. 이것이 위태한 나라의 병졸입니다.

진(秦)나라는 백성을 먹여살리는 것이 곤궁하기 이를 데 없는데, 백성을 부리는 데는 더없이 가혹하고 위세로써 겁을 주며, 혹독한 방법으로 괴롭히고 상을 받는 것에 길들이게 하며, 형벌로 핍박하면서 백성들이 윗사람으로부터 이익을 구하기 위해서는 싸움터에 나가는 길밖에 없다고 생각하게 합니다. 그들을 가혹한 환경에서 싸우게 하여 승리를 얻은 뒤, 공의 대가로 상을 주고 공과 상으로 미루어 장(長)을 더해주는데, 그것은 곧 적의 머리 다섯을 가져오면 마을의 다섯 호(戶)를 지배하도록 하는 것입니다. 이것이 군사를 많이 부리고 강대국으로 오랫동안 유지하며 땅을 늘림으로써 조세도 늘리고 있습니다. 이래서 사대(四代 : 효공 · 혜공 · 무왕 · 소왕)에 걸쳐 승리를 거두고 있는데, 이는 결코 요행이 아니라 이치상 그렇게 된 것입니다.

그래서 제나라의 기격은 위나라의 군졸을 당할 수 없고 위나라의 군졸은 진나라의 정예 군사를 당할 수 없으며, 진나라의 정예 군사는 제나라 환공(桓公)이나 진(晉)나라 문공

募選 隆埶詐 尙功利 是漸之也 禮義敎化 是齊之也 故以詐遇詐 猶有巧拙焉 以詐遇齊 辟之猶以錐刀墮太山也 非天下之愚人莫敢試 故王者之兵不試 湯武之誅桀紂也 拱挹指麾 而彊暴之國莫不趨使 誅桀紂若誅獨夫 故泰誓曰獨夫紂 此之謂也 故兵大齊則制天下 小齊則治隣敵 若夫招近募選 隆埶詐 尙功利之兵 則勝不勝無常 代翕代張 代存代亡 相爲雌雄耳矣 夫是之謂盜兵 君子不由也 故齊之田單 楚之莊蹻 秦之衛鞅 燕之繆蟣 是皆世俗之所謂善用兵者也 是其巧拙强弱則未有以相君也 若其道一也 未及和齊也 掎契司詐 權謀傾覆 未免盜兵也 齊桓晉文楚莊吳闔閭越勾踐是皆和齊之兵也 可謂入其域矣 然而未有本統也 故可以覇而不可以王 是强弱之效也

설하도(設何道) : 설(設)은 용(用), 도(道)는 술(術)로 풀이한다.

상불앙(上不卬) : 앙(卬)은 앙(仰). 위에서 우러름

을 받지 못하다.
공상상장(功賞相長) : 공(功)과 상(賞)이 상대적으로 커지는 것.
다지이정(多地以正) : 정(正)은 정(征)이니 정벌하여 거둘어들인다는 뜻. 땅이 많아져서 세수(稅收)가 증가하는 것.
기격(技擊) : 제(齊)나라 사람들이 용맹스런 힘으로 적을 물리쳤는데, 이를 기격이라고 한다.
미묘지이절(微妙之以節) : 미묘지(微妙之)는 정진지(精盡之)로 풀이한다. 즉, 절의를 지극히 하는 것.
시점지야(是漸之也) : 여기서 점(漸)은 사기(詐欺)의 뜻.

(文公)의 절도와 제도가 있는 군대를 당할 수 없고 환공이나 문공의 절도와 제도가 있는 군대도 탕왕이나 무왕의 인의의 군대는 대적할 수 없는 것이니, 이를 대적하는 자가 있다면 타버린 재로 바위를 치는 것과 같은 것입니다.

앞에서 말한 몇몇 나라의 군사는 한결같이 상을 바라고 이익을 탐하는 군대이니 모두가 돈에 팔려다니는 품팔이꾼들이요, 그 임금을 사랑하고 제도를 안정시키며 절의를 지극히 하는 도리는 없는 것입니다. 제후 가운데 절의를 극진하게 닦는 자가 있다면 금시에 일어나 몇 나라를 한결같이 위태롭게 만들 수 있습니다.

그러므로 병사를 뽑아 불러모으고 위세와 속임수를 중하게 여기며 공로와 이익을 숭상하게 하는 것은 사기꾼의 방법입니다. 예의와 교화는 백성의 마음을 통일시키는 방법인데, 속임수로 속임수를 대적한다면 그래도 거기에는 교묘하거나 서투른 차이가 있겠지만, 속임수로 마음이 통일된 군대를 대적하는 것은 비유컨대 송곳이나 칼로 태산을 붕괴시키려는 것과 같으니, 천하의 어리석은 인간이 아니고서는 감히 시도하지 못하는 것입니다.

그러므로 왕자의 군사는 시험을 보지 않는데, 탕왕과 무왕이 걸왕과 주왕을 각각 베어 죽일 때 팔짱을 끼고서 지휘만 했는데도 강포한 나라들까지도 달려와 그를 위하여 일하지 않음이 없었으니, 걸왕과 주왕을 베어 죽이는 일이 홀로 된 필부를 베어 죽이는 것과 같이 하였습니다. 〈태서(泰誓)〉에 "외로운 사내 주왕"이라 하였으니, 바로 이를 가리킨 것입니다.

그러므로 군대의 규모가 크고 합심이 잘되면 천하를 제압하고 작아도 합심이 잘되면 인접한 적국을 다스리게 될 것입니다. 만약 군사를 뽑아 모아들이고 위세와 속임수를 중하게 여기며 공로와 이익을 숭상하는 군대라면, 이기고 지는 것이 일정하지 않아 줄었다 늘어났다 하고 존속했다 망했다 하여 승부가 엇갈릴 것입니다. 이런 것을 일러 도적의 군대라고 말하는데, 군자는 이를 쓰지 않습니다.

그러므로 제나라 전단(田單), 초나라 장교(莊蹻), 진(秦)나라 위앙(衛鞅), 연(燕)나라 목기(繆蟣)는 모두 세상에서 일컫는 훌륭한 용병가들인데, 그들의 교묘함과 졸렬함, 강하고 약한 정도는 서로 다르지만 그들의 방법은 모두 한결같아서 군사를 조화되고 마음이 화합되는 데 미흡하였고, 그저 밀고 당기고 속이면서 권모로 전복시키려고만 하였기 때문에 도적의 군대라는 이름을 면하지 못했습니다. 제 환공, 진 문공, 초 장왕, 오왕 합려, 월왕 구천 등의 군사는 모두 조화되고 마음이 화합된 군대로서 가히 왕병(王兵)의 영역에 들어섰다고 말할 수는 있겠으나 아직도 인의의 근본이 없었습니다. 그러므로 패자라 할 수는 있어도 왕자가 될 수는 없었던 것이니, 이것이 강약의 효험인 것입니다."

전단(田單) : 전국시대 제나라의 장수. 모략을 써서 연나라 장수인 악의(樂毅)를 실각시키고 화우(火牛)의 계교를 써서 연나라 군대를 격파하여 72여 성을 수복했다.

3

효성왕과 임무군이 말했다. "훌륭합니다. 그러면 장수에

3// 孝成王臨武君曰

善 請問爲將 孫卿子曰 知莫大乎棄疑 行莫大乎無過 事莫大乎無悔 事至無悔而止矣 成不可必也 故制號政令 欲嚴以威 慶賞刑罰 欲必以信 處舍收藏 欲周以固 徙擧進退 欲安以重 欲疾以速 窺敵觀變 欲潛以深 欲伍以參 遇敵決戰 必道吾所明 無道吾所疑 夫是之謂六術 無欲將而惡廢 無急勝而忘敗 無威內而輕外 無見其利而不顧其害 凡慮事欲孰 而用財欲泰 夫是之謂五權 所以不受命於主有三 可殺而不可使處不完 可殺而不可使擊不勝 可殺而不可使欺百姓 夫是之謂三至 凡受命於主而行三軍 三軍旣定 百官得序 羣物皆正 則主不能喜 敵不能怒 夫是之謂至臣 慮必先事而申之以敬 愼終如始 終始如一 夫是之謂大吉 凡百事之成也必在敬之 其敗也必在慢之 故敬勝怠則吉 怠勝敬則滅 計勝欲則從 欲勝計則凶 戰如守 行如戰 有功如幸 敬謀無壙 敬事無壙 敬吏無壙 敬衆無壙 敬敵

대해 묻고자 합니다." 하니, 손경자가 말했다.

"지혜는 의심을 버리는 것보다 더함이 없고 행동은 잘못이 없는 것보다 더함이 없으며, 사업은 후회하지 않는 것보다 더함이 없습니다. 사업이란 최선을 다하여 후회가 없으면 그뿐이지 반드시 성공을 보장할 수는 없는 일입니다.

그러므로 군제(軍制) · 호령 · 정령은 엄격하여 위엄이 서기를 바라고 포상과 형벌은 반드시 신실(信實)하기를 바라며, 영루와 군수품은 빈틈없이 갖추어져 견고하기를 바라고, 이동과 진퇴는 안전하고 신중하되 민첩하고도 신속하기를 바라며, 적의 동정을 살펴 그 변화를 살피는 데는 적지에 되도록 깊이 잠복해 들어가 적군 가운데서 간첩활동을 하기를 바라고, 적군을 맞아 결전을 벌일 때는 반드시 아군이 밝게 정찰한 대로 행할 것이요, 아군이 의심되는 것은 행하지 않는 것입니다. 이것을 육술(六術)이라고 부릅니다.

장수로서의 지위에 연연하여 파면될 것을 두려워하지 말고 승리에 급급하여 패배할 경우를 잊는 일이 없도록 하며, 안에서 위세를 부리다가 밖의 적을 가벼이 여기는 일이 없도록 하고 그 이익을 보고 그 해를 돌보지 않는 일이 없도록 하며, 어떤 일을 꾀함에 있어서는 심사숙고하고 재물을 사용함에 있어서는 여유가 있도록 하는 것, 이것을 일러 오권(五權)이라 부릅니다.

그리고 임금으로부터 명을 받지 않아도 되는 것이 세 가지가 있습니다. 죽여도 좋다 할지라도 불완전한 처지에 그들을 두어서는 안 되고, 죽여도 좋다 할지라도 공격하여 적을 이길 수 없는 처지에 그들을 내몰아서는 안 되며, 죽여도 좋다 할지라도 그들에게 백성을 속이게 해서는 안 됩니다. 이것을 삼지(三至)라고 부릅니다.

무릇 임금으로부터 명을 받아 삼군(三軍)을 지휘하는 경우, 삼군이 이미 잘 정돈되어 있고 백관이 다 알맞은 자리에 있으며 여러 장비가 빈틈없이 완비되어 있다고 해서 임금은 기뻐할 바도 못되고 적군을 노엽게 할 수도 없는 것입니다. 이것을 가리켜 지신(至臣)이라고 합니다. 생각은 반드시 일보다 우선하지만 공경하는 마음으로 이를 되풀이하고 끝이 처음과 들어맞도록 신중하게 처리하여 한결같도록 하는 것, 이것을 일러 대길(大吉)이라 합니다.

무릇 백 가지 일의 성공은 반드시 이를 신중히 하는 데 달려 있고 실패는 반드시 이를 태만하게 하는 데 달려 있으므로, 신중함이 태만함보다 월등하면 길하고 태만함이 신중함보다 월등하면 멸망하며, 계책이 욕심보다 월등하면 일이 순조롭고 욕심이 계책보다 월등하면 흉한 결과를 가져옵니다. 교전할 때는 방어하는 것과 같이 하고 행군할 때는 교전할 때처럼 경계를 엄히 하며, 공이 있어도 요행으로 얻은 것처럼 해야 합니다.

신중히 계책을 세우고 신중히 일을 처리하여 태만함이 없게 하고, 장교와 군졸을 신중히 대하여 태만함이 없게 하고, 신중히 적을 대하여 태만함이 없게 하는데, 이것을 가리켜 오무광(五無壙)이라고 합니다. 이상 말한 육술과 오권과 삼지를 신중하게 행함으로써 태만함이 없도록 하니, 대체로

無壙 夫是之謂五無壙 愼行此六術五權三至 而處之以恭敬無壙 夫是之謂天下之將 則通於神明矣 臨武君曰 善 請問王者之軍制 孫卿子曰 將死鼓 御死轡 百吏死職 士大夫死行列 聞鼓聲而進 聞金聲而退 順命爲上 有功次之 令不進而進 猶令不退而退也 其罪惟均 不殺老弱 不獵禾稼 服者不禽 格者不舍 犇命者不獲 凡誅 非誅其百姓也 誅其亂百姓者也 百姓有扞其賊 則是亦賊也 以故順刃者生 蘇刃者死 犇命者貢 微子開封於宋 曹觸龍斷於軍 殷之服民 所以養生之者也 無異周人 故近者歌謳而樂之 遠者竭蹙而趨之 無幽閒辟陋之國 莫不趨使而安樂之 四海之內若一家 通達之屬莫不從服 夫是之謂人師 詩曰 自西自東 自南自北 無思不服 此之謂也 王者有誅而無戰 城守不攻 兵格不擊 上下相喜則慶之 不屠城 不潛軍 不留衆 師不越時 故亂者樂其政 不安其上 欲其至也 臨武君曰 善

이것을 가리켜 천하의 장수라고 부르며, 곧 신명(神明)에 통달할 것입니다." 임무군이 말했다. "훌륭하십니다. 그럼 왕자(王者)의 군제(軍制)는 어떤지요?"

손경자가 말했다. "장수는 죽기에 이르러서도 북을 버리지 않으며, 기병은 죽기에 이르러서도 말고삐를 놓지 않으며, 모든 관리는 죽기에 이르러서도 직책을 버리지 않으며, 사대부는 행렬에서 함께 죽습니다. 북소리를 듣고서 전진하고 징소리를 듣고서 후퇴하는데, 명을 따르는 것이 상(上)이요, 공은 그 다음입니다.

진군의 명령이 없는데도 나아가는 것은 퇴각 명령 없이 물러나는 것과 같아서 그 죄가 같습니다. 노약자는 죽이지 않고 곡식을 짓밟지 않고 항복한 자는 포박하지 않으며, 맞서는 자는 내버려 두지 않으며, 귀순해오는 자는 포로로 하지 않습니다. 모든 처벌은 그 백성을 처벌하는 것이 아니라 백성을 어지럽히는 자를 처벌하는 것이니, 백성 가운데 적을 감싸는 자가 있으면 이 역시 적으로 간주합니다.

이런 까닭에 칼 앞에서 항복하는 자는 살고 칼을 향해 맞서는 자는 죽으며, 귀순해오는 자는 그대로 받아들입니다. 그래서 미자계(微子啓)는 송(宋)나라에 봉해졌으나 조촉룡(曹觸龍)은 군중(軍中)에서 단죄되었으며, 항복해오는 은나라의 백성들도 먹여 살려야 할 사람들이므로 주나라 백성과 다름없이 대해주었던 것입니다.

그래서 가까운 데 있는 백성들은 노래를 부르며 이를 즐겼고 먼 데 있는 백성들은 지쳐 쓰러지면서도 달려왔으며,

처사수장 욕주이고(處舍收藏欲周以固) : 처사(處舍)는 영루(營壘), 수장(收藏)은 재물(財物)을 가리킨다. 욕주이고(欲周以固)는 요주밀뢰고(要周密牢固), 즉 빈틈이 없고 굳다는 뜻으로 풀이한다.

욕오이참(欲伍以參) : 적의 후방에 깊숙이 들어가 교란시키는 것.

무욕장이오폐(無欲將而惡廢) : 장수된 사람은 임금에게 자기를 장수로 임명해줄 것을 바라지 않으므로 임금을 혐오하거나 자기를 버리지 않는다는 말.

오권(五權) : 장수가 될 다섯 가지 자격.

불렵화가(不獵禾稼) : 여기서 엽(獵)은 엽(躐)과 통하니, 짓밟다. 즉, 곡식을 짓밟지 않는다는 뜻.

격자불사(格者不赦) : 격(格)은 격(擊). 곧 항거하는 자는 용서하지 않는다는 뜻.

미자개(微子開) : 주왕(紂王)의 서형(庶兄)으로서 이름은 계(啓)였다. 개(開)라고 고친 사람은 한대(漢代)의 학자 유향(劉向)인데, 한나라 경제(景帝)의 휘(諱)가 계(啓)였으므로 이를 피한 것.

병격불격(兵格不擊) : 여기서 격(格)은 저항을 계속하는 자. 이를 불격(不擊)한다 함은 아직 덕(德)

후미진 벽지의 나라 백성들까지 달려와 부림을 받으면서도 안락하게 지냈습니다. 온 세상이 한 집안 같았고 길이 통하는 곳의 사람이라면 복종하지 않은 자가 없었으니, 대개 이런 사람을 가리켜 장수라고 합니다.

〈시경〉에 '서와 동으로부터, 남과 북으로부터 복종하지 않음이 없었네.' 하였으니 이것을 가리킨 것입니다. 왕자란 주벌(誅伐)하는 일은 있어도 전쟁은 하지 않으며, 성을 고수할 뿐 공격하지 않으며, 패잔병이 항거해도 치지 않으며, 적국의 상하가 모두 기뻐하면 이를 경하하는 것입니다. 그 성을 공격해도 성안의 백성은 죽이지 않으며, 몰래 기습하지 않으며, 군사를 주둔시켜 두지 않으며, 군대가 출정해도 3개월을 넘기지 않습니다. 그래서 어지러운 나라의 백성들은 그러한 정치를 기뻐하며 따르고, 자기 임금에게 불안을 느낀 나머지 하루바삐 그에게 귀복하기를 바라는 것입니다."

임무군이 말했다. "훌륭합니다."

으로 감화시키지 못했으므로 감화될 때까지 토벌을 중지한다는 것.

4

제자인 진효(陳囂)가 손경자에게 물었다. "스승님께서는 병법을 논함에 있어 언제나 인의(仁義)를 근본으로 하시는데, 인자는 사람을 사랑하고 의자(義者)는 도리를 따르니, 그렇다면 무엇 때문에 군사를 일으킵니까? 대체로 군대를 보유한 자는 싸워 뺏는 것이 아니겠습니까?"

손경자가 말했다. "그것은 네가 알 수 있는 일이 아니다.

4// 陳囂問孫卿子曰 先生議兵 常以仁義爲本 仁者愛人 義者循理 然則又何以兵爲 凡所爲有兵者 爲爭奪也 孫卿子曰 非女所知也 彼仁者愛人 愛人故惡人之害之也 義者循禮 循禮故惡人之亂之也 彼

兵者 所以禁暴除害也 非爭奪也 故仁人之兵 所存者神 所過者化 若時雨之降 莫不說喜 是以堯伐驩兜 舜伐有苗 禹伐共工 湯伐有夏 文王伐崇 武王伐紂 此四帝兩王 皆以仁義之兵行於天下也 故近者親其善 遠方慕其德 兵不血刃 遠邇來服 德盛於此 施及四極 詩曰 淑人君子 其儀不忒 其儀不忒 正是四國 此之謂也 李斯問孫卿子曰 秦四世有勝 兵强海內 威行諸侯 非以仁義爲之也 以便從事而已 孫卿子曰 非女所知也 女所謂便者 不便之便也 吾所謂仁義者 大便之便也 彼仁義者 所以脩政者也 政脩則民親其上 樂其君 而輕爲之死 故曰凡在於君 將率末事也 秦四世有勝 諰諰然常恐天下之一合而軋己也 此所謂末世之兵 未有本統也 故湯之放桀也 非其逐之鳴條之時也 武王之誅紂也 非以甲子之朝而後勝之也 皆前行素脩也 此所謂仁義之兵也 今女不求之於本而索之於末 此世之所以亂也 禮

인자는 사람을 사랑하고, 사람을 사랑하기 때문에 사람에게 해가 되는 것을 싫어한다. 의자(義者)는 도리를 따르고, 도리를 따르기 때문에 사람에게 혼란을 주는 것을 싫어한다. 저 군대란 포학을 금하고 해독을 제거하는 것이니, 싸워서 빼앗는 것이 아니다.

그러므로 인자의 군대가 머무르는 곳에서는 신(神)과 같이 공경을 받고 지나가는 곳에서는 감화되지 않음이 없으니, 마치 적절한 때 단비가 내리는 듯 기뻐하지 않는 이가 없는 것이다. 이리하여 요임금은 환두(驩兜)를 토벌하였고 순임금은 유묘(有苗)를 쳤으며 우임금은 공공(共工)을, 탕임금은 하(夏)나라를, 문왕은 숭(崇)나라를, 무왕은 주왕(紂王)을 쳤으니, 이상 2제(二帝)와 4왕(四王)은 모두 인의의 군사로 천하에 출전하였던 것이다. 그래서 가까운 곳에 있는 자는 그 선(善)을 따랐고 멀리 있는 자는 그 덕을 사모하였으며, 군사는 칼에 피를 묻히지 않았는데도 멀고 가까운 데서 모두 귀복하였고 그 덕은 여기서 더욱 성하여 능히 사방에 베풀어지게 되었던 것이다. 〈시경〉에 '어진 저 군자 그 거동 한결같네. 그 거동 한결같아 온 세상 바로잡을 것일세.' 하였으니 바로 이를 두고 한 말이다."

이사(李斯)가 손경자에게 물었다. "진(秦)나라는 4세(世)를 내려오도록 줄곧 승리하여 그 군사는 천하에서도 이름난 강한 군대요, 위세는 제후들을 누르고 있는데, 이는 결코 인의에 의하여 그렇게 된 것이 아니라 편의에 따라 일을 잘 처리하였기 때문이 아니겠습니까?"

손경자가 말했다. "이는 그대가 알 수 있는 일이 아니다. 그대가 말하는 편의란 극히 불편한 방법이며 내가 말하는 인의란 매우 편리한 방법이다. 인의란 정치를 바로잡기 위한 것이니, 정치가 바로잡히고 보면 백성들은 그 임금을 따르고 그 임금의 정치를 즐기면서 죽음까지도 가볍게 여긴다. 그러므로 군(軍)에 있어서 장수의 통솔 능력은 말단의 일이라고 하는 것이다.

진(秦)나라가 4대(代)를 내려오면서 승리를 거듭하였으나 천하가 하나로 연합하여 자기를 짓밟아버리지나 않을까 하여 항상 두려워하고 있으니, 이것이 이른바 말세(末世)의 군대라는 것이요, 근본되는 인의의 도는 갖추지 못한 것이다.

그러므로 탕임금이 걸(桀)을 쫓아버린 일은 명조(鳴條)의 싸움터에서 비롯된 일이 아니었고, 무왕이 주(紂)를 토벌한 것은 갑자일(甲子日) 아침 이후의 승리에서 비롯된 것이 아니라, 모두가 이미 전부터 인의의 행동이 있었고 정치적 수양이 있었던 때문이니, 이것이 이른바 인의의 군대라는 것이다. 지금 그대가 그 근본에 대하여 찾으려 하지 않고 말단의 일을 거론하니, 이것이 세상이 어지러워지는 이유인 것이다.

예(禮)라고 하는 것은 세상을 다스리기 위한 최고의 도덕이요, 나라를 강하고 견고하게 만드는 근본이며, 위엄을 떨치는 길이고 공과 명성을 올리는 요체이니, 왕이 이 예를 따른다면 천하를 얻게 되지만 예를 따르지 않는다면 사직을 잃게 되는 것이다.

者 治辨之極也 强固之本也 威行之道也 功名之總也 王公由之所以得天下也 不由 所以隕社稷也 故堅甲利兵不足以爲勝 高城深池不足以爲固 嚴令繁刑不足以爲威 由其道則行 不由其道則廢 楚人鮫革犀兕以爲甲 鞈如金石 宛鉅鐵釶 慘如蠭蠆 輕利僄遬 卒如飄風 然而兵殆於垂沙 唐蔑死 莊蹻起 楚分而爲三四 是豈無堅甲利兵也哉 其所以統之者 非其道故也 汝穎以爲險 江漢以爲池 限之以鄧林 緣之以方城 然而秦師至而鄢郢擧 若振槁然 是豈無固塞隘阻也哉 其所以統之者 非其道故也 紂刳比干 囚箕子 爲炮烙刑 殺戮無時 臣下懍然莫必其命 然而周師至而令不行乎下 不能用其民 是豈令不嚴 刑不繁也哉 其所以統之者 非其道故也 古之兵 戈矛弓矢而已矣 然而敵國不待試而詘 城郭不辨 溝池不扫 固塞不樹 機變不張 然而國晏然不畏外而固明內者 無它故焉 明道而分鈞之 時使而誠愛之 下之和上

也如影嚮 有不由令者 然後誅之以刑 故刑一人而天下服 罪人不郵其上 知罪之在己也 是故刑罰省而威流 無它故焉 由其道故也 古者帝堯之治天下也 蓋殺一人 刑二人而天下治 傳曰 威厲而不試 刑錯而不用 此之謂也

사제양왕(四帝兩王) : 양제사왕(兩帝四王)의 잘못이다. 위로 요(堯)·순(舜)은 제(帝), 아래로 우(禹)·탕(湯)·문(文)·무(武)가 왕(王)이다.

협여금석(鞈如金石) : 〈한시외전〉에는 견여금석(堅如金石)으로 되어 있다. 즉, 견고하기가 금석과 같다는 뜻.

완거철사(宛鉅鐵釶) : 완(宛)은 지명, 거(鉅)는 강철, 사(釶)는 모(矛).

당멸사(唐蔑死) : 멸(蔑)은 매(昧)로 읽는다. 당매(唐昧)는 초나라의 장수.

장교(莊蹻) : 초나라 위왕(威王)의 장수.

약진고연(若振槁然) : 진(振)은 격(擊), 고(槁)는 고목.

그러므로 튼튼한 갑옷이나 예리한 병기로는 승리하기에 부족하고 높은 성곽이나 깊은 못으로는 견고하다고 하기에 부족하며, 엄밀한 정령과 번다한 형벌로는 위엄을 떨치기에 부족한 것이니, 도를 따르면 만사가 행해지고 도를 따르지 않으면 실패로 돌아간다. 초(楚)나라 사람들은 상어가죽과 무소·외뿔소가죽으로 갑옷을 만들었는데 견고하기가 금석(金石)과 같고, 완(宛) 땅에서 생산되는 강철로 만든 창은 그 끝의 혹독하기가 벌의 침과 같아 가볍고도 날래어 회오리바람 같았지만, 그 군대는 수사(垂沙)에서 위험에 빠져 그 대장 당매(唐昧)가 전사하였다.

장교(莊蹻)가 일어나 난을 일으키자 초나라는 서너 쪽으로 갈라져버렸으니, 이것을 어찌 견고한 갑옷과 예리한 병기가 없었기 때문이겠는가! 그것은 나라를 통치하는 방법이 올바른 도(道)를 따르지 않았기 때문이다.

또한 여수(汝水)와 영수(潁水)로 험한 요새를 삼았고 장강(長江)과 한수(漢水)로 성지(城池)를 삼았으며, 등(鄧) 땅의 산림으로 적을 막는 경계를 삼았고 그 위에 방성산(方城山)이 이것들을 둘러싸고 있었지만, 진(秦)나라 군사가 한번 밀려오자 언(鄢)과 영(郢)은 마치 말라죽은 나무를 흔들듯 일시에 무너졌으니, 이것을 어찌 견고한 요새와 험한 지형이 없었기 때문이겠는가! 이는 나라를 통치하는 방법이 올바른 도를 따르지 않았기 때문이다.

주왕은 비간(比干)의 배를 가르고 기자(箕子)를 가두었으며, 포락형(炮烙刑)을 행하고 아무 때나 마구 살육했으므로 신하들은 벌벌 떨며 자기 목숨이 언제까지 붙어 있을지 몰랐지만, 주나라 군사가 쳐들어오자 그 명령을 따르는 자가 없어 백성을 쓸 수가 없었으니, 이것을 어찌 명령이 엄하지 않았고 형벌이 적었기 때문이겠는가! 그 나라를 통치하는 방법이 올바른 도를 따르지 않았기 때문이었다.

옛날에 병기라고는 창과 활 및 화살뿐이었는데, 적국은 이런 병기들을 다 써보기도 전에 굴복해왔다. 또한 성곽을 만드는 일도 없고 그 둘레에 구덩이나 못을 파는 일도 없었으며, 튼튼한 요새도 세우지 않았고 어떤 기계장치를 설치하는 일도 없었지만, 나라는 태평하여 외적의 근심이 없었고 안으로도 튼튼했었다. 이는 다름이 아니라 도를 밝혀 고르게 다스리며 백성을 부리되 시기에 알맞게 함으로써 그들을 진정으로 사랑하여, 아래에서 윗사람 따르기를 그림자나 메아리처럼 하였고 명령에 복종하지 않는 자가 있으면 기다린 연후에야 주벌하였기 때문이다.

그러므로 한 사람을 처형함으로써 천하가 복종하였고 죄인은 그 윗사람을 원망하지 않고 스스로 자초한 죄임을 알았다. 그래서 형벌은 줄고 위엄은 떨쳐진 것이다. 이는 다름이 아니라 그 도를 따랐기 때문이었다. 옛날 요임금이 다스리던 천하는 단지 한 사람을 죽이고 두 사람을 벌주는 것만으로도 능히 다스려졌었다. 전해오는 말에 '위엄이 서릿발 같은데도 시험해볼 수 없고 형벌이 빈틈없는데도 그것을 써먹을 일이 없다.' 하였으니, 이것을 두고 한 말이다."

주벌(誅罰) : 죄를 꾸짖어 처벌함.

자초(自招) : 어떤 결과를 스스로 불러들임.

| 풀이 | 여기 나오는 진효(陳囂)는 순자의 제자이며, 이사(李斯) 역시 순자에게서 배웠다 한다. 이사의 물음에 대한 순자의 대답은 철혈정치가(鐵血政治家)인 이사의 사상을 정면으로 공박하고 있다. 이사는 〈사기〉 '이사열전'에 잘 나타난 것처럼 진 시황제가 천하를 통일하는 데 크게 도움을 준 법치주의자이다. 무력으로 빼앗은 나라에는 반드시 혼란이 따른다는 것은 예나 지금이나 마찬가지인데, 순자는 이를 통렬히 비판하고 있다.

5

5// 凡人之動也 爲賞慶爲之 則見害傷焉止矣 故賞慶刑罰執詐 不足以盡人之力 致人之死 爲人主上者也 其所以接下之百姓者 無禮義忠信 焉慮率用賞慶刑罰執詐除阨其下 獲其功用而已矣 大寇則至 使之持危城則必畔 遇敵處戰則必北 勞苦煩辱則必犇 霍焉離耳 下反制其上 故賞慶刑罰執詐之爲道者 傭徒粥賣之道也 不足以合大衆 美國家 故古之人羞而不道也 故厚德音以先之 明禮義以道之 致忠信以愛之 尙賢使能以次之 爵服慶賞

대개 사람들은 일을 할 때는 보상을 바라고 손해를 볼 듯하면 곧 그만두게 마련이다. 그러므로 상이나 형벌, 권세, 속임수 따위로는 사람의 역량을 모두 발휘시키기 어렵고 목숨을 바치도록 할 수는 더더욱 없다.

남의 윗자리에 있는 임금으로서 아래에 있는 백성들을 대함에 있어 예의와 충성과 신의는 없고 모든 일에 상이나 형벌, 권세, 속임수 따위로 그들을 혹독하게 부려 공을 얻고자 한다면, 큰 적이 쳐들어올 때 이들에게 위태로운 도성을 지키라고 해도 그들은 반드시 배반할 것이요, 적과 맞서 싸우라고 해도 반드시 달아날 것이며, 어렵고 번잡한 일을 시켜도 반드시 달아날 것이니, 인심이 흉흉하여 아래 백성이 도리어 그 임금을 제거하려 들 것이다.

그러므로 상과 형벌, 권세, 속임수 등은 날품팔이꾼이나 장사치들에게 쓰는 방법이지 민중의 뜻을 규합하여 국가를 튼튼하게 만들기에는 부족하므로, 옛사람들은 부끄럽게 여겨 이 방법을 쓰지 않았던 것이다. 그래서 후덕함을 우선으로 하고 도로써 예의를 밝히며, 성실과 믿음을 다하여 이들을 사랑하고, 어진 이를 높이고 유능한 사람을 기용하여 차례를 정한 다음 작위와 포상을 거듭 베풀고, 때에 따라 일을 시키되 부담은 가볍게 함으로써 이들을 조화 · 통일시켜 길이 보살펴 주기를 갓난아이를 돌보듯 하였다.

이리하여 정치와 법령은 안정되고 풍속이 통일되는데, 간혹 이러한 풍속을 어기고 임금의 명에 순종하지 않는 자가 있으면 백성들이 모두 원망하고 미워하여 해독을 끼치는 자라 여겨 역귀를 쫓듯 할 것이다.

그후 비로소 형벌이 생겨나고 큰 형벌인 사형이 더해지니 이보다 더 큰 치욕은 없다. 이것을 이롭다고 생각하는가? 큰 형벌이 더해지는데 광기에 사로잡혔거나 바보가 아닌 이상 누가 이런 것을 보고도 행실을 고치지 않겠는가! 그런 뒤에라야 백성들은 윗사람의 법을 깨달아 따를 줄 알게 되고 윗사람의 뜻을 따라 안락하게 살게 되는 것이다.

이에 백성들은 선으로 감화되고 몸을 닦아 바르게 행하며 예의를 따르고 도덕을 존중할 것이다. 백성이 이를 귀하게 여기고 공경하지 않음이 없고 가까이하는 것을 명예로 여기지 않음이 없을 것이다. 그런 뒤에 상이 생겨나는 것이다. 이것이 높은 벼슬과 많은 봉록이 주어지는 까닭이다. 영화로움이 이보다 클 것인가? 이것을 해롭다고 생각하는가? 곧

以申之 時其事 輕其任 以調齊之長養之 如保赤子 政令以定 風俗以一 有離俗不順其上 則百姓莫不敦惡 莫不毒孽 若祓不祥 然後刑於是起矣 是大刑之所加也 辱孰大焉 將以爲利邪 則大刑加焉 身苟不狂惑戇陋 誰睹是而不改也哉 然後百姓曉然皆知循上之法 像上之志而安樂之 於是有能化善 脩身正行 積禮義 尊道德 百姓莫不貴敬 莫不親譽 然後賞於是起矣 是高爵豊祿之所加也 榮孰大焉 將以爲害邪 則高爵豊祿以持養之 生民之屬 孰不願也 雕雕焉縣貴爵重賞於其前 縣明刑大辱於其後 雖欲無化 能乎哉 故民歸之如流水 所存者神 所爲者化 而順 暴悍勇力之屬 爲之化而愿 旁辟曲私之屬爲之化而公 矜糾收繚之屬 爲之化而調 夫是之謂大化至一 詩曰 王猶允塞 徐方旣來 此之謂也 凡兼人者有三術 有以德兼人者 有以力兼人者 有以富兼人者 彼貴我名聲 美我德行 欲爲我民 故辟門除涂 以

迎吾人 因其民 襲其處 而百姓皆安 立法施令莫不順比 是故得地而權彌重 兼人而兵俞强 是以德兼人者也 非貴我名聲也 非美我德行也 彼畏我威 劫我勢 故民雖有離心 不敢有畔慮 若是則戎甲俞衆 奉養必費 是故得地而權彌輕 兼人而兵俞弱 是以力兼人者也 非貴我名聲也 非美我德行也 用貧求富 用飢求飽 虛腹張口來歸我食 若是則必發夫掌窌之粟以食之 委之財貨以富之 立良有司以接之 已朞三年 然後民可信也 是故得地而權彌輕 兼人而國俞貧 是以富兼人者也 故曰 以德兼人者王 以力兼人者弱 以富兼人者貧 古今一也 兼并易能也 唯堅凝之難焉 齊能并宋 而不能凝也 故魏奪之 燕能并齊 而不能凝也 故田單奪之 韓之上地 方數百里 完全富足而趨趙 趙不能凝也 故秦奪之 故能并之而不能凝 則必奪 不能并之又不能凝其有 則必亡 能凝之則必能并之矣 得之則凝 兼并無强 故者湯以薄

높은 벼슬과 많은 봉록으로 이들을 먹여 살리는데 백성으로서 그 누가 이를 원하지 않으랴. 앞에는 귀한 벼슬과 무거운 상을 분명히 걸어놓고 뒤에다가 공명한 형벌과 커다란 치욕을 걸어둔다면 비록 순화되지 않으려 한들 그것이 가능하겠는가!

그러므로 백성들은 흐르는 물처럼 모여들고 거기에다 신통하게 다스려지며, 하는 일마다 모두 순화되고 난폭하게 설치던 무리들도 모두 감화되어 성실해지며, 편벽되고 비뚤어진 무리들도 다 순화되어 공정하게 되고 성미가 급하고 사나운 무리들도 모두 순화되어 조화를 이루니, 대체로 이것을 가리켜 위대한 감화요 최고의 통일이라고 하는 것이다. 〈시경〉에 말하기를, "왕의 헤아림이 진정 완벽하니 서방의 백성들이 귀순하네." 하였으니 이를 가리킨 것이다.

다른 나라를 합병하는 데는 세 가지 방법이 있는데, 덕으로 합병하는 방법, 힘으로 합병하는 방법, 부(富)로 합병하는 방법이 그것이다.

저들이 내 명성을 귀하게 여기고 내 덕행을 아름답게 보며, 내 백성이 되기를 원하여 문을 열고 길을 닦아 내가 들어가는 것을 영접하면 이쪽에서도 그 백성의 기뻐하는 바를 따라 그들이 사는 땅에 그대로 안주하게 되므로, 법을 만들고 정령을 시행해도 누구 한 사람 따르지 않음이 없을 것이다. 그러므로 영토를 얻으면 권위는 더욱 커지고 그 백성을 포용하여 군사는 더욱 강해지니, 이것이 덕으로써 합병하는 방법이다.

저들이 내 명성을 귀하게 여기지 않고 내 덕행을 아름답게 보지 않지만, 내 위엄을 두려워하고 내 권세를 두려워하여 백성들의 마음이 떠나 있다 해도 감히 배반할 생각을 하지 못한다. 이렇게 되면 군사는 더욱 많아져 그들을 먹여 살리는 비용도 더 많이 들게 되므로, 땅을 얻어도 권위는 갈수록 가벼워지고 사람을 포용해도 군사는 갈수록 약해지니, 이것이 힘으로써 병합하는 방법이다.

저들이 내 명성을 귀하게 여기지 않고 내 덕행을 아름답게 보지 않지만, 오직 가난하기 때문에 부유함을 구하고 배고프기 때문에 배부른 것을 구하며, 뱃속이 비었기에 입을 벌리고서 우리의 양식을 보고 귀복해오는데, 이렇게 되면 반드시 창고문을 열고 곡식을 꺼내 이들을 먹여주어야 하고 그들에게 재물을 주어 넉넉하게 해주어야 하며, 현명하고 유능한 관리를 두어 그들을 보살펴 3년이 차야 겨우 믿을 만한 백성이 될 것이다. 그러므로 영토를 얻어도 권위는 갈수록 떨어지고 그들을 포용해도 나라는 갈수록 가난해지니, 이것이 부(富)로써 병합하는 방법이다. 그래서 "덕으로써 병합하는 자는 왕이 되고 힘으로써 병합하는 자는 약해지며 부로써 병합하는 자는 가난해진다."고 하였는데, 이는 고금을 통하여 한결같다.

남의 나라를 병합하는 것은 쉬울 수도 있으나 이를 견고하게 안정시키는 일은 대단히 어렵다. 제나라는 송나라를 병합했으면서도 안정시키지 못한 까닭에 위(魏)나라에게 빼앗겼으며, 연나라는 제나라를 병합했으면서도 안정시키지

武王以滈 皆百里之地也 天下爲一 諸侯爲臣 無它故焉 能凝之也 故凝士以禮 凝民以政 禮脩而士服 政平而民安 士服民安 夫是之謂大凝 以守則固 以征則强 令行禁止 王者之事畢矣

제애(除阸) : 제(除)는 왕염손에 의하면 험(險)의 잘못된 글자이고 애(阸)는 애(隘)이니, 곧 험애(險隘). 험하고 좁은 것.

곽언(藿焉) : 환언(渙焉), 곧 분리되어 흩어지는 모양.

긍규수료(矜糾收繚) : 긍(矜)과 규(糾)는 모두 급(急)의 뜻. 수(收)와 료(繚)는 모두 려(戾)의 뜻이 있다.

장교(掌窌) : 장(掌)은 왕인지에 의하면 름(廩)의 잘못이고 교(窌)는 교(窖), 곧 움이다. 곳간과 땅 밑의 광.

상지(上地) : 상당지지(上黨之地).

겸병무강(兼并無强) : 능히 안정시키면 따로 병합할 강자가 없다는 뜻.

탕이박무왕이호(湯以薄武王以滈) : 박(薄)은 박(亳), 호(滈)는 호(鄗)인데, 모두 도읍이다.

못했기 때문에 제나라의 전단(田單)에게 다시 빼앗겼던 것이다. 또 한(韓)나라의 상당(上黨)은 크기가 사방 수백 리요 성곽과 고을이 완전할 뿐 아니라 곳간에는 재물이 가득했는데, 이 땅이 고스란히 조(趙)나라의 손아귀에 들어갔다. 그러나 조나라는 이를 안정시키지 못했기 때문에 진(秦)나라에게 빼앗겼다.

그러므로 능히 병합하더라도 안정시키지 못하면 반드시 빼앗기고 병합할 능력도 없는데다 자기가 소유한 나라조차 안정시키지 못한다면 반드시 망하고 만다. 따라서 능히 안정시킬 수 있다면 반드시 다른 나라를 병합할 수 있는 것이다. 얻어서 곧 안정되면 다른 나라를 합병할 때 강한 나라도 문제가 없을 것이다.

박(亳) : 은(殷)나라의 수도.
호(鄗) : 주(周)나라의 수도. 지금의 섬서성 장안(長安).

옛날에 탕왕은 박(亳) 땅에, 무왕은 호(鄗) 땅에서 일어났는데, 모두 백 리 정도의 영토였다. 그러나 그들은 천하를 통일하였고 제후들을 신하로 삼았으니, 이는 다른 이유에서가 아니라 능히 안정시켰기 때문이다.

왕자(王者) : 왕도(王道)로써 천하를 다스리는 사람.

그러므로 선비들을 안정시키는 데는 예로써 하고 백성을 안정시키는 데는 정치로써 하는데, 예가 닦이면 선비들이 복종하고 정치가 공평하면 백성이 편안하니, 선비들이 복종하고 백성이 편안하면 이것을 가리켜 대응(大凝)이라고 한다. 실로 지키면 견고하고 정벌하면 강해지며, 명령은 즉각 행해지고 금령은 지켜져서, 왕자(王者)의 사업은 이로써 끝나는 것이다.

| 풀이 | 전편을 통한 용병(用兵)의 정식은 중국의 7대 병서(兵書)와 비교해 조금도 손색이 없다. 왕자란 공격하여 벌(罰)하는 일은 있어도 전쟁을 위한 전쟁을 하지 않는다는 점이나, 성을 공격하되 백성을 죽이지 않고 곡식을 짓밟지 않으며 포로를 죽이지 않는다는 것, 또는 백성을 오랫동안 전역(戰役)에 매어두지 않는다는 등의 주장은 휴머니스트로서의 순자의 전쟁론이요, 고금의 명장(名將)들이 한결같이 귀하게 여기는 바이다. 순자는 특히 인의(仁義)의 군대를 강조함으로써 포악함을 막아 폐해를 제거하는 수단으로 보았다. 그래서 어진 사람이 이끄는 군대란 주둔하고 있는 땅에서는 신처럼 위엄이 있고 통과하는 곳마다 감화가 미쳐, 마치 시기 적절하게 단비가 내리는 것처럼 기뻐하지 않는 이가 없다고 하였다.

중국의 칠대 병서 : 무경칠서(武經七書). 곧 〈손자(孫子)〉, 〈오자(吳子)〉, 〈사마법(司馬法)〉, 〈울료자(尉繚子)〉, 〈삼략(三略)〉, 〈이위공문대(李衛公問對)〉, 〈육도(六韜)〉의 총칭.

전역(戰役) : 전쟁. 전쟁이 벌어진 큰 일.

16 강국편 彊國篇

1

1// 刑范正 金錫美 工冶巧 火齊得 剖刑而莫邪已 然而不剝脫 不砥厲 則不可以斷繩 剝脫之 砥厲之 則劙盤盂刎牛馬忽然耳 彼國者亦彊國之剖刑已 然而不教誨 不調一 則入不可以守 出不可以戰 教誨之 調一之 則兵勁城固 敵國不敢嬰也 彼國者亦有砥厲 禮義節奏是也 故人之命在天 國之命在禮 人君者 隆禮尊賢而王 重法愛民而覇 好利多詐而危 權謀傾覆幽險而亡 威有三 有道德之威者 有暴察之威者 有狂妄之威者 此三威者不可不孰察也 禮樂則

주형(鑄型)이 정확하고 쇠의 원료가 좋으며, 대장장이의 솜씨가 정교하고 화력이 알맞아야 모형을 갈랐을 때 막야검(莫邪劍)이 되어 나온다. 그러나 쇠똥을 벗겨내지 않고 숫돌에 갈지 않는다면 새끼줄조차도 끊을 수가 없어서 쇠똥을 벗겨내고 숫돌에 갈아야만 대야나 주발도 쪼개고 소나 말도 단번에 베어버릴 수가 있는 것이다. 나라란 것도 역시 강국(彊國)의 모형에서 나온 것인데, 가르쳐 깨우치지도 않고 하나로 조화시키지 못하면 안으로는 지킬 수가 없고 밖으로는 나아가 싸울 수가 없다. 이를 가르쳐 깨우치고 하나로 조화시켜야만 군사가 강해지고 성곽이 견고해지며, 적국이 감히 건드리지 못하는 것이다. 나라란 것은 또한 숫돌을 가지고 있으니, 예의(禮義)와 절도가 그것이다.

그러므로 사람의 운명은 하늘에 달려 있고 나라의 운명은 예에 달려 있는 것이다. 남의 임금된 자로서 예를 숭상하고 현명한 이를 존중하면 왕자요, 법을 중히 여기고 백성을 사랑하면 패자(覇者)요, 이익을 좋아하고 속임수가 많으면 위태로워지며, 권모술수에다 남을 전복시키려는 음흉한 마음을 가지면 멸망한다.

위엄에는 세 종류가 있으니, 도덕에 의한 위엄이 있고 포학하고 빈틈이 없는 위엄이 있으며, 광적이고 망령된 위엄이 있다. 이 세 가지 위엄에 대해서는 깊이 살피지 않으면 안 된다. 예와 악이 잘 닦여 있고 신분과 의리가 명백하며, 사랑하고 이익되게 하는 마음이 구체화되면 백성들은 그를 천제(天帝)처럼 귀하게, 하늘처럼 높게, 부모처럼 친근하게, 신명(神明)처럼 두렵게 여길 것이다.

그러므로 상을 내리지 않더라도 백성은 힘쓰게 되고 형벌을 쓰지 않더라도 위엄이 행해지니, 대체로 이것을 가리켜 도덕에 의한 위엄이라고 한다. 예악이 닦여 있지 않고 신분과 의리가 분명치 못하며, 하는 일이 때에 맞지 않고 사랑하고 이익되게 하는 마음이 구체화되어 있지 않으면서, 난폭한 행위를 금지하는 데는 더없이 엄밀하고 복종하지 않는 자를 처벌하는 데는 더없이 철저하며, 형벌은 엄중하여 말한 대로 실행하고 처벌하고 죽이는 일은 사납고도 틀림이 없으며, 형의 집행은 갑자기 천둥이 치고 무너져내리는 담장에 깔리듯 한다.

이리하여 백성을 협박하면 두려워 떨다가도 잠시 고삐를 늦추어주면 대번에 임금을 업신여기고 구속을 가하면 모두를 모여 따르는 것 같다가도 틈만 보이면 뿔뿔이 흩어지며,

脩 分義則明 擧錯則時 愛利則形 如是 百姓貴之如帝 高之如天 親之如父母 畏之如神明 故賞不用而民勸 罰不用而威行 夫是之謂道德之威 禮樂則不脩 分義則不明 擧錯則不時 愛利則不形 然而其禁暴也察 其誅不服也審 其刑罰重而信 其誅殺猛而必 黭然而雷擊之 如牆厭之 如是 百姓劫則致畏 嬴則敖上 執拘則最 得閒則散 敵中則奪 非劫之以形埶 非振之以誅殺 則無以有其下 夫是之謂暴察之威 無愛人之心 無利人之事 而日爲亂人之道 百姓讙敖 則從而執縛之 刑灼之 不和人心 如是 下比周賁潰以離上矣 傾覆滅亡 可立而待也 夫是之謂狂妄之威 此三威者 不可不孰察也 道德之威成乎安彊 暴察之威成乎危弱 狂妄之威成乎滅亡也

형범(刑范) : 형(刑)은 형(型), 범(范)은 범(範)과 같으므로 법(法)의 뜻. 곧 법식모형(法式模型).

집구즉최(執拘則最) : 최

(最)는 취(聚), 곧 모인다는 뜻.
훤오(讙敖) : 훤(讙)은 훤화(喧譁), 오(敖)는 오(嗷). 곧 말썽이 많은 것을 걱정하다.

적절히 알맞은 방법을 쓰면 권위를 빼앗기게 되는데, 위엄으로써 협박하고 처벌과 사형으로 그들을 분발시키지 않으면 곧 백성들을 다스릴 길이 없게 된다. 대체로 이것을 가리켜 포학하고 빈틈이 없는 위엄이라고 한다.

남을 사랑하는 마음도 없고 남을 이익되게 하는 사업도 없으면서 날마다 사람의 도를 혼란시키기만 하다가, 백성들이 시끄럽게 떠들면 이내 잡아다가 무서운 형벌에 처하여 인심이 화합되지 못하도록 하니, 백성들이 저마다 떼를 지어 임금을 버리고 달아나 나라는 전복되어 멸망할 날을 서서 기다려야 할 지경인데, 대체로 이것을 가리켜 광적이고 망령된 위엄이라고 한다. 이 세 가지 위엄에 대하여 잘 살펴야 한다. 도덕에 의한 위엄은 안전하고 강력한 나라를 이루며, 포학하고 빈틈이 없는 위엄은 나라를 취약하게 만들며, 광적이고 망령된 위엄은 나라를 망하게 만드는 것이다.

| 풀이 | 이 편의 요지는 힘에 의한 정치를 배격하고 진(秦)의 패도정치(覇道政治)를 비판하고 있다. 나라가 강해지기 위해서는 예의를 바탕으로 하는 도덕정치를 펴야 한다고 주장하였다. 정교일치(正教一致)를 말하는 유가(儒家)적인 정신이 전편에 흐르고 있다.

2

2// 公孫子曰 子發將

공손자(公孫子)가 말했다. "자발(子發)이 군사를 이끌고 채

(蔡)나라를 쳐서 이기고 그 나라의 제후를 사로잡았다. 그리고 초(楚)로 돌아가 임금께 '채의 제후가 그의 사직을 받들어 초에 귀복해왔기에 제가 두세 명의 신하에게 그 나라 땅을 다스리도록 하였습니다.' 라고 보고하였다. 그러자 초나라에서 그에게 상을 내리려고 하였더니 자발은 이를 사양하며 말하기를, '포고하고 명령을 내리자 적이 물러갔다면 이는 바로 주상의 위력이요, 군사를 이동시켜 공격하자 적이 물러갔다면 이는 장수의 위력이며, 맞붙어 싸워 힘을 쓰자 적이 물러갔다면 이는 많은 군사의 위력입니다. 그러므로 신이 여러 사람의 위력으로 상을 받는다는 것은 적당치가 않습니다.' 라고 하였다.

나는 그것을 다음과 같이 비판하고자 한다. 자발이 돌아와 임금에게 보고한 태도는 매우 공경스럽다고 하겠으나 그 상을 사양한 것은 고루한 일이다. 현명한 사람을 숭상하고 유능한 자를 기용하여 공이 있으면 상을 주고 죄가 있으면 벌을 주는 것은 유독 초나라 임금만이 행한 일이 아니다. 선왕(先王)들이 행한 도요 인심을 통일하는 근본이며, 선(善)에 대해서는 선으로 악(惡)에 대해서는 악으로 응보하는 것이니, 국가의 다스림은 여기에서 비롯되며 이는 고금을 통해 한결같은 것이다.

옛날 명철한 임금이 대업을 일으켜 큰 공을 세운 경우, 대업이 이미 성취되어 큰 공을 세우고 나면 임금은 곧 그 성취를 향유하고 군신은 그 공을 향유하며, 사대부는 벼슬을 더하고 일반 관리들은 봉록을 더하며 서민들은 녹을 올려 받

西伐蔡 克蔡 獲蔡侯歸致命曰 蔡侯奉其社稷而歸之楚 舍屬二三子 而治其地 旣 楚發其賞 子發辭曰 發誡布令而敵退 是主威也 徙擧相攻而敵退 是將威也 合戰用力而敵退 是衆威也 臣舍不宜以衆威受賞 譏之曰 子發之致命也恭 其辭賞也固 夫尙賢使能 賞有功 罰有罪 非獨一人爲之也 彼先王之道也 一人之本也 善善惡惡之應也 治必由之 古今一也 古者明王之擧大事 立大功也 大事已博 大功已立 則君享其成 君臣享其功 士大夫益爵 官人益秩 庶人益祿 是以爲善者勸 爲不善者沮 上下一心 三軍同力 是以百事成而功名大也 今子發獨不然 反先王之道 亂楚國之法 墮興功之臣 恥受賞之屬 無僇乎族黨而抑卑其後世 案獨以爲私廉 豈不過甚矣哉 故曰 子發之致命也恭 其辭賞也固 荀卿子說齊相曰 處勝人之埶 行勝人之道 天下莫忿 湯武是也 處勝人之埶 不以勝人之道 厚於有天下之

執 索爲匹夫 不可得也 桀紂是也 然則得勝人之執者 其不如勝人之道遠矣 夫主相者 勝人以執也 是爲是 非爲非 能爲能 不能爲不能 併己之私欲 必以道夫公道通義之可以相兼容者 是勝人之道也 今相國 上則得專主 下則得專國 相國之於勝人之執 亶有之矣 然則胡不敺此勝人之執 赴勝人之道 求仁厚明通之君子而託王焉 與之參國政 正是非 如是 則國孰敢不爲義矣 君臣上下 貴賤長少 至於庶人 莫不爲義 則天下孰不欲合義矣 賢士願相國之朝 能士願相國之官 好利之民莫不願以齊爲歸 是一天下也 相國舍是而不爲 案直爲是世俗之所以爲 則女主亂之宮 詐臣亂之朝 貪吏亂之官 衆庶百姓皆以貪利爭奪爲俗 曷若是而可以持國乎 今巨楚縣吾前 大燕鰌吾後 勁魏鉤吾右 西壤之不絕若繩 楚人則乃有襄賁開陽以臨吾左 是一國作謀 則三國必起而乘我 如是 則齊必斷而爲四 三國若假城然

았다. 이리하여 착한 일을 한 자는 더욱 힘쓰고 착하지 못한 일을 일삼던 자는 이를 그쳐 상하가 한 마음이 되며, 삼군(三軍)이 힘을 뭉쳐 이로써 백 가지 사업이 성취되고 공과 명성이 커지는 것이다.

그러나 지금 자발은 유독 그렇지가 못하여 선왕의 도를 어기고 초나라의 법을 어지럽혔으며, 공을 세운 신하들을 낮추고 상을 받은 사람들을 부끄럽게 만들었으며, 친족들까지도 녹을 향유할 수 없게 만듦으로써 그 후세를 억누르고 비하시켰는데, 자발이 유독 그것을 청렴 · 결백으로 보았으니 어찌 큰 과오가 아니겠는가? 그래서 자발이 돌아와 보고하는 태도는 지극히 공경스러우나 상을 사양한 행위는 고루하다고 말한 것이다."

순경자(荀卿子)가 제나라의 재상에게 말했다. "남을 이길 만한 권세를 가지고 남을 이길 만한 도를 행하였는데도 천하가 노여움을 보이지 않았던 것은, 탕왕과 무왕의 경우입니다. 그러나 남을 이길 만한 권세를 가지고 있으면서도 남을 이길 수 있는 도를 쓰지 않고 천하의 세력을 한 몸에 넉넉히 지니고 있으면서도 필부로서의 목숨마저도 부지하지 못하였던 것은, 걸(桀)과 주(紂)의 경우입니다.

그렇다면 남을 이길 만한 세력을 얻는다는 것은 남을 이기는 도를 행하는 것만 훨씬 못하다는 것입니다. 저 임금이나 재상으로서 남을 이길 만한 권세를 가지고서 옳은 것은 옳다 하고 그른 것은 그르다 하며, 유능한 것은 유능하다 하고 무능한 것은 무능하다 하며, 사사로운 욕망을 없애고 반드시 공정한 도리로 의에 통하여 모든 사람을 포용할 수 있다면 이것이 남을 이기는 도입니다. 지금 재상인 그대는 위로는 임금을 마음대로 할 수 있고 아래로는 나라를 마음대로 할 수가 있으니, 당신이야말로 남을 이길 만한 권세를 가지고 있고 진실로 세력을 보유하고 있다고 하겠습니다.

그런데도 왜 남을 이길 만한 권세를 타고서 남을 이길 만한 큰 도로 나아가지 않습니까? 만일 인후하고 밝게 통달한 군자를 얻어서 임금을 보필하게 하고 이들과 더불어 국정에 참여하여 옳고 그름을 바르게 가린다면, 나라 안에 누가 감히 도의를 실천하지 않을 사람이 있겠습니까? 이리하여 군신 · 상하 · 귀천 · 장유(長幼)에서 일반 서민에 이르기까지 도의를 행하지 않는 이가 없을 것이니, 천하에 누가 감히 도의에 합하기를 바라지 않을 자가 있겠습니까?

현명한 선비는 재상의 나라 조정에서 일하기를 원할 것이요, 유능한 선비는 재상의 나라 조정에서 벼슬하기를 원할 것이며, 이익을 좋아하는 백성으로서 제나라로 돌아가 살기를 원치 않을 사람이 없으리니, 이것이 곧 천하를 통일하는 것입니다. 그런데 재상인 당신은 이런 것을 따르지 않고 버려두며 세속에서 생각하는 일반 사례를 따르고 있습니다.

그리하여 왕후는 대궐 안에서, 간사한 신하는 조정에서, 탐관오리는 관직에서 어지럽히고 모든 백성들은 하나같이 이익을 탐하여 서로 싸워 빼앗기를 습속으로 삼고 있으니, 어찌 이래서야 나라를 지탱할 수 있겠습니까! 지금 거대한 초나라가 내 앞에 버티고 있고 큰 연나라가 뒤에 바싹 붙어

耳 必爲天下大笑 曷若兩者孰足爲也 夫桀紂聖王之後子孫也 有天下者之世也 埶籍之所存 天下之宗室也 土地之大 封內千里 人之衆 數以億萬 俄而天下倜然擧去桀紂而犇湯武 反然擧惡桀紂而貴湯武 是何也 夫桀紂何失 而湯武何得也 曰 是無它故焉 桀紂者善爲人所惡也 而湯武者善爲人所好也 人之所惡何也 曰 汙漫爭奪貪利是也 人之所好者何也 曰 禮義辭讓忠信是也 今君人者辟稱比方則欲自竝乎湯武 若其所以統之 則無以異於桀紂 而求有湯武之功名 可乎 故凡得勝者 必與人也 凡得人者 必與道也 道也者何也 曰 禮讓忠信是也 故自四五萬而往者 彊勝 非衆之力也 隆在信矣 自數百里而往者 安固 非大之力也 隆在脩政矣 今已有數萬之衆者也 陶誕比周以爭與 已有數百里之國者也 汙漫突盜以爭地 然則是棄己之所安彊 而爭己之所以危弱也 損己之所不足 以重己之所有餘 若

있으며, 강한 위(魏)나라가 오른쪽 땅을 끌어가려고 하여 서쪽 국경의 땅이 무너져 새끼줄처럼 끊어질 듯 말 듯 위태로우며, 노(魯)나라 사람들은 양분(襄賁) · 개양(開陽)을 점유한 채 우리의 왼쪽에 군림하고 있는데, 만일 한 나라라도 여기서 모략을 꾸민다면 다른 세 나라는 반드시 일어나 우리의 위기를 틈탈 것입니다.

이렇게 되면 제나라는 반드시 네 쪽으로 갈라질 것이요, 세 나라가 마치 자기네 성을 빌려주는 것처럼 되어 천하의 큰 웃음거리가 될 것인즉, 이 두 가지 중 어느 것을 택해야 하겠습니까? 저 걸 · 주는 모두 성왕(聖王)의 후손들이요 천하를 가진 왕자의 대를 이었고, 권세있는 지위가 주어졌고 천하의 종친이었습니다. 토지는 사방 천 리나 될 정도로 넓었으며, 인구는 억만을 헤아릴 정도로 많았는데도 천하의 인심은 하루아침에 달라져 걸 · 주를 버리고 탕왕과 무왕에게로 달려갔으며, 단번에 마음이 돌아서 걸 · 주를 미워하고 탕왕 · 무왕을 귀하게 여겼습니다.

이는 무슨 까닭입니까? 저 걸 · 주는 어찌하여 천하를 잃었고 탕 · 무는 어찌하여 천하를 얻었습니까? 이는 다른 이유에서가 아니라 걸 · 주는 곧잘 사람들이 싫어하는 행동을 하였고 탕 · 무는 곧잘 사람들이 좋아하는 행동을 하였기 때문입니다.

사람들이 싫어하는 행동이란 무엇입니까? 바로 더럽고 속이고 다투며 빼앗고 이익을 탐하는 것입니다. 사람들이 좋아하는 행동이란 무엇입니까? 바로 예의와 사양 및 충성

是其悖繆也 而求有湯武之功名 可乎 辟之是猶伏而咶天 救經而引其足也 說必不行矣 愈務而愈遠 爲人臣者 不恤己行之不行 苟得利而已矣 是渠衝入穴而求利也 是仁人之所羞而不爲也 故人莫貴乎生 莫樂乎安 所以養生安樂者 莫大乎禮義 人知貴生樂安而棄禮義 辟之是猶欲壽而歾頸也 愚莫大焉 故君人者 愛民而安 好士而榮 兩者無一焉而亡 詩曰 价人維藩 大師維垣 此之謂也

사촉이삼자(舍屬二三子) : 사(舍)는 경사(景舍), 곧 자발(子發)의 이름. 촉(屬)은 부탁위치(付託委致)의 뜻이고 이삼자(二三子)는 두세 명의 신하.

도탄비주이쟁여(陶誕比周以爭與) : 도탄(陶誕)은 도탄(謟誕)과 통하며, 곧 알랑거리며 마음에 없는 소리를 하는 것. 비주(比周)는 무리를 널리 모으다. 쟁여(爭與)는 쟁여국(爭與國), 즉 나라끼리 다툰다는 뜻.

오만돌도(汙漫突盜) : 오탁(汚濁) · 기만(欺慢)으로 서로 빼앗고 범하여

과 신의입니다. 오늘날 임금들은 자신을 모두가 탕왕 · 무왕과 나란히 일컬어지기를 바라면서도 그들이 통치하는 것을 보면 걸 · 주와 다를 바가 없는데, 그러면서도 탕 · 무의 공과 명성을 구하니 되겠습니까?

그러므로 무릇 승리한 자는 반드시 남과 함께 하였고 인심을 얻은 자는 반드시 도(道)와 함께 하였습니다. 도라고 하는 것은 무엇입니까? 예의 · 사양 · 충성 · 신의입니다. 그러므로 4,5만 이상의 군사를 가지면 강자로서 승리할 수 있겠지만, 이는 무리의 힘 때문이 아니라 신의를 중히 여겼기 때문입니다. 또 강토가 수백 리 이상이면 능히 안전하고 견고하겠지만, 이는 강대한 힘 때문이 아니라 정사(政事)를 바로잡았기 때문입니다.

오늘날 수만의 병력을 보유하고 있으면서 아첨과 망령된 소리로 자기 편으로 끌어들이고자 서로 다툴 뿐만 아니라, 이미 수백 리의 넓은 영토를 가진 나라가 남의 땅을 추악하게 넘보며 가로채려고 다투니, 이는 자기 나라가 안전하고 견고해지는 길을 버리고 스스로 취약해지는 길을 향해 다투는 것이요, 자기에게 부족한 것을 더욱 손상시키면서 자기에게 여유있는 것을 더 증가시키려는 것일 뿐입니다. 이같이 인륜에 어긋나는 행위를 하면서도 탕 · 무의 공과 명성을 얻으려고 하니 되겠습니까? 비유컨대 이는 엎드려서 하늘을 핥는 격이요, 목을 맨 사람을 구하고자 그 발을 잡아당기는 격이니, 말을 해도 행해지지 않고 힘쓰면 힘쓸수록 더욱 거리가 멀어질 뿐입니다.

도둑질하는 것.
거충입혈이구리야(渠衝入穴而求利也) : 거충(渠衝)은 성을 공격하는데 사용하는 큰 수레. 즉, 거충을 속에 밀어넣고서 거기서 이익을 얻게 되기를 구한다는 뜻.

또 남의 신하가 된 몸으로서 자기의 소행이 임금에게 통하지 못하는 것은 근심하지 않고 구차하게 이익을 얻기에만 급급한다면, 이는 거충(渠衝)을 구멍 속에 밀어 넣고서도 그 이익을 구하는 것이니, 어진 사람이라면 이를 부끄럽게 여겨 행하지 않을 것입니다.

본디 사람에게는 삶보다 더 귀한 것이 없고 안락보다 더 즐거운 것은 없으며, 살아가고 안락함을 영위하는 데는 예의보다 더 큰 것이 없습니다. 사람이 삶을 귀하게 여기고 안락을 즐길 줄 알면서도 예의를 버린다면, 이는 비유컨대 장수하기를 바라면서도 목을 자르는 것과 같으니 이보다 더 큰 어리석음은 없습니다.

그러므로 남의 임금된 자는 백성을 사랑함으로써 안락이 있고 선비를 좋아함으로써 영화로우니, 이 두 가지 중 한 가지라도 없으면 멸망하는 것입니다. 〈시경〉에 말하기를, '훌륭한 군인은 나라의 울타리요, 삼공은 나라의 담장이다.'라고 하였으니 이를 가리킨 것입니다."

| 풀이 | 공손자는 제(齊)나라의 재상이라는 것만 알 수 있을 뿐 이름은 알 수 없다. 그래서 이 부분의 해석도 가지가지이다. 여기서는 공손자가 〈어람(御覽)〉과 〈사기〉에 나오는 글을 그대로 인용하여 말한 것으로 풀이했다. 그래야만 뒤에 순경자(荀卿子)가 말을 받는 형식이 되기 때문이다.

어람(御覽) : 태평어람(太平御覽). 송(宋)나라 태종(太宗)의 명으로 이방(李昉) 등이 지은 천여 권에 달하는 방대한 책.

3

힘에 의한 방법은 막히고 의(義)에 의한 방법은 행해진다고 하니, 이는 무엇을 말하는가? 말하자면 진(秦)나라를 가리킨다. 위세와 강성하기로 말하면 탕왕이나 무왕보다 더하고 광대하기로 말하면 순임금 · 우임금보다 더한데도 걱정은 이루 헤아릴 수가 없어 항상 천하가 힘을 하나로 뭉쳐 자기를 짓밟아오지나 않을까 하여 두려워하니, 이것이 이른바 힘에 의한 방법이 막히는 것이다. 그렇다면 위세와 강성함이 탕왕 · 무왕보다 더하다는 것은 무슨 뜻일까?

탕왕과 무왕은 자기에게 기꺼이 복종해오는 사람만을 부렸다. 그런데 진나라는 그렇지가 않아서 초(楚)의 경양왕(頃襄王) 3년에 부왕인 회왕(懷王)이 진나라에 억류되어 객사하는데, 나라마저 빼앗긴 경양왕은 3대의 위패를 지고 진(陳) · 채(蔡) 사이로 피신하여 복수할 기회를 엿보면서 적의 틈만 보이면 단번에 발을 들어 진나라의 심장부를 짓밟아버리고자 벼르고 있으면서도, 진나라가 왼쪽으로 가라면 왼쪽으로 가고 오른쪽으로 가라면 오른쪽으로 향하였으니 진나라는 원수를 마음대로 부린 것이다. 이러한 까닭에 그 위세와 강함이 탕왕 · 무왕보다 더하다는 것이다.

또 영토의 광대하기가 순임금 · 우임금보다 더하다는 것은 무엇을 뜻하는가? 말하자면 예로부터 천하를 통일하여 뭇 제후를 신하로 삼은 임금들 중에는 사방 천 리가 넘는 땅을 가진 이가 없었는데, 지금 진나라는 남쪽으로 사이(沙羨)

3// 力術止 義術行 曷謂也 曰 秦之謂也 威彊乎湯武 廣大乎舜禹 然而憂患不可勝校也 諰諰然常恐天下之一合而軋己也 此所謂力術止也 曷謂乎威彊乎湯武 湯武也者 乃能使說己者使耳 今楚父死焉 國擧焉 負三王之廟而辟於陳蔡之間 視可 司間 案欲剡其脛而以蹈秦之腹 然而秦使左案左 使右案右 是乃使讐人役也 此所謂威彊乎湯武也 曷謂廣大乎舜禹也 曰 古者百王之一天下 臣諸侯也 未有過封內千里者也 今秦萬乃有沙羨與俱 是乃江南也 北與胡貉爲隣 西有巴戎 東在楚者乃界於齊 在韓者踰常山乃有臨慮 在魏者乃據圉津 卽去大梁百有二十里耳 其在趙者剡然有苓而據松柏之塞 負西海而固常山 是地徧天下也 威動海內 彊殆中國 然而憂患不可勝校也 諰諰然常恐天下之一合而軋己也 此所謂廣大乎舜禹也 然則奈何 曰

까지 차지했으니 이것은 강남(江南)의 땅이요, 북쪽으로는 호(胡)와 맥(貉)을 이웃하였고 서쪽으로는 파(巴)·융(戎)을 차지하였으며, 동쪽으로는 초나라 땅을 병합하여 제나라와 경계를 짓고 있었다. 또한 한(韓)나라 땅이었던 상산(常山)을 넘어 임려(臨慮)까지 차지하였고 위(魏)나라 땅이었던 위진(圍津)까지 차지하였으니, 위나라 수도인 대량(大梁)과는 120리밖에 떨어져 있지 않은 거리이다.

조(趙)나라 땅이었던 영(苓) 지방까지 삼켜 소나무와 잣나무를 심어놓은 요새까지 차지하였다. 뒤로는 서해를 등지고 앞으로는 상산이 견고하게 막아주고 있다. 이처럼 그들의 땅은 천하를 두루 누비고 위엄은 내외를 진동시켜 강대하기가 중국의 모든 제후국을 위태롭게 만들 정도였다. 그러나 진나라는 항상 헤아릴 수 없는 근심걱정에 싸여 천하가 하나로 통합하여 자기를 짓밟지나 않을까 두려워하고 있다. 이것이 이른바 순·우보다 광대하다는 것이다.

그러면 어떻게 해야 하는가? 말하자면 위세를 줄이고 문화적인 정치로 되돌아와 성실·정직하고 신의가 있는 군자를 기용하여 천하를 다스리고, 자신도 더불어 국정에 참여하여 옳고 그름을 바로잡고 곧고 굽은 것을 다스리며, 함양(咸陽)에서 정사를 펴나가야 하는 것이다. 순종하는 자는 정벌하지 않고 순종하지 않는 자는 기다렸다가 처벌한다. 이렇게 하면 군대를 다시 먼 변방까지 내보내지 않아도 명령은 천하에 행해질 것이다. 이런 정도에 이르면 조견(朝見)을 받을 명당(明堂)을 지어놓고 멀리 있는 제후들을 조회하게

節威反文 案用夫端誠信全之君子治天下焉 因與之參國政 正是非 治曲直 聽咸陽 順者錯之 不順者而後誅之 若是則兵不復出於塞外 而令行於天下矣 若是則雖爲之築明堂於塞外 而朝諸侯 殆可矣 假今之世 益地不如益信之務也 應侯問孫卿子曰 入秦何見 孫卿子曰 其固塞險 形埶便 山林川谷美 天材之利多 是形勝也 入境 觀其風俗 其百姓樸 其聲樂不流汙 其服不挑 甚畏有司而順 古之民也 及都邑官府 其百吏肅然 莫不恭儉敦敬 忠信而不楛 古之吏也 入其國 觀其士大夫 出於其門 人於公門 出於公門 歸於其家 無有私事也 不比周 不朋黨 倜然莫不明通而公也 古之士大夫也 觀其朝廷 其朝間 聽決百事不留 恬然如無治者 古之朝也 故四世有勝 非幸也 數也 是所見也 故曰 佚而治 約而詳 不煩而功 治之至也 秦類之矣 雖然 則有其諰矣 兼是數具者而盡有之 然而縣之以王者之功名 則

하더라도 크게 어긋남이 없을 것이다. 오늘날의 세상에서도 영토를 넓히기에 힘쓰는 것은 성실과 신의를 높이기에 힘쓰는 것만 못하다.

응후(應侯)가 손경자에게 물었다. "진나라에 들어와 무엇을 보셨습니까?" 하니 손경자가 말했다. "견고한 요새는 험요하고 형세는 편리하며, 산림과 하천 및 골짜기는 아름답고 천연적 자원의 이점이 많으니 더할 수 없는 지세입니다. 또 국경에 들어와서 그 풍속을 보니 백성들은 순박하고 음악은 음란하지 않으며, 옷차림은 모두 소박하고 관리들을 매우 두려워하면서 복종하는 것이 옛날의 백성들과 같습니다.

고을의 관청에 들러보니 관리들이 모두 숙연하여 공손·검소·돈독·공경·충성·신의가 있어 빈틈없는 것이 옛날의 관리들 같았습니다. 도성에 들어가 사대부들을 보니 자기 집 대문에서 나오면 곧장 관청문으로 들어가고 관청문에서 나와서는 곧장 자기 집으로 돌아가니, 그 사이에 어떤 사사로운 일이 생기는 일이 없었고 쓸데없이 남과 친하는 일도 없었으며, 당파를 짓는 일도 없이 달관한 모양으로 두루 밝게 통하며 공평한 것이 옛날의 사대부들과 다름이 없었습니다. 조정을 보니 그곳에서 여러 가지 일을 의결하는 데 미루는 것이 없어 너무도 한가로운 모습이라 마치 정치가 행해지지 않는 듯하여 옛날의 조정을 방불케 하였습니다.

그러므로 4세(世)를 통하여 승리로 이끈 것은 요행이 아니라 당연한 일이었습니다. 이것이 본 대로입니다. 그래서 '편

僩僩然其不及遠矣 是何也 則其殆無儒邪 故曰 粹而王 駮而霸 無一焉而亡 此亦秦之所短也 積微 月不勝日 時不勝月 歲不勝時 凡人好敖慢小事 大事至然後興之務之 如是則常不勝夫敦比於小事者矣 是何也 則小事之至也數 其縣日也博 其爲積也大 大事之至也希 其縣日也淺 其爲積也小 故善日者王 善時者霸 補漏者危 大荒者亡 故王者敬日 霸者敬時 僅存之國危而後戚之 亡國至亡而後知亡 至死而後知死 亡國之禍敗 不可勝悔也 霸者之善箸焉 可以時託也 王者之功名 不可勝日志也 財物貨寶以大爲重 政教功名反是 能積微者速成 詩曰 德輶如毛 民鮮克擧之 此之謂也 凡姦人之所以起者 以上之不貴義 不敬義也 夫義者 所以限禁人之爲惡與姦者也 今上不貴義不敬義 如是 則下之人百姓皆有棄義之志而有趨姦之心矣 此姦人之所以起也 且上者下之師也 夫下之和上譬之猶響之應聲 影之

안히 있어도 다스려지고 간략하면서도 상세하며, 번거롭지 않은데도 공이 있으니 다스림의 극치이다.' 라고 말하는 것입니다. 진나라가 이와 비슷하다고 하겠습니다.

비록 그렇기는 하나 다소 두려운 것이 있습니다. 이 몇 가지 좋은 점을 아울러 모두 지니고 있지만, 왕자(王者)의 공과 명성을 걸어놓고 볼 때는 너무 아득히 미치지 못하는 바가 있습니다. 이는 어째서일까요? 유학자가 거의 없기 때문입니다. 그래서 순수하면 왕이요, 유도(儒道)를 섞으면 패자(霸者)요, 하나도 없으면 망한다고 하였습니다. 이 역시 진나라의 단점이라고 하겠습니다."

작은 일을 쌓아 나가는 데는 달마다 하는 것이 날마다 하는 것을 이기지 못하고, 시절마다 하는 것이 달마다 하는 것을 이기지 못하며, 해마다 하는 것이 시절에 따라 하는 것을 이기지 못한다. 대체로 사람이란 작은 일이면 소홀히 하다가도 큰 일이 닥치면 그때서야 뛰어들어 애를 쓰는데, 이와 같이 한다면 항상 작은 일에 충실히 힘쓰는 자를 당해내지 못한다. 이것은 어째서인가? 작은 일이란 자주 닥치는 것이므로 일을 겪는 날도 많을 뿐더러 이것이 쌓이면 크게 되는데, 큰 일이란 가끔씩 닥치므로 이를 겪는 날도 적고 이것을 쌓아도 작기 때문이다.

그러므로 나날의 일에 성실한 자는 왕이요, 시절에 따라 하는 일에 성실한 자는 패자이며, 일이 잘못된 뒤에 보충하는 자는 위태롭고 매우 태만하여 다스리지 못할 지경이면 멸망하는 것이다. 그래서 왕자는 하루하루를 소중히 여기고

象形也 故爲人上者 不可不順也 夫義者 內節於人而外節於萬物者也 上安於主而下調於民者也 內外上下節者 義之情也 然則凡爲天下之要 義爲本 而信次之 古者禹湯本義務信而天下治 桀紂棄義倍信而天下亂 故爲人上者 必將愼禮義 務忠信然後可 此君人者之大本也 堂上不糞 則郊草不瞻曠芸 白刃扞乎胸 則目不見流矢 拔戟加乎首 則十指不辭斷 非不以此爲務也 疾養緩急之有相先者也

어진(圉津) : 어(圉)는 마땅히 위(圍)가 되어야 한다. 〈한서〉에 '조참하수무도위진(曹參下修武度圍津)'이라는 구절이 있다.
염연유령이거송백지새(剡然有苓而據松柏之塞) : 염연(剡然)은 침삭(侵削)하는 모양. 영(苓)은 지명인데 소재는 알 수 없다.
청함양(聽咸陽) : 함양은 진(秦)의 수도. 함양에 앉아서 정사를 봄을 말한다.
축명당어새외(築明堂於塞外) : 양주(楊注)에 따르면 어새외(於塞外)는 군더더기라 한다. 명당(明堂)은 천자(天子)가 정

패자는 계절을 소중히 여기며, 겨우 유지해 가는 나라는 위태로워진 뒤에야 근심한다. 망하는 나라는 망한 뒤에야 망한 줄 알고 죽게 된 뒤에야 죽음을 아니, 망국의 화는 아무리 후회해도 다함이 없는 것이다.

패자의 일은 아무리 뚜렷하더라도 계절을 소중하게 여기므로 기껏해야 계절마다 기록할 정도인데, 왕자의 공과 명성은 날마다 기록해도 다하지 못한다. 재물이나 보화는 큰 것을 귀중하게 여기지만, 정치와 교화와 공과 명성은 이와는 반대여서 날마다 작은 것을 쌓고 또 쌓음으로써 빨리 성취되는 것이다. 〈시경〉에 말하기를, "덕은 가볍기가 터럭 같건만 들어올리려 애쓰는 이가 없네." 하였으니 이것을 가리킨 것이다.

무릇 간악한 사람이 생겨나는 것은 위에서 의를 귀하게 여기지 않고 의를 공경하지 않기 때문이다. 저 의란 것은 사람의 악함과 간사함을 막기 위하여 있는 것이다. 이제 위에서 의를 귀하게 여기지 않고 공경하지 않는다면 백성들도 모두 따라서 의를 버리고 간악한 데로 치닫고 싶은 마음이 생길 것이니, 이것이 간사한 인간이 생겨나는 까닭이다. 윗사람은 아랫사람의 스승이니, 대체로 아랫사람이 윗사람에 화(和)하는 모습은 비유컨대 소리를 따라 울리는 메아리와 같고 그림자가 형상을 본뜨는 것과 같다.

그러므로 남의 윗자리에 있는 임금은 의를 따르지 않을 수 없는 것이다. 저 의라고 하는 것은 안으로 인간을 조절하고 밖으로는 만물을 조절하는 것이다. 위로는 임금을 편안

사를 보는 궁.

응후(應侯) : 전국시대 위(魏)나라 사람인 범저(范雎)를 말하는데, 원교근공책(遠交近攻策)을 진(秦)의 소양왕에게 진언하여 재상이 되고 응후에 봉해졌다.

돈비(敦比) : 돈(敦)은 돈면(敦勉), 비(比)는 친근(親近)의 뜻.

하게 하고 아래로는 백성들을 조화시키는 것이다. 이처럼 내외 · 상하를 알맞게 조절하는 것이 의의 본질이니, 대체로 천하를 다스리는 요령은 의가 근본이 되고 신의가 그 다음이다. 옛날 우임금과 탕임금은 의를 근본으로 하여 신의에 힘썼으므로 천하가 다스려졌고, 걸왕 · 주왕은 의를 버리고 신의를 외면했으므로 천하가 어지러워졌다. 그러므로 남의 윗자리에 있는 임금은 반드시 삼가 예의를 지키고 충성과 신의에 힘써야만 될 것이다. 이것이 남의 임금된 자의 대본이다.

대본(大本) : 으뜸가는 근본.

당상(堂上) : 대청 위.

당상(堂上)의 오물을 쓸지 아니하면 들판의 잡초를 뽑아내고 김을 맬 겨를이 없고, 시퍼런 칼날이 가슴에 와 닿으면 날아오는 화살이 눈에 보이지 않는 법이다. 뽑아든 창끝이 머리에 와 닿으면 열 손가락이 끊어지는 것쯤은 돌아다볼 여유가 없으니, 이는 그렇게 하려고 하지 않아서가 아니라 더 급한 일과 덜 급한 일 등 선후라는 것이 있기 때문이다.

| 풀이 | 이 편은 '순경자왈(荀卿子曰)'이니 '손경자왈(孫卿子曰)'이니 하는 등의 글이 나오므로 순자의 글이 아니라는 설이 유력하다. 내용 또한 산만하다 하겠다.

17 천론편 天論篇

1

하늘의 운행은 항상 변함이 없으니, 요임금 때문에 존재하는 것도 아니요 걸왕 때문에 없어지는 것도 아니다. 잘 다스림으로써 이에 호응하면 길한 것이요, 혼란으로써 이에 대응하면 흉한 것이다. 인간의 대본(大本)인 농업에 힘쓰고 쓰는 것을 절약하면 하늘도 인간을 가난하게 할 수 없고, 양생(養生)의 도를 두루 갖추고 계절에 알맞게 대응하면 하늘도 인간을 병들게 할 수 없으며, 도를 닦아 두 마음을 품지 않는다면 하늘도 화를 내릴 수 없다.

그러므로 수해나 가뭄도 인간을 굶주리고 목마르게 할 수 없고 추위나 더위도 인간을 병들게 할 수 없으며, 요사스럽고 괴이한 것도 인간을 흉하게 할 수 없다. 근본이 거칠고 사치하게 쓰기만 하면 하늘도 그를 부하게 할 수 없고, 보양을 소홀히 하고 계절에 따른 활동이 드물다면 하늘도 백성을 온전하게 할 수 없으며, 도를 외면하고 행동이 망령되면

1// 天行有常 不爲堯存 不爲桀亡 應之以治則吉 應之以亂則凶 彊本而節用 則天不能貧 養備而動時 則不能病 脩道而不貳 則天不能禍 故水旱不能使之飢渴 寒暑不能使之疾 祆怪不能使之凶 本荒而用侈 則天不能使之富 養略而動罕 則天不能使之全 倍道而妄行 則天不能使之吉 故水旱未至而飢 寒暑未薄而疾 祆怪未至而凶 受時與治世同 而殃禍與治世異 不可以怨天 其道然也 故明於天人之分 則可謂至人矣 不爲而成 不求而得 夫是之謂天職 如

是者 雖深 其人不加慮焉 雖大 不加能焉 雖精 不加察焉 夫是之謂不與天爭職 天有其時 地有其財 人有其治 夫是之謂能參 舍其所以參 而願其所參 則惑矣 列星隨旋 日月遞炤 四時代御 陰陽大化 風雨博施 萬物各得其和以生 各得其養以成 不見其事而見其功 夫是之謂神 皆知其所以成 莫知其無形 夫是之謂天 唯聖人爲不求知天 天職旣立 天功旣成 形具而神生 好惡喜努哀樂臧焉 夫是之謂天情 耳目鼻口形 能各有接而不相能也 夫是之謂天官 心居中虛 以治五官 夫是之謂天君 財非其類 以養其類 夫是之謂天養 順其類者謂之福 逆其類者謂之禍 夫是之謂天政 暗其天君 亂其天官 棄其天養 逆其天政 背其天情 以喪天功 夫是之謂大凶 聖人淸其天君 正其天官 備其天養 順其天政 養其天情 以全其天功 如是 則知其所爲 知其所不爲矣 則天地官而萬物役矣 其行曲治 其

하늘도 그를 길하게 할 수 없다.

그러므로 수해나 가뭄이 닥치지 않았는데도 굶주리고 추위나 더위가 몸에 닥치지 않았는데도 질병에 걸리며, 요사스럽고 괴이한 이변이 생기지도 않았는데 흉험해지는 것이다. 하늘이 내리는 때와 세상을 다스리는 방법이 같은데도 그 내리는 재앙과 세상을 다스리는 것이 서로 다르니, 이는 하늘을 원망할 일이 아니라 사람이 행하는 도가 그렇게 만든 것이다. 그러므로 천도(天道)와 인도(人道)의 분별에 밝은 사람은 가히 지인(至人)이라고 할 수 있다.

굳이 하려고 하지 않아도 이루어지고 굳이 구하려 하지 않아도 얻어지는 것, 대체로 이것을 천직(天職)이라는 것이다. 이런 모양이라면 사람의 생각이 아무리 깊어도 천도에 더할 수 없고 사람의 재능이 아무리 크다 해도 천도를 이겨낼 수 없으며, 아무리 정밀하다 해도 천도보다 더 잘 살필 수 없으니, 대체로 이것을 일러 하늘과 직분을 다툴 수 없다고 하는 것이다. 하늘에는 때에 따른 변화가 있고 땅에는 생산되는 재화가 있으며, 사람에게는 그것을 다스리는 정치가 있으니, 대체로 이것을 가리켜 능히 함께 한다고 하는 것이다.

그러나 그 함께하는 것을 버리고 다만 함께하기를 원한다고 하면 어리석기 짝이 없는 것이다. 숱한 별들은 서로 따르며 돌고 해와 달은 번갈아 비추며, 사계절은 번갈아 바뀌고 음과 양은 만물을 변화시키며, 비바람은 널리 고루 뿌려준다. 그리하여 만물은 저마다 조화를 얻어 자라며 저마다 양생을 얻어 성장하는데, 그 일은 보이지 않아도 그 공은 보이니 이것을 일러 신통하다 한다. 사람들은 모두 그 완성된 것을 알지만 그 형체 없는 작용은 알지 못하니, 이것을 일러 하늘의 공덕이라 한다. 오로지 성인(聖人)만이 천도를 알려고 하지 않는다. 왜냐하면 인간으로서 해야 할 바를 알기 때문이다.

하늘의 직분(職分)이 이미 성립되어 있고 하늘의 공덕이 이미 이루어져 있으며, 사람의 형체도 갖추어지고 정신이 생겨 좋아함과 싫어함 및 희노애락 등의 감정이 모두 내적으로 생겨나니, 이것이 천정(天情)이라는 것이다. 이목구비나 몸뚱이는 저마다 사물에 접촉함으로써 기능을 발휘하나 기능을 함께할 수는 없는데, 이것이 천관(天官)이라는 것이다. 또 사람의 마음은 텅 빈 곳에 자리잡고 다섯 가지 감관(感官)을 다스리는데, 이것을 가리켜 천군(天君)이라 한다.

또 땅에서 나는 재물은 모두 종류를 달리하고 있지만 서로 다른 종류의 양식이 되어 길러주니, 이것을 일러 하늘의 양식, 곧 천양(天養)이라고 한다. 그 유(類)에 순응하는 것을 복(福)이라 하고 그 유에 역행하는 것을 화(禍)라고 하니, 이것이 우주 자연의 다스림, 곧 천정(天政)이라는 것이다. 천군을 어둡게 하고 천관을 어지럽히며, 천양을 버리고 천정(天政)에 역행하며, 천정(天情)에 배치됨으로써 천공(天功), 즉 하늘의 공을 잃게 되면 이것을 가리켜 대흉(大凶)이라 한다.

성인은 그 천군을 깨끗하게 하고 천관을 올바르게 가지며, 천양을 고루 갖추고 천정에 순응하며, 천정을 기르므로

養曲適 其生不傷 夫是之謂知天 故大巧在所不爲 大智在所不慮 所志於天者 已其見象之可以期者矣 所志於地者 已其見宜之可以息者矣 所志於四時者 已其見數之可以事者矣 所志於陰陽者 已其見和之可以治者矣 官人守天 而自爲守道也 治亂天邪 曰 日月星辰瑞厤 是禹桀之所同也 禹以治 桀以亂 治亂非天也 時邪 曰 繁啓蕃長於春夏 畜積收臧於秋冬 是又禹桀之所同也 禹以治 桀以亂 治亂非時也 地邪 曰 得地則生 失地則死 是又禹桀之所同也 禹以治 桀以亂 治亂非地也 詩曰 天作高山 大王荒之 彼作矣 文王康之 此之謂也 天不爲人之惡寒也輟冬 地不爲人之惡遼遠也 輟廣 君子不爲小人之匈匈也 輟行 天有常道矣 地有常數矣 君子有常體矣 君子道其常 而小人計其功 詩曰 何恤人之言兮 此之謂也

지인(至人) : 세상의 이치

를 깊이 통찰한 사람. 〈장자〉 '천하편'에도 '불리어진 위지지인(不離於眞謂之至人)'이란 말이 나온다.

이원기소참(而願其所參) : 여기서 참(參)은 참여(參與)의 뜻이니, 곧 천지의 화육(化育)에 함께하는 것.

번계번장(繁啓蕃長) : 번(繁)은 다(多), 계(啓)는 개(開)이니 시생(始生)의 뜻. 번장(蕃長)은 무성(茂盛)과 같다.

대왕황지(大王荒之) : 여기 인용된 글은 〈시경〉 '주송(周頌)'의 천작편(天作篇)에 있는 구절인데, 대왕은 주(周)의 태왕(太王)을 말한다.

써 천공을 완전하게 하는 것이다. 이같이 되면 자기가 해야 할 일과 하지 말아야 할 일을 알게 된다. 그리하면 곧 천지를 주재할 수 있고 만물을 부릴 수 있는 것이다. 그 행위가 두루 잘 다스려지고 양생하는 것이 두루 적당하며 그 삶이 손상되는 일이 없다면, 이것을 가리켜 하늘을 아는 것, 곧 지천(知天)이라 하는 것이다.

그러므로 크게 정교함은 아무것도 하지 않는 데 있고 큰 지혜는 생각하지 않는 데 있는 것이다. 하늘에 대해서는 눈앞에 나타나는 자연현상에 따라 사람이 할 바를 기다리는 데서 그치고, 땅에 대해서는 눈앞에 나타나는 지리(地利)의 마땅함에 따라 만물을 번식시킬 수 있는 데서 그쳐야 하며, 사계절에 대해서는 눈앞에 나타나는 역수(曆數)에 따라 종자를 심는 일에서 그쳐야 하고, 음양(陰陽)에 대해서는 눈앞에 나타나는 조화를 보고 만물을 다스리는 데서 그쳐야 한다. 사람들이 따라야 할 바를 감독하는 관리는 천지자연의 변화를 잘 인식함으로써 스스로 지킬 일반적인 상도(常道)에 따르는 것이다.

다스려지고 어지러워지는 것은 하늘에 달린 것인가? 해와 달과 별들의 상서로운 역상(曆象)은 우임금 때나 걸왕 때나 똑같은데, 우임금 때는 다스려지고 걸왕 때는 어지러워졌으니, 다스려지고 어지러워지는 것은 하늘에 달린 것이 아니다. 그러면 시기에 달린 것인가? 많이 나서 크게 자라는 것은 봄과 여름이요, 추수하여 저장하는 것은 가을과 겨울이다. 이는 우임금 때나 걸왕 때나 똑같은데 우임금 때는 다스려지고 걸왕 때는 어지러워졌으니, 다스려지고 어지러워지는 것은 시기에 달려 있는 것이 아니다.

그러면 지리(地利)에 달린 것인가? 땅의 이익을 얻으면 살고 땅의 이익을 잃으면 죽는 것은 우임금 때나 걸왕 때나 똑같은데 우임금 때는 다스려지고 걸왕 때는 어지러워졌으니, 다스려지고 어지러워지는 것은 땅에 달려 있는 것이 아니다. 〈시경〉에 말하기를, "하늘이 만드신 높은 기산(岐山)을 태왕(太王)이 다스리셨네. 그 일으키신 나라를 문왕(文王)이 편안히 다스리셨네." 하였으니 이를 가리킨 것이다.

지리(地利) : ① 땅의 생긴 모양에서 얻는 편리함이나 이로움. ② 땅의 산물로부터 얻는 이익. ③ 땅에서 얻는 이익.

하늘은 사람들이 추위를 싫어한다고 해서 겨울을 없애지 않고 땅은 사람들이 먼 것을 싫어한다고 해서 그 넓음을 없애지 않으며, 군자는 소인들이 시끄럽게 떠들어댄다고 해서 행사(行事)를 그만두지 않는다. 하늘에는 상도(常道)가 있고 땅에는 상리(常理)가 있으며, 군자에게는 상체(常體), 즉 불변하는 주체가 있다. 군자는 상도를 가고 소인은 공리를 따른다. 〈시경〉에 말하기를, "예의를 지켜 차질이 없으니, 남의 말이 무슨 상관이랴." 하였으니 이를 가리킨 것이다.

상도(常道) : ① 늘 정해져 있어 변하지 않는 도리. ② 항상 사람이 지켜야 할 도리.

| 풀이 | 이 편은 순자철학의 가장 힘찬 부분으로서, 인간의 운명론에 정면으로 도전하여 자연을 극복하는 인간정신이 약동하고 있다. 천(天)은 다만 영구불변의 도(道)에 의하여 운행되고 있을 뿐이요, 인간에게 복이나 화를 주는 것이 아니므로, 오직 사람으로서의 분수를 지켜 자아와 자연을 개척해 나가야 함을 역설하였다.

2

초나라 왕이 천 대나 되는 수레를 거느린다고 해서 지혜로운 것이 아니요, 군자가 콩죽을 먹고 물을 마신다고 해서 어리석은 것이 아니니, 이는 모두 자연의 때를 그렇게 만났기 때문이다. 이제 뜻을 바르게 닦고 덕행을 두터이하며 지혜와 사려를 밝게 하여, 지금 세상에 살면서 옛날의 도에 뜻을 둔다는 것은 모두 나에게 달린 일이다.

그러므로 군자는 자신에게 있는 것을 소중히 할 뿐 하늘에 있는 것을 흠모하지 않는데, 소인은 자신에게 있는 것은 버려두고 하늘에 있는 것을 흠모한다. 군자는 자신에게 있는 것을 소중히 할 뿐 하늘에 있는 것을 흠모하지 않으므로 나날이 진보하지만, 소인은 자신에게 있는 것은 버려두고 하늘에 흠모하므로 나날이 퇴보한다. 그러므로 군자가 나날이 진보하는 원인과 소인이 나날이 퇴보하는 원인은 같으니, 군자와 소인 사이의 현저한 차이도 여기서 생기는 것이다.

별이 떨어지거나 나무가 울면 나라 사람들은 모두 두려워하여 말하기를 "이는 무슨 까닭인가?" 하는데, 이는 아무것도 아니요 천지 · 음양의 변화이자 물리적 현상으로서 드물게 있는 일이다. 그것을 괴이하게 여기는 것은 괜찮으나 이를 두려워함은 잘못이다. 해와 달에 일식과 월식이 있고 비바람이 때없이 몰아치며, 이상한 별들이 갑자기 나타나기도 하는 것은 어느 시대나 있는 일이다.

2// 楚王後車千乘 非知也 君子啜菽飮水 非愚也 是節然也 若夫心意修 德行厚 知慮明 生於今而志乎古 則是其在我者也 故君子敬其在己者 而不慕其在天者 小人錯其在己者 而慕其在天者 君子敬其在己者 而不慕其在天者 是以日進也 小人錯其在己者 而慕其在天者 是以日退也 故君子之所以日進 與小人之所以日退 一也 君子小人之所以相縣者 在此耳 星隊 木鳴 國人皆恐 日 是何也 日 無何也 是天地之變 陰陽之化 物之罕至者也 怪之 可也 而畏之 非也 夫日月之有蝕 風雨之不時 怪星之黨見 是無世而不常有之 上明而政平 則是雖竝世起 無傷也 上闇而政險 則是雖無一至者 無益也 夫星之隊 木之鳴 是天地之變 陰陽之化 物之罕至者也 怪之 可也 而畏之 非也 物之已至者 人祆則可畏也 楛耕傷稼 耘耨失薉 政

위의 임금이 밝아 정치가 고루 베풀어진다면 비록 이런 자연현상이 연달아 일어난다고 해도 걱정할 필요가 없지만, 위에서 어두워 정치가 위태로워지면 이런 자연현상이 비록 한 번도 일어나지 않는다 해도 이로울 것이 없다. 별이 떨어지거나 나무가 우는 것은 천지 · 음양의 변화에서 오는 것이요 물리적 현상일 뿐이니, 이상하게 여길지언정 두려워하지는 말라는 것이다.

물리적 현상의 발생이 사람에 의한 재앙이라면 두려워함이 마땅하다. 밭갈이 및 파종을 거칠게 하여 곡물을 상하게 하고 김매기를 거칠게 하여 수확을 줄어들게 하며, 정치가 험악하여 민심을 잃고 밭을 거칠게 버려두어 곡식을 망치며, 사들이는 곡식값이 비싸 백성이 굶주리고 길에 시체가 널려 있다면, 이것을 가리켜 사람에 의한 재앙이라 한다. 정령(政令)이 불명하고 노역(勞役)에 때가 없으며 농업이 이치에 맞지 않으면, 이것을 사람에 의한 재앙이라 한다. 예의가 닦여 있지 않고 안팎의 행사에 구별이 없으며, 남녀관계가 음란하고 부자간에 의심하며, 상하가 괴리되어 외적의 난이 자주 닥치면, 이것을 사람에 의한 재앙이라 한다.

재앙이란 이런 혼란에서 생겨나는 것이니, 이 세 가지 재앙이 섞여 일어나면 나라가 편안치 못하다. 이상의 이야기들은 아주 비근하여 아무것도 아닌 듯하지만 그 재해는 심히 참혹한 것이다. 힘써 일하는 것이 때에 맞지 않으면 소와 말이 서로 새끼를 바꾸어 낳는 등 가축도 재앙을 만드는데, 이는 이상하게 여길 일이요 두려워할 일은 아닌 것이다.

險失民 田薉稼惡 糴貴民飢 道路有死人 夫是之謂人祆 政令不明 擧錯不時 本事不理 夫是之謂人祆 禮義不脩 內外無別 男女淫亂 則父子相疑 上下乖離 寇難竝至 夫是之謂人祆 祆是生於亂 三者錯 無安國 其說甚爾 其菑甚慘 勉力不時 則牛馬相生 六畜作祆 可怪也 而不可畏也 傳曰 萬物之怪 書不說 無用之辯 不急之察 棄而不治 若夫君臣之義 父子之親 夫婦之別 則日切磋而不舍也 雩而雨 何也 曰 無何也 猶不雩而雨也 日月食而救之 天旱而雩 卜筮然後決大事 非以爲得求也 以文之也 故君子以爲文 而百姓以爲神 以爲文則吉 以爲神則凶也 在天者莫明於日月 在地者莫明於水火 在物者莫明於珠玉 在人者莫明於禮義 故日月不高 則光暉不赫 水火不積 則暉潤不博 珠玉不睹乎外 則王公不以爲寶 禮義不加於國家 則功名不白 故人之命在天 國之命在禮 君人者 隆禮尊賢而王 重法愛民而霸

好利多詐而危 權謀傾覆幽險而盡亡矣 大天而思之 孰與物畜而制之 從天而頌之 孰與制天命而用之 望時而待之 孰與應時而使之 因物而多之 孰與騁能而化之 思物而物之 孰與理物而勿失之也 願於物之所以生 孰與有物之所以成 故錯人而思天 則失萬物之情 百王之無變 足以爲道貫 一廢一起 應之以貫 理貫 不亂 不知貫 不知應變 貫之大體未嘗亡也 亂生其差 治盡其詳 故道之所善 中則可從 畸則不可爲 匿則大惑 水行者表深 表不明則陷 治民者表道 表不明則亂 禮者 表也 非禮 昏世也 昏世 大亂也 故道無不明 外內異表 隱顯有常 民陷乃去 萬物爲道一偏 一物爲萬物一偏 愚者爲一物一偏 而自以爲知道 無知也 愼子有見於後 無見於先 老子有見於詘 無見於信 墨子有見於齊 無見於畸 宋子有見於少 無見於多 有後而無先 則羣衆無門 有詘而無信 則貴賤不分 有齊而無畸 則政令不施 有少

전해오는 말에 "만물의 기괴한 일에 대하여 글로 적어두기는 하되 설명은 하지 않는다."고 하였다. 군자는 불필요한 변론이나 급하지 않은 일에 대한 관찰은 모두 내버려 다스리지 않지만 군신간의 의리, 부자간의 친함, 부부간의 유별 등에 이르러서는 날마다 부지런히 갈고 닦으며 버리는 일이 없다.

기우제를 지내면 비가 오는데, 어째서 그런가? 말하자면 아무것도 아니어서 기우제를 지내지 않아도 비가 오는 것과 마찬가지인 것이다. 일식과 월식이 있으면 이를 구해달라 하고 가뭄이 들면 기우제를 지내며, 점을 쳐본 연후에 큰 일을 결정하는 것 등은 그것으로써 모두 구하여 얻을 수 있다고 생각되어서가 아니라, 형식을 갖추어 위안을 얻기 위해서일 뿐이다. 그러므로 군자는 형식을 갖추기 위해 그런 일을 하고 백성은 신령스러운 것이라 여기고 그런 일을 한다. 형식을 갖추기 위해 그런 일을 하면 길하지만 신령스런 것이라 여기고 그런 일을 하면 흉하다.

하늘에 있는 것으로는 해와 달보다 더 밝은 것이 없고 땅에 있는 것으로는 물과 불보다 더 분명한 것이 없으며, 물건으로 치면 주옥보다 더 밝은 것이 없고 사람에게 있어서는 예의보다 더 밝은 것이 없다. 그러므로 해와 달은 높이 걸려 있지 않으면 그처럼 밝지 못하고 물이나 불은 풍부하게 모이지 않고서는 그 빛과 윤택함이 그토록 넓게 자리잡지 못하며, 주옥의 광채는 밖으로 드러나지 않으면 왕이나 제후라도 보배로 여기지 않을 것이며, 예의가 국가에 더해지지 않고서는 공과 명성이 드러나지 않는다.

그러므로 사람의 운명은 하늘에 있고 나라의 운명은 예에 있다. 남의 임금된 자로서 예를 숭상하고 현명한 사람을 존중하면 왕이요, 법을 중시하고 백성을 사랑하면 패자(覇者)이며, 이익을 좋아하고 속임수가 많으면 위태롭고 권모로 남을 전복시키는 음흉한 자는 멸망하는 것이다.

하늘을 존대하게 여겨 이를 사모하기보다는 만물이 이루어지기를 기다려 이를 다스리는 것이 어떤가! 하늘의 섭리에 순종하여 노래하기보다는 천명을 다스려 이용함이 어떤가! 때를 바라고 이를 기다리기보다는 때에 부응하여 이를 부리는 것이 어떤가! 만물을 자연에 의탁하여 저절로 많이 쌓이기를 기다리기보다는 인간의 재능을 발전시켜 이를 변화하도록 함이 어떤가! 물건을 얻고자 생각하면서 이를 물건으로 바라보기보다는 물건을 이치에 부합되게 만들어놓고 이것을 잃지 않는 것이 어떤가! 만물이 생기는 소이(所以)를 사모하기보다는 만물이 이루어지는 과정에 대해 전력을 다함이 어떤가! 그러므로 인간으로서의 노력을 버리고 하늘을 생각하면 곧 만물의 본성을 잃게 되는 것이다.

백왕(百王)의 변함없는 예(禮)는 족히 이를 도(道)로 함으로써 일관되었다. 한 번 폐해지고 한 번 일어남이 있었지만 일관된 도로써 응하였고 이것이 이치에 맞으면 혼란스럽지 않았다. 예로써 일관된 것을 알지 못하고 변화에 대응하는 것을 알지 못해도 일관된 예의 본체로 해서 망한 예는 일찍이 없었다. 혼란이 생기는 것은 도에 어긋나기 때문이고 다스

而無多則羣衆不化 書曰 無有作好 遵王之道 無有作惡 遵王之路 此之謂也

기설심이(其說甚爾) : 이(爾)는 이(邇)의 뜻. 곧 가깝다. 즉, 그 설(說)이 얕고 속되다는 뜻.

숙여물축이제지(孰與物畜而制之) : 하늘은 마땅히 만물을 이루기 때문에 만물이 축양(畜養)되는 것을 기다려 이를 다스림이 어떤가.

백왕지무변(百王之無變) : 백왕(百王)이 바꾸지 않는 것이니, 곧 예(禮)를 말한다.

신자(愼子) : 기원전 3세기경 초나라의 도가적(道家的)인 법사상가였던 신도(愼到)를 말한다.

무견어기(無見於畸) : 여기서 기(畸)는 부제(不齊)의 뜻으로 차별로 풀이한다.

송자(宋子) : 송견(宋鈃)을 말한다.

려지는 것은 도에 상세하기 때문이다.

중정(中正) : 어느 쪽에도 치우침이 없이 곧고 바름. 또는 지나치거나 모자람이 없이 알맞음.

그러므로 도란, 중정(中正)이면 따르는 것을 으뜸으로 하니 한쪽으로 치우치면 일삼지 않고 어긋나면 크게 미혹되므로 돌아보지 않는다. 물을 건너는 사람은 깊은 곳에 표식을 세워두는데 표식이 분명치 않으면 물에 빠지고, 백성을 다스리는 사람은 도를 표식으로 세우는데 표식이 분명치 않으면 어지러워진다.

이와 같이 예라는 것은 표시인데, 예가 없으면 세상은 어두워지고 세상이 어두우면 큰 혼란이 온다. 그러므로 도가 분명치 않음이 없어 안팎의 표시가 명백히 구분되어 있고 거기에 은연히 불변하는 상도가 있다면 백성들이 빠지는 함정을 능히 제거할 수 있을 것이다.

만물은 도의 일부분이요, 한 물건은 또 만물의 일부분이며 어리석은 자는 한 물건의 일부분에 지나지 않는데, 그러면서 스스로는 도를 안다고 하니 이는 무지하기 때문이다. 신자(愼子)는 물러나는 것만을 알았을 뿐 나아가는 것은 알지 못하였고 노자(老子)는 굽히는 것만을 알았을 뿐 뻗는 것은 알지 못하였으며, 묵자(墨子)는 가지런한 것만을 알았을 뿐 두드러진 것을 알지 못하였고, 송자(宋子)는 적은 것만을 알았을 뿐 많은 것을 알지 못하였다.

문호(門戶) : ① 집으로 드나드는 문. ② 외부와 교류하기 위한 통로나 수단을 비유해 이르는 말.

물러나는 것만 알고 앞으로 나아감을 모른다면 군중은 문호(門戶)를 모를 것이며, 굽히는 것만 알고 뻗는 것을 모른다면 귀천의 분별이 없을 것이며, 가지런한 것만 알고 두드러진 것을 모른다면 정령이 베풀어지지 않을 것이며, 적은 것만 알고 많은 것을 모른다면 군중을 교화시킬 수가 없을 것이다.

〈서경〉에 말하기를, "마음대로 좋다 하지 말고 왕의 도를 따르라. 마음대로 싫다 하지 말고 왕의 길을 따르라." 하였으니 이를 가리킨 것이다.

18 정론편 正論篇

1

1// 世俗之爲說者曰 主道利周 是不然 主者 民之唱也 上者 下之儀也 彼將聽唱而應 視儀而動 唱默則民無應也 儀隱則下無動也 不應不動 則上下無以相有也 若是 則與無上同也 不祥莫大焉 故上者下之本也 上宣明則下治辨矣 上端誠則下愿愨矣 上公正則下易直矣 治辨則易一 愿愨則易使 易直則易知 易一則彊 易使則功 易知則明 是治之所由生也 上周密則下疑玄矣 上幽險則下漸詐矣 上偏曲則下比周矣 疑玄則難一 漸詐則難使 比周則難知 難一則不

세속의 설자(說者)들은 말하기를, "임금의 도는 주도면밀한 데에 이익이 있다."고 하지만 그렇지가 않다. 임금이란 백성의 창도자이기 때문이다. 윗사람은 아랫사람의 본보기이니, 윗사람의 창도하는 소리를 듣고서 이에 응하고 본보기를 보고서 행동하는 것이다. 창도자가 말하지 않으면 백성들은 응하는 소리가 없게 되고 본보기를 보이지 않으면 행동이 없게 되는 것이니, 응하지도 행동하지도 않으면 상하가 서로 친할 방법이 없다. 이런 모양이면 윗사람이 있어도 없는 것과 같으니 불쌍하기가 이보다 더 큰 것은 없다.

그러므로 윗사람은 아랫사람의 근본이니, 윗사람이 드러내 밝히면 아랫사람은 다스려질 것이고 위에서 바르고 성실하면 아래에서도 성실해질 것이며, 위에서 공정하면 아래에서도 정직해질 것이다. 다스려지면 통일되기 쉽고 성실·정직하면 부리기 쉬우며, 정직하면 마음을 알아보기 쉬운 것이다. 또 통일되기 쉬우면 강해지고 부리기 쉬우면 공이 있으며, 알아보기 쉬우면 밝아지니 이것이 정치의 출발인 것이다.

위에서 주도면밀하면 아랫사람들은 의혹을 품게 되고 위에서 음흉하면 아랫사람들도 점점 속임수를 쓰게 되며, 위에서 편벽되어 그릇되이 나가면 아랫사람들은 저희끼리 뭉칠 것이다. 백성들이 의심하면 통일되기가 어렵고 속임수를 쓰면 부리기가 어려우며, 저희끼리 뭉치면 알아내기가 어렵다. 따라서 통일되기 어려우면 강해지지 못하고 부리기 어려우면 공이 없으며 알아내기 어려우면 밝게 운영할 수 없으니, 이것이 혼란의 시작인 것이다.

그러므로 임금의 도가 밝으면 이롭지만 어두우면 불리하고 드러내면 이롭지만 주도면밀하면 불리하다. 그래서 임금의 도가 밝으면 아래가 편안하고 임금의 도가 어두우면 아래가 위태로워지는 것이다. 아래가 편안하면 윗사람을 귀하게 여기고 아래가 위태로우면 윗사람을 천하게 본다. 윗사람의 마음을 알아보기 쉬우면 백성들이 윗사람을 가까이 하고 윗사람의 마음을 알아보기 어려우면 백성들은 위를 두려워하게 된다. 아래에서 윗사람을 가까이하면 위에서 편안하고 아래에서 윗사람을 두려워하면 위에서는 위태롭다.

그러므로 임금의 도는 본심을 알아보기 어려운 것보다 나쁜 것이 없고 아랫사람이 자기를 두려워하는 것보다 더 위태로운 일이 없다. 전하는 말에 "증오하는 사람이 많으면 위태하다." 하였고 〈서경〉에서는 "밝은 덕을 더욱 밝게 하라."

彊 難使則不功 難知則不明 是亂之所由作也 故主道利明不利幽 利宣不利周 故主道明則下安 主道幽則下危 故下安則貴上 下危則賤上 故上易知則下親上矣 上難知則下畏上矣 下親上則上安 下畏上則上危 故主道莫惡乎難知 莫危乎使下畏己 傳曰 惡之者衆則危 書曰 克明明德 詩曰 明明在下 故先王明之 豈特玄之耳哉

世俗之謂說者曰 桀紂有天下 湯武簒而奪之 是不然 以桀紂爲常有天下之籍則然 親有天下之籍則不然 天下謂在桀紂則不然 古者天子千官 諸侯百官 以是千官也 令行於諸夏之國 謂之王 以是百官也 令行於境內 國雖不安 不致於廢易遂亡 謂之君 聖王之子也 有天下之後也 埶籍之所在也 天下之宗室也 然而不材不中 內則百姓疾之 外則諸侯叛之 近者境內不一 遙者諸侯不聽 令不行於境內 甚者諸侯侵削之攻伐之 若是 則雖未亡 吾謂之無天下矣 聖王沒 有埶籍者罷不足

以縣天下 天下無君 諸侯有能德明威積 海內之民莫不願得以爲君師 然而暴國獨侈 安能誅之 必不傷害無罪之民 誅暴國之君若誅獨夫 若是 則可謂能用天下矣 能用天下之謂王 湯武非取天下也 脩其道 行其義 興天下之同利 除天下之同害 而天下歸之也 桀紂非去天下也 反禹湯之德 亂禮義之分 禽獸之行 積其凶 全其惡 而天下去之也 天下歸之之謂王 天下去之之謂亡 故桀紂無天下 而湯武不弑君 由此效之也 湯武者 民之父母也 桀紂者 民之怨賊也 今世俗之爲說者 以桀紂爲君 而以湯武爲弑 然則是誅民之父母 而師民之怨賊也 不祥莫大焉 以天下之合爲君 則天下未嘗合於桀紂也 然則以湯武爲弑 則天下未嘗有說也 直墮之耳 故天子唯其人 天下者 至重也 非至彊莫之能任 至大也 非至辨莫之能分 至衆也 非至明莫之能和 此三至者 非聖人莫之能盡 故非聖人莫之能王 聖人備道

하였으며, 〈시경〉에서는 "문왕 · 무왕의 덕이 밝고 밝아 인간에게 두루 비친다." 하였다. 그래서 선왕(先王)은 자신을 밝게 드러낸 것이니 어찌 혼자 암흑정치를 할 것인가!

세속의 설자들은 말하기를, "걸왕 · 주왕이 가진 천하를 탕왕과 무왕이 찬탈하였다."고 하지만 그렇지 않다. 걸왕 · 주왕이 천자의 자리를 보유하고 있었던 것은 사실이지만 몸소 천자의 자리에 있었다는 말은 옳지 않으며, 천하가 걸 · 주에게 있었다고 하는 것도 틀린 말이다. 옛날의 천자는 천 가지 관직을 거느렸고 제후는 백 가지 관직을 거느렸다. 이 천 가지 관직으로서 그 명령이 중국의 모든 나라에 행해지면 이것을 일컬어 왕자라 하였고, 백 가지 관직으로서 그 명령이 한 나라 안에 두루 행하여져 나라는 비록 불안하다 하더라도 임금의 자리가 바뀌거나 쫓겨나 멸망하기에 이르지 않는다면, 이것을 일컬어 군(君)이라 하였다.

걸왕과 주왕은 성왕의 자손이고 천하를 보유한 사람의 후예이며, 권세있는 자리에 있었고 천하의 종실(宗室)이었는데도 그들에게는 재능도 중정의 도도 없었던 까닭에, 안으로는 백성들이 다 그를 미워하였고 밖으로는 제후들이 반역하였으며, 가까이는 나라 안도 통일되지 못하였고 멀리는 제후들이 그의 정치를 듣지 않았으며, 명령이 나라 안에서도 행해지지 않았고, 심지어는 제후들이 침략하여 땅을 빼앗고 공격하여 토벌하기도 하였다. 이런 모양이라면 나라가 멸망에 이르지는 않았다 할지라도 그에게 이미 천하는 없는 것이다.

성왕께서 돌아가시자 그 자손이 계승하였으나 천하를 이

어가기에는 부족했으니, 천하에 임금이라 할 만한 사람이 없다 하겠다. 이때 제후로서 덕이 밝고 위엄을 쌓은 자라면 천하의 백성들이 그를 임금으로 삼기를 원치 않음이 없을 것이다. 그런데도 난폭한 나라가 여전히 사치와 안일에 젖어 있다면 이를 토벌할 것이요, 반드시 죄없는 백성을 손상시킴이 없이 난폭한 나라의 임금을 마치 인심을 잃은 고독한 사내를 죽이듯 토벌할 것이니, 이같이 한다면 천하를 운용한다고 할 수 있을 것이다. 천하를 운용하는 것을 일컬어 왕이라 한다. 탕왕과 무왕은 천하를 빼앗은 것이 아니요, 도를 닦고 의를 행하여 천하와 더불어 이로운 일을 일으키고 천하가 한결같이 싫어하는 해독을 제거함으로써 천하가 그에게로 돌아간 것이다.

걸 · 주는 천하가 스스로 떠난 것이 아니요, 우임금 · 탕임금의 덕을 어기고 예의의 분수를 어지럽히고 금수와 같은 짓으로 악덕을 쌓아 그 악이 극에 이르렀기에 천하가 떠나간 것이다. 천하가 돌아오면 왕자라 일컫고 천하가 떠나가면 멸망한다고 한다.

그러므로 걸 · 주에게는 천하가 없었고 탕왕 · 무왕은 임금을 시해한 것이 아니니, 이런 징험으로 알 수 있는 것이다. 탕왕과 무왕은 백성들의 부모였고 걸 · 주는 백성들의 원망을 받는 도적이었다. 지금 세속의 설자들은 걸 · 주를 임금이라 하고 탕왕과 무왕을 자기 임금을 시해한 사람이라고 하는데, 그렇다면 이는 백성의 부모를 죽이고 백성이 원망하는 도적을 우두머리로 받드는 격이니, 상서롭지 못한

全美者也 是縣天下之權稱也 桀紂者 其知慮至險也 其志意至闇也 其行之爲至亂也 親者疏之 賢者賤之 生民怨之 禹湯之後也而不得一人之與 刳比干囚箕子 身死國亡 爲天下之大僇 後世之言惡者必稽焉 是不容妻子之數也 故至賢疇四海 湯武是也 至罷不容妻子 桀紂是也 今世俗之爲說者 以桀紂爲有天下而臣湯武 豈不過甚矣哉 譬之 是猶傴巫跛匡 大自以爲有知也 故可以有奪人國 不可以有奪人天下 可以有竊國 不可以有竊天下也 可以奪之者可以有國 而不可以有天下 竊可以得國 而不可以得天下 是何也 曰 國 小具也 可以小人有也 可以小道得也 可以小力持也 天下者大具也 不可以小人有也 不可以小力得也 不可以小力持也 國者小人可以有之 然而未必不亡也 天下者 至大也 非聖人莫之能有也

즉상하무이상유야(則上下無以相有也) : 여기서 상유(相有)는 상친유(相

親有), 곧 서로 가까이한다는 뜻.
하점사의(下漸詐矣) : 아랫사람들이 점점 속임수를 쓴다는 뜻.
군사(君師) : 사(師)는 어른, 곧 군(君)과 같다.
고지현주사해(故至賢疇四海) : 주(疇)는 도(燾). 즉, 보(保)의 뜻.

일로서 이보다 더 큰 것은 없을 것이다. 천하를 통합하는 사람을 임금이라고 한다면, 천하가 일찍이 걸이나 주에게 통합된 일이 없었다. 그런데도 탕왕 · 무왕이 자기 임금을 시해하였다고 하니, 천하에 아직 이런 논리가 있어본 적이 없으며, 이는 망언으로 그들을 헐뜯는 데 지나지 않을 뿐이다.

그러므로 천자는 오로지 천자 될 사람이 천자가 되는 것이다. 천하란 지극히 중대한 것이어서 최고의 강자가 아니고는 맡길 수 없고 지극히 큰 것이어서 최고의 분별력을 가진 사람이 아니고는 분별할 수 없으며, 지극히 많은 것이어서 최고의 밝음이 아니고는 조화할 수가 없다. 이 세 가지 지극한 것은 성인이 아니고는 능히 다할 수 없다.

그러므로 성인이 아니고는 왕자가 될 수가 없는 것이다. 성인은 도(道)를 갖추고 미덕을 온전히 한 자요, 이런 사람이야말로 천하를 공평하게 하는 저울이라고 하는 것이다. 걸왕 · 주왕은 그 지혜와 생각이 더할 수 없이 흉험하였고 그 뜻이 더없이 아둔하였으며 그 행동이 더할 수 없이 어지러워서, 가까운 자는 그를 멀리하였고 현명한 사람은 그를 천시하였으며 백성은 그를 원망하였으니, 우임금과 탕임금의 후예들이었음에도 불구하고 누구 한 사람 그를 도운 이가 없었다. 주왕은 비간의 가슴을 가르고 기자를 가두었으나, 그 몸은 죽고 나라는 망하여 천하의 큰 치욕이 되었다. 그래서 후세의 악담거리로 반드시 그들을 일컬으니, 이것이 처자식조차도 거느릴 수가 없는 것이다.

그러므로 지극히 현명한 사람이라야만 천하를 보전할 수

있으니 탕왕 · 무왕이 그러하고, 가장 무능한 자는 처자식조차도 거느리지 못하니 걸 · 주가 그러하다. 지금 세속의 설자들은 걸 · 주가 천하를 보유하여 탕왕 · 무왕을 신하로 거느렸다 하니 이 얼마나 큰 잘못인가? 비유컨대 이는 곱사등이 무당이나 절름발이 박수가 스스로 지혜롭다고 자부하는 것과 같은 것이다.

그러므로 남의 나라를 빼앗을 수는 있지만 남의 천하를 빼앗을 수는 없는 것이요, 나라를 도둑질할 수는 있어도 천하를 도둑질할 수는 없는 것이다. 빼앗음으로써 나라를 보유할 수는 있어도 천하를 보유할 수는 없고 도둑질함으로써 나라를 얻을 수는 있어도 천하를 얻을 수는 없으니, 이는 어째서인가? 말하자면 나라는 작은 그릇이므로 소인으로서도 보유할 수 있는 것이요, 작은 도(道)로써도 얻을 수 있고 작은 힘으로도 유지할 수 있지만, 천하는 큰 그릇이므로 소인으로서는 보유할 수 없고 작은 도로써는 얻을 수 없으며, 작은 힘으로는 유지할 수 없는 것이다. 나라란 소인으로서도 보유할 수 있는 것이지만 그렇다고 반드시 망하지 않는다고 할 수는 없으며, 천하란 지극히 큰 것이기에 성인이 아니고서는 보유할 수 없는 것이다.

| 풀이 | 세속의 잡다한 이론을 비판하고 시정한 것이 정론편(正論篇)이다. 계속해서 순자는 법가(法家)와 묵가(墨家), 특히 송견(宋鈃)의 비전론(非戰論)을 비판하며 자가(自家) 특유의 주장을 내세우고 있다.

비전론(非戰論) : 전쟁에 반대하는 언론 · 주장. 반전론(反戰論).
자가(自家) : 자기.

2

2// 世俗之爲說者日 治古無肉刑 而有象刑 墨黥 慅嬰 共艾畢 菲對屨 殺赭衣而不純 治古如是 是不然 以爲治邪 則人固莫觸罪 非獨不用肉刑 亦不用象刑矣 以爲人或觸罪矣 而直輕其刑 然則是殺人者不死 傷人者不刑也 罪至重而刑至輕 庸人不知惡矣 亂莫大焉 凡刑人之本 禁暴惡惡 且徵其未也 殺人者不死 而傷人者不刑 是謂惠暴而寬賊也 非惡惡也 故象刑殆非生於治古 并起於亂今也 治古不然 凡爵列官職賞慶刑罰 皆報也 以類相從者也 一物失稱 亂之端也 夫德不稱位 能不稱官 賞不當功 罰不當罪 不祥莫大焉 昔者武王伐有商 誅紂 斷其首 縣之赤旆 夫征暴誅悍 治之盛也 殺人者死 傷人者刑 是百王之所同也 未有知其所由來者也 刑稱罪則治 不稱罪則亂 故治則刑重 亂則刑輕 犯治之罪固重 犯亂之罪固輕也 書日 刑罰世

세속의 설자들은 말한다. "고대의 정치에는 신체에 가하는 형벌이 없었고 다만 외형상 표시만을 하도록 하는 형벌이 있었을 뿐이니, 묵형(墨刑) 대신 검은 두건을 씌웠고 의형(劓刑) 대신 검은 갓끈을 매게 하였으며, 궁형(宮刑) 대신 슬갑(膝甲)을 잘랐으며, 비형(剕刑) 대신 삼으로 엮은 신을 신게 하였고, 사형 대신 붉은 황토물을 들인 옷감에 깃이 달리지 않은 옷을 입게 하였다. 옛날에는 이같이 해도 잘 다스려졌다."고.

그러나 그렇지가 않다. 과연 잘 다스려졌다고 생각하는가? 만일 그렇다면 사람들이 굳이 죄를 짓지 않았을 것이요, 비단 육형(肉刑)뿐만 아니라 상형(象形)까지도 쓸 필요가 없었을 것이다. 설령 사람들 가운데 죄를 짓는 자가 있다 해도 다만 상형으로 가볍게 처리하니, 사람을 죽여도 사형에 처해지지 않고 사람을 다치게 해도 형을 받지 않는 셈이다. 죄는 아주 무거운데 형벌은 아주 가벼운 것이어서 보통 사람들이 악(惡)이라는 것을 모르면 이보다 더 큰 혼란은 없을 것이다. 무릇 사람을 벌주는 근본 의도는 난폭한 행동을 금하고 악을 싫어하게 할 뿐만 아니라 범죄가 생기기 전에 징계하려는 데 있는 것이다. 살인자를 죽이지 않고 사람을 상하게 한 자에게 형벌을 주지 않는다면 이는 난폭한 자에게 은혜를 베풀고 도적을 너그럽게 받아들이는 것이어서 악을 미워하는 것이 아니다.

그러므로 상형(象形)은 정치가 처음 행해지던 당시에 생긴 것이 아니라, 혼란한 지금 세상에 함께 생겨난 것이다. 잘 다스려졌던 고대에는 그렇지가 않아서 작위 · 관직 · 포상 · 형벌은 어떤 일에 대한 응보로서, 각기 그 종류에 따라 응보가 있었던 것이다. 한 가지 사물이라도 잘못 헤아리면 이것은 혼란의 실마리가 된다. 덕망이 그 사람의 작위에 어울리지 않고 능력이 그 사람의 벼슬에 어울리지 않으며, 상이 그 사람의 공적에 합당하지 않고 벌이 그 죄에 합당하지 않으면 이보다 더 큰 불상사는 없는 것이다.

옛날 무왕은 은(殷)나라를 치고 주왕을 처형하여 그 머리를 잘라 붉은 기 끝에 높이 매달았다. 난폭한 나라를 치고 사나운 자를 주벌하는 것은 다스림의 극치이다. 살인자는 죽이고 상해한 자를 벌주는 것은 모든 왕이 한결같이 행한 것이지만 그 유래가 어딘지 아직 모른다. 형벌이 죄에 합당하면 다스려지고 죄에 합당하지 않으면 어지러워진다. 그러므로 잘 다스려지는 나라는 형벌이 무겁고 어지러운 나라는 형벌이 가벼우니, 잘 다스려지는 시대에 범하는 죄는 더욱 무겁고 혼란한 시대에 범하는 죄는 가벼워지게 마련이다. 〈서경〉에 "형벌은 세상 형편에 따라 가벼워지기도 하고 무거워지기도 한다." 하였으니 이를 가리킨 것이다.

세속의 설자들은 말했다. "탕왕과 무왕은 금령을 펴지 못했다."고. 그 이유를 말하기를, "초나라와 월나라는 통제를 받지 않았기 때문이다."라고 했다. 그러나 그렇지가 않다. 탕왕과 무왕은 천하에서 금령을 가장 잘 편 사람이다. 탕왕

輕世重 此之謂也 世俗之爲說者曰 湯武不能禁令 是何也 曰 楚越不受制 是不然 湯武者 至天下之善禁令者也 湯居亳 武王居鄗 皆百里之地也 天下爲一 諸侯爲臣 通達之屬 莫不振動從服以化順之 曷爲楚越獨不受制也 彼王者之制也 視形埶而制械用 稱遠邇而等貢獻 豈必齊哉 故魯人以糖 衛人用柯 齊人用一革 土地形制不同者 械用備飾不可不異也 故諸夏之國 同服同儀 蠻夷戎狄之國 同服不同制 封內甸服 封外侯服 侯衛賓服 蠻夷要服 戎狄荒服 甸服者祭 侯服者祀 賓服者享 要服者貢 荒服者終王 日祭 月祀 時享 歲貢 終王 夫是之謂視形埶而制械用 稱遠近而等貢獻 是王者之制也 彼楚越者 且時享歲貢終王之屬也 必齊之日祭月祀之屬 然後曰受制邪 是規磨之說也 溝中之瘠也 則未足與及王者之制也 語曰 淺不足與測深 愚不足與謀知 坎井之鼃 不可與語東海之樂 此之謂也 世俗之爲說者

은 박(亳) 땅에 자리잡고 무왕은 호(鄗) 땅에 자리잡아 모두 백 리밖에 안 되는 영토에서 천하를 통일하고 제후들을 신하로 삼아, 그들이 이르는 곳마다 두려운 듯 떨면서 복종해 그들에게 교화되고 따르지 않는 사람이 없었다. 그러니 어찌 초나라, 월나라만이 통제를 받지 않았다고 말하겠는가! 왕자의 통제란 지리적 형세를 보아 기구의 용도를 제정하고 거리의 멀고 가까움을 보아 공물과 헌상품에 차등을 두는 것이니, 어찌 모든 것이 반드시 같았겠는가?

그러므로 노나라 사람에게는 그 나라의 사정에 맞게 주발〔㮣〕을 공물로 바치게 하였고 위(衛)나라 사람에게는 반기〔柯〕를 바치게 하였으며, 제나라 사람에게는 가죽 한 장씩을 바치게 하였으니, 토지의 형세가 같지 않으므로 기구의 용도와 갖추는 장식이 같을 수가 없었던 것이다.

그래서 중국의 모든 나라는 왕을 섬김에 있어 동일한 법과 제도를 가지고 있었으나, 오랑캐 나라인 남만(南蠻)·동이(東夷)·서융(西戎)·북적(北狄) 등은 왕을 섬기는 법은 같았지만 대대로 제도는 같지 않았다. 도읍에서 5백 리 이내의 근기(近畿)의 땅은 전복(甸服)으로 하고 5백 리 밖의 근기의 땅은 후복(侯服), 곧 척후가 되어 왕을 섬기도록 하였으며, 후복(侯服)에서 위복(衛服)까지의 2천 5백 리 땅은 빈복(賓服)이라고 하여 공물로써 왕을 섬기며 조회를 오게 하였고, 남만과 동이는 요복(要服)이라고 하여 문교(文敎)로써 복종하게 하였고, 서융과 북적은 황복(荒服)이라고 하여 울타리가 되었다.

曰 堯舜擅讓 是不然 天子者 埶位至尊 無敵於天下 夫有誰與讓矣 道德純備 智惠甚明 南面而聽 天下生民之屬 莫不振動從服以化順之 天下無隱士 無遺善 同焉者是也 異焉者非也 夫有惡擅天下矣 曰 死而擅之 是又不然 聖王在上 圖德而定次 量能而授官 皆使民載其事而各得其宜 不能以義制利 不能以僞飾性 則兼以爲民 聖王已沒 天下無聖 則固莫足以擅天下矣 天下有聖而在後者 則天下不離 朝不易位 國不更制 天下厭然 與鄕無以異也 以堯繼堯 夫又何變之有矣 聖不在後子而在三公 則天下如歸 猶復而振之矣 天下厭然 與鄕無以異也 以堯繼堯 夫又何變之有矣 唯其徙朝改制爲難 故天子生 則天下一隆致順而治 論德而定次 死 則能任天下者 必有之矣 夫禮義之分盡矣 擅讓惡用矣哉 曰 老衰而擅 是又不然 血氣筋力則有衰 若夫智慮取舍則無衰 曰 老者不堪其勞而休也 是又畏事者之

전복(甸服)에 위치한 중앙정부는 제(祭) 때마다, 후복(侯服)에 위치한 나라들은 사(祀) 때마다, 빈복(賓服)에 위치한 나라들은 향헌(享獻) 때마다, 요복(要服)에 위치한 나라들은 세공(歲貢) 때마다, 황복(荒服)에 위치한 나라들은 왕위가 바뀔 때마다 천자를 뵈었다. 날마다의 제(祭), 달마다의 사(祀), 계절마다의 향(享), 해마다의 공(貢) 등을 가리켜 토지의 형세를 보아 기구의 용도를 제정하였다 하고 거리의 멀고 가까움을 고려하여 공물에 차등을 두었다 하니, 이것이 왕자(王者)의 제도이다.

저 초나라나 월나라는 향(享)·공(貢) 또는 어느 하나에 속하는데, 반드시 날마다의 제(祭)나 달마다의 사(祀)에 속해야만 통제를 받는다고 하겠는가? 이것은 잘못된 언설이요 개천에 빠진 거지나 다를 바 없으니, 그들과 더불어 왕자의 제도를 논할 수는 없다. 옛말에 "천박한 사람과는 깊은 뜻을 논할 수 없고 어리석은 사람과는 지혜로운 계책을 세울 수 없으며, 우물 안 개구리와는 동해바다의 즐거움을 이야기할 수 없다."고 하였으니 이것을 가리킨 것이다.

세속의 설자들은 말한다. "요임금과 순임금은 왕위를 선양(禪讓)하였다."고. 그러나 그렇지가 않다. 천자란 권세와 지위가 지극히 높아서 천하에 필적할 사람이 없는데, 대체 누구에게 자리를 물려준단 말인가! 도덕이 순수하게 갖추어져 있고 지혜는 더없이 밝아서 왕좌에 앉아 천하의 일을 처리하면, 살고 있는 무리들이라면 모두가 두려워 떨며 복종함으로써 그에게 교화되어 순종한다. 천하에는 숨어있는 선

議也 天子者 埶至重而形至佚 心至愉而志無所詘 而形不爲勞 尊無上矣 衣被則服五采 雜間色 重文繡 加飾之以珠玉 食飮則重大牢而備珍怪 期臭味 曼而饋 代睪而食 雍而徹乎五祀 執薦者百人侍西房 居則設張容 負依而立 諸侯趨走乎堂下 出戶而巫覡有事 出門而宗祝有事 乘大路趨越席以養安 側載睪芷以養鼻 前有錯衡以養目 和鸞之聲 步中武象 騶中韶護以養耳 三公奉軛持納 諸侯持輪挾輿先馬 大侯編後大夫次之 小侯元士次之 庶士介而夾道 庶人隱竄莫敢視望 居如大神 動如天帝 持老養衰 猶有善於是者與不 老者 休也 休 猶有安樂恬愉如是者乎 故曰 諸侯有老 天子無老 有擅國 無擅天下 古今一也 夫曰堯舜擅讓 是虛言也 是淺者之傳 陋者之說也 不知逆順之理 小大至不至之變者也 未可與及天下之大理者也

봉내전복(封內甸服) : 봉내(封內)는 기내(畿內), 곧 근기(近畿). 전복(甸服)은 천자가 있는 도읍의 사방 5백 리를 가리킨다.

봉외후복(封外侯服) : 봉외(封外)는 기외(畿外). 전복(甸服) 밖으로 5백 리에서 천 리 사이가 후복(侯服)이다.

후위빈복(侯衛賓服) : 후위(侯衛)는 후복(侯服)에서 위복(衛服)까지를 말하는데, 그 사이에 전복(甸服)·남복(男服)·채복(采服)이 있으므로 전복으로부터 사방 2천 5백 리가 된다. 그 끝인 위복(衛服)까지가 중국의 영토이며 그 바깥은 오랑캐 땅이다. 이 다섯을 일컬어 빈복(賓服)이라 하는데, 사계절이 바뀔 때마다 공물(貢物), 즉 시향(時享)을 가지고 중앙정부에 입조(入朝)하였다.

간색(間色) : 오색(五色)이 원색(原色)이라면 간색(間色)은 그밖의 녹색이나 자색 따위.

대역이식(代睪而食) : 대역(代睪)은 대고(代皋)의 오류이고, 고(皋)는 고(鼛)이니 길이 12척의 큰 북을 말한다. 대(代)는 '치다.'의 뜻으로 본다.

집천자(執薦者) : 천(薦)은 천진지물(薦陳之物), 곧 상에 늘어놓은 변두

비가 없었고 착한 사람으로서 버려지는 일은 없었다. 천자에게 동조하면 옳은 사람이요 동조하지 않으면 옳지 못한 사람인데, 대체 누구에게 천하를 물려주랴. "죽었기 때문에 물려주었다."라고 말하지만 이 역시 그렇지가 않다. 성왕(聖王)이 위에 있으면 신하들의 덕을 헤아려 벼슬의 차례를 정하고 능력을 계량하여 벼슬을 주며, 모든 백성에게 일을 주어 저마다 마땅한 바를 얻게 하고, 의로써 이욕(利欲)을 억제하지 못하는 사람이나 인위적으로 본성을 고칠 수 없는 사람들을 모두 포용하여 자신의 백성으로 만들었던 것이다.

성왕이 돌아가시어 천하에 성인이 없다고 하면 본디 천하를 물려줄 수가 없다. 천하에 성인이 있어 뒤를 잇는다고 하면 천하는 떨어져 나가지 않을 것이요, 조정은 직위를 바꿀 필요가 없고 나라는 제도를 고칠 필요가 없으며, 천하는 안연히 이전과 다를 바가 없을 것이다. 요임금과 똑같은 사람으로서 요임금을 잇는데 어떤 변함이 있단 말인가! 성인이 후계자 중에 없고 삼공(三公) 중에 있다면 천하는 전과 같이 돌아와 다시 떨치고 일어나게 되어, 천하는 안연히 전날과 조금도 다름이 없을 것이다. 요임금으로 요임금을 잇는데 다시 무슨 변함이 있으랴. 단지 조정 대신들의 자리를 바꾸고 제도를 고치기가 어려울 뿐이다.

그러므로 천자가 생존해 있는 동안에는 천하는 하나가 되어 받들었고 천자는 순리를 극진히 하여 다스렸으며, 덕망을 논하여 벼슬의 차례를 정하였으니 그가 죽어도 능히 천하를 맡아 다스릴 자가 반드시 있게 되는 것이다. 대체로 예

의의 분별이 극진하다면 다시 어디에다 선양이라는 이름을 붙일 것인가! 또 "늙었기 때문에 선양한다."고 말하는데, 이 역시 그렇지 않다. 혈기나 근력은 쇠약해지는 수가 있지만 지혜와 생각에 의한 판단력만은 쇠약해지는 법이 없다.

또 설자들은 말하기를 "늙으면 정사를 보기가 고달파서 감당할 수 없으므로 쉬고자 한다."고 하지만, 이 또한 일하기를 두려워하는 사람들이 내세우는 의논이다. 천자란 권세와 지위가 더없이 높아서 몸은 더없이 편안하고 마음 또한 지극히 유쾌하여 조금이라도 의지를 굽힐 일이 없으며, 몸은 수고하지 않아도 천하에 다시 없이 존귀한 것이다. 의복은 오색에다 간색(間色)을 섞어 물들이며, 무늬와 수를 겹치고 주옥으로 장식을 더하며, 음식은 소와 염소, 돼지 등 맛좋은 고기를 쓰고 온갖 진기한 것들을 골고루 갖추어 냄새와 맛이 극치를 다하며, 춤을 추면서 수라상을 올리고 식사 중에는 북을 울리며, 식사가 끝나면 옹(雍)을 연주하면서 음식을 거두어 부엌으로 치운다. 백여 명이나 되는 사람들이 온갖 그릇을 받들어 시중을 들면서 서쪽 행랑에 늘어선다. 조정에 있을 때는 휘장과 병풍을 둘러치고 방장을 등지고 앉아 있으면 제후들이 당 아래를 종종걸음으로 거닐며 명령을 따른다.

또 궁문을 나서면 무당과 박수가 푸닥거리로 재앙을 물리치고, 성문을 나서면 제사를 맡은 대종(大宗)과 시중드는 축관(祝官)이 상서롭지 못한 것을 제거한다. 대로(大輅)를 타면 부들자리를 깔아 몸을 편안하게 하며, 곁에는 향초를 놓아

(藕豆) 따위.

출문이종사유사(出門而宗祀有事) : 출문(出門)은 수레를 타고 도성(都城)의 문을 나가는 것, 종(宗)은 제사를 주관하는 벼슬, 사(祀)는 축(祝)의 잘못이며 관명(官名)이다. 유사(有事)는 곧 상서롭지 못한 것을 제거하는 일이 있음을 뜻한다.

대로(大路) : 대로(大輅), 즉 천자가 타는 수레를 말한다.

소(韶) : 순임금의 음악.

호(濩) : 은나라 탕왕의 음악.

코를 상쾌하게 하고 앞에는 금을 입힌 가로목을 대어 눈을 즐겁게 하며, 평화로운 방울소리는 수레의 걸음마다 무상(武象)의 소절에 맞추고 수레가 빨리 달리면 순임금의 소(韶)와 탕임금의 호(濩)가 박자를 맞추어 귀를 즐겁게 한다.

삼공(三公)은 수레의 멍에와 말고삐를 받들고 제후들은 수레의 양옆에서 따르며 인도하는데, 큰 나라의 제후는 수레 뒤를 따르고 대부는 그 다음에, 작은 나라의 제후와 중신들은 그 다음에, 갑옷과 투구를 쓴 많은 군사는 길 옆에서 호위하니, 서민들은 곁눈질로 숨으며 감히 바라보지 못한다. 조정에 있으면 위대한 신이요 움직이면 천제(天帝)와 같으니, 늙음을 지탱하고 쇠약함을 보양하는 데 이보다 더 좋은 방법이 있겠는가? 아니, 늙으면 쉬고자 하게 마련인데, 휴식치고 이보다 더 안락하고 유쾌한 휴식이 또 어디 있으랴.

그러므로 "제후에게는 늙음이 있지만 천자에게는 늙음이 없다. 나라를 물려주는 일은 있어도 천하를 물려주는 일은 없다."고 하는 것이다. 이는 고금을 통해 한결 같다. 그러니 요임금 · 순임금이 자리를 물려주었다는 것은 공허한 말로서, 천박한 자들이 퍼뜨리는 말이며 고루한 자들의 말이다. 역(逆)인지 순(順)인지 그 이치도 모르고 작은지 큰지, 지극한지 그렇지 않은지의 차별도 모르니, 이들과 더불어 천하의 큰 도리를 언급할 수는 없는 일이다.

3

세속의 설자들은 말하기를, "요임금과 순임금은 천하를 교화시키지 못하였다." 한다. 그 이유를 물으니 대답하기를, "요임금은 그 아들인 단주(丹朱)를, 순임금은 이복동생인 상(象)조차도 교화시키지 못했기 때문이다."라고 한다. 이는 그렇지가 않다. 요 · 순이야말로 천하의 누구보다도 가장 훌륭하게 교화를 편 사람이다. 그가 남면하여 정사를 들으매 천하의 백성들치고 두려운 듯이 떨며 복종하고 교화되어 따르지 않는 자가 없었다.

그런데도 주와 상만은 교화되지 않았으니 이는 요 · 순의 잘못이 아니요 주와 상의 죄이다. 요 · 순은 천하의 영걸이요, 상과 주는 천하의 악독한 인간으로서 당시 보잘것없는 인물이었다. 지금 세속의 설자들은 주와 상을 이상하게 생각하지 않고 요 · 순만을 비난하니 어찌 심한 과오가 아닌가! 대체로 이것을 가리켜 망령된 설(說)이라 한다. 예와 봉문은 천하의 명사수들이지만 구부러진 활과 구부러진 화살로는 표적을 맞힐 수 없으며, 왕량과 조보는 천하에 유명한 어자(御者)들이지만 절름발이 말과 부서진 수레로는 먼 곳을 갈 수 없으며, 요 · 순은 천하에서 가장 교화를 잘 펴는 사람들이지만 삐뚤어지고 보잘것없는 인간들은 감화시킬 수가 없다. 어느 세상인들 삐뚤어진 인간이 없겠으며 어느 세상인들 보잘것없는 인간이 없겠는가? 태고의 복희씨(伏羲氏)와 수인씨(燧人氏) 시대도 역시 마찬가지였다.

3// 世俗之爲說者曰 堯舜不能敎化 是何也 曰 朱象不化 是不然也 堯舜者 至天下之善敎化者也 南面而聽天下生民之屬 莫不振動從服以化順之 然而朱象獨不化 是非堯舜之過 朱象之罪也 堯舜者 天下之英也 朱象者 天下之嵬 一時之瑣也 今世俗之爲說者 不怪朱象而非堯舜 豈不過甚矣哉 夫是之謂嵬說 羿蠭門者 天下之善射者也 不能以撥弓曲矢中微 王梁造父者 天下之善馭者也 不能以辟馬毁輿致遠 堯舜者 天下之善敎化者也 不能使嵬瑣化 何世而無嵬 何時而無瑣 自太皞 燧人莫不有也 故作者不祥 學者受其殃 非者有慶 詩曰 下民之孽 匪降自天 噂沓背憎 職競由人 此之謂也 世俗之爲說者曰 太古薄葬 棺厚三寸 衣衾三領 葬田不妨田 故不掘也 亂今厚葬 飾棺 故扫也 是不及知治道 而不察於扫不扫者之所言也 凡人之盜也

必以有爲 不以備不足則以重有餘也 而聖王之生民也 皆使當厚優猶不知足 而不得以有餘過度 故盜不竊 賊不刺 狗豕吐菽粟 而農賈皆能以貨財讓 風俗之美 男女自不取於涂 百姓羞拾遺 故孔子曰 天下有道 盜其先變乎 雖珠玉滿體 文繡充棺 黃金充椁 加之以丹矸 重之以曾青 犀象以爲樹 琅玕龍茲華覲以爲實 人猶且莫之扫也 是何也 則求利之詭緩 而犯分之羞大也 夫亂今然後反是 上以無法使 下以無度行 知者不得慮 能者不得治 賢者不得使 若是則上失天性 下失地利 中失人和 故百事廢 財物屈 而禍亂起 王公則病不足於上 庶人則凍餒羸瘠於下 於是焉桀紂羣居 而盜賊擊奪以危上矣 安禽獸行 虎狼貪 故脯巨人而炙嬰兒矣 若是 則有何尤扫人之墓 抉人之口 而求利矣哉 雖此倮而薶之 猶且必扫也 安得葬薶哉 彼乃將食其肉而齕其骨也 夫曰 太古薄葬 故不扫也 亂今厚葬 故扫也 是特姦人

그러므로 이런 주장을 내세우는 사람들은 상서롭지 못하다. 이를 곧이곧대로 받아들이는 사람들은 재앙이 있을 것이요, 이를 비난하는 자는 경사(慶事)가 있을 것이다. 〈시경〉에 "백성들이 받는 재앙은 하늘로부터 내려오는 것이 아니라 모여 떠들다가는 돌아서서 서로 미워하는 자들이 빚어내는 장난일세." 하였으니 이를 가리킨 것이다.

세속의 설자들은 말하기를, "태곳적에는 장례절차가 간소해서 관의 두께는 세 치요, 수의는 세 벌이고 장지(葬地)는 밭갈이에 지장이 없도록 하였으므로 무덤을 도굴하는 일이 없었다. 그런데 혼란한 지금 세상에서는 장례를 후하게 하여 관을 장식하기 때문에 도굴범이 많아졌다."고 한다. 이는 정치의 도를 제대로 알지 못해서 왜 무덤을 도굴하고 도굴을 하지 않는지 제대로 살펴보지 않은 자들의 말이다. 대체로 사람들이 도둑질을 하는 데는 반드시 어떤 목적이 있어서, 부족한 것을 채우기 위해서가 아니면 더 여유있게 하기 위해서이다. 성왕이 백성을 기르실 적에는 모두 여유있는 생활을 하게 함으로써 만족할 줄 알게 하였지만, 여유라는 것도 일정한 한도를 넘어서지 못하게 하였다.

그러므로 도적들은 더 이상 훔치지 않고 칼로 찌르는 일이 없게 되었다. 개 · 돼지도 콩과 조 등 좋은 먹이를 토해버릴 정도요, 농부나 상인들도 모두 재화를 탐내기는커녕 서로 사양하게 되었다. 이리하여 풍속이 아름다워지고 남녀가 함부로 밖에 나가 짝을 짓는 일이 없었으며, 백성들 모두가 땅에 떨어진 물건을 줍는 것을 부끄러워하였다. 그래서 공자는 “천하에 도가 행해지면 도적이 먼저 마음을 고칠 것이다.” 하였다. 비록 주옥이 온몸에 가득하고 무늬와 수를 놓은 옷이 관(棺) 속에 가득하며, 황금이 곽관(槨棺)에 가득하고 그 위를 단사(丹砂)로 아름답게 꾸미고 거기다 청동 장식을 더하며, 무덤 속에는 무소뿔과 상아를 나무처럼 심고 낭간(琅玕) · 용자(龍茲) · 화근(華瑾) 등의 옥을 채워놓았어도 누구 한 사람 도굴해 가는 자가 없었다. 이것은 무슨 까닭인가? 이익을 탐하려는 마음이 약하고 자기 분수에 넘치는 것을 부끄러워하는 마음이 강했기 때문이다.

그런데 지금의 혼란한 세상에서는 그와 정반대이다. 위에서는 법도 없이 백성을 부리고 아래에서는 무절제하게 일을 저질러서, 지혜로운 자라도 좋은 일을 생각해낼 수 없고 유능한 자라도 다스려 나갈 수 없으며 현명한 사람이라도 백성을 부릴 수가 없게 되었으니, 이런 형편이 되면 위에서는 천성(天性)을 잃고 아래서는 지리(地利)를 잃으며 중간에서는 인화(人和)를 잃는다.

그러므로 모든 일이 폐해져 재물은 고갈되고, 재앙과 혼란이 야기되어 왕공은 위에서 부족한 것을 근심하고 백성들은 아래에서 추위와 굶주림 때문에 몸이 여위어 간다. 여기서 걸 · 주와 같은 무리가 봉기하여 도둑질과 노략질에다 치고 빼앗고 하며 위의 임금을 위태롭게 하는데, 이를 보면 세상은 짐승 같은 무절제와 호랑이 같은 탐욕스러운 행위로 가득하여, 어른을 육포(肉脯)로 만들어 먹고 어린아이는 구워서 먹으니, 이렇게 되면 남의 무덤을 도굴하여 시체의 입

之誤於亂說 以欺愚者而潮陷之 以偷取利焉 夫是之謂大姦 傳曰 危人而自安 害人而自利 此之謂也

외쇄(嵬瑣) : 외(嵬)는 위(委), 즉 마음이 음험하여 잘고 더러운 악행을 하다.

낭간용자화근이위실(琅玕龍玆華覲以爲實) : 낭간 · 용자 · 화근은 모두 아름다운 보옥인데, 화근의 근(覲)은 근(瑾)이 되어야 한다.

나이매지(倮而薶之) : 나이매지(裸而埋之), 즉 벌거벗겨 매장하다.

을 벌리고 그 속에 있는 주옥을 꺼내어 자기 이익을 탐하는 것이 무슨 허물이 될 것인가? 비록 벌거벗은 몸뚱이를 묻는다고 해도 파헤칠 것이니, 죽어도 매장인들 제대로 할 수 있겠는가. 사람들은 시체의 살을 뜯어먹고 두골과 뼈까지 깨물어먹으려고 할 것이다.

그래서 "태곳적에는 장례를 간소하게 하였기 때문에 도굴하는 일이 없었는데 지금의 어지러운 세상에서는 장례를 후하게 하기 때문에 도굴이 생겨난다."고 하는 것이다. 그런데 이는 단지 간사한 자들이 망령된 언설을 잘못 이해하여 어리석은 자들을 기만함으로써 그들을 구렁텅이에 빠뜨리고 홀로 사리사욕을 채우려는 짓이니, 이를 가리켜 대간(大姦)이라고 하는 것이다. 전하는 말에 "남을 위태롭게 해야 자기가 편안하고 남을 해쳐야 자기가 유리하다." 하였으니 이를 가리킨 것이다.

4

4// 子宋子曰 明見侮之不辱 使人不鬭 人皆以見侮爲辱 故鬭也 知見侮之爲不辱 則不鬭矣 應之曰 然則亦以人之情爲不惡侮乎 曰 惡而不辱也 曰 若是則必不得所求焉 凡人之鬭也 必以其惡之爲說 非以其辱之爲故

송자(宋子)께서 말씀하셨다. "업신여김을 받아도 분명하게 그것을 모욕으로 받아들이지 않는다면 사람들이 싸우는 일은 없게 될 것이다. 사람들이 모두 그것을 모욕으로 받아들이기 때문에 싸우는 것이다. 업신여김을 모욕으로 받아들이지 않는다면 싸움은 없게 된다." 이에 대하여 순자가 말하기를, "그렇다면 사람의 감정은 업신여김받아도 미워하지 않는다는 말인가?" 하니 말하기를, "미워하지만 모욕으로 여기지 않는 것이다." 하였다. 말하자면, 만약 이와 같다면 반드시 추구하는 바를 얻기는 어려울 것이다.

대체로 사람들이 싸우는 것은 말하는 것을 미워해서이지 모욕이 곧 싸움거리가 되는 것은 아니다. 어릿광대나 난쟁이, 익살꾼들은 으레 욕을 먹고 업신여김을 받으면서도 싸우려 들지 않는데, 그렇다면 이들이 업신여김을 받아도 모욕으로 느끼지 않는다는 가르침을 알고 있단 말인가? 그들이 싸우려 하지 않는 것은 미워하는 마음이 없기 때문이다.

어떤 사람이 만일 남의 집 수챗구멍을 통해 들어가 그 집에서 기르는 돼지를 훔쳐낸다면 주인은 칼이나 창 등을 닥치는 대로 집어들고 도둑을 쫓으며 죽거나 다치거나 하는 것은 아랑곳하지 않을 것이니, 이 어찌 돼지를 잃은 것을 모욕으로 여겨서 그런다고 하겠는가. 싸우기를 주저하지 않는 것은 미워하기 때문이다. 서로 업신여김을 받고 모욕으로 느끼면서도 미워하지 않으면 싸우지 않는다.

그러나 업신여김을 받고 그것이 모욕이 아니라는 것을 알면서도 미워하는 마음이 있다면 반드시 싸운다. 그러므로 싸우고 안 싸우고 하는 것은 모욕으로 여기느냐 모욕으로 여기지 않느냐에 달려 있는 것이 아니라, 미워하느냐 미워하지 않느냐에 달려 있는 것이다.

그런데 지금 송선생은 업신여김을 받은 데 대하여 증오하는 마음이 생기는 것을 해결하려 아니하고 애써 사람들에게 모욕으로 여기지 말라고만 말하니 어찌 큰 잘못이 아닌가. 금으로 된 혀로 입이 닳도록 말한들 아무런 이익도 없는 것

也 今俳優侏儒狎徒詈侮而不鬪者 是豈鉅知見侮之爲不辱哉 然而不鬪者 不惡故也 今人或入其央瀆 竊其豬彘 則援劍戟而逐之 不避死傷 是豈以喪豬爲辱也哉 然而不憚鬪者 惡之故也 雖以見侮爲辱也 不惡則不鬪 雖知見侮爲不辱 惡之則必鬪 然則鬪與不鬪邪亡於辱之與不辱也 乃在於惡之與不惡也 夫今子宋子不能解人之惡侮 而務說人以勿辱也 豈不過甚矣哉 金舌弊口 猶將無益也 不知其無益 則不知 知其無益也 直以欺人 則不仁 不仁不知 辱莫大焉 將以爲有益於人 則與無益於人也 則得大辱而退耳 說莫病是矣 子宋子曰 見侮不辱 應之曰 凡議 必將立隆正然後可也 無隆正則是非不分而辨訟不決 故所聞曰 天下之大隆 是非之封界 分職名象之所起 王制是也 故凡言議期命是非 以聖王爲師 而聖王之分 榮辱是也 是有兩端矣 有義榮者 有埶榮者 有義辱者 有埶辱者 志意脩 德行厚 知慮明 是榮

之由中出者也 夫是之謂義榮 爵列尊 貢祿厚 形埶勝 上爲天子諸侯 下爲卿相士大夫 是榮之從外至者也 夫是之謂埶榮 流淫汙僈 犯分亂理 驕暴貪利 是辱之由中出者也 夫是之謂義辱 詈侮捽搏 捶笞臏脚 斬斷枯磔 藉靡舌縪 是辱之由外至者也 夫是之謂埶辱 是榮辱之兩端也 故君子可以有埶辱 而不可以有義辱 小人可以有埶榮 而不可以有義榮 有埶辱無害爲堯 有埶榮無害爲桀 義榮埶榮 唯君子然後兼有之 義辱埶辱 唯小人然後兼有之 是榮辱之分也 聖王以爲法 士大夫以爲道 官人以爲守 百姓以爲成俗 萬世不能易也 今子宋子案不然 獨詘容爲己 慮一朝而改之 說必不行矣 譬之是猶以塼涂塞江海也 以焦僥而戴太山也 蹎跌碎折不待頃矣 二三子之善於子宋子者 殆不若止之 將恐得傷其體也 子宋子曰 人之情 欲寡 而皆以己之情爲欲多 是過也 故率其羣徒 辨其談說 明其譬稱 將使人知情欲

이다. 그 무익함을 몰랐다면 무지한 것이요 무익함을 알았다면 남을 속인 데 지나지 않으니, 곧 불인(不仁)이다. 불인과 무지보다 더 큰 모욕은 없다. 그런 말이 장차 사람들에게 이익이 될 줄로 여겨 말했겠지만, 사실은 아무 이익도 없을 뿐만 아니라 도리어 큰 모욕만 당하고서 물러가게 되었으니, 일찍이 말이 이처럼 병이 된 일은 없었다.

송자께서 말씀하셨다. "업신여김을 당해도 모욕으로 여기지 않아야 한다."고. 그러나 이에 대해 말한다면, 무릇 의논이란 반드시 일정한 기준이 서야 올바른 것이다. 기준이 없고 보면 시비가 가려질 수 없을 뿐만 아니라 변론도 재판도 결말이 나지 않는다. 그러므로 들은 바로는 "천하의 큰 기준은 시비의 경계요, 상하의 분별과 직위 및 명분과 법칙이 생겨나는 근본으로서, 왕자(王者)의 제도가 이것이다." 하였다.

그러므로 모든 의논과 사물에 대한 명명(命名)은 성왕(聖王)을 스승으로 하지 않는 것이 없고 성왕께서 분별하신 것이 영예와 치욕이라는 것이다. 그런데 여기에 두 가지가 있으니 의영(義榮)·세영(勢榮)과 의욕(義辱)·세욕(勢辱)이라는 것이 있다. 뜻이 닦여지고 덕행이 두터우며 지혜와 생각이 밝아 영예가 그의 내부로부터 비롯되니, 이것을 도의적인 영예, 즉 '의영(義榮)'이라 한다. 작위가 높고 윗사람에게 바치는 공물과 아랫사람에게 내리는 봉록이 두터우며, 권세가 당당하여 위로는 천자 및 제후가 되고 아래로는 경상(卿相) 및 사대부가 되니, 이 영예는 외부로부터 자기에게 이르는 것으로서, 이것을 권세에 의한 영예, 즉 '세영(埶榮)'이라고 한다.

음란한 행동에 더럽고 지저분한 짓을 하며, 분수를 어기고 도리를 어지럽히며 교만하고 난폭하고 이익을 탐하니, 이런 욕은 자기 내부로부터 비롯되는 것으로서, 이것을 도의적인 욕, 즉 '의욕(義辱)'이라 한다. 남에게 업신여김을 받고 머리카락을 붙잡히며, 종아리를 맞고 다리를 잘리는 형벌을 당하며, 베이거나 신체를 찢겨 죽임을 당하는 등의 욕은 외부로부터 비롯되는 것으로써, 이것을 '세욕(執辱)'이라 한다. 이것이 영예와 치욕의 두 가지이다.

그러므로 군자는 혹시 세상을 잘못 만나 세욕을 받게 되는 경우는 있어도 의욕은 있을 수 없고, 소인은 세영이 있을 수는 있어도 의영은 있을 수가 없다. 세욕이 있었다고 해서 요임금이 되는 데 방해될 것이 없고 세영이 있었다고 해서 걸왕이 되는데 방해될 것이 없다. 의영과 세영은 오직 군자가 된 후에야 함께 누릴 수 있고 의욕과 세욕은 소인만이 같이 받을 수 있는 것이다. 이것이 명예와 모욕의 경계이다. 성왕은 이것으로 법을 삼고 사대부는 이것으로 도를 삼으며, 관리들은 이것으로 자신을 지키고 백성들은 이것으로 풍속을 이루니, 이는 만세토록 고칠 수 없는 것이다.

그런데 지금 송선생의 말은 그렇지가 않아서, 홀로 몸을 굽혀 업신여김을 받아도 서로 모욕으로 받아들이지 않는다는 자기 주장으로 성왕의 도를 하루아침에 뜯어 고치려고 하니 그의 이론은 반드시 세상에 행해질 수 없을 것이다. 비유컨대 이는 진흙덩이를 가지고 강이나 바다를 막으려 하

之寡也 應之曰 然則亦以人之情爲欲目不欲綦色 耳不欲綦聲 口不欲綦味 鼻不欲綦臭 形不欲綦佚 此五綦者亦以人之情爲不欲乎 曰 人之情欲是已 曰 若是則說必不行矣 以人之情爲欲此五綦者而不欲多 譬之是猶以人之情爲欲富貴而不欲貨也 好美而惡西施也 古人爲之不然 以人之情爲欲多而不欲寡 故賞以富厚 而罰以殺損也 是百王之所同也 故上賢祿天下 次賢祿一國 下賢祿田邑 愿慤之民完衣食 今子宋子以是之情爲欲寡 而不欲多也 然則先王以人之所不欲者賞 而以人之所欲者罰邪 亂莫大焉 今子宋子嚴然而好說 聚人徒 立師學 成文曲 然而說不免於以至治爲至亂也 豈不過甚矣哉

압도리모(狎徒詈侮) : 압도(狎徒)는 압희지도(狎戲之徒), 이모(詈侮)는 서로 꾸짖으며 모욕하는 것.
앙독(央瀆) : 통수로(通水路).
참단고책(斬斷枯磔) : 고책(枯磔)은 앞에서도 나온

것처럼 산 채로 가슴과 배를 갈라 말려죽이는 형벌.

고, 난쟁이가 태산을 머리에 이고자 하는 것과 마찬가지로서 금방 부서지고 꺾이고 말 것이다. 송견자의 이론을 추앙하는 그들 몇몇은 그를 말리는 것이 좋을 것이다. 그렇지 않으면 장차 그 몸을 손상당하는 두려움이 생길 것이다.

송자께서 말씀하셨다. "사람의 성정(性情)은 욕심이 적은데, 모두 다 욕심이 많은 것이라고 생각하니 이는 잘못이다. 이리하여 많은 무리들을 거느리고 자기의 이론을 늘어놓고 비유를 들어 자기 주장을 밝힘으로써, 사람의 성정은 본래 욕심이 적은 것임을 알리려 했다." 이에 대해 말하기를, "그렇다면 역시 사람의 성정으로 눈은 최상의 색을 보려고 하지 않고 귀는 최상의 소리를 듣고 싶어하지 않으며, 입은 최상의 음식을 먹고 싶어하지 않고 코도 최상의 냄새를 맡고 싶어하지 않으며, 육신은 최상의 안락을 누리고 싶어하지 않는 것이니, 이 다섯 가지 제일 좋아하는 것은 역시 사람의 성정으로는 바라지 않는다는 말인가?" 하니 "사람의 성정으로는 이것을 바란다." 하였다.

그렇지만 그의 이론은 반드시 세상에 행해지지 않을 것이다. 인지상정으로는 이 다섯 가지 최상의 것을 바라지만 많이 바라지는 않는다는 것이니, 비유컨대 이는 사람의 성정은 부자가 되기를 바라면서도 재물을 바라지는 않는다는 것이요, 아름다움을 좋아하면서도 서시(西施) 같은 미녀를 싫어한다는 말과 같은 것이다.

서시(西施) : 중국 춘추시대 월(越)나라의 미인(美人). 월나라 왕 구천(勾踐)이 오(吳)나라에게 패한 뒤에 미인계(美人計)로 서시를 오왕 부차(夫差)에게 보내니, 부차는 서시에게 혹하여 고소대(姑蘇臺)를 짓고 정사를 돌보지 않아 망하였음.

옛사람들은 그렇지 않다고 여겼다. 사람의 성정은 본래 욕심이 많은 것이어서 적은 것을 원치 않으리라고 생각하였으므로 상은 되도록 후하게 내리고 벌은 되도록 탕감해주었으니, 이는 모든 왕들이 한결같이 행한 바이다.

그러므로 가장 현명한 사람은 천하를 봉록으로 하고 다음으로 현명한 사람은 한 나라를 봉록으로 하였으며, 약간 현명한 사람은 한 고을의 전지(田地)를 녹으로 받았고 성실·정직한 백성들은 의식을 완전히 할 수 있었다. 그런데 지금 송선생은 사람의 성정은 적게 욕심낼 뿐 많은 것을 욕심내지는 않는다고 한다. 그렇다면 선왕들은 사람들이 바라지 않는데도 상을 주고 바라기 때문에 벌을 주었다는 말인가! 혼란으로서 이보다 더 큰 것을 없을 것이다.

지금 송선생이 어엿한 모습으로 자기 이론을 좋아하면서 무리들을 모아 자기의 학설을 세우고 문장과 법칙을 이루고 있지만, 그 학설은 다스려짐의 극치를 혼란의 극치로 만든다는 과오를 면치 못할 것이니, 이 얼마나 큰 잘못인가!

| 풀이 | 순자사상과 다른 사상과의 차이를 연구하는 데 필요한 중요한 편이다. 송견(宋鈃)의 학설에 대한 반대론은 일정한 체계를 세워 구체화시킨 좋은 글이라고 생각된다. 순자는 당시의 법가(法家)들처럼 백성을 무시하고 법과 형벌로써 다스려야 한다는 것에 반대하고, 위정자의 공명정대함이 드러나 요순시대의 치법(治法)을 적용시켜야 한다고 주장한다. 유교의 입장에서 설파한 유가다운 주장이지만, 당시의 왕권정치에 있어서나 오늘날의 민주정치에 있어서나 그 원리는 변함이 없으니 귀감으로 삼을 말이 많다.

법가(法家) : 천하를 다스리는 데는 인·의·예와 같은 도덕보다는 법률이 중요하다고 주장한 고대 중국의 한 학파.

19 예론편 禮論篇

1

1// 禮起於何也 曰 人生而有欲 欲而不得 則不能無求 求而無度量分界 則不能不爭 爭則亂 亂則窮 先王惡其亂也 故制禮義以分之 以養人之欲 給人之求 使欲必不窮乎物 物必不屈於欲 兩者相持而長 是禮之所起也 故禮者 養也 芻豢稻粱 五味調香 所以養口也 椒蘭芬苾 所以養鼻也 雕琢刻鏤 黼黻文章 所以養目也 鐘鼓管磬 琴瑟竽笙 所以養耳也 疏房檖貌 越席牀第几筵 所以養體也 故禮者 養也 君子旣得其養 又好其別 曷謂別 曰 貴賤有等 長幼有差 貧富

예(禮)는 무엇 때문에 생긴 것인가? 사람에게는 나면서부터 욕망이 있는데, 욕망을 채우지 못하면 이것을 추구하지 않을 수 없고, 추구하는 데 절제와 한계가 없으면 다투지 않을 수 없게 된다. 다투면 어지러워지고 어지러워지면 궁해진다. 선왕(先王)들은 그 어지러워짐을 싫어하여 예의(禮義)를 제정함으로써 이를 분별하게 하였고, 사람들의 욕망을 길들이고 사람들이 구하는 바를 공급해주었다. 욕심을 내되 재물에 궁하지 않도록 하고 재물이 욕망으로 인해 바닥나지 않게 하여서 이 양자를 서로 조화를 유지하도록 하였으니, 이것이 예가 생긴 이유이다.

그러므로 예라고 하는 것은 길러주는 것이니, 갖가지 고기 반찬과 밥으로 다섯 가지 맛을 조화시키는 것은 입맛을 길들이기 위하여, 후추 등 향기로운 양념은 코의 감각을 길들이기 위하여, 갈고 쪼고 새기며 무늬와 수로 장식하는 것은 시각을 길들이기 위하여, 종과 북과 쌍피리 · 경쇠 · 거문고 · 비파 · 피리 · 생황 등의 악기는 청각을 길들이기 위하여, 탁 트인 밝은 방과 깊숙한 명당(明堂)과 부들자리 · 방석 · 평상같은 것은 몸의 습관을 길들이기 위하여 있는 것들이다.

그러므로 예란 길들이는 것이니, 군자가 이미 그것에 길들여지면 그 분별을 좋아하게 된다. 그러면 그 분별이란 어떤 것일까? 말하자면 귀천에 등급이 있고 어른과 아이에 차별이 있으며, 빈부와 경중(輕重)에 모두 일컫는 바가 있다는 것들이다. 그래서 천자가 타는 대로(大輅)와 부들자리는 신체의 안락을 기르기 위함이요, 신변에 향기로운 향초를 싣는 것은 후각의 즐거움을 기르기 위함이며, 수레 앞에 아름답게 장식된 가로목을 대는 것은 시각의 즐거움을 기르기 위함이요, 딸랑거리는 방울소리와 수레의 움직임에 따라 무(武)와 상(象) 등 무왕의 음악이 따르고, 빨리 달릴 때는 소(韶)와 호(濩) 등 탕왕의 음악이 따르는 것은 청각의 즐거움을 기르기 위함이며, 용이 그려진 9폭의 깃발을 펄럭이게 하는 것은 백성의 신임을 기르기 위함이요, 수레바퀴에다 엎드린 외뿔소와 호랑이를 그리고 교룡을 말 뱃대끈에 그리며, 명주실로 수레 덮개를 짜고, 멍에의 끝에 금장식의 용머리를 다는 것 등은 위엄을 기르기 위함이다.

그러므로 대로의 말은 반드시 잘 훈련된 뛰어난 말이어야 하고 순하게 길들인 연후에야 타게 되어 있으니, 이는 임금의 편안함을 기르기 위함이다. (다음으로 신하의 예에 있어서

輕重皆有稱者也 故天子大路越席 所以養體也 側載睪芷 所以養鼻也 前有錯衡 所以養目也 和鸞之聲 步中武象 趨中韶護 所以養耳也 龍旗九斿 所以養信也 寢兕持虎蛟韅絲末彌龍 所以養威也 故大路之馬 必倍至敎順 然後乘之 所以養安也 孰知夫出死要節之所以養生也 孰知夫出費用之所以養財也 孰知夫恭敬辭讓之所以養安也 孰知夫禮義文理之所以養情也 故人苟生之爲見 若者必死 苟利之爲見 若者必害 苟怠惰偸懦之爲安 若者必危 苟情說之爲樂 若者必滅 故人一之於禮義 則兩得之矣 一之於情性 則兩喪之矣 故儒者將使人兩得之者也 墨者將使人兩喪之者也 是儒墨之分也 禮有三本 天地者 生之本也 先祖者 類之本也 君師者 治之本也 無天地 惡生 無先祖 惡出 無君師 惡治 三者偏亡 焉無安人 故禮 上事天下事地 尊先祖而隆君師 是禮之三本也 故王者天太祖 諸侯不敢

는) 사력을 다해 절개를 지키는 것이 삶을 기르기 위함임은 누구든지 알고 있고, 비용을 내어 쓰는 것이 재산을 기르기 위함임은 누구든지 알고 있으며, 공경하고 사양하는 것이 안신존명(安身存命)을 기르기 위함임은 누구든지 알고 있고, 예의와 문리(文理)가 성정(性情)을 기르기 위함임은 누구든지 알고 있다.

그러므로 사람이 만일 구차하게 삶에 대해 애착을 보이면 이런 자는 반드시 죽게 될 것이요, 구차하게 이익만을 추구한다면 이런 자는 반드시 손해를 볼 것이며, 게으르고 나태한 것을 편안함으로 여긴다면 이런 자는 반드시 위태로워질 것이요, 자기의 성정이 가는 대로 멋대로 행동하는 것을 즐거움으로 삼는다면 이런 자는 반드시 멸망할 것이다. 그러므로 사람이 오직 예로만 나아간다면 두 가지를 모두 얻을 수 있지만, 오직 성정대로만 나아간다면 곧 두 가지를 다 잃게 될 것이다. 유가(儒家)는 사람으로 하여금 이 두 가지를 다 얻게 하지만 묵가(墨家)는 사람으로 하여금 양자를 다 잃게 만드니, 이것이 유가와 묵가의 다른 점이다.

예에는 세 가지 근본이 있으니, 천지(天地)는 생명의 근본이요, 선조(先祖)는 인류의 근본이며 임금과 스승은 다스림의 근본이다. 천지가 없다면 생명이 있을 수 있었을까? 선조가 없다면 나의 일족이 존재할 수 있었을까? 임금과 스승이 없다면 다스려졌을까? 이 세 가지 중 하나가 빠져도 사람은 안락히 존재할 수가 없다. 그러므로 예란 위로 하늘을 섬기고 아래로는 땅을 섬기며, 선조를 존경함으로써 임금과

壞 大夫士有常宗 所以別貴始 貴始 得之本也 郊止乎天子 而社止於諸侯 道及士大夫 所以別尊者事尊 卑者事卑 宜大者巨 宜小者小也 故有天下者事十世 有一國者事五世 有五乘之地者事三世 有三乘之地者事二世 持手而食者 不得立宗廟 所以別積厚 積厚者流澤廣 積薄者流澤狹也 大饗 尙玄尊 俎生魚 先大羹 貴食飮之本也 饗 尙玄尊而用酒醴 先黍稷而飯稻粱 祭齊大羹而飽庶羞 貴本而親用也 貴本之謂文 親用之謂理 兩者合而成文 以歸大一 夫是之謂大隆 故尊之尙玄酒也 俎之尙生魚也 俎之先大羹也 一也 利爵之不醮也 成事之俎不嘗也 三臭之不食也 一也 大昏之未發齊也 太廟之未入尸也 始卒之未小斂也 一也 大路之素未集也 郊之麻絻也 喪服之先散麻也 一也 三年之喪 哭之不文也 淸廟之歌 一倡而三歎也 縣一鍾 尙拊之膈 朱絃而通越也 一也 凡禮 始乎梲 成乎文 終乎悅校 故

스승을 존중하니, 이 세 가지가 예의 근본인 것이다.

그러므로 왕자는 그의 시조를 하늘에 배향(配享)하고 제후는 감히 그 시조의 사당을 헐지 못하며, 대부와 사(士)는 백세토록 끊이지 않고 모시는 종가(宗家)가 있어 이로써 귀한 신분의 시원(始源)을 분별하는 것이요, 귀한 신분의 시원이야말로 덕의 근본이 되는 것이다. 하늘에 대한 교제(郊祭)는 천자에서 그치고 땅에 대한 사제(祀祭)는 제후에서 그치며, 조상에 대한 제사는 천자에서 사대부에 이르기까지 두루 미치는데, 이는 존재를 분별하여 높은 자는 높은 것을 섬기고 낮은 자는 낮은 것을 섬김으로써 큰 것은 크게, 작은 것은 작게 마땅함을 얻게 하려는 것이다.

그래서 천하를 소유한 천자는 7세(七世)까지 제사지내고, 한 나라를 소유한 제후는 5세(五世)까지 섬기며, 5승(五乘)의 따을 가진 대부는 3세조(三世祖)까지, 3승(三乘)의 땅을 가진 사(士)는 2세조(二世祖)까지 섬기며, 손을 움직여 생활을 영위하는 농 · 공 · 상인들은 사당을 세울 수가 없다. 이는 공적의 많고 적음을 분별하기 위함이니, 공적이 많으면 그 혜택이 넓게 미치고 공적이 적으면 그 혜택이 좁게 미치는 것이다.

3년마다 올리는 협제(祫祭)에는 현(玄 : 냉수)을 받들어 올리고 생선을 적대(炙臺)에 담아 올리며 간을 하지 않은 고깃국을 먼저 올리는데, 이것은 음식의 근본을 귀하게 여기기 때문이다. 철마다 사당에 제사지내는 향제(饗祭)에는 현(玄)을 위에 놓고 술과 감주를 올리며, 기장과 피를 먼저 놓은

至備 情文俱盡 其次情文代勝 其下 復情以歸大一也 天地以合 日月以明 四時以序 星辰以行 江河以流 萬物以昌 好惡以節 喜怒以當 以爲下則順 以爲上則明 萬變變而不亂 貳之則喪也 禮豈不至矣哉 立隆以爲極 而天下莫之能損益也 本末相順 終始相應 至文以有別 至察以有說 天下從之者治 不從者亂 從之者安 不從者危 從之者存 不從者亡 小人不能測也 禮之理誠深矣 堅白同異之察 入焉而溺 其理誠大矣 擅作典制辟陋之說 入焉而喪 其理誠高矣 暴慢恣睢輕俗以爲高之屬入焉而隊 故繩墨誠陳矣 則不可欺以曲直 衡誠縣矣 則不可欺以輕重 規矩誠設矣 則不可欺以方圓 君子審於禮 則不可欺以詐僞 故繩者 直之至 衡者 平之至 規矩者 方圓之至 禮者 人道之極也 然而不法禮不足禮 謂之無方之民 法禮 足禮 謂之有方之士 禮之中焉能思索 謂之能慮 禮之中焉能勿易 謂之能固 能慮

후에 쌀밥과 차조밥을 올린다. 매달 올리는 제사에는 간을 하지 않은 고깃국을 올리고 여러 가지 맛을 가진 음식을 한껏 차리는데, 이는 음식의 근본을 귀하게 여기면서 여러 실용적인 음식과 가까이하게 하려는 것이다. 근본을 귀하게 여기는 것을 문(文), 즉 예의 수식이라 하고 실용적인 음식과 가까이하는 것을 이(理), 즉 예의 조리(條理)라고 한다. 이 양자가 합함으로써 훌륭한 문채(文彩)를 이루어 태일(太一), 즉 천지의 처음으로 돌아가는 것인데, 이것을 가리켜 대륭(大隆), 곧 최고의 경의(敬儀)라 한다.

그러므로 냉수를 술잔에 따라 올리고 생선을 적대에 담아 올리며, 간을 하지 않은 고깃국을 굽이 높은 두(豆)에 담아 올리는 것은 한결같이 근본을 귀하게 여긴다는 뜻에서이다. 제사를 주관하는 사람이 잔을 다 비우지 않고 내려놓는다든가, 졸곡(卒哭) 때 잔을 받아도 적대에 담긴 생선에는 손을 대지 않는다든가, 제사를 돌보는 유식(侑食)이 세 번씩 시동(尸童 : 신주 대신 앉는 아이)에게 권할 뿐 스스로는 먹지 않는다든가 하는 것은 한결같이 예를 마친다는 뜻에서이다. 혼인에 있어 아직 초례(醮禮)를 치르지 않았을 때와, 태묘(太廟)에 시신을 아직 옮기지 않았을 때, 졸곡을 시작함에 있어 아직 수의를 입히지 않는 소렴(小斂) 상태는 한결같이 예의 처음이라는 뜻에서이다.

천자의 대로에 흰 명주로 된 덮개를 씌우거나 교제(郊祭) 때 삼베 관을 쓰는 일, 상복을 입을 때 먼저 삼 한 줌을 요질(腰絰) 끝에 매달아 늘어뜨리는 것 등은 한결같이 소박함을

能固 加好者焉 斯聖人矣 故天者 高之極也 地者 下之極也 無窮者 廣之極也 聖人者 道之極也 故學者固學爲聖人也 非特學爲無方之民也

소방수모 월석상자궤연(疏房檖貌越席牀笫几筵) : 소방(疏房)은 넓게 트이고 밝은 방. 수모(檖貌)는 수묘(邃廟), 곧 깊은 궁실(宮室). 월석(越席)은 부들자리.

사말(絲末) : 말(末)은 〈예기〉예 따르면 멱(幦)으로 수레뚜껑.

미룡(彌龍) : 수레의 장식. 수레의 멍에 끝에 용(龍)의 머리가 새겨진 것.

배지(倍至) : 신지(信至).

이귀대일(以歸大一) : 대일(大一)은 태일(太一), 곧 천지창조의 세기(世期)라는 뜻. 태고에는 일(一)이 귀본(貴本)의 뜻으로 통했다.

조지선대갱야(俎之先大羹也) : 여기서 조(俎)는 두(豆).

이작지불초야(利爵之不醮也) : 이(利)는 시중드는 사람, 작(爵)은 주기(酒器), 초(醮)는 진(盡)의 뜻.

삼취지불식야(三臭之不食也) : 삼유권시식이불자

따른다는 뜻에서이다. 3년상(三年喪)에 곡을 하면서 꺾어 되풀이하지 않는다든가, 종묘에 헌가(獻歌)할 때 한 번 선창하면 세번 따라서 화창(和唱)하고, (큰 제사에서) 종 하나만을 달고 부격(拊膈 : 악기 이름)을 위에 놓고 붉은 명주의 비파줄을 아래로 드리워 탁한 소리를 내게 하는 것 등은 한결같이 검소함을 높인다는 뜻에서이다.

대체로 예란 처음에는 간소한 것으로 시작하여 훌륭한 문채를 이루고 마지막에 가서 즐겁게 하는 것으로 마친다. 그러므로 예의 극치는 성정과 문식이 완전히 갖추어진 상태요, 그 다음은 성정이나 문식이 번갈아가며 앞서는 것이며, 그 아래는 성정으로 복귀하여 천지의 시작으로 돌아가는 것이다. 그리하여 천지가 화합하고, 해와 달이 번갈아 비추고, 사계절이 차례대로 오가고, 별들이 한결같이 운행하고, 강물은 흐르고, 만물이 번창하고, 좋고 나쁨의 감정이 조절되고, 기쁨과 노여움의 감정이 마땅함을 얻게 되는 것이다.

또 아랫사람이 되어서는 순종하고 윗사람이 되어서는 공명정대하며, 만물에 변화가 있되 어지럽지 않은 것이다. 이를 어기면 멸망하니 예가 어찌 최상이라고 하지 않으랴! 예를 일으켜 융성하게 함으로써 그 극치를 다하면 천하에서 아무도 덜어내거나 더하는 이가 없는 것이다. 근본과 종말이 서로 따르고 처음과 끝이 서로 상응(相應)하며, 문식이 극치에 이름으로써 나눔이 있고 지극한 관찰에 의하여 명백하게 설명되는 것이다. 천하에서 이를 따르는 자는 다스려지고 따르지 않는 자는 어지러워지며, 따르는 자는 안전하고

식(三侑勸尸食而不自食). 즉, 시동에게 세 번 권할 뿐 자신은 마시지 않는다는 뜻.

대로지소미집야(大路之素未集也) : 미(未)는 말(末)로 곧 수레뚜껑, 집(集)은 덮개.

산마(散麻) : 〈대대례기(大戴禮記)〉에는 산대(散帶)로 되어 있다. 즉, 상복(喪服)을 입기 전에 삼실이 흐트러져서 늘어진 띠를 매는 것.

불문(不文) : 불반(不反), 즉 곡(哭)을 할 때 끊거나 꺾지 않는 것.

입언이대(入焉而隊) : 대(隊)는 추(墜), 즉 실추(失墜)의 뜻.

유방지사(有方之士) : 유도지사(有道之士).

물역(勿易) : 무역(無易), 즉 불변(不變)의 뜻.

따르지 않는 자는 위태로우며, 따르는 자는 존속하고 따르지 않는 자는 멸망하는데, 소인들은 이를 헤아릴 수가 없는 것이다.

예의 이치란 진실로 깊은 것이어서 견백(堅白)과 동이(同異)의 심찰(審察)까지도 들어오면 빠져 죽게 될 것이요, 그 이치가 진실로 커서 함부로 만들어낸 전범이나 제도 및 편벽되고 고루한 학문도 들어오기만 하면 그대로 없어지게 될 것이며, 그 이치가 진실로 고매하여서 사납고 거만하며 멋대로 세상을 경시하고 높은 체 우쭐대던 무리도 들어오면 곧 떨어지고 말 것이다.

그러므로 먹줄을 잘 치면 굽고 곧은 것을 속일 수가 없고, 저울질을 잘하면 가볍고 무거운 것을 속일 수가 없으며, 규구(規矩)를 잘 대면 모나고 둥근 것을 속일 수가 없는 것과 같이, 군자가 예에 대하여 밝으면 거짓으로 속일 수가 없다.

그러므로 먹줄은 곧음의 표준이고 저울은 공평함의 기준이며, 규구는 모나고 둥근 것의 표준이듯이, 예란 인도(人道)의 극치이다. 따라서 예를 법으로 삼지 아니하고 예를 충분히 익히지 않으면 무도한 백성이라 하고, 예를 법으로 삼고 예를 충분히 익혔다면 도가 있는 선비라 하는 것이다. 예에 들어맞게 사색할 줄 알면 사려깊다 말하고 예에 들어맞게 지조가 바뀌지 않으면 절조가 굳다고 한다. 사려깊고 절조를 굳게 지킬 줄 알며 거기에다 예를 좋아한다면 이것이 성인이다. 그러므로 하늘은 높음의 극치요, 땅은 낮음의 극치이며, 끝없는 것은 넓음의 극치이듯이, 성인은 도의 극치

규구(規矩) : ① 컴퍼스와 곱자, 또는 치수와 모양. 그림서. ② 행위의 표준. 사물의 준칙. 일상생활에 지켜야 할 법도.

인도(人道) : 사람으로서 마땅히 지켜야 할 도리.

인 것이다. 따라서 학문하는 자가 배움에 견고하면 성인이 되지만 그렇지 못한 자는 무모한 백성이 되고 마는 것이다.

| 풀이 | 예학(禮學)은 순자가 가장 중요시한 이론으로써, 예의 기원부터 설명하여 예의 여러 가지 정의가 전개된다. 예의 세 가지 근본에 대해서는 〈대대례기(大戴禮記)〉에 수록되어 있고 뒤에 나오는 3년지상(三年之喪)의 이론은 〈소대례기(小戴禮記)〉에 채록(採錄)되어 있다. 예의 인위적인 합의론이 자세히 논급되었으므로 적어도 유학에 근거한 혼례(婚禮)·제례(祭禮)·상례(喪禮)·장례(葬禮) 등의 원리가 근원에서부터 자세하게 서술된 중요한 편이다.

채록(採錄) : 채집하여 기록함, 또는 채집한 기록.

2

예(禮)라고 하는 것은 재물, 곧 공물이나 각종 인사치레에 쓰이고 귀천을 나타내는 여러 가지 장식이 되기도 하며, 많고 적음에 대한 구분이 되기도 하고 두텁게 또는 박하게 하는 요체가 되기도 한다. 문식이 번다하고 성정(性情)이나 실용에 있어서 간략하다면 이는 예가 융성한 것이요, 문식이 간략하고 성정이나 실용이 번다하다면 이는 예를 말살하는 것이다. 문식·성정·실용 등이 서로 안팎이 되고 겉과 속이 되어 병행하여 잘 어울린다면 이는 예가 중도(中道)를 얻은 것이다. 그러므로 군자는 위로는 그 융성한 예를 다하고 아래로는 등급을 낮춤으로써 그 몸을 알맞게 처신한다. 천

2// 禮者 以財物爲用 以貴賤爲文 以多少爲異 以隆殺爲要 文理繁 情用省 是禮之隆也 文理省 情用繁 是禮之殺也 文理情用 相爲內外表裏 竝行而襍 是禮之中流也 故君子上致其隆 下盡其殺 而中處其中 步驟馳騁厲騖不外是矣 是君子之壇宇宮廷也 人有是 士君子也 外是 民也 於是其中焉 方皇周挾 曲得其次序 是聖人也 故

厚者 禮之積也 大者 禮之廣也 高者 禮之 隆也 明者 禮之盡也 詩曰 禮儀卒度 笑語 卒獲 此之謂也 禮者 謹於治生死者也 生 人 之始也 死 人之終也 終始俱善 人道畢矣 故 君子敬始而愼終 終始 如一 是君子之道 禮 義之文也 夫厚其生而 薄其死 是敬其有知而 慢其無知也 是姦人之 道而倍叛之心也 君子 以倍叛之心接臧穀 猶 且羞之 而況以事其所 隆親乎 故死之爲道也 一而不可得再復也 臣 之所以致重其君 子之 所以致重其親 於是盡 矣 故事生不忠厚不敬 文 謂之野 送死不忠 厚不敬文 謂之瘠 君 子賤野而羞瘠 故天子 棺槨十重 諸侯五重 大 夫三重 士再重 然後 皆有衣衾多少厚薄之 數 皆有翣菨文章之等 以敬飾之 使生死終始 若一 一足以爲人願 是 先王之道 忠臣孝子之 極也 天子之喪 動四 海 屬諸侯 諸侯之喪 動通國 屬大夫 大夫 之喪 動一國 屬脩士 脩士之喪 動一鄕 屬朋 友 庶人之喪 合族黨

천히 걸을 때나 종종걸음을 칠 때, 또는 빨리 달릴 때나 줄달음질을 칠 때도 여기에서 벗어나는 일이 없으니, 이것이 군자의 집이요 궁정이라고 할 수 있다. 사람으로서 여기에 안주하는 것이 사군자(士君子)요, 그 바깥에 거주하는 것이 백성이니, 그 안에 있으면서 하는 일마다 다 어김없이 질서를 얻고 조금도 흐트러지거나 편벽됨이 없다면 이는 성인인 것이다.

그러므로 성인의 덕이 두터운 것은 예를 쌓았기 때문이요, 덕이 큰 것은 예를 넓혔기 때문이요, 덕이 높은 것은 예를 숭상했기 때문이요, 덕이 밝은 것은 예를 다했기 때문이다. 〈시경〉에 말하기를 "예의가 법도에 다 들어맞으니 웃고 말하는 것이 모두 시의(時宜)를 얻었네." 하였으니 이를 가리켜 말한 것이다.

예란 사람의 출생과 죽음을 다스림에 대하여 삼간다. 출생은 인생의 처음이요 죽음은 인생의 끝이니, 처음과 끝이 한결같이 잘 다스려지면 인생의 도리는 끝나는 것이다. 그러므로 군자는 처음을 공경하고 끝을 삼가서 처음과 끝이 한결같으니, 이것이 군자의 도리요 예의의 꾸밈이다. 대체로 그 삶을 후하게 하고 그 죽음을 박하게 하면 이는 지각이 있는 것을 공경할 뿐 지각이 없는 것은 소홀히 하는 것이다. 이것은 간사한 인간의 방법이요 도리에 어긋나는 마음이다. 군자가 도리에 어긋나는 생각을 품고서 노비나 아이들을 대하는 것조차 수치로 여기거늘, 하물며 그가 가장 존중하고 친애하는 사람을 섬기는 데 있어서는 말할 것이 있으랴. 죽는 일이란 단지 한 번 있을 뿐 되풀이할 수 없는 것이니, 신하로서 그 임금을 존중하는 마음을 다하는 것도, 자식으로서 그 어버이에게 존중하는 마음을 다하는 것도 죽음으로써 끝나는 것이다.

그러므로 생존해 있을 때 섬기기를 후하게 하지 아니하고 공경하여 치장을 다하지 않는다면 비루하다 하고, 죽은 사람을 보내면서 후하게 하지 아니하고 공경하여 치장을 다하지 않는다면 몰인정하다 한다. 군자는 비루한 것을 천하게 여기고 몰인정한 것을 수치로 여기니, 이 때문에 천자의 장례는 관곽(棺槨)을 7겹으로 쓰고 제후는 5겹, 대부는 3겹, 사인(士人)은 2겹을 쓰며, 그 위에 또 신분의 고하에 따라 수의와 이부자리, 그리고 음식에 이르기까지 많고 적음 및 후하고 박함에 일정한 수(數)가 있다. 여기에 다시 상여 양옆에 세우는 운삽(雲翣)과 장식에 차등이 있어서 공경히 꾸며 주어 날 때와 죽을 때의 처음과 마지막을 한결같이 하는 것인데, 한결같음은 사람의 소원에 대하여 부족함이 없게 한다. 이것이 선왕(先王)의 도(道)이며 충신 · 효자의 극치인 것이다. 천자의 상(喪)은 온 천하를 움직여 제후들을 모여들게 하고, 제후의 상은 여러 우호국을 움직여 대부들을 모여들게 하며, 대부의 상은 한 나라를 움직여 모든 상급관리들을 모여들게 하고, 상급관리의 상은 한 고을을 움직여 그의 벗들을 모여들게 하며, 서민의 상은 친족과 이웃이 모여 마을을 움직이게 한다.

그러나 형벌을 받던 중 죽은 죄인의 상에는 일가나 고향

動州里 刑餘罪人之喪不得合族黨 獨屬妻子棺槨三寸 衣衾三領 不得飾棺 不得晝行 以昏殣 凡緣而往埋之 反無哭泣之節 無衰麻之服 無親疏月數之等 各反其平 各復其始 已葬埋 若無喪者而止 夫是之謂至辱 禮者 謹於吉凶不相厭者也 紸纊聽息之時 則夫忠臣孝子亦知其閔已 然而殯殮之具 未有求也 垂涕恐懼 然而幸生之心未已 持生之事未輟也卒矣 然後作具之 故雖備家 必踰日然後能殯 三日而成服 然後告遠者出矣 備物者作矣 故殯久不過七十日速不損五十日 是何也曰遠者可以至矣 百求可以得矣 百事可以成矣 其忠至矣 其節大矣 其文備矣 然後月朝卜日 月夕卜宅 然後葬也 當是時也 其義止 誰得行之 其義行誰得止之 故三月之葬其貎 以生設飾死者也殆非直留死者以安生也 是致隆思慕之義也喪禮之凡 變而飾 動而遠 久而平 故死之爲道也 不飾則惡 惡則不哀 尒則翫 翫則厭

사람들은 참례할 수 없고 다만 그 처자식들만 모여 장례를 치르는데, 관곽의 두께는 3치요 수의와 이불은 3벌로 한정되어 있고, 관을 장식할 수도 없거니와 대낮에 장사를 지내는 것도 금지되어 있어 저녁에 길가다 죽은 사람처럼 매장을 한다. 이때 그 처와 자식들은 평소에 입던 옷 그대로 가서 매장하며, 집에 돌아와서도 곡하고 우는 등의 의식(儀式)이 없고 상복도 없으며, 친척 사이에 멀고 가까운 복상의 기간도 없이 장사를 지내고 나면 일상생활로 돌아가는데, 이미 매장이 끝난 다음에는 상사를 당하지 않은 사람들처럼 해야 하니, 대체로 이런 것을 가리켜 최대의 치욕이라고 한다.

예란 길흉을 삼가서 좋은 일과 궂은 일이 혼동되는 일이 없도록 하는 것이다. 사람이 숨을 거두어 새 솜을 코 밑에 댈 때도 충신이나 효자는 이미 죽었다고 생각하지 않는다. 그래서 빈염(殯斂)의 기구들을 구하려 하지 않고 슬피 울고 두려워하면서 행여 소생하지나 않을까 하는 희망을 버리지 못하고 살리려는 노력을 포기하지 않다가, 돌아가신 뒤에야 빈염과 상례에 필요한 기구들을 준비하는 것이다.

그러므로 아무리 부잣집이라도 반드시 하루가 지난 그 다음날이 되어야 빈소를 차릴 수 있고 사흘 만에야 상복을 입으며, 그런 다음에 멀리 있는 친지들에게 사망 소식을 알리고자 사람이 길을 떠나는 한편, 장례에 필요한 물품을 맡은 사람이 비품을 만들기 시작한다.

그래서 빈소는 길게는 70일을 넘길 수 없고 빠르다 해도

厭則忘 忘則不敬 一朝而喪其嚴親 而所以送葬之者不哀不敬 則嫌於禽獸矣 君子恥之 故變而飾 所以滅惡也 動而遠 所以遂敬也 久而平 所以優生也 禮者 斷長續短 損有餘 益不足 達愛敬之文 而滋成行義之美者也 故文飾麤惡 聲樂哭泣 恬愉憂戚 是反也 然而禮兼而用之 時擧而代御 故文飾聲樂恬愉 所以持平奉吉也 麤衰哭泣憂戚 所以持險奉凶也 故其立文飾也 不至於窕冶 其立麤衰也 不至於瘠棄 其立聲樂恬愉也 不至於流淫惰慢 其立哭泣哀戚也 不至於隘懾傷生 是禮之中流也 故情貌之變 足以別吉凶 明貴賤親疏之節 期止矣 外是 姦也 雖難 君子賤之 故量食而食之 量要而帶之 相高以毁瘠 是姦人之道也 非禮義之文也 非孝子之情也 將以有爲者也 故說豫娩澤 憂戚萃惡 是吉凶憂愉之情發於顔色者也 歌謠謸笑 哭泣諦號 是吉凶憂愉之情發於聲音者也 芻豢稻粱 酒醴餰鬻 魚肉菽藿酒漿

50일에서 하루도 앞당길 수 없다. 이는 무엇 때문인가? 그래야만 먼 곳에 있는 친지들이 참례할 수 있고 또 온갖 필요한 기구들을 빠짐없이 갖출 수 있거니와 모든 일을 빠짐없이 준비할 수 있기 때문이다. 그러한 충성은 지극한 것이고, 그러한 예절은 위대한 것이며, 그러한 형식은 다 갖추어야 하는 것이다.

그런 뒤에 월초에 장례 기일을 점쳐 정하고 월말에 장지(葬地)를 점쳐 정한 다음 장례를 치른다. 이런 때 상례에 있어 금지된 것이라면 누가 능히 행할 것이며, 마땅히 행할 일이라면 누가 금할 것인가! 그러므로 석 달 만에 장사를 지내되 살아 있을 때와 똑같은 모양으로 죽은 사람을 꾸며주는데, 이는 죽은 사람을 더 머무르게 함으로써 산 사람을 위로해보고자 함이 아니요 그 사모하는 정을 융성한 예로써 차리려는 것뿐이다.

상례의 큰 뜻을 말하면, 빈(殯)을 하고 염(斂)을 하는 변동이 있을 때마다 장식이 가해지게 마련이요, 의식이 진행됨에 따라 멀어지고 시간이 감에 따라 슬픔도 가라앉아 일상으로 돌아오는 것이다. 그러므로 상례의 도(道)는 치장이 없으면 조악해지고 조악하면 슬퍼하지 않게 되며, 가까우면 어울리고 어울리면 싫증나며, 싫증나면 잊어버리고 잊어버리면 공경하지 않게 된다. 하루아침에 엄친(嚴親)이 돌아가셔 장사를 지내는데 슬퍼하지도 않고 공경하는 마음도 없다면 짐승과 같다. 군자는 이것을 수치스럽게 여긴다.

그러므로 의식이 변할 때마다 치장을 더해서 조악한 것을

是吉凶憂愉之情發於飮食者也 卑絻黼黻文織 資麤衰絰 菲繐菅屨是吉凶憂愉之情發於衣服者也 疏房檖䫉 越席牀第几筵 屬茨倚廬席薪枕塊 是吉凶憂愉之情發於居處者也 兩情者 人生固有端焉 若夫斷之繼之 博之淺之 益之損之 類之盡之 盛之美之 使本末終始莫不順比 足以爲萬世則 則是禮也 非順孰脩爲之君子 莫之能知也 故曰 性者 本始材朴也 僞者 文理隆盛也 無性則僞之無所加 無僞則性不能自美 性僞合然後成聖人之名 一天下之功 於是就也 故曰 天地合而萬物生 陰陽接而變化起 性僞合而天下治 天能生物 不能辨物也 地能載人 不能治人也 宇中萬物 生人之屬 待聖人然後分也 詩曰 懷柔百神 及河喬嶽 此之謂也 喪禮者 以生者飾死者也 大象其生以送其死也 故事死如生 事亡如存 終始一也 始卒 沐浴鬠體飯唅 象生執也 不沐則濡櫛三律而止 不浴則濡巾三式而止 充耳而設瑱 飯以生稻 唅

以槁骨 反生術矣 說褻衣 襲三稱 縉紳而無鉤帶矣 設掩面儇目髺而不冠笄矣 書其名置於其重 則名不見而柩獨明矣 薦器則冠有鍪而毋縰 甕廡虛而不實 有簟席而無牀笫 木器不成斲 陶器不成物 薄器不成內 笙竽具而不和 琴瑟張而不均 輿藏而馬反 告不用也 具生器以適墓 象徙道也 略而不盡 貌而不功 趨輿而藏之 金革轡靷而不入 明不用也 象徙道 又明不用也 是皆所以重哀也 故生器文而不功 明器貌而不用 凡禮 事生 飾歡也 送死 飾哀也 祭祀 飾敬也 師旅 飾威也 是百王之所同 古今之所一也 未有知其所由來者也 故壙壠 其貌象室屋也 棺槨其貌象版蓋斯象拂也 無帾絲歶縷翣其貌以象菲帷幬尉也 抗折 其貌以象槾茨番閼也 故喪禮者 無它焉 明死生之義 送以哀敬而終周藏也 故葬埋 敬藏其形也 祭祀 敬事其神也 其銘誄繫世 敬傳其名也 事生 飾始也 送死 飾終也 終始具而孝子之事畢

줄이는 것은 추한 모습을 없애기 위함이요, 의식을 행할 때마다 거리를 멀리하는 것은 죽은 사람에 대한 공경하는 마음을 두터이하기 위함이요, 시일이 오래됨에 따라 일상으로 돌아온다는 것은 산 사람을 우대하려는 것이다.

예란 긴 것은 끊어주고 짧은 것은 이어주며, 넘치는 것은 덜어주고 부족한 것은 더해주며, 사랑하고 존경하는 마음을 예로써 치장해줌으로써 도의적인 행위의 아름다움을 완성시켜주는 것이다. 그러므로 아름다운 장식과 꾸밈이 거친 것, 음악소리와 곡소리, 즐거움과 슬픔 등은 모두 상반되는 것이지만, 예(禮)란 이것들을 아울러 쓰고 때에 따라 번갈아 쓰는 것이다. 그러므로 아름다운 장식과 음악과 즐거움은 평상시와 같은 좋은 일에 사용하고, 꾸밈이 거친 것과 곡소리와 슬픔 등은 평상시와 다른 궂은 일에 쓰는 것이다.

그러므로 치장을 한다 해도 요란스럽게는 하지 않고 거친 상복을 만들어도 파리하게 보일 정도로는 하지 않으며, 음악과 즐거움을 다한다 해도 음란하거나 태만한 데까지는 이르지 아니하고, 울며 곡하고 슬픔을 다한다 해도 지나치게 아파하고 괴로워하여 몸을 상하는 정도에까지 이르지는 않는다. 이것이 예의 중도(中道)이다. 따라서 감정이나 표정의 변화는 족히 길흉을 분별하고 귀천 및 친소(親疏)의 절도를 표명하는데 그치는 것이 좋고, 그 이상의 것은 간사한 사람이 하는 일로써, 남이 못하는 어려운 일을 해낸다고 해도 군자는 이를 천하게 여긴다.

그러므로 상중(喪中)에 음식의 양을 줄여서 먹고 허리둘레를 계산하여 띠를 졸라매며, 서로 상하고 수척해진 것을 자랑으로 삼는 것은 간사한 사람의 도요 예의 형식도 아닐 뿐더러 효자로서의 참된 인정도 아니니, 그것으로 장차 명리(名利)를 얻겠다는 것인가?

그러므로 기뻐하여 얼굴에 윤기가 돈다든가 근심과 슬픔으로 수척해진다든가 하는 것은 길흉과 근심하거나 기뻐하는 감정이 얼굴빛에 나타난 것이고, 노래를 부르고 유쾌하게 웃는다거나 곡하고 울부짖는 것은 길흉 및 근심하거나 기뻐하는 감정이 소리에 나타난 것이며, 짐승의 고기, 쌀과 기장, 술과 감주, 죽, 생선과 고기, 콩과 콩잎, 물과 미음 등은 길흉 및 근심하거나 기뻐하는 감정이 음식에 나타난 것이다.

보통 옷과 관(冠), 보불과 무늬가 있는 직물, 상복과 짚신 등은 길흉 및 근심하거나 기뻐하는 감정이 의복에 나타난 것이다. 사방이 트인 환한 방, 아늑하고 깊숙한 집에 부드러운 부들자리, 평상과 댓자리 등의 안락한 거처, 띠풀로 엮은 지붕, 중문 밖의 거친 여막(廬幕), 거적자리와 흙베개 등은 길흉 및 근심하거나 기뻐하는 감정을 거처에 나타낸 것이다. 길하거나 흉함, 근심하거나 기뻐하는 등의 두 감정은 사람이 나면서부터 갖는 고유한 단서이다.

여기에 인위적인 치장을 더하여 긴 것은 끊어주고 짧은 것은 이어주며, 좁은 것은 넓게 하고 깊은 것은 얕게 하며, 모자라는 것은 보태주고 넘치는 것은 덜어주며, 모든 경우에 최선을 다하여 완전하게 하고 성대하고도 아름답게 하

聖人之道備矣 刻死而附生 謂之墨 刻生而附死 謂之惑 殺生而送死 謂之賊 大象其生以送其死 使死生終始莫不稱宜而好善 是禮義之法式也 儒者是矣

시거이대어(時擧而代御) : 희비(喜悲)의 상황에 따라 고쳐서 사용하다.

양식이식지(量食而食之) : 밥을 줄여서 먹는 것.

양요이대지(量要而帶之) : 요(要)는 요(腰). 즉, 허리를 졸라매다.

반함(飯唅) : 죽은 사람의 입에 쌀을 넣어주는 것. 대부(大夫) 이상은 구슬을 넣어준다.

여, 근본과 끝과 시작과 마지막이 다같이 서로 조화되지 않음이 없게 함으로써 족히 만세의 준칙을 삼을 만하면 이것이 곧 예이다. 여기에 따라서 수양한 군자가 아니고는 이를 알 수가 없는 것이다.

그러므로 사람의 본성은 본래 시작의 근본이며 소박한 본질인데 반해 인위(人僞)는 문식이며 조리(條理)이고 융성한 것이라 하는 것이다. 본성이 없으면 인위를 더할 곳이 없고 인위가 없으면 본성이 아름다움을 다할 수 없으니, 본성과 인위가 서로 하나로 합친 연후에야 성인이란 이름을 이루게 되고 천하를 통일하는 공업(功業)도 성취할 수가 있는 것이다.

인위(人僞) : 사람의 힘으로 이루어지는 일.

공업(功業) : 공적이 뚜렷한 큰 사업.

그래서 천지가 서로 합함으로써 만물이 생겨나고 음과 양이 서로 접함으로써 변화가 일어나며, 본성과 인위가 서로 합함으로써 천하가 크게 다스려진다는 것이다. 하늘은 만물을 낼 수는 있어도 만물을 분별해 다스릴 수는 없고 땅은 그 위에 사람을 살게 할 수는 있어도 사람을 다스릴 수는 없으며, 우주 가운데 만물과 살고 있는 사람들의 무리는 성인이 나오기를 기다린 연후에야 비로소 분별이 성립되는 것이다. 〈시경〉에 말하기를, "여러 신(神)들을 회유하고 어루만져 황해와 교악(喬嶽)에까지 이르도다." 하였으니 이를 가리킨 것이다.

교악(喬嶽) : ① 높은 산. ② 크고 많음을 가리키는 말.

상례(喪禮)라고 하는 것은 산 사람이 쓰는 것으로써, 죽은 사람을 꾸미는 것이며 크게 삶을 장식하여 죽음으로 보내는 것이다. 그러므로 죽은 듯 산 듯, 없는 듯 있는 듯 마지막과 처음이 한결같다. 사람의 숨이 끊어지면 바로 몸을 씻기고 머리를 감겨준 다음, 머리칼을 묶고 손톱과 발톱을 자르며 입에다 쌀을 넣고 자개를 물리는데, 이는 생시의 일을 그대로 따른 것이다. 머리를 감기지 않을 때는 빗을 물에 적셔 세 번 빗겨 주고 몸을 씻기지 않을 때는 물수건으로 세 번 닦는다.

그런데 새 솜으로 귀를 막고 생쌀을 입에 넣고 자개를 물리는 것은 생시와는 다르다. 생전에 입던 때묻은 옷을 벗기고 새로 만든 옷 세 벌을 껴입힌 다음 넓은 띠에 홀(笏)을 꽂는데, 다시 끄를 필요가 없으므로 걸쇠장식은 하지 않는다. 비단수건으로 얼굴을 덮고 검은 천으로 눈을 가리며, 머리를 묶되 관을 씌우지 않고 여자의 경우에는 비녀를 꽂지 않는다. 죽은 이의 이름을 써서 중(重) 위에 놓아두는데, 이름은 보이지 않고 관만이 드러날까 해서이다.

중(重) : 나무로 만든 길이가 석 자 되는 신주.

기물을 함께 묻는 것은 관(冠)의 경우 윗부분만 있고 머리를 싸는 테는 없으며, 항아리와 술병은 채우지 아니하고 댓자리는 있지만 평상은 없으며, 목기(木器)는 조각을 하지 않은 것, 도기(陶器)는 모양을 이루지 않은 것, 죽기(竹器)는 쓸 수 없는 것들이다. (악기에 있어서는) 생황과 피리는 갖추어 두되 소리가 고르지 않은 것과 거문고와 비파를 넣되 제대로 소리를 낼 수 없는 것들이다. 관을 싣고 간 수레는 함께 묻고 말만 되돌아오니, 이것들은 다시 쓰지 않음을 표시하는 것이다.

생시의 기물을 모두 갖추어 묘지로 보내는 것은 이사를 하는 도리를 나타낸 것이다. 간략하되 다 갖추지 않고 모양만은 다 갖추되 정교하게 가공하지 않으며, 장지로 간 수레는 묻으면서 가죽의 금장식이나 방울이나 말고삐 등을 묻지 않는 것은 다시 사용하지 않음을 밝히는 것이다. 한편으로는 살아 있을 때의 이사하는 도리를 나타내고 한편으로는 다시 사용하지 않음을 표명하는 것은 모두 슬픈 감정을 소중히 여기는 것이다.

그러므로 생시의 기물에 장식을 하되 정교함을 다하지 아니하고 장례에 사용되는 기물은 모양을 갖추되 실용적이 아닌 것이다. 대체로 예라고 하는 것은 산 사람을 섬길 때는 기쁜 마음을 장식하고 죽은 사람을 섬길 때는 애통한 마음을 장식하며, 제사 때는 공경한 마음을 장식하고 군대에서는 위엄을 장식하는데, 이는 모든 왕들이 모두 한결같았고 고금을 통하여 한결같지만, 그 유래를 아는 사람은 없다.

그래서 분묘는 사람이 거처하는 집 모양을 본뜨고, 관곽(棺槨)의 모양은 수레의 덮개와 앞뒤의 가죽장식을 본뜨고, 관을 실어 나르는 수레의 차일과 휘장, 상여의 앞뒤에 세우는 장식품 등은 집안의 휘장이나 장막을 본뜨고, 무덤 속의 종횡의 나무들은 가옥의 인중방(引中枋)과 서까래 따위를 본뜨는 것이다. 그러니 상례라고 하는 것은 다른 도리가 있는 것이 아니라 죽음과 삶의 뜻을 분명히 하여, 애통하고 공경하는 마음으로 죽은 이를 보내며 무덤 속에 고이 묻어주는 것으로 끝난다.

인중방(引中枋) : 인방(引枋)과 중방(中枋). 인방은 기둥과 기둥 사이에 문을 사이로 아래위로 가로지른 나무. 중방은 벽 한가운데에 가로지르는 인방.

그러므로 매장이란 죽은 자의 형체를 공경히 묻는 것이고 제사란 죽은 자의 신을 공경히 섬기는 것이며, 죽은 자의 생전의 공덕을 새긴 기물 · 행장 · 계보 따위는 그 이름을 공경히 후대에 전하기 위한 것이다. 산 사람을 섬기는 것은 시작을 장식하는 것이고 죽은 자를 보내는 것은 마지막을 장식하는 것이다. 마지막과 시작이 잘 갖추어져야만 효자로서의 할 일이 끝나고 성인의 도가 모두 갖추어진다. 죽은 자를 장사지내는 데 그 예(禮)를 깎아 산 사람에게 더해주는 것을 야박하다 하고, 산 사람의 예를 깎아 죽은 사람에게 더해주는 것을 미혹되었다 하며, 산 사람을 죽은 사람과 함께 매장하는 것을 적해(賊害)라 한다. 살았을 때의 모양을 본떠서 죽은 사람을 보내고 나고 죽는 처음과 마지막이 훌륭하게 되어 있는 것을 예의 법식(法式)이라 한다. 유가(儒家)가 바로 이러하다.

3

부모의 상(喪)을 3년상으로 한 것은 무엇 때문인가? 그것은 인간의 감정을 헤아려 여기에 형식을 정한 상례(喪禮)의 제도로서, 이것으로 공동생활을 수식하고 가깝고 먼 사람, 귀하고 천한 사람 등을 대하는 예절의 구별을 명백하게 정해 조금이라도 더할 수도 없고 덜 수도 없도록 되어 있는 기간이다.

그러므로 이것을 어디를 가나 바꿀 수 없는 제도라고 하는 것이다. 상처가 크면 아무는 데 시일이 오래 걸리고 통증이 극심하면 병이 낫기도 더딘 법이다. 3년상은 이러한 인

3// 三年之喪 何也 曰 稱情而立文 因以飾羣 別親疎貴賤之節 而不可益損也 故曰 無適不易之術也 創巨者其日久 痛甚者其愈遲 三年之喪 稱情而立文 所以爲至痛極也 齊衰苴杖 居廬食粥 席薪枕塊 所以爲至痛飾也 三年之喪 二十五月而畢 哀痛未盡 思慕未忘 然而禮以是斷之者 豈不以送死有已 復生有節

也哉 凡生乎天地之間者 有血氣之屬必有知 有知之屬莫不愛其類 今夫大鳥獸 則失亡羣匹 越月踰時 則必反鉛 過故鄉 則必徘徊焉 鳴號焉 躑躅焉 踟躕焉 然後能去之也 小者是燕爵猶有啁噍之頃焉 然後能去之 故有血氣之屬莫知於人 故人之於其親也 至死無窮 將由夫愚陋淫邪之人與 則彼朝死而夕忘之 然而縱之 則是曾鳥獸之不若也 彼安能相與羣居而無亂乎 將由夫修飾之君子與 則三年之喪 二十五月而畢 若駟之過隙 然而遂之 則是無窮也 故先王聖人安爲之立中制節 一使足以成文理 則舍之矣 然則何以分之 曰 至親以期斷 是何也 曰 天地則已易矣 四時則已徧矣 其在宇中者莫不更始矣 故先王案以此象之也 然則三年何也 曰 加隆焉 案使倍之 故再期也 由九月以不 何也 曰 案使不及也 故三年以爲隆 緦小功以爲殺 期九月以爲間 上取象於天 下取象於地 中取則於人 人所以羣居

정을 헤아려 여기에 수식을 정한 것으로, 자식으로서 부모를 잃은 뼈저린 아픔은 극에 이른다고 생각하였기 때문이다. 여기서 상주(喪主)가 다섯 가지 상복 가운데 첫째인 참최(斬衰)라는 3년의 복제(服制)를 입고서 검은 대지팡이에 몸을 의지하고 중문(中門) 밖 여막에서 죽을 먹으며, 거적자리를 깔고 흙베개를 베고 지내는 것은 다름이 아니라 마음의 극심한 아픔을 수식하기 위한 것이다. 3년상은 25개월로서 끝나는 것이지만, 애통한 마음을 다하고 사모하는 정을 어찌 잊을 수 있으랴!

그러나 예는 25개월로써 그 기간을 끊어놓았으니, 이것은 죽은 사람을 보내는 데는 끝마치는 시기가 있고 또한 상복을 벗고 평상시로 되돌아오는 데에도 절도가 있어야 한다는 것을 가르쳐주기 위한 것이다.

대개 하늘과 땅 사이에 숨쉬고 있는 모든 생물 가운데, 혈기가 있는 동물치고 지각(知覺)이 없는 것이 없고 지각이 있는 동물치고 자기의 동류(同類)를 사랑하지 않는 것이 없다. 여기에 먼저 짐승의 예를 들어보자. 큰 날짐승이나 길짐승이 어쩌다 저와 같은 무리를 잃고 떨어지게 되면 달이 가고 철이 지나도 반드시 그 자리로 되돌아오며, 고향을 지날 때면 반드시 그 언저리를 수없이 배회하면서 울부짖기도 하고 발로 땅을 차거나 혹은 그 자리에서 한없이 머뭇거리다가 겨우 그 자리를 떠날 수가 있는 것이다. 제비나 참새와 같은 작은 새라도 그곳을 맴돌며 잠시라도 슬피 울지 않고는 떠나지 못한다. 그런데 혈기가 있는 동물치고 사람의 지각보다 뛰어난 것이 없으니, 사람이야 말할 나위가 있겠는가!

그러므로 사람으로서 자기의 어버이를 잃었을 때, 그 어버이에 대한 애통한 마음과 사모하는 정이야 죽을 때까지도 못다하는 것이다. 그러나 저 어리석고 고루하며 음탕하고 사특한 사람의 감정에 붙여본다면, 그들은 아침에 어버이가 죽어도 저녁이면 벌써 잊어버리고 마니, 이것을 그대로 둔다면 금수보다도 못한 인간이 되고 마는 것이다. 이런 금수만도 못한 사람들이 어떻게 함께 공동생활을 하며 평화를 유지할 수가 있겠는가!

그러나 이와는 반대로 저 수양이 높은 군자의 감정에 붙여본다면, 그들은 어버이를 잃었을 때 3년상이라고 하여 25개월 만에 상복을 벗으면서도, 그 동안을 마치 사마(駟馬)가 좁은 틈을 순식간에 지나가 버리는 순간만큼이나 빠르게 여기니, 그대로 두었다가는 애통한 마음과 사모하는 정을 따라 언제까지고 상복을 벗을 날이 없게 되는 것이다. 그래서 옛 성왕이나 성인은 인정이 부족한 금수만도 못한 사람들과 인정이 넘치는 군자와 같은 사람들을 놓고, 과불급(過不及)이 없는 중도(中道)를 세워 3년상이라는 상례의 제도를 만들어, 사람들로 하여금 이것으로 모든 수식을 완성하도록 하고 또 이것을 다 마치면 상복을 벗고 평상시로 되돌아가도록 하였던 것이다.

그러면 상복의 기간을 오복(五服)이라고 하여 다섯 가지로 나눈 것은 무엇 때문일까? 그것은 아무리 가까운 사람이라도 1년 열두 달을 1기(一期)로 하여 끊었기 때문이다. 하필 1

和一之理盡矣 故三年之喪 人道之至文者也 夫是之違至隆 是百王之所同 古今之所一也

시(緦) : 시마(緦麻). 참최(斬衰) · 재최(齊衰) · 대공(大功) · 소공(小功)과 함께 다섯 가지 상복(喪服)의 하나이다. 참최는 3년복, 재최는 1년복, 대공은 9개월복, 소공은 5개월복, 그리고 시마는 3개월복이다.

사마(駟馬) : 네 필의 말이 끄는 수레, 또는 그 네 필의 말. 원문의 사지과극(駟之過隙)은 사마가 문틈 앞을 지나간다는 뜻으로 세월의 빠름을 비유하여 이르는 말.

년으로 끊게 된 이유는 어디에 있을까? 1년 열두 달이 지나면 천지자연의 모습도 달라지고 사계절 또한 두루 한 바퀴가 돌아가 우주 안에 있는 만물이 서둘러 새로 시작하지 않는 것이 없다. 그러므로 옛 성왕은 이것을 본떠 1년을 1기로 끊었던 것이다. 그렇다면 3년상이란 어떻게 하여 나온 것인가? 그것은 1년상에 다시 1년을 거듭하여 곱으로 한 것인데, 부모란 가깝기로 말하면 거리가 없기 때문이다.

그러므로 1년에 또 1년을 더하여 2기(期), 곧 25개월간의 3년상이 된 것이다. 다음으로 9개월 이하 5개월 및 3개월의 복은 또 무엇인가? 그것은 부모와 같이 아주 가까운 분들과 차별을 두기 위하여 정한 기간으로, 그밖의 친척들로 하여금 부모의 상복기간에 미치지 못하도록 하기 위한 것이다.

시마(緦麻) : 가장 가는 누인 베로 만들어, 종증조(從曾祖) · 삼종(三從) · 중증손(衆曾孫) · 중현손(衆玄孫) · 외손(外孫) · 내외종(內外從) 등의 상사에 석 달 동안 입는 복.

그러므로 3년상을 가장 성대한 것으로 하고 시마(緦麻) 및 소공(小功)의 상복을 가장 가벼운 것으로 하였으며, 1년상과 9개월상, 이 두 가지를 그 중간의 것으로 하였던 것이다. 이것은 위로는 하늘, 곧 자연의 순환을 본보기로 하고 아래로는 대지의 변화를 본보기로 하였으며, 그 중간으로는 인간의 감정을 본보기로 하여 그와 같이 상복기간을 정한 것이니, 인간이 공동생활을 영위하여 조화 · 통일을 얻을 수 있는 도리가 바로 이 가운데 들어 있는 것이다.

인도(人道) : 인간으로서 마땅히 지켜야 할 도리.

그러므로 3년상은 인도(人道)에 있어서 최고의 수식으로, 이것을 가리켜 최고로 융성한 예라고 하는데, 이것은 예로부터 숱한 왕자(王者)들이 한결같이 지켜온 예로서 고금이 따로 없는 것이다.

4

임금의 상에도 부모와 똑같이 3년 동안 복을 입게 되어 있는데, 그것은 또 무슨 이유에서일까? 임금이란 나라를 다스리는 주인이요 인위적인 수식인 예의 근원이며, 인간의 성정과 겉모양, 곧 내용과 형식을 아울러 극진하게 한 사람이다. 이 때문에 사람마다 서로 끌며 임금을 위하여 다시 없는 융성한 예를 다하고자 하니, 이 얼마나 아름다운 일인가!

〈시경〉에 말하기를, "즐거우신 임금이여, 만백성의 부모일세."라고 하였다. 임금은 백성들의 부모가 된다고 하는 말은 예부터 있어 온 것이다. 아버지는 자식을 낳을 수는 있어도 직접 기를 수는 없는 것이요, 어머니는 자식을 기를 수는 있어도 직접 가르칠 수는 없는 것이다. 그런데 임금이란 이 두 가지 일을 한꺼번에 맡아 백성들을 잘 길러주는 한편 훌륭하게 가르쳐 나간다. 이 어찌 3년상으로 그 큰 은혜를 다할 수 있겠는가! 유모(乳母)는 어릴 때 젖을 먹여준 은공으로 3개월의 복을 입고 서모도 옷을 입혀준 은공으로 9개월의 복을 입는다. 그런데 임금은 음식과 옷을 한꺼번에 제공해 준 셈인데, 그 큰 은혜를 3년상으로 어떻게 다할 수가 있다는 말인가!

더구나 이러한 임금이 있으면 세상이 잘 다스려지고 없으면 세상이 혼란해지니, 임금이야말로 수식, 곧 예의 형식의 극치인 것이다. 이러한 임금이 있으면 편안하고 없으면 위태로워지니, 임금이야말로 성정, 곧 예의 내용의 극치인 것

4// 君之喪所以取三年 何也 日 君者 治辨之主也 文理之原也 情貌之盡也 相率而致隆之 不亦可乎 詩日 愷悌君子 民之父母 彼君者 固有爲民父母之說焉 父能生之 不能養之 母能食之 不能教誨之 君者 已能食之矣 又善教誨之者也 三年畢矣哉 乳母 飮食之者也 而三月 慈母 衣被之者也 而九月 君 曲備之者也 三年畢乎哉 得之則治 失之則亂 文之至也 得之則安 失之則危 情之至也 兩至者俱積焉 以三年事之猶未足也 直無由進之耳 故社 祭社也 稷 祭稷也 郊者 并百王於上天而祭祀之也 三月之殯 何也 日 大之也 重之也 所致隆也 所致親也 將擧錯之 遷徙之 離宮室而歸丘陵也 先王恐其不文也 是以繇其期足之日也 故天子七月 諸侯五月 大夫三月 皆使其須足以容事 事足以容成 成足以容文 文足以容備 曲容備物之

謂道矣

이다. 이 두 가지의 극치가 그 한 몸에 갖추어져 있으니, 임금의 상이야말로 3년으로 모신다 해도 오히려 부족하다 하겠다. 다만 3년으로 이미 규정되어 있기 때문에, 그 이상 달리 상복기간을 연장할 길이 없어 3년에서 그쳤을 뿐이다. 사(社)는 땅의 신만을 제사지내고 직(稷)은 곡식의 신만을 제사지내는데, 교는 하늘에 합쳐서 여러 임금을 함께 제사지낸다. 임금의 위대한 공덕을 3년상으로는 도저히 다할 수 없기 때문이다.

빈소(殯所) : 발인 때까지 관을 놓아두는 방.

사람이 죽으면 석 달 동안 빈소에 안치해두었다가 장사를 지내는데, 이는 또 무슨 이유에서일까? 그것은 죽은 사람을 보다 존중하고 보다 소중하게 여긴 때문이요, 예의를 극진하게 하고 친애하는 마음을 유감없이 발휘하기 위해서이다. 장차 죽은 사람의 자리를 옮겨 생전에 거처하던 정든 집으로부터 영영 돌아오지 못할 산속으로 멀리 보내드리려 하는데, 행여 그 의식(儀式)에 수식이 없을까 크게 염려하여 성인이 그와 같이 빈소에 안치해두는 기간을 길게 잡아, 준비하는 데 모자람이 없도록 한 것이다.

장구(葬具) : 장사 지내는 데 쓰는 제구.

그러므로 천자는 7개월이요, 제후는 5개월, 사대부(士大夫)는 3개월로 신분에 따라 각기 준비기간을 정하여, 장구(葬具)를 만드는 데 충분하도록 하고 장구는 성대하게 또 성대한 장구에는 모든 수식을 완비하는 데 충분하도록 하였던 것이다. 이와 같이 준비기간을 넉넉하게 잡아, 어느 한 가지 물건도 빠짐없이 다 갖추어서 보내드리는 것을 가리켜 인간의 도리라고 하는 것이다.

5

제사라고 하는 것은 죽은 사람에 대한 애틋한 마음과 사모하는 정이 겉으로 넘쳐흐른 것이다. 사람의 마음이란 세상을 살아가는데 어떤 사물에 대해 감동을 일으켜 가슴이 답답해지면서 때로는 죽은 사람을 향한 사모하는 정이 걷잡을 수 없으리만큼 솟구쳐 오른다. 그러므로 사람들이 한데 어울려 즐거워하는 것을 보면 충신이나 효자는 이미 가버린 임금 또는 어버이에 대한 사모하는 정이 크게 발동하게 되는데, 이때 만일 그러한 감정을 무엇으로든 달래주는 일 없이 그대로 방치한다면 불만만 가득 차고 또 죽은 사람에 대한 예절에 있어서 별로 갖추는 것이 없으므로 허전한 마음을 갖게 될 것이다. 그래서 옛 성왕은 그와 같은 효자와 충신의 마음을 헤아려 제사라고 하는 또 하나의 예를 세워 존귀한 임금을 높이고 사모하는 어버이를 친애할 수 있는 길을 열어주었던 것이다.

그러므로 제사라고 하는 것은 죽은 사람에 대한 애틋한 마음과 사모하는 정이 겉으로 넘쳐흐른 것이요, 충성과 신의와 사랑과 공경을 다하는 마음의 극치이며 예절과 수식을 성대하게 한 것으로, 이는 참으로 성인이 아니고서는 알 수 없는 것이다. 성인은 제사의 의의를 명확하게 알고 사군자는 조용히 이것을 실천해 나가며, 일반 벼슬아치들은 어김없이 이것을 지키고 모든 백성들은 이것을 하나의 습속으로 하고 있다. 그런데 군자는 제사를 다만 사람으로서 마땅히

5// 祭者 志意思慕之情也 愅詭唈僾而不能無時至焉 故人之歡欣和合之時 則夫忠臣孝子亦愅詭而有所至矣 彼其所至者 甚大動也 案屈然已 則其於志意之情者惆然不嗛 其於禮節者闕然不具 故先王案爲之立文 尊尊親親之義至矣 故曰 祭者 志意思慕之情也 忠信愛敬之至矣 禮節文貌之盛矣 苟非聖人 莫之能知也 聖人明知之 士君子安行之 官人以爲守 百姓以成俗 其在君子 以爲人道也 其在百姓 以爲鬼事也 故鐘鼓管磬 琴瑟竽笙 韶夏濩武 汋桓箾簡象 是君子之所以爲愅詭其所喜樂之文也 齊衰苴杖居廬食粥席薪枕塊 是君子之所以爲愅詭其所哀痛之文也 師旅有制 刑法有等 莫不稱罪 是君子之所以爲愅詭 其所敦惡之文也 卜筮視日 齋戒脩涂 几筵饋薦告祝 如或饗之 物取而皆祭之 如或嘗之 毋利擧爵 主人有尊 如或觴之 賓出 主

人拜送 反易服 卽位而哭 如或去之 哀夫敬夫 事死如事生 事亡如事存 狀乎無形影然而成文

소하호무 작환삭간상(韶夏濩武 汋桓箾簡象) : 소(韶)는 순임금의 음악, 호(濩)는 탕왕의 음악, 무(武)와 작(汋)과 환(桓) 등은 주무왕(周武王)의 공덕을 노래한 음악이다. 그리고 삭(箾)과 상(象)은 주문왕(周文王)의 음악이다.

시동(尸童) : 옛날 제사를 지낼 때 신위 대신 그 자리에 앉히던 어린아이.

하여야 할 일로 생각하는데, 백성들은 그것을 죽은 사람의 혼령을 섬기는 일로 여긴다.

그래서 종·북·쌍피리·경쇠·거문고·비파·피리·생황 등의 악기와, 소(韶)·하(夏)·호(濩)·무(武)·작(汋)·환(桓)·삭(箾)·간(簡)·상(象) 등의 음악을 연주하는 것은, 군자가 자기 마음의 감동을 기쁘고 즐거운 방향으로 나타내기 위한 수식이다. 그리고 상복을 입고 검은 대지팡이를 짚고서 중문 밖 조그마한 여막에서 죽을 먹으며 거적자리를 깔고 흙베개를 베고 지내는 것은, 군자가 자기 마음의 감동을 슬프고 가슴 아픈 방향으로 나타내기 위한 수식이다.

또 군대에는 일정한 제도를 두고 형법에는 경중(輕重)의 차이를 두어, 군대를 동원할 때나 형벌을 내림에 있어서 그 모두가 실제로 지은 죄에 들어맞지 않음이 없도록 하는 것은, 군자가 자기 마음의 감동을 싫어하는 방향으로 나타내기 위한 수식이다.

제사를 지낼 때는 먼저 점을 쳐 제삿날을 받아놓고 그날까지 행여 부정한 일이 있을까 음식과 행동을 삼가며, 몸과 마음을 깨끗이 하여 사당을 말끔히 닦아놓고 제상과 자리를 준비한 다음, 희생과 기장과 피를 받들어 올리고서 신위(神位)를 대신하여 앉혀둔 시동에게 아뢰며 제사를 지내는데, 그것은 마치 죽은 사람의 혼령이 실제로 그 제사를 받는 것처럼 한다.

또 일일이 제물을 들어 권하며 제사를 지내는데, 그것은 마치 혼령이 이 자리에서 실제로 음식을 맛보는 것처럼 한다. 또 주인이 직접 잔을 받들어 올리는데, 그것은 마치 혼령이 이 자리에서 실제로 잔을 받는 것처럼 한다. 또 제사의 의식이 다 끝나 시동이 자리를 물러나면 주인은 그를 보내고서 돌아와 제복(祭服)을 상복으로 다시 바꾸어 입고 신위 앞에 나아가 실제로 혼령이 그 자리에 있다가 떠난 것처럼 서럽게 곡을 한다.

이 얼마나 슬퍼하고 공경하는 모습들인가! 죽은 사람 섬기기를 산 사람 섬기듯이 하고 이제는 가고 없는 사람 섬기기를 눈앞에 있는 사람을 섬기듯이 하며, 형체도 그림자도 없는 곳에 사모하는 분의 모습을 보듯이 그려서 인도(人道)로서의 수식을 이룩하는 것이다.

20 악론편 樂論篇

1

1// 夫樂者 樂也 人情之所必不免也 故人不能無樂 樂則必發於聲音 形於動靜 而人之道 聲音動靜性術之變盡是矣 故人不能不樂 樂則不能無形 形而不爲道 則不能無亂 先王惡其亂也 故制雅頌之聲以道之 使其聲足以樂而不流 使其文足以辨而不諰 使其曲直繁省廉肉節奏 足以感動人之善心 使夫邪汙之氣無由得接焉 是先王立樂之方也 而墨子非之 奈何 故樂在宗廟之中 君臣上下同聽之 則莫不和敬 閨門之內 父子兄弟同聽之 則莫不和親 鄕里族長

대개 음악이라고 하는 것은 즐거움이라는 뜻으로, 사람의 감정으로서는 절대로 떼어버릴 수 없는 것이다. 그러므로 인간에게는 음악이 없을 수 없고 즐거우면 흥겨운 감정이 자연스럽게 감탄사 또는 노랫소리가 되어, 입으로 흘러나오게 되며 나아가서는 동작으로도 나타난다. 이리하여 인간의 도리는 이처럼 소리와 동작에 나타나는 것으로, 성정의 변화는 이 두 가지에서 다하게 되는 것이다.

그러므로 인간은 즐겁지 않을 수 없고 즐거우면 흥겨운 감정을 겉으로 드러내지 않고는 견딜 수 없는 것이요, 감정이 겉으로 드러나는 경우 이것을 바르게 인도하지 않는다면 혼란이 일어나지 않을 수 없는 것이다. 옛 성왕은 이러한 혼란을 몹시 싫어하였다. 그래서 아(雅)와 송(頌)의 음악을 제정하여 그것을 바르게 인도하여, 그 음악은 즐거움을 다하되 음탕에 흐르지 않도록 하고, 그 악장(樂章)은 사람마다 충분히 이해할 수 있는 것으로 조금도 사악한 데가 없도록 하였으며, 또 그 음악소리는 휘어 꺾는 소리와 길게 뽑는 소리, 변화 많은 소리와 단조로운 소리, 가늘고 날카로운 소리와 굵고 무딘 소리, 또 간간이 멎었다 들렸다 하는 소리 등이 절조에 맞아 이 모든 흥겨운 가락으로 하여금 사람들의 착한 마음을 감동시킬 수 있도록 할 뿐만 아니라, 저 모든 사악하고 더러운 기운이 사람들의 마음 어느 한구석에도 발붙일 수 없도록 하였던 것이다. 이것이 바로 옛 성왕이 음악을 제정하게 된 동기이다. 그럼에도 불구하고 묵자가 음악을 부정하는 이유는 무엇인가.

본디 음악은 종묘(宗廟) 안에서는 군신 상하가 모여 다함께 이 소리를 듣고서 화합하고 공경하는 마음을 일으키며, 가정에서는 부자와 형제가 이 소리를 듣고서 화합하고 친애하는 마음을 일으키며, 크고 작은 마을에서는 어른과 아이들이 다함께 이 소리를 듣고서 화합하고 순종하는 마음을 일으키지 않음이 없게 되는 것이다. 그러므로 음악은 사람의 마음을 감동시키는 소리를 자세하게 관찰하여 조화로운 소리를 정하는 것이요, 여러 가지 악기를 병용하여 그것으로 음절을 수식하며, 또 이미 잡혀진 음절을 합주하여 그것으로 음악의 훌륭한 문체를 이루는 것이다.

그리하여 이것으로 족히 인심을 화합하는 길로 이끌어갈 수가 있을 뿐만 아니라, 한없이 변화하는 천만 가지 사태를 다스려 나갈 수가 있는 것이다. 이것이 바로 옛 성왕이 음악을 제정하게 된 동기이다. 그럼에도 불구하고 묵자가 음악

之中 長少同聽之 則莫不和順 故樂者 審一以定和者也 比物以飾節者也 合奏以成文者也 足以率一道 足以治萬變 是先王立樂之術也 而墨子非之 奈何 故聽其雅頌之聲 而志意得廣焉 執其干戚 習其俯仰屈伸 而容貌得莊焉 行其綴兆 要其節奏 而行列得正焉 進退得齊焉 故樂者 出所以征誅也 入所以揖讓也 征誅揖讓 其義一也 出所以征誅 則莫不聽從 入所以揖讓 則莫不從服 故樂者 天下之大齊也 中和之紀也 人情之所必不免也 是先王立樂之術也 而墨子非之 奈何 且樂者 先王之所以飾喜也 軍旅鈇鉞者 先王之所以飾怒也 先王喜怒皆得其齊焉 是故喜而天下和之 怒而暴亂畏之 先王之道 禮樂正其盛者也 而墨子非之 故曰 墨子之於道也 猶瞽之於白黑也 猶聾之於淸濁也 猶欲之楚而北求之也

염육(廉肉) : 염(廉)은 높고 강한 음(音), 육(肉)은 굵은 음.

간척(干戚) : 간(干)은 방패, 척(戚)은 도끼로서, 모두 무(武)를 출 때 손에 드는 것.

철조(綴兆) : 여기서 철(綴)은 춤추는 대열에서의 위치이고 조(兆)는 나아가고 물러서는 자리.

중정(中正) : 지나치거나 모자람이 없이 알맞음.

을 부정하는 이유는 무엇인가.

아와 송의 정악(正樂)을 들으면 사람의 마음과 뜻이 넓어진다. 또 방패와 도끼를 들고서 몸을 아래위로 굽혔다 폈다 하면서 무(武)의 춤을 추면 사람의 용모가 장중해지고, 무대 한가운데 모여 춤을 출 때 음악의 리듬에 맞추어 잘 어울리면 그들의 행렬이 저절로 바로잡혀, 나아가고 물러가는 행동이 바로잡혀지는 것이다. 따라서 음악이라고 하는 것은 나라 밖에서는 죄있는 사람들을 정벌하여 벌주는 역할을 하고 나라 안에서는 서로 절하고 사양하며 공경하는 예를 다하는 것인데, 죄인을 정벌하여 벌주는 것이나 공경하는 예를 다하는 것은 결국 사람의 마음을 화합하게 한다는 점에서 그 의의는 같다고 하겠다. 음악이 밖으로 죄인을 정벌하여 벌주는 것이므로 이것을 듣고 복종하지 않는 나라가 없으며, 안으로는 서로 절하고 사양하며 공경의 예를 다하는 것이므로 사람마다 모두 순종하게 된다.

그러므로 음악이라고 하는 것은 천하를 크게 바로잡는 것이요, 알맞게 조화시키는 규범이요, 동시에 사람의 정으로서 결코 떼어버릴 수 없는 것이다. 이것이 바로 옛 성왕이 음악을 제정하게 된 동기이다. 음악의 공효가 이토록 위대한데도 묵자가 홀로 이것을 부정하니, 그 이유는 무엇인가.

또 음악이라고 하는 것은 옛 성왕의 기쁨을 수식하기 위한 것이요, 군대와 형구(刑具)는 옛 성왕의 악(惡)에 대한 분노를 수식하기 위한 것이다. 옛 성왕의 기쁨과 분노의 감정은 어느 것이나 다 중정을 얻은 것이기 때문에, 성왕이 기뻐하면 온 천하가 따라서 기뻐하고 성왕이 한번 노하면 난폭한 무리들이 하나같이 두려워 떨었다. 이것이 옛 성왕의 도(道)요 예와 음악의 위대한 점인 것이다. 그런데도 묵자는 이를 부정하는 것이다.

그러므로 묵자의 도에 대한 태도는 마치 소경이 흑백을 분별하려 하고 귀머거리가 소리의 맑고 탁함을 분별하려는 것과 같으며, 또 남쪽에 위치한 초나라에 가고자 하면서 북쪽에서 길을 찾으려 하는 것과 같다.

2

노래와 음악은 사람의 감정에 깊이 들어가서 감화시키는 힘이 빠르다. 그러므로 선왕이 문식(文飾)을 신중히 한 것이니, 음악이 조화되고 평온하면 백성이 화락하며 음탕한 데 흐르지 아니하고, 음악이 장중하면 백성이 정직하여 어지럽지 아니하며, 백성이 화락하고 정직하면 군사는 강하고 성은 견고하여 적국이 감히 범하지 못한다.

그렇게 되면 백성은 그 거처에서 안락하고 그 향읍에서 즐거울 수 있으므로 그 윗사람에 만족할 것이다. 그런 연후에 명성이 뚜렷이 드러나고 그 빛이 크게 빛나게 되어, 천하의 백성들이 임금으로 모시기를 원할 것이다. 이것이 왕자(王者)의 시초인 것이다. 만일 음악이 요사스럽고 음흉하면 백성들이 방종하고 천박해지며, 방종하고 천박하면 어지러워지고, 야비하고 천박하면 다투게 되며, 어지럽고 다투게

2// 夫聲樂之入人也深 其化人也速 故先王謹爲之文 樂中平則民和而不流 樂肅莊則民齊而不亂 民和齊則兵勁城固 敵國不敢嬰也 如是 則百姓莫不安其處 樂其鄕 以至足其上矣 然後名聲於是白 光輝於是大 四海之民 莫不願得以爲師 是王者之始也 樂姚冶以險 則民流僈鄙賤矣 流僈則亂 鄙賤則爭 亂爭則兵弱城犯 敵國危之 如是 則百姓不安其處 不樂其鄕 不足其上矣 故禮樂廢而邪音起者 危削侮辱之本也 故先王貴禮樂

而賤邪音 其在序官也 曰 修憲命 審誅賞 禁淫聲 以時順脩 使夷俗邪音不敢亂雅 太師之事也 墨子曰 樂者聖王之所非也 而儒者爲之 過也 君子以爲不然 樂者 聖人之所樂也 而可以善民心 其感人深 其移風易俗 故先王導之以禮樂而民和睦 夫民有好惡之情而無喜怒之應 則亂 先王惡其亂也 故脩其行正其樂 而天下順焉 故齊衰之服 哭泣之聲 使人之心悲 帶甲嬰軸 歌於行伍 使人之心傷 姚冶之容 鄭衛之音 使人之心淫 紳端章甫 舞韶歌武 使人之心莊 故君子耳不聽淫聲 目不視女色 口不出惡言 此三者 君子愼之 凡姦聲感人而逆氣應之 逆氣成象而亂生焉 正聲感人而順氣應之 順氣成象而治生焉 唱和有應 善惡相象 故君子愼其所去就也 君子以鐘鼓道志 以琴瑟樂心 動以干戚 飾以羽旄 從以磬管 故其淸明象天 其廣大象地 其俯仰周旋有似於四時 故樂行而志淸 禮脩而行成 耳目聰明 血氣和平 移

되면 군사는 약해지고 국경은 침범되어 적국의 위협을 받을 것이다.

그러면 백성은 그 거처에서 안락하게 지내지 못하고 그 향읍에서 즐겁게 지낼 수 없으며, 윗사람에게 불만을 품게 될 것이다. 그러므로 예의와 음악이 폐해져 사악한 음악이 생겨나는 것은 국가가 위태롭게 되어 국토를 뺏기고 치욕을 받는 원인이 되는 것이다. 그러기에 선왕은 예의와 음악을 귀하게 여기고 사악한 음악을 천하게 여긴 것이다. 벼슬자리에 서열을 매기면서도 "법령을 잘 지키고 시와 문장을 잘 살펴 음란한 음악을 금하고, 철에 따라 순조롭게 음악을 정비하여 오랑캐의 풍속과 사악한 음악이 정통음악을 혼란시키지 못하게 하는 것은 태사(太師)의 직분이다."라고 한 것이다.

묵자는 "음악은 성왕이 부정한 것인데 유자(儒者)들이 이를 행하는 것은 잘못이다."고 했다. 그러나 군자는 그렇게 생각하지 않는다. 음악은 성인들이 즐기던 것으로서, 백성들의 마음을 착하게 해줄 수 있고 사람을 감동시킬 수 있으며, 풍속을 변화시킬 수 있는 것이다. 그러므로 선왕들은 백성들을 예의와 음악으로 이끌어 화목하게 지낼 수 있었던 것이다. 백성들에게 좋아하고 싫어하는 감정만 있고 기뻐하고 노여워하는 대응이 없다면 곧 어지러워진다. 선왕은 이 어지러워짐을 싫어하여 행실을 닦고 음악을 바로잡아 천하가 순조로울 수 있었던 것이다. 상복을 입고 곡하는 소리는 사람의 마음을 슬프게 하고, 투구를 쓰고 방패를 들고 행진하며 부르는 군가는 사람의 마음을 상하게 하고, 요사스러운 정(鄭)·위(衛)의 음악은 사람의 마음을 음탕하게 하고, 단정한 예복을 입고 장보(章甫)의 관을 쓰고 소(韶)와 무(武)로써 춤추고 노래하는 것은 사람의 마음을 장중하게 한다.

그러므로 군자는 귀로 음란한 노래를 듣지 아니하며, 눈으로 여색을 보지 아니하며, 입으로 나쁜 말을 내지 않는 것이니, 이 세 가지는 군자가 삼가는 것이다. 무릇 간사한 소리는 사람을 감동시켜 반역의 기운이 이에 호응해 생겨나게 하며, 반역의 기운이 형상을 이루면 혼란이 생겨난다. 올바른 소리는 사람을 감동시켜 화순한 기운이 이에 호응해 생겨나며, 화순한 기운이 형상을 이루면 다스림이 생겨난다. 부르고 받는 소리가 서로 응하여 선과 악이 형상을 이루니, 그런 까닭에 군자는 그 거취를 삼가는 것이다.

군자는 종과 북으로써 그 뜻을 인도하고 거문고와 비파로써 그 마음을 즐겁게 하며, 방패와 도끼로써 움직이고 우(羽)와 모(旄)로써 장식하며, 경(磬)과 관(管)으로써 따르는 것이니, 그 청명함은 하늘을 본받고 그 광대함은 땅을 본받으며, 그 동작의 변함은 사계절과 비슷하다.

그러므로 음악을 울리면 뜻이 깨끗해지고 예를 닦으면 행실이 단정해지며, 눈과 귀가 총명하고 혈기가 화평하며, 풍속을 교화하여 천하가 다 평안하고 아름답고 착한 사람들이 서로 즐기게 된다. 그러기에 음악이란 즐거운 것이다.

군자는 도를 터득함을 즐기고 소인은 그 욕망을 충족함을 즐긴다. 도로써 욕심을 절제하면 즐거워도 난잡하지 않고 욕심만 부리고 도를 잊으면 미혹되어 즐겁지 못한 것이다.

風易俗 天下皆寧 美善相樂 故曰 樂者 樂也 君子樂得其道 小人樂得其欲 以道制欲 則樂而不亂 以欲忘道 則惑而不樂 故樂者 所以道樂也 金石絲竹 所以道德也 樂行而民鄕方矣 故樂者 治人之盛者也 而墨子非之 且樂也者 和之不可變也 禮也者 理之不可易者也 樂合同 禮別異 禮樂之統 管乎人心矣 窮本極變 樂之情也 著誠去僞 禮之經也 墨子非之 幾遇刑也 明王已沒 莫之正也 愚者學之 危其身也 君子明樂 乃其德也 亂世惡善 不此聽也 於乎哀哉 不得成也 弟子勉學 無所營也

악숙장(樂肅莊) : 음악이 장중하다는 뜻.
요야(姚冶) : 음란하고 험상스럽다.
유만(流僈) : 음란으로 흐르는 것.
신단장보(紳端章甫) : 장보(章甫)는 관(冠)의 명칭으로서, 은(殷)나라의 예관(禮冠)이다.

그러므로 음악은 쾌락으로 인도하는 것이다. 금석(金石)과 사죽(絲竹)의 악기는 도덕으로 인도하는 것이다. 음악이 있음으로써 백성들은 옳은 방향으로 향하게 되는데, 그러기에 음악이란 사람을 다스리는 데 가장 유효한 것이다.

그런데 묵자는 이것을 부정한다. 또 음악이란 다른 것으로 바꿀 수 없는 화합이요, 예란 다른 것으로 바꿀 수 없는 규범이다. 음악은 화합하는 작용을 하고 예는 분별하는 작용을 하여, 이 둘이 통합해서 사람의 마음을 관리하는 것이다. 근본을 찾아서 변화를 다하는 것이 음악의 정신이요, 정성을 나타내서 허위를 버리는 것이 예의 중심이다. 묵자가 이것을 부정한다는 것은 거의 형벌을 받아야 할 처지였다. 그러나 명철한 임금이 없어진 뒤라서 이를 바로잡을 수가 없고, 어리석은 자들이 그 말을 배워 스스로 그 몸을 위태롭게 하는 것이다. 군자가 음악을 밝히는 것이 곧 덕인데, 난세(亂世)가 되어 선을 싫어하고 들으려 하지 않는다. 아아, 슬프다! 그래서 덕을 이룰 수가 없구나. 제자들이여, 배움에 힘써서 묵가(墨家)의 말에 미혹되지 말지어다.

3

3// 聲樂之象 鼓大麗 鐘統實 磬廉制 竽笙簫和 筦籥發猛 塤篪翁博 瑟易良 琴婦好 歌淸盡 舞意天道兼 鼓其樂之君邪 故鼓似天

음악은 무엇을 본떠 만든 것인가.

북은 소리가 커서 많은 다른 소리가 여기에 딸려오고 종은 소리가 충실하여 여러 소리를 거느리며, 경쇠소리는 딱딱 끊어져 마디가 분명하고 생황(笙簧)소리는 엄숙하고도 부드러우며, 쌍피리와 피리소리는 세차고 질나팔과 저소리는 뭉게구름이 피어오르듯 짙은 음색이요, 비파소리는 온화하고도 유순하고 거문고소리는 정답고도 상냥하며, 노랫소리는 그지없이 맑고 춤추는 정신은 끝없이 순환하는 자연의 도와 합치한다.

북은 악기 중의 왕인가! 북은 하늘을 닮아 맑은 소리를 따라오게 하고 종은 땅을 닮아 여러 소리를 한꺼번에 거느리며, 경쇠는 물을 닮아 깨끗하고 생황 · 쌍피리 · 피리는 별과 해와 달을 닮아 밝으며, 도고(鞉鼓) · 축(柷) · 부액(拊鞷) · 강갈(椌楬) 등의 악기는 만물을 닮아 다채롭다.

그렇다면 춤의 정신이 순환하는 자연의 도와 합치한다고 하는 사실은 무엇으로 알 수 있는가? 그것은 눈으로 볼 수 있다거나 귀로 들을 수 있는 것은 아니다. 그러나 몸을 구부렸다 폈다, 앞으로 나아갔다 뒤로 물러섰다, 혹은 더디게 혹은 빠르게 하는 동작이 그때마다 딱딱 끊어져 마디가 분명하지 않음이 없다. 또 온몸의 힘을 있는 대로 다하여 종소리와 북소리에 알맞은 절도를 따라서 조금도 어긋나는 일이 없으니, 오랜 연습을 쌓고 또 쌓아 다시금 정성을 들였기 때문이 아니겠는가!

鐘似地 磬似水 竽笙簫和筦籥似星辰日月 鞉柷拊鞷椌楬似萬物 曷以知舞之意 日 目不自見 耳不自聞也 然而治俯仰詘信 進退遲速 莫不廉制 盡筋骨之力 以要鐘鼓俯會之節 而靡有悖逆者 衆積意謘謘乎

경염제(磬廉制) : 경(磬)은 돌로 만든 악기이고, 염제(廉制)는 명단분명(明斷分明)의 뜻.

훈지옹박(塤箎翁博) : 훈(塤)은 훈(壎)과 같으니, 곧 흙으로 만든 피리이고 지(箎)는 대〔竹〕로 만든 피리. 옹박(翁博)은 옹발(滃渤)과 같으니, 즉 훈과 지가 합해서 내는 웅장한 소리.

슬이량(瑟易良) : 이량(易良)은 곱고 편안하다. 즉, 비파소리가 부드럽다는 뜻.

금부호(琴婦好) : 부호(婦好)는 유하고 온순하다. 즉, 거문고의 소리가 온건하다는 뜻.

4

공자는 "나는 향음주례(鄕飮酒禮)를 보고서 왕도(王道)를 실천하는 것이 매우 쉽다는 것을 알았다."고 하였다. 주인이

4// 吾觀於鄕而知王道之易易也 主人親速賓及介 而衆賓皆從之

손수 주빈(主賓)과 부빈(副賓)을 초대하면 객들은 그 뒤에 따라오고, 문밖에 와서 주인이 주빈과 부빈에게 절하고 맞아들이면 객들은 따라 들어오는데, 여기서 귀천의 구별이 선다. 세 번 절하고 섬돌 아래 이르면 세 번 사양한 다음 주인이 주빈을 모시고 당으로 올라간다. 주인이 주빈에게 절하고 잔을 올리는데, 받고 사양하는 절차가 복잡하지만 부빈에게는 간략하다. 손님들은 올라와 앉아서 술을 받아들고 약간 기울인 다음 서서 마시고는 반배(返盃)없이 내려간다.

여기서 등급의 뜻을 볼 수 있다. 악공(樂工)이 들어와서 노래 세 곡을 마치면 주인이 잔을 주고 피리 부는 사람이 올라와서 노래 세 곡을 마치면 또 주인이 잔을 준다. 이렇듯 노래와 피리를 차례로 세 번 연주하고 이어서 세 번 합주한 다음, 악공은 연주가 끝난 것을 알리고 내려간다.

여기서 주인과 주빈은 잔을 든다. 이때 주인은 사정(司正)을 세우는데, 이것은 서로 즐기면서도 문란하지 않으려는 것이다. 주빈은 주인에게 술을 권하고 주인은 부빈에게 권하며, 부빈은 여러 손들에게 권하는데, 연령의 순서대로 술잔을 권하되 잔심부름하는 아랫사람에게까지 골고루 권한다. 이것은 어른과 젊은이의 순서를 지키되, 한 사람도 빼놓지 않는 것이다. 그런 뒤에 신을 벗고 올라와서 술잔을 무수히 돌리며 마시고 즐긴다. 음주의 절차는 아침에는 조례(朝禮)를 폐하지 않고 저녁에는 석례(夕禮)를 폐하지 않는다.

주빈이 나갈 때 주인이 절하며 전송함으로써 절차는 끝나는데, 편안하게 잔치를 벌이면서도, 어지럽지 아니함을 알

至於門外 主人拜賓及介 而衆賓皆入 貴賤之義別矣 三揖至於階 三讓以賓升 拜至 獻酬 辭讓之節繁 及介省矣 至於衆賓 升受坐祭 立飮 不酢而降 隆殺之義辨矣 工入 升歌三終 主人獻之 笙入三終 主人獻之 間歌三終 合樂三終 工告樂備 遂出 二人揚觶 乃立司正 焉知其能和樂而不流也 賓酬主人 主人酬介 介酬衆賓 少長以齒 終於沃洗者 焉知其能弟長而無遺也 降說屨升坐 脩爵無數 飮酒之節 朝不廢朝 莫不廢夕 賓出 主人拜送 節文終遂 焉知其能安燕而不亂也 貴賤明 隆殺辨 和樂而不流 弟長而無遺 安燕而不亂 此五行者 足以正身安國矣 彼國安而天下安 故曰 吾觀於鄕而知王道之易易也

오관어향(五觀於鄕) : 여기서 향(鄕)은 향음주례(鄕飮酒禮)를 말하는데, 공자의 말을 인용한 것.
주인친속빈급개(主人親速賓及介) : 여기서 속(速)은 맞아들인다는 뜻. 빈(賓)

것이다. 귀천이 명백하고 등차가 분명하며, 화락하되 음탕하지 않고 질서와 순서가 있되 빠지는 이가 없으며, 편안하게 술을 마시되 어지럽지 아니하니, 이 다섯 가지가 행해지면 몸을 바로 가질 수 있고 나라를 편안히 할 수 있으며, 나아가서는 천하를 편안히 할 수 있을 것이다. 그래서 "나는 향음주례를 보고서 왕도를 실천하는 것이 매우 쉽다는 것을 알았다."고 한 것이다.

은 주빈(主賓) 또는 귀빈을 말하고 개(介)는 부빈(副賓)을 말한다.

좌제(坐祭) : 여기서 제(祭)는 술을 마시기 전에 잔을 기울여 술을 약간 뿌리는 의식을 말하는데, 이는 천지에 제사를 지낸다는 의미를 가지고 있음.

옥세자(沃洗者) : 여기서는 잔심부름 하는 사람.

5

난세(亂世)의 징조를 보면, 그 옷이 화려하고 그 모양이 여자 같으며, 그 풍속이 음란하고 그 뜻이 탐욕스러우며, 그 행실이 난잡하고 그 노래와 음악은 험상하며, 그 문장이 간사하면서도 화려하고 그 생활이 절도가 없다. 또한 그 장례절차가 각박하고 예의를 천하게 여기며 용맹을 귀하게 여기는데, 가난하면 도둑질하고 부유하면 남을 해친다. 그러나 태평시대는 이와 반대이다.

5// 亂世之徵 其服組 其容婦 其俗淫 其志利 其行褋 其聲樂險 其文章匿而采 其養生無度 其送死瘠墨 賤禮義而貴勇力 貧則爲盜 富則爲賊 治世反是也

| 풀이 | 이 '악론편'은 '예론편'에 버금가는 것으로서, 예악의 중요성을 주장하는 순자의 중요한 이론이다. 내용이 매우 상세하며, 예악을 반대하는 묵자의 설을 거듭 배격하고 있다. 따라서 순자와 묵자의 설을 비교하는 데 큰 도움이 될 것이며, '예론편'과 함께 중요한 글이다.

21 해폐편 解蔽篇

1

1// 凡人之患 蔽於一曲 而闇於大理 治則復經 兩疑則惑矣 天下無二道 聖人無兩心 今諸侯異政 百家異說 則必或是或非 或治或亂 亂國之君 亂家之人 此其誠心莫不求正而以自爲也 妬繆於道而人誘其所迨也 私其所積 唯恐聞其惡也 倚其所私 以觀異術 唯恐聞其美也 是以與治雖走而是己不輟也 豈不蔽於一曲而失正求也哉 心不使焉 則白黑在前而目不見 雷鼓在側而耳不聞 況於使者乎 德道之人 亂國之君非之上 亂家之人非之下 豈不哀哉

무릇 사람의 걱정은 왜곡된 설에 가려서 큰 이치를 모르는 데 있다. 편견을 잘 다스려 나가면 바른 이치로 돌아오지만, 마음이 두 갈래에서 헤매면 점점 미혹해진다. 천하에는 두 길이 없고 성인은 두 마음이 없다. 이제 제후들을 보면 정치가 제각기 다르고 많은 사상가들은 제각기 학설이 다르다.

그러면 그 속에는 반드시 옳은 것과 그른 것이 있을 것이요, 바른 정치와 나쁜 정치가 있을 것이다. 나라를 어지럽히는 군주와 집안을 어지럽히는 주인도 그의 성심을 다해 모두 정도(正道)를 구해서 지켜가고자 하지만, 올바른 도가 질투에 미혹된데다가 그 잘못을 타서 남의 유혹에 빠지고 그 잘못된 습관에 젖어서 남이 나쁘게 말할까 두려워한다.

또 자기 집착에서 남이 다른 사람을 옳게 여길까 걱정할 뿐이므로, 다스림과는 멀어지면서도 저만을 고집하게 되는 것이다. 이 어찌 왜곡된 설에 가려서 올바름을 잘못 구하는 것이 아니겠는가. 마음의 판단이 서지 아니하면 흑백이 앞에 있어도 보이지 않고 우레와 북소리가 울려도 귀에 들리지 아니할 것이니, 하물며 편견에 가려 있는 사람이야 말할 것이 있겠는가. 도덕을 갖춘 군자를 나라를 어지럽히는 군주가 위에서 비난하고 집안을 어지럽히는 사람이 아래에서 비방하니 어찌 슬프지 아니한가.

| 풀이 | 편벽된 설에 가려 있으면 사물을 바르게 볼 수가 없는 법이다. 도(道)를 따르고자 하면 마음이 공허해야 하고 도를 실천하고자 하면 마음이 하나로 통일되어 있어야 하며, 도를 생각하고자 하면 마음이 고요해야 한다. 순자의 심리학(心理學)이 전개된 편이다.

일곡(一曲) : 일단의 곡설(曲說).
치즉복경(治則復經) : 치세(治世)에 예외로 다스리면 정도(正道)로 돌아온다는 뜻으로 생각된다. 윗글에서 치(治)는 가리워짐을 다스리는 것이고 경(經)은 대리(大理)를 말하는 듯하다.
투무(妬繆) : 투(妬)는 질투한다, 무(繆)는 미혹된다는 뜻으로 풀이한다.
심불사언(心不使焉) : 마음을 여기에 두지 않는다는 말.

2

사람의 바른 마음을 가리는 것에는 어떤 것들이 있는가? 욕망이란 것이 마음을 가리고 미워하는 생각이 마음을 가리며, 처음이라고 하는 것이 마음을 가리고 마지막이라고 하는 것이 마음을 가리며, 또 멀다고 하는 것이 마음을 가리고 가깝다고 하는 것이 마음을 가리며, 많이 듣고 안다고 하는 것이 가리고 전혀 들은 바가 없어 천박하다고 하는 것이 가리며, 옛 것이라고 하는 것이 가리고 새로운 것이라고 하는 것이 가린다. 무릇 만물은 제각기 다르다. 누구든 자기가 좋아하는 것에 마음을 빼앗기고 보면 상대방의 마음을 가려

2// 故爲蔽 欲爲蔽 惡爲蔽 始爲蔽 終爲蔽 遠爲蔽 近爲蔽 博爲蔽 淺爲蔽 古爲蔽 今爲蔽 凡萬物異則莫不相爲蔽 此心術之公患也 昔人君之蔽者 夏桀殷紂是也 桀蔽於末喜斯觀 而不知關龍逢 以惑其心而亂其行 紂蔽於妲己飛廉 而不知微子啓 以惑其心而亂其行 故羣臣去忠而事私 百姓怨非而不用 賢

良退處而隱逃 此其所以喪九牧之地而虛宗廟之國也 桀死於亭山 紂縣於赤旆 身不先知 人又莫之諫 此蔽塞之禍也 成湯監於夏桀 故主其心而愼治之 是以能長用伊尹而身不失道 此其所以代夏王而受九有也 文王監於殷紂 故主其心而愼治之 是以能長用呂望而身不失道 此其所以代殷而受九牧也 遠方莫不致其珍 故目視備色 耳聽備聲 口食備味 形居備宮 名受備號 生則天下歌 死則四海哭 夫是之謂至盛 詩曰 鳳凰秋秋 其翼若干 其聲若簫 有鳳有凰 樂帝之心 此不蔽之福也

걸폐어말희사관(桀蔽於末喜斯觀) : 말희(末喜)는 걸왕이 유시씨(有施氏)를 정벌했을 당시 유시의 왕이 바친 미녀로서, 걸왕이 그녀의 미모에 사로잡혀 결국 정사(政事)를 그르쳤다 한다. 사관(斯觀)은 그 사적이 확실하지 않으며, 다만 걸왕의 간신으로만 알려지고 있다. **관용봉**(關龍逄) : 걸왕의 충신으로서 왕의 잘못을 간하다가 목숨을 잃었다 한다.

어둡게 한다. 이것이 마음을 닦는 데 있어서의 공통된 근심거리인 것이다.

옛날 많은 임금 가운데 간악한 신하로 인해 마음이 가려진 임금이 있었으니, 그가 바로 하나라의 임금 걸(桀)과 은나라의 임금 주(紂)이다. 걸왕은 그 총희(寵姬) 말희(末喜)와 간신 사관(斯觀) 등에 의하여 마음이 가리워져서 관룡봉(關龍逄)이라는 충신을 알아보지 못했으니, 이 때문에 걸왕은 자기의 마음을 미혹하게 하고 자기의 행위를 어지럽게 하였던 것이다.

그리고 주왕은 그 총희 달기(妲己)와 간신 비렴(飛廉) 등에 의해 마음이 가려져서 충신 미자계(微子啓)를 알아보지 못했으니, 자기의 마음을 미혹하게 하고 자기의 행위를 어지럽게 하였던 것이다. 그래서 여러 신하들은 모두가 충정(忠情)을 버리고 사사로운 일에만 힘쓰고, 일반 백성들은 하나같이 그 임금을 원망하고 비방하면서 일하려고 하지 않았으며, 현자들은 모두 자리에서 물러나 향읍이나 산속으로 숨어버리고 말았다. 이것이 곧 걸·주 두 임금이 중국의 9주(九州)를 잃고 사직을 폐허로 만들게 된 원인이다.

이리하여 걸왕은 정산(亭山)으로 쫓겨가 죽임을 당하고 주왕은 목을 베인 채 붉은 깃대 끝에 매달리는 신세가 되었지만, 이 두 임금은 자신의 처지가 그렇게 될 줄을 전혀 예측하지 못했었고 또 아무도 그 일을 간(諫)하는 사람조차 없었다. 이것이 곧 마음이 가려져 막힘으로써 얻은 재화(災禍)인 것이다.

폭군 걸왕을 친 은 탕왕(湯王)은 바로 걸왕의 일을 거울로 삼았기 때문에 스스로의 마음을 잘 지켜 무엇에도 가려지지 않도록 신중하게 다스렸다. 그래서 오래도록 어진 이윤(伊尹)을 등용하여 나랏일을 맡길 수가 있었고 자신도 인도(人道)를 닦아 한 번도 벗어난 적이 없었다. 이것이 곧 탕왕이 하나라를 대신하여 중국 전역을 물려받게 된 원인이다.

또 주(周) 문왕(文王)은 은나라 폭군 주왕의 일을 거울로 삼았기 때문에 자신의 마음을 잘 지켜 무엇에도 가려지지 않도록 신중하게 다스렸다. 그래서 오래도록 어진 여망(呂望)을 등용하여 나랏일을 맡길 수가 있었고 자신도 인도(人道)를 닦아 잠시도 벗어난 적이 없었다. 이것이 바로 문왕이 은나라를 대신하여 중국 전역을 물려받게 된 원인이다.

이리하여 온 천하가 그 성덕(聖德)을 기리어, 아무리 먼 나라라도 그곳에서 생산되는 진기한 물건은 반드시 바쳤던 것이다. 그 때문에 눈으로는 온갖 훌륭한 색을 보고 귀로는 온갖 훌륭한 음악을 들으며, 입으로는 온갖 훌륭한 음식을 맛보고 그 몸은 가장 훌륭한 궁전에서 거처하며, 이 위에 가장 훌륭한 칭호를 받아서 생전에는 온 천하 사람들이 다 그의 성덕을 노래하고 사후에는 온 천하 사람들이 다같이 소리높여 통곡했던 것이다. 대개 이런 것을 가리켜 지극히 성대한 덕이라고 한다.

〈시경〉에 "봉황이 너울너울 춤을 추는데, 펼쳐진 날개는 방패와 같고 그 소리는 퉁소 소리같이 아름답네. 암수 봉황이 흥겨이 춤을 추며 임금님 마음을 즐겁게 하네." 하였으

달기(妲己) : 주왕이 유소씨(有蘇氏)를 정벌했을 당시 유소의 왕이 바친 미녀인데, 역시 그 미모에 빠져 정사를 그르쳤다 한다.

사해곡(四海哭) : 온 천하가 통곡한다는 뜻.

니, 이는 바로 어떠한 것에도 마음이 가려지지 않았기 때문에 얻은 행복인 것이다.

3

옛날 많은 신하들 가운데 마음이 가려져 막힌 사람이 있었으니, 그가 바로 당앙(唐鞅)과 해제(奚齊)이다. 당앙은 권세욕에 마음이 가려져 어진 재상인 대자(戴子)를 축출했고, 해제는 임금이 되고 싶은 욕망에 마음이 가려져서 태자(太子)요 형인 효자 신생(申生)을 모함하여 죄에 빠뜨렸다. 결국 그 때문에 당앙은 송나라에서, 해제는 진(晉)나라에서 각기 사형을 당하고 말았다.

어진 재상을 내쫓고 효성이 지극했던 형을 죄에 빠뜨리는 등의 간악한 행위를 함으로써 그 몸도 결국 사형을 당했지만, 그 일로 인해 그토록 비참한 결과가 초래되리라고는 두 사람 다 미처 생각하지 못했었다. 이것이 곧 마음이 가려져 막힌 데서 오는 재화(災禍)인 것이다. 그렇기 때문에 탐욕을 부리고 바른 도리를 배반하며 권력다툼을 일삼는 사람으로서, 위험과 치욕과 멸망으로 떨어지지 않은 사람은 이제까지 한 사람도 없었던 것이다.

그러나 이와는 달리 포숙(鮑叔)과 영척(甯戚)과 습붕(隰朋) 등 세 인물은 다같이 어진 마음과 뛰어난 지혜를 겸비했으며, 또한 그 마음에 가려진 것이 전혀 없는 사람들이었다. 그러므로 그들은 관중(管仲)을 도아 환공(桓公)을 섬기면서

3// 昔人臣之蔽者 唐鞅奚齊是也 唐鞅蔽於欲權而逐載子 奚齊蔽於欲國而罪申生 唐鞅戮於宋 奚齊戮於晉 逐賢相而罪孝兄 身爲刑戮 然而不知 此蔽塞之禍也 故以貪鄙 背叛 爭權 而不危辱滅亡者 自古及今 未嘗有之也 鮑叔 甯戚 隰朋 仁知且不蔽 故能持管仲 而名利福祿與管仲齊 召公 呂望仁知且不蔽 故能持周公 而名利福祿與周公齊 傳曰 知賢之謂明 輔賢之謂能 勉之彊之 其福必長 此之謂也 此不蔽之福也

당앙(唐鞅) : 송나라 강왕(康王)의 신하로서 강왕이 악행을 하도록 충동질했다고 한다.
해제(奚齊) : 춘추시대 진(晉)나라 헌공(獻公)의 폐비(嬖妃)인 여희(驪姬)의 아들.

명리(名利)와 복록을 관중과 똑같이 누렸던 것이다. 또 소공(召公)과 여망(呂望) 역시 어진 마음과 지혜를 겸비하고 마음에 가려진 것이 없는 사람들이었다. 그러므로 그들은 주공단(周公旦)을 도와 무왕(武王)과 성왕(成王)을 섬기면서 명리와 복록을 성인인 주공과 똑같이 누릴 수가 있었다.

전하는 말에 "어진 이를 알아보는 것을 일러 밝다 하고 어진 이를 돕는 것을 일러 능하다 한다. 어진 이를 알아보고 어진 이를 돕는 일에 전심전력한다면 그 행복은 반드시 오래간다."라고 함은 바로 이런 일을 두고 말하는 것이다. 이것이 곧 마음이 어떠한 것에도 가려지지 않은 데서 오는 행복인 것이다.

대자(載子) : 대(載)는 대(戴)로 본다. 송나라 태재(太宰)로 있다가 당앙에게 밀려 났다는 대환(戴驩)을 말한다.

4

옛날 천하를 두루 돌아다니며 유세(遊說)를 일삼던 사람들 가운데 마음이 가려진 사람들이 있었으니, 그들이 바로 세상을 어지럽히는 학자들이다. 그 가운데 묵자는 실용주의(實用主義)에 마음이 가려져서 상하·귀천을 분별하는 예의의 수식을 몰랐고 송자(宋子)는 과욕주의(寡欲主義)에 마음이 가려져서 소득의 가치를 몰랐으며, 법사상가(法思想家)인 신자(愼子)는 법률주의에 마음이 가려져서 어진 이를 알아보지 못하였고 신자(申子)는 권세주의에 마음이 가려져서 인간의 지능의 소중함을 몰랐으며, 혜자(惠子)는 명사주의(名辭主義)에 마음이 가려져서 사물의 실질적인 면을 몰랐고 장자(莊

4// 昔賓孟之蔽者 亂家是也 墨子蔽於用而不知文 宋子蔽於欲而不知得 愼子蔽於法而不知賢 申子蔽於埶而不知知 惠子蔽於辭而不知實 莊子蔽於天而不知人 故由用謂之道盡利矣 由俗謂之道 盡嗛矣 由法謂之道 盡數矣 由埶謂之道 盡便矣 由辭謂之道 盡論矣 由天謂之道 盡因矣 此數具者 皆道之一隅也 夫道者 體常而盡變 一

隅不足以擧之 曲知之人 觀於道之一隅而未之能識也 故以爲足而飾之 內以自亂 外以惑人 上以蔽下 下以蔽上 此蔽塞之禍也 孔子仁知且不蔽 故學亂術足以爲先王者也 一家得周道 擧而用之 不蔽於成積也 故德與周公齊 名與三王竝 此不蔽之福也

빈맹(賓孟) : 일설에는 주(周)나라 경왕(景王)의 영신(佞臣)이라 했으나, 문리(文理)로 볼 때 청대(淸代)의 학자인 유월(兪樾)의 설을 따라 유세(遊說)하던 제가(諸家)를 가리킨다는 해설이 옳을 것이다.

부지문(不知文) : 귀천·등차의 문식을 모른다는 뜻.

학난술(學亂術) : 여러 가지의 재능.

일가득주도(一家得周道) : 일설에는 주도(周道)를 얻어 고금을 논하여 일가언(一家言)을 획득함으로써 잡설(雜說)에 빠지지 않았다는 뜻으로 풀이한다. 혹은 윗구절의 '난술(亂術)'을 '치술(治術)'로 보고 일가(一家)의 일(一)을 백(百)의 오자로 보아 '정백가지학(正百家之學)'

子)는 무위자연(無爲自然)의 천(天)의 사상에 마음이 가려져서 인위적인 노력의 가치를 몰랐다.

그러므로 실용주의에 의거하는 것을 도(道)라고 하는 묵자의 경우는 다만 실리적인 일면만을 충분히 파헤쳤을 뿐이요, 과욕주의에 의거하는 것을 도라고 하는 송자의 경우는 다만 과욕이라고 하는 점에서 만족감을 갖게 했을 뿐이며, 법률주의에 의거하는 것을 도라고 주장하는 신자의 경우는 어디까지나 술책 한 가지만을 충분히 다룬 데 지나지 않는다.

그리고 권세주의에 의거하는 것을 도라고 하는 신자의 경우는 다만 방편 한 가지만을 다하는 데 불과하고, 명사(名辭)를 다루는 것을 도라고 하는 혜자의 경우는 다만 변론 한 가지만을 다하는 데 그칠 뿐이며, 무위자연의 천에 의거하는 것을 도라고 하는 장자의 경우는 다만 자연에 순응한다는 점 한 가지만을 다할 뿐이다.

지금까지 말한 이 몇 가지의 주장은 제각기 도라고는 하지만, 실은 그 모두가 도의 일부분에 지나지 않는 것이다. 대체로 도라고 하는 것은 항구불변하는 것을 본체(本體)로 하여 변화무궁한 작용을 다하는 것을 말하는데, 결코 그와 같이 일부분만을 가지고는 도라고 할 수 없는 것이다. 일부분에 지나지 않는 하찮은 지혜를 가지고 있는 사람들이 도의 한 면만을 본다 하여도 그것조차 잘 모를 정도인데 도의 전체에 있어서야 말할 필요가 있겠는가.

여기서 자신이 알고 있는 그것만을 가지고 만족하게 여겨 여기에 열심히 의론을 꾸며대어 안으로는 자기 자신을 어지럽히고 밖으로는 사람들의 마음을 미혹하게 하며, 윗사람이 되어서는 아랫사람의 마음을 가리고 아랫사람이 되어서는 윗사람의 마음을 가리게 되니, 이것이 곧 마음이 가려져 막힌 데서 오는 재화인 것이다.

이라고 해석했는데, 문자의 착란이 있어 분명히 하기가 곤란하다.

공자는 어진 마음과 뛰어난 지혜를 겸비한데다 마음에 아무것도 가려진 것이 없는 인물이었다. 그러므로 여러 가지 학술을 공부하면서도 그것으로 넉넉히 옛 성왕의 참된 도를 닦을 수가 있었던 것이다. 여기서 유가라고 하는 일가(一家)가 이루어졌으니, 이것은 어느 한쪽에 치우치지 않는 완전한 도를 얻은 것이었다. 그리하여 이것을 다 들어 쓴다 해도 몸에 젖은 그 사상에 조금도 마음이 가려지는 일이 없었다.

그러므로 그의 덕은 성인이신 주공(周公)과 한가지였으며, 그의 명성은 성왕으로 이름높은 하나라의 우왕(禹王)과 은나라의 탕왕(湯王)과 주(周)나라의 문왕(文王) 및 무왕(武王) 등 3대의 성왕과 아울러 일컬어졌던 것이다. 이것이 곧 마음이 가려지지 않은 데서 얻은 행복인 것이다.

5

성인은 마음을 다스리는 데 있어 근심이 될 만한 점을 잘 알고 있으며, 동시에 마음이 어느 한편에 가려져 막힘으로 인해 오는 재화(災禍)까지 훤히 들여다보고 있다.

그러므로 욕망이라고 하는 것에 마음이 가려지는 일도 없고 미움이라고 하는 것에 마음이 가려지는 일도 없다. 또 처

5// 聖人知心術之患 見蔽塞之禍 故無欲無惡無始無終無近無遠無博無淺無古無今 兼陳萬物而中縣衡焉 是故衆異不得相蔽以亂其倫也 何爲衡 日道

故心不可以不知道 心不知道 則不可道而可非道 人孰欲得恣而守其所不可以禁其所可 以其不可道之心取人 則必合於不道人而不知合於道人 以其不可道之心與不道人論道人 亂之本也 夫何以知 心知道然後可道 可道然後能守道以禁非道 以其可道之心取人 則合於道人而不合於不道之人矣 以其可道之心與道人論非道 治之要也 何患不知 故治之要在於知道

현형(縣衡) : 현(縣)은 매달다, 형(衡)은 저울. 즉, 준칙을 세운다는 뜻.
부하이지(夫何以知) : 여기서는 유월의 해석에 따라 '어찌 지혜롭다고 하겠는가.'로 보았다.

음이라고 하는 것도, 마지막이라고 하는 것도, 친하다고 하는 것도, 멀다고 하는 것도, 널리 안다고 하는 것도, 천박하다고 하는 것도, 그리고 고금이라고 하는 것도 없으며, 오로지 자기 앞에 놓인 그 모든 사물을 한꺼번에 죽 나열해놓고서 여기에 그 중(中)을 잡아 저울, 곧 만물의 무게를 재는 일정한 표준을 세우는 것이다. 그렇기 때문에 제각기 다른 모든 것들이 서로 그 마음을 가려 바른 도리를 어지럽히게 되는 일은 없다.

그러면 일정한 표준이란 무엇을 말하는가! 그것은 바로 도(道)이다. 그러므로 사람의 마음은 도를 몰라서는 안 된다. 만일 마음이 도를 모른다면 도를 보고서 좋지 않은 것이라 하고, 도가 아닌 것을 보고 도리어 좋다고 생각하게 될 것이다. 사람은 누구나 자기 마음이 좋은 대로 행동하게 마련인데, 자기 마음에 좋지 않다고 생각되는 일을 굳이 지키고 자기 마음에 좋다고 생각되는 일을 굳이 그만두는 사람이 어디에 있겠는가!

참된 도를 보고서 좋지 않다고 생각하는 그런 마음을 가지고 사람을 선택한다면, 반드시 그와 똑같은 무도(無道)한 사람을 만나 무리를 이룰 것이며, 유도(有道)한 사람과는 절대로 어울릴 수 없을 것이다. 도를 보고서 좋지 않다고 생각하는 그런 마음을 가지고 그와 똑같은 무도한 사람들과 더불어 유도(有道)한 사람을 논평한다고 하는 것은 바로 혼란의 근본이 된다.

그를 누가 지혜롭다 할 것인가! 마음이 도를 알아본 뒤에야 비로소 도를 좋다고 하는 것이요, 도를 보고서 좋다고 생각한 뒤에야 비로소 도를 지킴과 동시에 도가 아닌 것을 배척하여 금지할 수가 있는 것이다. 참된 도를 보고서 좋다고 생각하는 그런 마음을 가지고 사람을 선택한다면 자연 그와 똑같은 유도한 사람을 만나 합하게 되는 반면, 무도한 사람과는 영영 어울리지 않게 되는 것이다.

도를 보고서 좋다고 생각하는 그런 마음을 가지고 그와 똑같은 유도한 사람들과 더불어 무도한 것들을 논평한다고 하는 것은 바로 나라의 다스림을 가져오는 요체이다. 마음에 참된 도를 알고 있는 이상 알지 못하는 것을 걱정할 필요가 어디에 있겠는가! 그러므로 국가를 바로 다스리는 요결은 참된 도를 아는 이 점에 있는 것이다.

요체(要諦) : ① 사물의 가장 중요한 점. ② 중요한 깨달음. 올바른 사리(事理).

6

도는 어떻게 해서 알 수 있는가? 마음에 달려 있다. 마음은 어떻게 해서 알 수 있는가? 허(虛)와 일(壹)과 정(靜)에 있다. 마음은 항상 무엇인가를 지니고 있으면서도 공허할 수 있으며, 마음은 항상 여러 가지 생각으로 가득 차 있으면서도 통일될 수 있으며, 마음은 항상 움직이면서도 고요할 수 있는 것이다. 사람에게는 나면서부터 지각이 있고 지각이 있으면 기억할 수 있으니, 기억이란 마음에 지닌 것이다.

그러면서도 그 가운데 이른바 허가 있다 함은, 이미 그 속에 존재하고 있는 것들이 새로운 지식을 받아들일 것을 거

6// 人何以知道 日 心 心何以知 日 虛壹而靜 心未嘗不臧也 然而有所謂虛 心未嘗不滿也 然而有所謂一 心未嘗不動也 然而有所謂靜 人生而有知 知而有志 志也者 臧也 然而有所謂虛 不以所已臧害所將受 謂之虛 心生而有知 知而有異 異也者 同時兼知之 同時兼知之 兩也 然而

有所謂一 不以夫一害此一 謂之壹 心 臥則夢 偸則自行 使之則謀 故心未嘗不動也 然而有所謂靜 不以夢劇亂知 謂之靜 未得道而求道者 謂之虛壹而靜 作之則 將須道者之虛則人 將事道者之壹則盡 盡將思道者靜則察 知道 察知道 行體道者也 虛壹而靜 謂之大淸明 萬物莫形而不見 莫見而不論 莫論而失位 坐於室而見四海 處於今而論久遠 疏觀萬物而知其情 參稽治亂而通其度 經緯天地而材官萬物 制割大理而宇宙裏矣 恢恢廣廣 孰知其極 睪睪廣廣 孰知其德 涫涫紛紛 孰知其形 明參日月 大滿八極 夫是之謂大人 夫惡有蔽矣哉

부하지 않는 것이니, 이것을 허의 상태라 한다. 마음이 생기면 인식의 능력이 있고 사물을 인식하면 구별이 생기니, 구별이란 많은 것을 한꺼번에 아는 것이며, 한거번에 안다고 하는 것은 마음이 여럿으로 작용하는 것이다. 그러면서도 일(壹), 즉 하나일 수 있는 것은 이 하나로 저 하나를 해치지 않는 까닭이니, 이것을 일의 상태라 한다. 마음이 잠자면 꿈을 꾸고 한가하면 방종하고 마음을 쓰면 여러 가지 계략을 꾸미게 된다.

그러므로 마음은 항상 움직이는 것이다. 그러면서도 고요할 수 있다 함은 몽상이나 복잡하고 번거로운 생각도 인식능력을 흐리게 하지는 못함을 말하는데, 이것을 정의 상태라 하는 것이다.

아직 도를 얻지 못하여 도를 구하는 자에게는 마음을 공허하고 전일하게 하여 고요함을 얻도록 일러 법칙을 삼게 할 것이다. 도에 따르고자 하면 공허해야 할 것이요, 도를 실천하고자 하면 전일하게 해야 할 것이요, 도를 생각하고자 하면 고요하게 해야 분명해질 것이다. 도를 분명히 인식하고 그것을 실천하는 이는 도를 체득한 사람이니, 허하고 전일하여 정을 얻은 것을 일러 대청명(大淸明)이라 부른다. 그렇게 되면 만물에 통하는 까닭에, 일체의 형상이 보이지 않는 것이 없고 보면 조리가 없는 것이 없으며 조리가 있으면 질서에 맞지 않는 것이 없다.

그리하여 방 안에 앉아서 세계의 정세를 볼 수 있고 현재를 살고 있으면서 아득한 옛날을 논할 수 있으며, 만물을 꿰뚫어 보아 그 실정을 알고 다스려짐과 어지러워짐의 자취를 더듬어 그 법칙을 알며, 천지를 다스리고 만물을 활용하며 위대한 도리를 재단하고 우주를 포괄한다. 그 회회(恢恢)하여 넓고 넓음이여 누가 그 끝간 데를 알며, 고고하여 넓고 넓음이여 누가 그 위대한 덕을 헤아리며, 물이 끓어오르는 듯하여 어지러운 모양이여 누가 그 형태를 알랴. 그 밝은 지혜는 해와 달과 같고 그 위대한 폭은 온 세상에 찼으니, 이를 일러 대인(大人)이라 한다. 그가 어디 한구석인들 가린 데가 있으랴.

7

마음이란 육체의 군주요 신명(神明)의 주체이므로, 명령을 내리기는 하지만 남의 명령은 받지는 않는다. 스스로 금하고 스스로 부리며, 스스로 빼앗고 스스로 취하며, 스스로 행하고 스스로 그치는 것이다. 그러므로 입은 억지로 말을 시킬 수도 있고 침묵하게 할 수도 있으며, 사지는 억지로 펴게 할 수도 있고 구부리게 할 수도 있다. 그러나 마음은 억지로 그 뜻을 바꾸게 할 수가 없는 것으로서, 옳으면 받고 그르면 물리친다.

그러므로 마음은 그가 선택한 것을 받아들이는 데 금하는 것이 없고 스스로 보고 선택하는 것이요, 아무리 사물이 잡다하여도 그의 정신이 지극한 경지에 이르렀을 때는 하나로 되어 있는 것이다. 〈시경〉에 "도꼬마리 뜯고 또 뜯어도 바구

7// 心者 形之君也而神明之主也 出令而無所受令 自禁也 自使也 自奪也 自取也 自行也 自止也 故口可劫而使墨云 形可劫而使詘申 心不可劫而使易意 是之則受 非之則辭 故曰 心容 其擇也無禁 必自見 其物也雜博 其情之至也不貳 詩云 采采卷耳 不盈頃筐 嗟我懷人 寘彼周行 頃筐易滿也 卷耳易得也 然而不可以貳周行 故曰 心枝則無知 傾則不精 貳則疑惑 以贊稽之 萬物

可兼知也 身盡其故則美 類不可兩也 故知者擇一而壹焉 農精於田而不可以爲田師 賈精於市而不可以爲賈師 工精於器而不可以爲器師 有人也 不能此三技而可使治三官曰 精於道者也 非精於物者也 精於物者以物物 精於道者兼物物 故君子壹於道而贊稽物 壹於道則正 以贊稽物則察 以正知行察論 則萬物官矣 昔者舜之治天下也 不以事詔而萬物成

니에 안 차네. 아아! 님 생각에 바구니도 길가에 내던지네." 하였으니, 바구니는 채우기 쉬운 것이요 도꼬마리는 흔한 것이지만, 그것을 채우려면 마음이 님 생각으로 분산되지 말아야 한다. 그러므로 "마음이 분산되면 인식이 안 되고, 편벽되어 균형을 잃으면 정통할 수 없으며, 둘로 분산되면 의혹이 생긴다."고 하는 것이다.

마음을 집중하여 널리 참고하고 고증하면 만물은 아울러 알 것이요, 몸으로 그 일을 충분히 실행하면 아름다울 것이다. 모든 일은 두 가지를 함께하지 못한다. 그러므로 슬기로운 사람은 그 한 가지를 택해서 전일하게 해나가는 것이다. 농부가 밭갈이에 정통하다고 하여 농업을 주관하는 장(長)이 되는 것이 아니요, 상인이 상업에 정통하다고 하여 상업을 주관하는 장이 되는 것은 아니며, 목수가 공업에 정통하다고 하여 공업을 주관하는 장이 되는 것은 아니다.

그런데 여기 이 세 가지 기술의 하나도 모르면서 세 가지를 모두 주관할 수 있는 사람이 있다. 그 사람은 도에 정통할 뿐 일에 정통한 것은 아니다. 일에 정통한 사람은 한 가지 일에만 정통하지만 도에 정통한 사람은 모든 사리에 정통한 것이다. 그런 까닭에 군자는 도에 전일해서 모든 사리를 참고하고 고증한다. 도에 전일하면 사리가 바르고 일에 참고하고 고증하면 사리가 명석해진다. 사리가 바르고 판단이 명석하면 무슨 일이든지 다스릴 수 있는 것이다. 옛날에 순이 천하를 다스릴 때는 일에 대해 하나하나 명을 내리지 아니해도 모든 일이 제대로 이루어졌다.

8

한 가지에 근신하여 힘쓰면 그 광채가 단지 그 한 가지에 충만하여 빛나지만, 오직 도심(道心) 하나를 길러 정밀하면 그 광채가 커서 외부로 나타나지 않으므로 알지 못하는 것이다. 그러므로 〈도경(道經)〉에 "사람의 마음은 유혹되기 쉽지만 도심(道心)은 정미하다."고 했으니, 유혹되기 쉽고 정미한 기틀은 오직 밝은 군자라야만 능히 알 수 있는 것이다.

그러므로 사람의 마음은 쟁반의 물과 같아서, 똑바로 놓고 움직이지 아니하면 그 물의 앙금은 아래로 가라앉고 위의 물은 맑고 밝아 얼굴의 수염이나 눈썹까지 보이고 잔주름까지 살필 수 있다. 그러나 미풍이라도 불면 가라앉았던 앙금이 떠오르고 위의 맑은 물이 흐려져 큰 형태도 볼 수 없으니, 사람의 마음 또한 이와 같다. 그러므로 바른 도리로 인도하고 맑게 잘 길러서 외부의 사물에 기울어지지 아니하면 족히 시비와 선악을 판단하고 의혹을 풀지만, 외부의 사소한 일에 유혹되면 마음의 올바름이 밖으로 바뀌어지고 그 마음은 안으로 기울어져 모든 도리를 판단하지 못하는 것이다.

그러기에 문자를 사랑하는 이는 많았지만 오직 창힐(倉頡)만이 그 이름을 전하는 것은 그가 전일했던 까닭이요, 농사를 짓는 이는 많았지만 오직 후직(后稷)만이 그 이름을 전하는 것은 그가 전일했던 까닭이며, 음악을 좋아하는 이는 많았지만 오직 기(夔)만이 그 이름을 전하는 것은 그가 전일했던 까닭이며, 의를 좋아하는 이는 많았지만 오직 순만이 그

8// 處一危之 其榮滿側 養一之微 榮矣而未知 故道經曰 人心之危 道心之微 危微之幾 唯明君子而後能知之 故人心譬如槃水 正錯而勿動 則湛濁在下 而清明在上 則足以見鬚眉 而察理矣 微風過之 湛濁動乎下 清明亂於上 則不可以得大形之正也 心亦如是矣 故導之以理 養之以清 物莫之傾 則足以定是非決嫌疑矣 小物引之 則其正外易 其心內傾 則不足以決庶理矣 故好書者衆矣 而倉頡獨傳者 壹也 好稼者衆矣 而后稷獨傳者 壹也 好樂者衆矣 而夔獨傳者 壹也 好義者衆矣 而舜獨傳者 壹也 倕作弓 浮游作矢 而羿精於射 奚仲作車 乘杜作乘馬 而造父精於御 自古及今 未嘗有兩而能精者也 曾子曰 是其庭可以搏鼠 惡能與我歌矣 空石之中有人焉 其名曰觙 其爲人也 善射以好思 耳目之欲接 則敗其思 蚊

이름을 전하는 것은 그가 전일했던 까닭이다. 수(倕)가 활을 만들고 부유(浮遊)가 화살을 만들었는데, 활쏘기는 예(羿)가 잘했다. 해중(奚仲)이 수레를 만들고 승두(乘杜)가 수레를 말이 끌도록 했는데, 수레몰이는 조보(造父)가 잘했다. 예로부터 두 가지를 겸해서 정통한 이는 없는 것이다. 증자(曾子)도 말하기를, "뜰이 고요하되 쥐가 나타날 정도로 고요하면, 혹 깊이 사색에 잠겨있는 이 있을지 모르니 내 어찌 노래를 불러 그를 방해하랴." 하였다.

바위 동굴 속에 급(觙)이라는 사람이 있었다. 그는 보지 않고 먼 데 것을 알아내는 기술이 있어, 항상 고요히 생각하기를 좋아하였다. 그러나 귀와 눈의 욕망에 접하면 생각이 달아나고 모기와 등에의 소리가 들리면 정신이 집중되지 않았다. 그러나 귀와 눈의 욕망을 물리치고 모기와 등에 소리를 멀리한 채 한가롭게 앉아 고요히 생각하여 잘 통하였다. 인(仁)을 생각하되 그와 같이 하면 정밀하다고 할 것인가? 맹자는 그 아내가 예를 파괴함을 미워하여 버렸으니, 스스로 덕을 닦기에 힘쓴 사람이라 할 수 있으나 잘 통하도록 생각하는 경지에 이르지는 못한 것이다. 유자(有子)는 눕지 아니하려고 스스로 손바닥을 지졌으니, 그는 덕을 위해 인내력이 있는 사람이라 할 수는 있으나 잘 생각하는 경지에는 이르지 못한 것이다.

눈과 귀의 욕망을 물리치고 모기와 등에의 소리를 물리치는 것은 조심하는 것은 될지언정 아직 정밀하다고는 할 수 없다. 무릇 정밀한 것은 지극한 사람을 말하는 것이다. 지극

蝱之聲聞 則挫其精 是以闢耳目之欲 而遠蚊蝱之聲 閑居靜思則通 思仁若是 可謂微乎 孟子惡敗而出妻 可謂能自彊矣 未及思也 有子惡臥而焠掌 可謂能自忍矣 未及好也 闢耳目之欲 可謂能自彊矣 夫及思也 蚊蝱之聲聞則挫其精 可謂危矣 未可謂微也 夫微者至人也 至人也 何彊 何忍 何危 故濁明外景 淸明內景 聖人縱其欲 兼其情 而制焉者理矣 夫何彊 何忍 何危 故仁者之行道也 無爲也 聖人之行道也 無彊也 仁者之思也 恭 聖人之思也 樂 此治心之道也

견수미 이찰리의(見鬚眉而察理矣) : 수미(鬚眉)는 수염과 눈썹, 이(理)는 부리(膚理)에서 부가 탈락된 것으로 보아 살결로 풀이한다.

기(夔) : 순임금 때 음악을 관장하던 사람으로 알려진다.

수(倕) : 순임금 때의 공공(共工), 즉 백공(百工)의 일을 담당한 관리로서 최초로 활을 만든 것으로 전해진다.

선사이호사(善射以好思) :

한 사람이 되면 힘쓰게 할 것도, 인내할 것도, 조심할 것이 어찌 있다고 하겠는가. 그러기에 정밀에 도달하지 못한 광명은 탁명(濁明)이라고 하여 빛이 겉으로 발산되지만, 정밀에 도달한 광명은 청명(淸明)이라 하여 빛이 내부에 차 있게 되는 것이다. 성인은 욕심대로 행동하고 감정대로 하되 도리에 맞게 통제되는 것이다. 그러니 힘쓰게 할 것은 무엇이며, 인내할 것은 무엇이며, 조심할 것은 무엇이겠는가?

인자의 행하는 도는 하려고 애쓰지 않고 특별한 노력도 필요하지 않다. 인자의 생각은 어느 때나 경건하고 성인의 생각은 어느 때나 즐거운 것이니, 이것이 마음을 다스리는 도리인 것이다.

일설에는 선사(善射)를 글자 그대로 활을 잘 쏜다는 뜻으로 풀이하지만, 여기서는 아랫글과의 관계로 보아 유월의 설을 따라서 가려진 물건을 알아내는 기술 혹은 천리안(千里眼) 등의 뜻으로 풀이했다.

맹자오패이출처(孟子惡敗而出妻) : 패(敗)는 패덕(敗德). 즉, 그 덕을 파기할까 염려한 나머지 아내를 버렸다는 뜻인데, 사실과는 다르다.

9

무릇 사물을 봄에 있어서 의심을 품고 중심을 정하지 못하면 외물이 청명할 수 없고, 내 생각이 청명하지 못하면 사물의 옳고 그름을 분별할 수가 없다. 어둠 속을 걸으면 바위를 보고도 범이 엎드려 있는 줄 알고 나무를 보고도 뒤에서 사람이 좇아오는 줄 아는데, 그것은 어둠이 총명을 가렸기 때문이다. 술취한 사람이 백 보나 되는 넓은 시내를 좁은 줄 알고 건너뛰려 하고 성문으로 나가면서 그 문이 좁은 줄 알고 몸을 구부리고 지나는 것은 술이 그 정신을 혼란시켰기 때문이다. 손으로 눈을 가리고 하나를 보면 둘로 보이고 귀를 막고 들으면 막막하여 아무 소리도 들리지 않는데도, 매

9// 凡觀物有疑 中心不定 則外物不淸 吾慮不淸 則未可定然否也 冥冥而行者 見寑石以爲伏虎也 見植林以爲後人也 冥冥蔽其明也 醉者越百步之溝 以爲蹞步之澮也 俯而出城門 以爲小之閨也 酒亂其神也 厭目而視者 視一以爲兩 掩耳而聽者 聽漠漠而以爲哅哅 埶亂其官也 故從山上望牛者若羊 而求羊者不下牽也 遠蔽

우 시끄러운 소리가 들리는 듯이 여겨지는 것은 가린 것이 감각기관을 혼란시켰기 때문이다.

그러므로 산 위에서 소를 내려다보면 양처럼 작게 보이지만 양인 줄 알고 끌어오려고 하지는 아니할 것이니 이는 먼 것이 그 크기를 가렸기 때문이요, 산 밑에서 산 위의 열 길 나무를 보면 젓가락만하게 보이지만 젓가락인 줄 알고 꺾으러 가지는 아니할 것이니 이는 높은 것이 그 길이를 가렸기 때문이다. 물이 움직여서 그림자가 흔들리면 그 아름답고 추한 것을 판단하기 어려운 것은 물결이 어른거리기 때문이다.

장님이 하늘을 쳐다봐도 별을 볼 수는 없으므로 아무도 그 장님의 말을 듣고서 별이 있고 없는 것을 판단하지 아니할 것이니, 그것은 그의 눈이 흐려 있기 때문이다. 만일 그 장님의 말을 듣고서 있고 없는 것을 판단하는 사람이 있다면 그는 세상의 어리석은 사람이다. 그 어리석은 자의 판단으로 의심을 해결하는 것은 의심스러운 것으로 그 의심에 대한 판단을 내리는 것이니 반드시 맞지 아니할 것이다. 맞지 않는 판단이 어찌 잘못이 없을 수 있겠는가.

하수(夏首) 남쪽에 연촉량(涓蜀梁)이란 사람이 있었는데, 그 사람됨이 어리석고 겁이 많아서 달밤에 걸어가다가 허리를 굽혀 제 그림자를 보고는 귀신이 엎드려 있는 줄 알았으며, 머리를 쳐들어 제 머리카락을 보고는 도깨비인 줄 알았다. 그래서 도망쳐 제 집까지 와서 기절해 죽었으니 슬픈 일이 아닌가. 무릇 사람이 귀신에게 홀린다는 것은 반드시 환각이나 착각에서 허둥대는 때 만나는 것이니, 이것은 사람

其大也 從山下望木者 十仞之木若箸 而求箸者不上折也 高蔽其長也 水動而景搖 人不以定美惡 水埶玄也 瞽者仰視而不見星 人不以定有無 用精惑也 有人焉 以此時定物 則世之愚者也 彼愚者之定物 以疑決疑 決必不當 夫苟不當 安能無過乎 夏首之南有人焉 曰涓蜀梁 其爲人也 愚而善畏 明月而宵行 俯見其影 以爲伏鬼也 卬視其髮 以爲立魅也 背而走 比至其家 失氣而死 豈不哀哉 凡人之有鬼也 必以其感忽之間 疑玄之時 正之 此人之所以無有而有無之時也 而己以正事 故傷於溼而擊鼓鼓痹 則必有蔽鼓喪豚之費矣 而未有俞疾之福也 故雖不在夏首之南 則無以異矣

구(溝)·**회**(澮) : 구는 넓은 시내, 회는 좁은 시내를 말한다.

고자앙시이불견성 인불이정유무(瞽者仰視而不見星 人不以定有無) : 인(人)은 타인을 말한다. 즉, 맹인은 고개를 들어 하늘

이 있는 것을 없는 것으로, 없는 것을 있는 것으로 바꾸어 본 때인 것이다. 그렇게 정했기 때문에, 습기에 상해서 비증(痺症)이 생기면 귀신의 탓이라 하여 북을 치고 돼지를 잡아 굿을 하니, 결국 북이나 찢고 돼지를 잃는 손실만 있을 뿐이요, 병이 낫는다고 하는 복이 있을 리 없다. 그러면 비록 하수 남쪽에 사는 사람이 아니라 하더라도 어리석기로 말하면 연촉량과 다를 바가 없다.

의 별을 볼 수가 없으므로, 다른 사람들이 그의 말을 듣고서 별이 있는지 없는지를 구별하려 하지는 않는다는 뜻.

| 풀이 | 사물을 판단함에 있어 그 정확성 및 부정확성을 설명하고 있는데, 그것은 신체의 감각기관 혹은 마음이 어지러운가 그렇지 않은가에 달려 있다고 말하고 있다. 앞 단락의 허(虛) · 일(壹) · 정(靜)을 더한층 강조하기 위한 글이다.

10

무릇 사람의 본성을 알면 그것으로 미루어 사물의 이치를 알 것이다. 그러나 비록 사람의 본성을 알고 이것으로써 사물의 이치를 알았다 해도 귀착점이 없다면 늙어 죽도록 애써도 널리 통하지는 못할 것이다. 사물에 널리 통하는 이치가 억만 가지라도 만물의 변화를 다 통달할 수가 없으면 또한 어리석은 자와 다를 바 없다. 비록 학문을 하면서 몸이 늙고 자식이 장성했어도 어리석은 자와 다를 바 없지만 그 잘못을 알지 못한다면 그런 사람을 망령된 자라 할 것이다.

그러므로 학문이란 원래 귀착점을 배우는 것이다. 귀착점

10// 凡以知 人之性也 可以知 物之理也 以可以知人之性 求可以知物之理 而無所疑止之 則沒世窮年不能徧也 其所以貫理焉雖億萬已 不足以浹萬物之變 與愚者若一 學老身長子 而與愚者若一 猶不知錯 夫是之謂妄人 故學也者 固學止之也 惡乎止之 日止諸至足 曷謂至足 日

聖也 聖也者 盡倫者也 王也者 盡制者也 兩盡者 足以爲天下極矣 故學者 以聖王爲師 案以聖王之制爲法 法其法以求其統類 以務象效其人 嚮是而務士也 類是而幾 君子也 知之 聖人也 故有知非以慮是 則謂之懼 有勇非以持是 則謂之賊 察孰非以分是 則謂之篡 多能非以修蕩是 則謂之知 辯利非以言是 則謂之詍 傳曰 天下有二 非察是 是察非 謂合王制與不合王制也 天下有不以是爲隆正也 然而猶有能分是非 治曲直者邪 若夫非分是非 非治曲直 非辨治亂 非治人道 雖能之無益於人 不能無損於人 案直將治怪說 玩奇辭 以相撓滑也 案彊鉗而利口 厚顔而忍詬 無正而恣睢 妄辨而幾利 不好辭讓 不敬禮節 而好相推擠 此亂世姦人之說也 則天下之治說者 方多然矣 傳曰 析辭而爲察 言物而爲辨 君子賤之 博聞彊志 不合王制 君子賤之 此之謂也 爲之無益於成也 求之無益於得也 憂戚之無益

이란 어디인가? 지극히 충족되는 데에 그치는 것이다. 지극히 충족되는 것이란 무엇인가? 성왕의 도리이다. 성인은 윤리를 다했고 선왕은 법도를 다했으니, 두 가지를 다하면 천하 최대의 원만한 덕을 다한 것이다.

그러기에 학자가 성인을 스승으로 삼고 성왕의 제도로 법을 삼아, 그 법을 법으로 실천하여 그 대강(大綱)의 원리를 구하고 그 사람을 본받을 것이니, 그런 방향으로 힘쓰는 사람을 사(士)라 하고 그에 가까이 접근한 사람을 군자라 하며, 그 도를 아는 사람을 성인이라 한다.

그러므로 지혜가 있어도 성왕의 도를 생각하지 않고 행동한다면, 남의 것을 빼앗는 자요, 용맹이 있어도 성왕의 도를 지키지 않고 행동한다면, 남을 해치는 자다. 사리에 밝아도 성왕의 도를 분별해 행동하지 않는다면, 남의 것을 가로채는 자다. 재능이 있어도 성왕의 도로 깨끗이 행동하지 않는다면, 지혜가 간교한 자다. 언변이 있어도 성왕의 도를 바탕으로 말하지 않는다면, 쓸데없이 지껄이는 자다.

전하는 말에 "천하에 두 가지가 있으니, 그른 것으로 옳은 것을 살피는 것과 옳은 것으로 그른 것을 살피는 것이다. 그른 것이란 성왕의 제도에 맞지 않는 것이요, 옳은 것이란 성왕의 제도에 맞는 것이다."라고 하였다. 천하에 이것으로 기준을 삼지 않고서 시비를 가리고 곡직(曲直)을 다스릴 수 있겠는가!

만일 시비를 가리지 못하고 곡직을 다스리지 못하며, 다스려지고 어지러워짐을 분별하지 못하고 사람의 도를 다스리지 못한다면, 아무리 유능해도 사람에게 유익하지 못할 것이요 해를 면치 못할 것이다. 그들은 다만 괴설(怪說)과 기이한 말로 서로 어지럽히고 터무니없는 말과 약삭빠른 말로 후안무치하여 제멋대로 하며, 망령된 구변으로 이익만 탐하면서 사양을 모르고 예절을 존중하지 않은 채 서로 배격하고 해치려 하는 것은 이 난세의 간사한 자들의 말이다. 그런데 이제 천하의 논객들 가운데는 이러한 종류의 사람들이 많다.

예로부터 전해오는 말에 "말을 분석하면 명찰하다 하고 사물을 분석하면 웅변이라 하는 것을 군자는 천하게 여긴다. 아무리 많이 알고 많이 기억해도 성왕의 제도에 맞지 아니하면 군자는 이를 천하게 여긴다."고 한 것이 이것이다.

행해도 도를 이루는 데 유익할 것이 없고, 얻어도 덕을 쌓는 데 유익할 것이 없으며, 근심해도 위험을 피하는 데 유익할 것이 없다면, 그런 것은 마음속에서 다 털어버려 침범하지 못하게 하고 잠시라도 마음속에 스치지 못하도록 해야 할 것이다. 과거에 연연하지 말고 미래에 급급하지 말며, 근심과 애석한 마음을 버리고 때가 오면 때에 맞추어 움직이며, 사건이 일어나면 사건에 따라 처리하면 다스려지고 어지러워짐과 가능하고 가능하지 않은 것이 명백히 드러날 것이다.

於幾也 則廣焉能棄之矣 不以自妨也 不少頃干之胸中 不慕往 不閔來 無邑憐之心 當時則動 物至而應 事起而辨 治亂可否 昭然明矣

무소의지지(無所疑止之) : 의지(疑止)는 응지(凝止)를 옳은 것으로 보아 정한다는 뜻으로 풀이한다. 즉, 기준에 정착하다.

수억만이(雖億萬已) : 이(已)는 종(終) 혹은 어조사로 보는데, 어조사라는 설이 옳은 듯하다. 즉, 비록 억만 가지라고 하더라도의 뜻.

통류(統類) : 법(法)의 대강(大綱).

즉천하지치설자 방다연의(則天下之治說者 方多然矣) : 여기서 말하는 천하의 논객들이란 신자(愼子)·묵자(墨子)·송자(宋子)·혜자(惠子) 등을 가리킨 것.

| 풀이 | 무릇 완전한 성왕(聖王)의 도(道)만이 만물의 기준임을 강조하고 모든 일은 반드시 이를 기준으로 하여 평가

된다고 말한다. 뿐만 아니라 여기에 위배되는 학설들을 엄격히 배제하고 있다.

11

11// 周而成 泄而敗 明君無之有也 宣而成 隱而敗 闇君無之有也 故君人者 周則讒言至矣 直言反矣 小人邇而君子遠矣 詩云 墨以爲明 狐狸而蒼 此言上幽而下險也 君人者 宣則直言至矣 而讒言反矣 君子邇而小人遠矣 詩曰 明明在下 赫赫在上 此言上明而下化也

주(周) : 주밀하게 비밀을 지키다.
호리이창(狐狸而蒼) : 창(蒼)은 호리(狐狸)의 많은 표현. 호리는 악한 신하들을 비유한 것.
시왈(詩曰) : 위의 시는 〈시경〉에 없으며, 아래의 시는 대아 대명편(大明篇)의 구절이다.

신하에게 비밀을 지켜서 성공하고 누설해서 실패하는 예는 현명한 임금에게는 없으며, 드러내놓고 해서 성공하고 감추어서 실패하는 예는 어두운 임금에게는 없다. 그러므로 군왕으로서 비밀을 좋아하면 참소하는 말이 오고 바른말은 물러가며, 소인이 다가오고 군자는 멀어진다.

옛 시에 "어두운 것을 밝다 하면 여우와 살쾡이만 모여들 것이다." 하였으니, 군주가 어두우면 신하가 음험하다는 뜻이다. 군주가 선명하게 드러내놓고 발표하면 바른말은 오고 참소하는 말은 물러간다. 군자가 다가오고 소인은 멀어질 것이다. 〈시경〉에 "밝은 덕을 지닌 이가 아래에 있으면 혁혁한 명군이 위에 있게 될 것이다." 하였으니, 이것은 위가 밝아야 아래 신하가 감화된다는 것을 말한 것이다.

| 풀이 | 이 '해폐편(解蔽篇)'은 순자의 사상을 연구함에 있어서 가장 중요한 것이다. 성악설을 골자로 한 그 사상이 '해폐편'에서 확충되고 연역되어 현실적 정치관에 번지고 있는 것을 본다. 순자 심리학이라고까지 부르는 이 글은 많은 논란을 일으켰지만, 그 문자의 착란과 오자, 불통의 구절이 많아 난해한 문장으로도 정평이 나 있다. 그 해석의 상이

한 견해와 문구에 다기(多岐)한 주해 또한 쉽지 아니하나 여기서는 대개 평이하고 통설에 가까운 것에 의거하였다.

언뜻 보면 그의 마음에 대한 설명이 성선론자의 성에 해당하는 것도 같고 혹은 '성악편'과 어긋나는 듯한 점도 있어 보이는데, 기실은 선왕의 기정 제도를 기준으로 실천하고 군왕으로 하여금 그 제도에 맞고 안 맞는 것으로, 군자·소인을 구별할 것을 역설하고 있다는 점에 중심을 두고 연역되어 나가고 있는 것이다. 무수한 격언과 경구에 차 있는 것이 그의 문자의 특색이라 이 글도 예외일 수는 없지만, 글이 극히 고기(古奇)하고 예리하며, 그의 글 중에서도 가장 활기 있고 발랄한 글이라 할 것이다.

다기(多岐) : ① 갈래가 많음. ② 여러 방면에 걸침.

고기(古奇) : 예스럽고 기이함.

22 정명편 正明篇

1

1// 後王之成名 刑名從商 爵名從周 文名從禮 散名之加於萬物者 則從諸夏之成俗曲期 遠方異俗之鄕 則因之而爲通 散名之在人者 生之所以然者 謂之性 性之和所生 精合感應 不事而自然 謂之性 性之好 惡 喜 怒 哀 樂 謂之情 情然而心爲之擇 謂之慮 心慮而能爲之動 謂之僞 慮積焉 能習焉 而後成 謂之僞 正利而爲 謂之事 正義而爲 謂之行 所以知之在人者 謂之知 知有所合 謂之智 智所以能之在人者 謂之能 能有所合 謂之能 性傷 謂之病

후세의 군왕이 각종 명칭을 지어냄에 있어, 형벌의 명칭은 상(商 : 은)나라의 명칭을 따르고 관작(官爵)의 명칭은 주(周)나라의 명칭을 따르며, 문식의 명칭은 〈주례(周禮)〉에 따르고 만물에 붙여지는 일반 명칭은 중원 각국의 풍속에 따름으로써 풍속이 다른 먼 지역에까지 통하도록 한 것이다.

인간관계에 대한 명사는 다음과 같다. 나면서부터 그렇게 되어 있는 것을 성이라 하고, 나면서 조화되어 생겨난 것이 안의 정기와 합쳐지고 밖의 감각과 호응하여 애쓰지 않아도 스스로 그러한 것 역시 성이라 하며, 성의 호오(好惡) · 희노(喜怒) · 애락(哀樂)의 감정을 정(情)이라 하고 있는 그대로의 정을 마음으로 선택하는 것을 여(慮)라 하며, 마음으로 생각하여 능히 동작으로 나타낼 수 있는 것을 위(僞)라 하고 생각이 쌓이고 습성이 되어 완성된 것 역시 위(僞)라 하며, 이익을 올바르게 추구하는 것을 사(事)라 하고 의(義)를 올바르게 추구하는 것을 행(行)이라 하며, 사람에게 지각의 원인이 되는 것을 지(知)라 하고 지가 모여 있는 것을 지(智)라 하며, 사람에게 지혜의 원인이 되는 것을 능(能)이라 하고 능히 합쳐져 있는 것 역시 능(能)이라 하며, 성에 손상을 받은 것을 병(病)이라 하고 우연히 만나는 것을 명(命)이라 한다. 이것이 인간관계의 명사요, 후왕이 정해놓은 명칭인 것이다.

왕자가 명사를 제정함은, 명사가 정해지므로 사실이 분명해지고 명사가 제정된 대로 잘 행해지므로 사람의 의사가 상통되기 때문에, 민중을 잘 통솔하여 한결같이 만들 수가 있는 것이다. 따라서 말을 분석해서 제 마음대로 명사를 만들어 올바른 명사를 혼란시키고 민중을 의혹하게 하면 말다툼과 소송이 많아질 것이니, 곧 이런 것을 대간(大姦)이라 하는 것이다. 그 죄는 부절(符節)이나 도량형(度量衡)을 속이는 죄와 같이 처하는 것이다.

그러므로 백성들이 기괴한 말에 따라 명사를 혼란시키지 아니하므로 진실하고, 진실하므로 부리기 쉽고 부리기 쉽다면 공업을 이룰 수 있을 것이다. 그 백성들이 기괴한 말로 올바른 명사를 혼란시키지 아니하므로 오로지 법에 복종하고 명령에 따를 것이니, 그렇게 되면 치적(治績)은 영속될 것이다. 치적의 영속과 공업의 완성은 다스림의 극치요, 이것이 명사를 하나의 약속으로 준수한 효과인 것이다.

그런데 이제 성왕이 없고 명사를 준수하지 않으며, 사악한 이론으로 명사와 사물의 일치를 혼란시키고 선악의 구별이 분명하지 못한 까닭에, 법을 다루는 관리나 경서를 읽는

節遇 謂之命 是散名之在人者也 是後王之成名也 故王者之制名 名定而實辨 道行而志通 則愼率民而一焉 故析辭擅作名 以亂正名 使民疑惑 人多辨訟 則謂之大姦 其罪猶爲符節度量之罪也 故其民莫敢託爲奇辭 以亂正名 故其民慤 慤則易使 易使則公 其民莫敢託爲奇辭 以亂正名 故壹於道法而謹於循令矣 如是則其迹長矣 迹長功成 治之極也 是謹於守名約之功也 今聖王沒 名守慢 奇辭起 名實亂 是非之形不明 則雖守法之吏 誦數之儒 亦皆亂也 若有王者起 必將有循於舊名 有作於新名 然則所爲有名 與所緣以同異與制名之樞要 不可不察也 異形離心交喩 異物名實玄紐 貴賤不明 同異不別 如是則志必有不喩之患 而事必有困廢之禍 故知者爲之分別 制名以指實 上以明貴賤 下以辨同異 貴賤明 同異別 如是則志無不喩之患 事無困廢之禍 此所爲有名也 然則何緣而以同異 曰 緣天官

凡同類同情者 其天官之意物也同 故比方之疑似而通 是所以共其約名以相期也 形體色理 以目異 聲音淸濁調竽奇聲 以耳異 甘苦鹹淡辛酸奇味 以口異 香臭芬鬱腥臊洒酸奇臭 以鼻異 疾養滄熱滑鈹輕重 以形體異說故喜怒哀樂愛惡欲以心異 心有徵知 徵知 則緣耳而知聲可也緣目而知形可也 然而徵知必將待天官之當簿其類 然後可也 五官簿之而不知 心徵之而無說 則人莫不然謂之不知 此所緣而以同異也 然後隨而命之 同則同之 異則異之 單足以喻則單 單不足以喻則兼 單與兼無所相避則共 雖共 不爲害矣 知異實者之異名也故使異實者莫不異名也 不可亂也 猶使異實者莫不同名也 故萬物雖衆 有時而欲偏擧之 故謂之物 物也者大共名也 推而共之 共則有共 至於無共然後止 有時而欲偏擧之 故謂之鳥獸 鳥獸也者 大別名也 推而別之 別則有別 至於無別然後止名無固宜 約之以命 約

유자(儒者)조차 혼란 중에 있으니, 만일 왕자가 다시 일어나면 반드시 옛 명사에 따라 새 명사를 지을 것이다. 그래서 명사가 필요한 이유와 명사를 구별하는 근거와 명사를 제정할 때의 준칙을 분별하여 살피지 않으면 안 될 것이다.

명사의 제정이 필요한 이유는 무엇인가. 다른 형태를 보는 사람마다 제 마음대로 명사를 만들면, 명사와 대상물은 혼란되어 귀천을 구별할 수가 없고 같은 것과 다른 것을 분별하지 못할 것이니, 그렇게 되면 사람의 뜻에는 반드시 깨닫지 못하는 근심이 있을 것이요, 일은 반드시 곤궁해지는 화가 있을 것이다. 그러므로 지혜있는 사람이 사물을 분별하여 명사를 지어서 실태를 분명히 하고, 이로써 위로 귀천을 밝히고 아래로 같고 다름을 분명히 하니, 사람의 뜻은 깨닫지 못하는 근심이 없고 일은 곤궁해지는 화가 없을 것이다. 이것이 명사가 필요한 까닭이다.

그러면 무엇에 의하여 같고 다름을 구별하는가. 천관(天官), 즉 타고난 감각기관에 의해서이다. 대체로 같은 종류와 같은 형태는 사람의 감각으로 느끼는 것이 같다. 그러므로 서로 견주어 보아 서로 비슷하고 통하는 것이라면, 바로 그것들을 요약하는 명사를 갖게 하여 서로 통용하게 했던 것이다. 형태와 빛깔과 무늬는 눈으로 구별하고 소리의 청탁 및 악기의 가락과 기이한 소리는 귀로 구별하며, 달고 쓰고 짜고 싱겁고 맵고 시고 이상한 맛은 입으로 구별한다.

향기롭고 향긋하고 비릿하고 시큼하고 이상한 냄새는 코로 구별하며, 아프고 가렵고 차고 뜨겁고 부드럽고 꺼칠하고 가볍고 무거운 것은 형체로 구별하며, 말이나 사건과 희·노·애(哀)·낙·애(愛)·오·욕, 즉 7정(七情)은 마음으로 구별한다. 마음은 감각을 주재하므로 마음에는 징지(徵知), 즉 밝은 인식이 있는 것이다. 인식이란 귀가 소리를 듣는 데 작용하고 눈이 형태를 보는 데 작용한다.

그러면 징지, 즉 인식이란 감각기관이 전에 느꼈던 기억을 찾아서 이를 구별한 후에야 알 수 있는 것이다. 5관의 감각이 느껴도 알지 못하고 인식이 알아도 말하지 못하면 사람들은 모두가 그는 알지 못한다고 말할 것이다. 감각으로 느끼고 마음으로 인식한 것을 명사로 표현하여 구별해야 하는 것이 명사의 근거인 것이다.

다음은 그와 같이 인식에 의해 구별이 되면 거기에 따라 같으면 같은 명사로, 다르면 다른 명사로 명명하는 것이다. 단일한 명칭으로 이해되는 것은 단명(單名 : 고유명사), 단일한 명칭으로 이해가 안 되는 것은 겸명(兼名 : 복합명사), 단명과 겸명으로도 서로 상충되는 것은 공명(共名 : 공동명사)으로 한다. 비록 공명을 부여한다 해도 해가 안 되는 것은, 실체가 다른 것은 다른 명칭이 있다는 것을 알기 때문이다. 실체가 다른 것은 다른 명칭이 부여되므로 혼란이 일어날 수가 없다. 그것은 마치 실체가 같은 것에 같은 명칭이 부여되는 것과 같으므로 그 명칭도 달라야 할 것이다.

그러므로 만물이 아무리 많아도 어떤 때는 이것을 한꺼번에 호칭하고자 할 때가 있다. 이것을 물(物)이라 하는데, 물이란 대공명(大共名)이다. 말하자면 공명으로 미루어 공이

定俗成 謂之宜 異於約則謂之不宜 名無固實 約之以命實 約定俗成 謂之實名 名有固善 徑易而不拂 謂之善名 物有同狀而異所者 有異狀而同所者 可別也 狀同而爲異所者 雖可合 謂之二實 狀變而實無別而爲異者 謂之化 有化而無別 謂之一實 此事之所以稽實定數也 此制名之樞要也 後王之成名 不可不察也

도행이지통(道行而志通) : 도(道)는 제명지도(制名之道). 즉, 명사(名辭)를 정하는 법. 지통(志通)은 의사소통.
이형리심교유(異形離心交喩) : 이형(異形)은 만물의 형태가 다른 것. 즉, 만물을 다르게 보는 대로 생각하면의 뜻.
현뉴(玄紐) : 명실(名實)이 혼란스럽다는 뜻.
당부기류(當簿其類) : 부(簿)는 기억으로 보아, 즉 기억을 찾아서 이를 구별하다.

되고 또 공이 되어 다시 공이 없을 때 대공명이 그치는 것이다. 때에 따라서는 그 중의 하나만 말하고자 할 경우도 있는데, 그때는 새나 짐승이라 한다. 새나 짐승은 대별명(大別名)인데, 또 이것으로 미루어 별명에 또 별명이 되어 더 이상 별명이 없을 때 그치는 것이다.

명칭에는 원래 정해진 의미가 없으며, 다만 약속에 의해서 정해진 것이다. 약속에 의해서 풍속이 되면 그것이 의미가 되는 것인데, 이 약속에서 벗어나면 의미가 되지 못한다. 명칭에 원래 진실이란 없다. 약속해서 진실이 되고 약속이 정해져서 풍속이 되면 그것이 진실이니, 그것을 실명(實名)이라 한다. 그러나 명칭에는 원래 좋은 것이 있는데, 간단하고 알기 쉽도록 된 것이 좋은 명칭이다.

물에는 그 형태는 같으나 그 존재하는 장소가 다른 경우와 그 존재하는 장소는 같으면서도 형태가 다른 것이 있다. 이런 것은 구별해야 한다. 형태가 같고 장소가 다른 것은 같은 명칭으로 부를 수 있지만 실제의 대상물은 둘이다. 이것을 2실(實)이라 한다. 그리고 상태는 변했지만 실제의 대상물은 같은데도 구별하는 것을 화(化)라 하는데, 화는 있어도 실제의 대상물에는 구별이 없다. 이것을 1실(實)이라 한다. 이것이 사물의 실제 대상을 생각하고 수량을 정하는 근거가 되며 명사 제정의 준칙으로서, 후왕이 명사를 정할 때 살피지 않으면 안 되는 것이다.

준칙(準則) : 준거할 기준이 되는 규칙. 격률. 준규.

| 풀이 | 명사 제정의 필요성, 명사 제정의 근거, 명사 제

정의 준칙 등 이른바 명사 제정의 3원칙을 밝힌 단락이다. 이것은 순자 논리학의 기초론이요, 인식론의 출발이라 할 수 있을 것이다. 먼저 명사의 개념을 일정하게 함으로써 사상의 혼란을 막는다. 명사 제정의 근거는 감각기관으로 느낀 것을 인식하므로 사물을 알게 되고, 인식은 경험을 토대로 하므로 여기서 사물을 구별하는 능력이 생기며, 여기에 일정한 표현을 할 수 있는 명사를 제공함으로써 언어의 통일을 도모한다. 언어란 약속에 의해서 습성화된 것으로, 이 약속을 따름으로써 의사소통이 가능하고 행정이 가능하며, 이 약속에 어긋난 각자의 해석으로 언어를 사용할 때 혼란이 생긴다는 것이다.

2

"남에게 모욕을 받아도 그것을 모욕으로 여기지 않는다.", "성인은 남을 사랑할 뿐 자기를 사랑하지는 않는다.", "도둑을 죽이는 것은 살인이 아니다." 따위의 말은 다 명사를 잘못 사용함으로써 올바른 명사를 혼란시키는 것이다. 이것을 명사의 필요성에 비추어 명사를 어떻게 사용할 것인가에 대해 생각해보면 곧 그러한 사설(邪說)은 금지시킬 수 있을 것이다.

"산과 연못은 다 평평하다.", "인정으로서는 욕망이 적다.", "쇠고기나 돼지고기 등의 음식도 맛을 더하지 못하고 큰 종(鐘)도 즐거움을 더하지는 못한다." 따위의 말은 실제

2// 見侮不辱 聖人不愛己 殺盜非殺人也 此惑於用名以亂名者也 驗之所以爲有名而觀其孰行 則能禁之矣 山淵平 情欲寡 芻豢不加甘 大鐘不加樂 此惑於用實以亂名者也 驗之所緣無以同異而觀其孰調 則能禁之矣 非而謁 楹有牛 馬非馬也 此惑於用名以亂實者也 驗之名約 以其所受悖其所辭 則能禁之矣 凡邪說辟言之

離正道而擅作者 無不類於三惑者矣 故明君知其分而不與辨也 夫民易一以道 而不可與共故 故明君臨之以埶 道之以道 申之以命 章之以論 禁之以刑 故其民之化道也如神 辨埶惡用矣哉 今聖王沒 天下亂 姦言起 君子無埶以臨之 無刑以禁之 故辨說也 實不喩然後命 命不喩然後期 期不喩然後說 說不喩然後辨 故期命辨說也者 用之大文也 而王業之始也 名聞而實喩 名之用也 累而成文 名之麗也 用麗俱得 謂之知名 名也者 所以期累實也 辭也者 兼異實之名以論一意也 辨說也者 不異實名以喩動靜之道也 期命也者 辨說之用也 辨說也者 心之象道也 心也者 道之工宰也 道也者 治之經理也 心合於道 說合於心 辭合於說 正名而期 質請而喩 辨異而不過 推類而不悖 聽則合文 辨則盡故 以正道而辨姦 猶引繩以持曲直 是故邪說不能亂 百家無所竄 有兼聽之明 而無奮矜之容 有兼覆之厚

대상물을 제대로 사용하지 못하여 올바른 명사를 혼란시키는 것이다. 이것을 명사 분별의 근거에 따라 정당한 명사인가를 고찰해보면 그런 사설은 금지시킬 수 있을 것이다.

또 "비이알 영유우(非而謁 楹有牛)", "백마(白馬)는 말이 아니다." 따위의 말은 명사의 사용법을 모르고 사물의 대상을 혼란시키는 것이니, 이것을 받아들이는 것은 명사 제정의 준칙에 어긋나므로 내친다면 곧 금지시킬 수 있을 것이다. 모든 사악한 이론과 편벽된 말은 정도에서 벗어난 것이며 제멋대로 지어낸 것이어서, 이 세 가지 종류에 들지 않는 것이 없다. 그러므로 현명한 군왕은 그런 구별을 알고 있는 까닭에 그런 말을 하는 자와는 변론을 하지 않는 것이다. 백성이란 도로 통일시키기는 쉽지만 그들과 더불어 일할 수는 없는 것이다. 그렇기 때문에 현명한 군왕은 권세로 임하고 올바른 도로 인도하며, 명령으로 진전시키고 인륜으로 밝히며 형벌로 금하는데, 이렇게 되면 백성들의 도에 동화됨이 거의 신비함에 가까운지라 변론이나 권세는 필요없는 것이다.

그러나 이제 성왕이 없고 천하가 혼란하여 간교한 말들이 일어나니, 군자는 여기에 임할 권세가 없고 이것을 금지할 형벌이 없다. 그러므로 변론이 생기는 것이다. 실제의 사물을 모르니 명사를 지어 명명하는 것이요, 명명해도 모르니 명사를 모아 회합하는 것이요, 회합해도 모르니 설명하는 것이요, 설명해도 모르니 변론하게 되는 것이다. 그러므로 명명 · 회합 · 설명 · 변론의 네 가지는 실용상 큰 문화요 왕업의 출발점이다.

명사를 듣고 곧 실물을 아는 것은 명사의 실용성이요, 이를 모아서 문식을 하는 것은 명사의 수식성(修蝕性)이다. 실용성과 수식성을 함께 충분히 인식하면 명사를 안다고 할 것이다. 명(名)이란 실상을 쌓아올려 말을 이룩하는 데 목적이 있다. 말이란 실상이 다른 여러 명칭을 아울러 한 가지 뜻을 논하는 데 목적이 있다. 변론이란 실상이 명칭이 다른 것을 따지지 않고 옳고 그른 도리를 깨우치게 하는 데 목적이 있다.

명명과 회합은 변론함에 있어 활용하는 요소요, 변설은 마음의 사고를 진행시키는 방도요, 마음이란 도를 주재하는 것이요, 도란 모든 사물을 다스리는 정도를 말함이다. 마음은 도에 합하고 변설은 마음에 합하며, 말은 변설에 합하고 올바른 명사를 회합하여 진실을 근본으로 하여 알게 하며, 사물의 차이를 분별하여 잘못이 없도록 하고 같은 유를 들어 어긋나지 아니하며, 남의 말을 듣되 문식에 맞춰보고 자기가 변론하되 사리를 다해 도를 바로잡고 간사한 것을 분별한다면, 먹줄로 굽고 곧음을 가리는 듯하므로 사설이 정론을 혼란시키지 못하고 백가의 잡설이 숨을 곳을 찾지 못하게 되는 것이다.

그러므로 여러 가지의 말을 한꺼번에 분별하여 듣는 총명함이 있되 교만한 빛이 없고, 여러 사람을 다 널리 포용하는 도량이 있되 잘난 체하는 법이 없으며, 자기의 말이 행해지면 천하가 바로잡히고 말이 행해지지 못하면 도를 밝히고서 몸을 숨기니, 이것이 성인의 변설이다. 〈시경〉에 "지극히 높

而無伐德之色 說行則天下正 說不行則白道而冥窮 是聖人之辨說也 詩曰 顒顒卬卬 如珪如璋 令聞令望 豈弟君子 四方爲綱 此之謂也

성인불애기(聖人不愛己) : 성인은 남을 사랑할 뿐 자기를 사랑하지 않는다는 뜻으로, 이것은 묵적(墨翟)의 주장이다. 묵적은 겸애(兼愛)와 근검을 주장하였는데, 겸애란 어떤 차별도 없이 남을 사랑하기를 내 몸과 같이 해야 하며 군자라 할지라도 다같이 근로에 힘써야 한다는 것이다.

살도비살인(殺盜非殺人) : 도둑을 죽이는 것은 살인이 아니라는 뜻인데, 이것은 〈묵자(墨子)〉 '소취편(小取篇)'에 있고 〈장자(莊子)〉 '천운편(天運篇)'에도 있다.

비이알 영유유(非而謁 楹有牛) : 이 구절은 그 출처를 알 수 없으므로 따라서 그 뜻의 해석이 불가능하다.

마비마야(馬非馬也) : 앞의 마(馬)는 백마(白馬). 곧 흰 말은 말이 아니라는 뜻으로 공손룡(公孫龍)의 학설이다.

도지공재(道之工宰) : 공

재(工宰)는 주재(主宰)의 오류이다.

고 귀하니, 영롱한 구슬과 같고 선한 소문 좋은 덕망 자자하네. 즐거우신 우리 군자님은 천하를 다스리시는 기강이 되시네." 하였으니 바로 이것을 칭송한 것이다.

3

3// 辭讓之節得矣 長少之理順矣 忌諱不稱 妖辭不出 以仁心說 以學心聽 以公心辨 不動乎衆人之非譽 不治觀者之耳目 不賂貴者之權埶 不利傳辟者之辭 故能處道而不貳 吐而不奪 利而不流 貴公正而賤鄙爭 是士君子之辨說也 詩曰 長夜漫兮 永思騫兮 大古之不慢兮 禮義之不愆兮 何恤人之言兮 此之謂也

불치(不治) : 치(治)는 야(冶)로 현혹시킨다는 뜻.
토이불탈(吐而不奪) : 굴이불탈(詘而不奪)의 오기로 보아, 궁해도 마음을 빼앗기지 않는다는 뜻으로 해석한다.
만혜(漫兮) : 길다.

사양의 절도가 있고 장유의 도리가 잘 지켜지며, 꺼려야 할 말을 하지 않고 요사스런 말을 입밖에 내지 않으며, 어진 마음으로 남에게 말하고 배운다는 마음으로 남의 말을 들으며, 공평한 마음으로 변론하고 여러 사람의 칭찬이나 비방에 동요되지 않으며, 보는 이들의 눈과 귀를 현혹하려 하지 않고 귀한 사람의 권세에 아첨하지 않으며, 편벽된 사실을 전하는 말을 좋아하지 않는다.

그리하여 능히 도를 지켜서 떠나지 않고 곤궁해도 마음을 굽히지 않으며, 순조로워도 빗나가지 않고 공정한 것을 높이며, 비열하게 다투는 것을 천하게 여긴다. 이것이 군자의 변설이다. 〈시경〉에 "긴긴 밤은 길기만 한데 자기 허물만 길게 생각하네. 옛날 일을 가볍게 여기지 아니하고 예의를 지켜 어긋나지 아니하면 남의 말을 어찌 근심하리." 하였으니, 이것이 군자를 말한 것이다.

4

4// 君子之言 涉然而

군자의 말은 두루 미치고 깊으면서도 정밀하며, 주위에

순응하면서도 법도가 있고 질서가 정연하다. 그는 명칭을 정확하게 사용하고 말이 합당하여 의의를 분명하게 하는 데 힘쓴다. 명칭과 말이란 의미를 전달하는 수단이므로 뜻이 통하면 그것으로 족하며, 그것을 다시 구구하게 말을 만든다면 간사한 것이 된다. 그렇기 때문에 명칭은 대상을 가리키고 말은 의미의 중정(中正)을 얻으면 족한 것이다.

이 이외의 것은 인(訒), 즉 이해하기 어려운 것으로서 이는 군자가 버리는 바요, 어리석은 자만이 거두어 자기의 보물같이 여길 뿐이다. 그러기에 어리석은 자의 말은 즉흥적으로 생각해낸 거친 것으로, 번거롭게 떠들어도 법칙에 맞지 않고, 수다스러워 시끄럽기만 한 것이다. 그것은 명칭에 유혹되어서 말이 번거로우나 내용의 의미가 깊지 못한 까닭에, 깊이 파고들며 연구해도 중정을 얻지 못하고 애써도 공이 없으며 탐해도 명예가 없다.

그러므로 슬기로운 사람의 말은 그것에 대해 생각해보면 알기가 쉽고, 그것을 행해보면 쉽고 편안하며, 그것을 지키고 보면 입장이 편안하고 말한 것이 이루어지면 반드시 그가 좋아하는 것을 얻기 때문에 그 싫어하는 것을 만나지 않는 것이다. 그러나 어리석은 자는 이와 반대이다. 〈시경〉에 "귀신이나 단호(短狐)라면 보이지나 않지만 뻔뻔스레 사람의 탈을 쓰고 기만하니, 노래 한 곡조 지어 불러 뉘우치기를 바라네." 하였으니 이를 말한 것이다.

精 俛然而類 差差然而齊 彼正其名 當其辭 以務白其志義者也 彼名辭也者 志義之使也 足以相通則舍之矣 苟之 姦也 故名足以指實 辭足以見極 則舍之矣 外是者謂之訒 是君子之所棄 而愚者拾以爲己寶 故愚者之言芴然而粗 嘖然而不類 誻誻然而沸 彼誘其名 眩其辭 而無深於其志義者也 故窮藉而無極 甚勞而無功 貪而無名 故知者之言也 慮之易知也 行之易安也 持之易立也 成則必得其所好而不遇其所惡焉 而愚者反是 詩曰 爲鬼爲蜮 則不可得 有靦面目 視人罔極 作此好歌 以極反側 此之謂也

섭연(涉然) : 넓고 깊은 것.
부연이류(俛然而類) : 부연(俛然)은 구부리고 좇는 것이니, 즉 주위에 순응하는 것. 유(類)는 통류(統類)이니, 즉 사리(事理)의 통일.

5

나라를 다스리면서 민중이 욕망을 버리기를 원하는 것은, 욕망을 인도할 줄은 모르고 욕망이 있다는 사실에만 괴로워하는 사람이다. 나라를 다스리는 말을 하면서 민중에게 욕망을 적게 하라고 권하는 것은, 욕망을 절제할 줄은 모르고 욕망이 많은 것만 근심하는 사람이다. 욕망이 있는가 없는가 하는 것은 전혀 다른 종류이다. 생사(生死)나 마찬가지로서 다스려지고 어지러워짐과는 상관없는 것이다.

또 욕망이 많은가 적은가 하는 것도 전혀 별개의 문제로서, 이것은 감정의 소치일 뿐 정치와는 관계없는 것이다. 욕망이란 다 얻어질 수 없지만, 구하고자 하는 것은 가능한 범위 안에서 얻어진다. 욕망이 다 얻어질 수 없다는 것은 그것이 하늘로부터 타고난 것이기 때문이고, 그 가능한 범위 안에서 추구하는 것은 마음에서 받는 것이기 때문이다. 하늘로부터 타고난 하나의 욕망은 마음에서 일어나는 많은 생각에 의해서 제약을 받기 때문에, 하늘로부터 타고난 욕망과 본디부터 같은 종류의 것이라 하기는 어렵다. 사람의 최대한 욕망은 삶이요, 가장 싫어하는 것은 죽음이다.

그러나 사람은 살다가 죽음으로 끝나는데, 이것은 살기가 싫어서 죽으려고 하는 것이 아니라, 살 수 없기 때문에 죽으려고 하는 것이다. 따라서 욕망이 아무리 과대해도 행동이 거기까지 미치지 않는 것은 마음의 판단이 행동을 제약하기 때문이다. 이때 마음의 판단만 도리에 맞으면 욕망은

5// 凡語治而待去欲者 無以道欲 而困於有欲者也 凡語治而待寡欲者 無以節欲 而困於多欲者也 有欲無欲 異類也 生死也 非治亂也 欲之多寡 異類也 情之數也 非治亂也 欲不待可得 而求者從所可 欲不待可得 所受乎天也 求者從所可 所受乎心也 所受乎天之一 欲制於所受乎心之多 固難類所受乎天也 人之所欲生甚矣 人之所惡死甚矣 然而人有從生成死者 非不欲生而欲死也 不可以生而可以死也 故欲過之而動不及 心止之也 心之所可中理 則欲雖多 奚傷於治 欲不及而動過之 心使之也 心之所可失理 則欲雖寡 奚止於亂 故治亂在於心之所可 亡於情之所欲 不求之其所在 而求之其所亡 雖曰我得之 失之矣 性者 天之就也 情者 性之質也 欲者 情之應也 以所欲爲可得而求之 情之所必不免也 以爲可而道之 知所必出

아무리 많아도 세상을 올바로 다스리는 데 문제가 되지는 않는다.

욕망은 적어도 행동이 지나치면 그것 역시 마음이 그렇게 하도록 한 것이니, 마음이 도리에 어긋나면 욕망이 적어도 평화로운 사회질서는 혼란에 빠지는 것이다. 그러므로 세상이 다스려지고 어지러워지는 것은 마음의 판단력에 있을 뿐, 감정에 딸린 욕망과는 관계가 없는 것이다. 있는 곳에서 찾지 않고 없는 데서 찾으니, 아무리 이치를 얻었다고 해봐야 그것은 잘못된 것이다.

본성이란 선천적인 것이요 감정이란 본성의 본질이며, 욕망이란 감정의 반응인 것이다. 욕망을 추구하는 것은 인정의 불가피한 자연인데, 그 가능성을 생각해서 이것을 인도해 나가는 것은 지혜가 따르기 때문이다. 그렇기 때문에 욕망을 채울 처지가 못되는 비천한 문지기라도 욕망을 제거할 수는 없으며, 욕망을 충족시키기 쉬운 천자라 하더라도 욕망을 모두 충족시킬 수는 없는 것이다.

그러나 비록 욕망을 다 충족시킬 수는 없다 해도 그에 접근할 수는 있고 욕망을 다 없앨 수는 없다 해도 절제할 수는 있는 것이다. 욕망을 비록 다 충족시킬 수 없다 해도 추구하면 그에 접근할 수는 있다. 욕망을 비록 다 없앨 수는 없다 해도 얻지 못하는 것에 대한 추구는, 생각이 있는 자라면 욕망의 추구를 절제할 수 있는 것이다.

올바른 도는 적극적으로는 가능한 데까지 욕망을 충족시키게 하고 소극적으로는 가능한 데까지 절제를 가하도록 하

也 故雖爲守門 欲不可去 性之具也 雖爲天子 欲不可盡 欲雖不可盡 可以近盡也 欲雖不可去 求可節也 所欲雖不可盡 求者猶近盡 欲雖不可去 所求不得 慮者欲節求也 道者 進則近盡 退則節求 天下莫之若也 凡人莫不從其所可 而去其所不可 知道之莫之若也 而不從道者 無之有也 假之有人而欲南 無多 而惡北 無寡 豈爲夫南者之不可盡也 離南行而北走也哉 今人所欲 無多 所惡無寡 豈爲夫所欲之不可盡也 離得欲之道 而取所惡也哉 故可道而從之 奚以損之而亂 不可道而離之 奚以益之而治 故知者論道而已矣 小家珍說之所願 皆衰矣 凡人之取也 所欲未嘗粹而來也 其去也 所惡未嘗粹而往也 故人無動而不可以不與權俱 衡不正 則重縣於仰 而人以爲輕 輕縣於俛 而人以爲重 此人所以惑於輕重也 權不正 則禍託於欲 而人以爲福 福託於惡 而人以爲禍 此亦人所以惑於禍福也 道者 古

今之正權也 離道而內自擇 則不知禍福之所託 易者 以一易一 人日無得亦無喪也 以一易兩 人日無喪而有得也 以兩易一 人日無得而有喪也 計者取所多 謀者從所可 以兩易一 人莫之爲 明其數也 從道而出 猶以一易兩也 奚喪 離道而內自擇 是猶以兩易一也 奚得 其累百年之欲 易一時之嫌 然且爲之 不明其數也 有嘗試深觀其隱而難其察者 志輕理而不重物者 無之有也 外重物而不內憂者 無之有也 行離理而不外危者 無之有也 外危而不內恐者 無之有也 心憂恐則口銜芻豢而不知其味 耳聽鐘鼓而不知其聲 目視黼黻而不知其狀 輕煖平簟而體不知其安 故嚮萬物之美而不能嗛也 假而得間而嗛之則不能離也 故嚮萬物之美而盛憂 兼萬物之利而盛害 如此者 其求物也 養生也 粥壽也 故欲養其欲而縱其情 欲養其性而危其刑 欲養其樂而攻其心 欲養其名而亂其行 如此者 雖封侯稱君 其

는 것이니, 천하에 이보다 더한 도리는 없다.

사람이란 누구나 좋은 것은 따르고, 싫은 것은 버리게 마련이다. 올바른 도리가 제일 좋은 줄 알면서도 따르지 않을 사람은 없다. 가령 남쪽은 멀더라도 가고 싶고 북쪽은 가깝더라도 가기 싫다면, 어찌 멀다 하여 남쪽을 버리고 가까운 북쪽을 택하겠는가. 지금 어떤 사람이 좋아하는 것과 싫어하는 것이 있을 때, 어찌 그 좋아하는 바를 다하기가 어렵다 하여 도(道)를 버리고 싫어하는 것을 취하겠는가.

그러므로 도를 좋다 하여 따른다면 무엇으로 그것을 방해하여 어지럽힐 수 있으며, 도를 싫다고 하여 떠난다면 무엇으로 그들을 도와 다스릴 수 있겠는가. 그러므로 지혜 있는 사람은 도리를 말할 뿐이니, 소가(小家)들의 기괴한 언설은 그 앞에서 사라지는 것이다.

사람이 소망을 취하고자 함에 있어서는 순수한 소망만 오는 것이 아니라 나쁜 것도 함께 오고, 나쁜 것을 버리고자 함에 있어서 순수히 나쁜 것만 가는 것이 아니라 좋은 것도 함께 가는 것이다.

그러므로 이것을 비교하여 달아보는 저울이 있어야 한다. 저울이 바르지 못할 경우, 저울추가 올라가면 무거워 보이고 저울추가 내려가면 가벼워 보이는 까닭에 사람이 무게를 잘못 아는 것이다. 저울이 바르지 못하면 재앙이 욕망에 붙었는데도 복으로 알고 복이 나쁜 데 붙었는데도 재앙으로만 보이므로 화복을 잘못 보는 것이다. 도는 고금의 바른 저울이니, 도의 표준을 떠나서 마음대로 생각하면 화복을 가릴 수가 없다.

물건을 교환할 때, 하나를 하나와 교환하면 손해도 없고 이득도 없다. 그러나 하나를 둘과 교환하면 이익이요, 둘을 하나와 교환하면 손해이다. 계산을 잘하는 사람은 많은 것을 취할 것이고 생각을 잘하는 사람은 괜찮다고 생각되는 쪽을 따를 것이다. 둘을 하나와 교환하는 일을 사람들이 하지 않는 것은 숫자가 분명하기 때문이다. 도를 표준으로 택하면 하나로 둘을 교환하는 것이니, 어찌 손해가 되겠는가? 도를 떠나서 택하면 둘로 하나를 교환하는 격이니, 어찌 이익이 있겠는가? 수백 년 동안 이어져 온 인류의 욕망을 버리고 일시에 나쁜 것과 교환한다면, 이는 숫자 계산에 밝지 못하기 때문이다.

좀더 깊이 보이지 않는 내면적인 데 들어가 살펴보자. 내심 도를 경시하는 자는 반드시 물욕에 사로잡힐 것이고 물욕에 사로잡히면 반드시 근심이 따를 것이며, 도를 배반한 행위에는 반드시 위험이 따를 것이고 위험이 따르면 반드시 공포에 몰릴 것이다. 마음에 근심이 있고 공포에 몰리면 입으로 고기를 먹어도 맛을 모르고 귀로 음악을 들어도 소리를 모르며, 눈으로 화려한 문채를 보아도 그 빛을 모르고, 가볍고 따뜻한 옷을 입고 푹신한 자리에 앉아도 편한 줄을 모를 것이니, 만물의 아름다움을 다 누려도 쾌락한 줄을 모를 것이다.

비록 한때 즐거움을 맛본다 하더라도 근심과 공포는 그 몸에서 떠나지 아니할 것이다. 그러므로 온갖 아름다움을

與夫盜無以異 乘軒戴絻 其與無足無以異 夫是之謂以己爲物役矣 心平愉 則色不及傭而可以養目 聲不及傭而可以養耳 蔬食菜羹而可以養口 麤布之衣 麤紃之履而可以養體 屋室廬庾 葭稿蓐 尙机筵而可以養形 故無萬物之美而可以養樂 無埶列之位而可以養名 如是而加天下焉 其爲天下多 其和樂少矣 夫是之謂重己役物 無稽之言 不見之行 不聞之謀 君子愼之

정지수야(情之數也) : 인정(人情)의 필연적인 것.
수문(守門) : 문지기. 즉, 천한 사람이라는 뜻.
소가(小家) : 큰 도를 모르는 사람들. 즉, 제가(諸家)들로 여기서는 송자나 묵자 등을 가리킨다.
수이래(粹而來) : 순수하게 그것만 오는 것이 아니라 다른 것도 섞여 들어온다는 뜻.
물역(物役) : 물질의 노예.
가고욕 상궤연(葭稿蓐 尙机筵) : 가고욕(葭稿蓐)은 짚자리, 상궤연(尙机筵)은 초라한 책상과 대자리. 대체로 빈천한 사람의 가옥에 있는 것을 말한다.

무계지언(無稽之言) : 고증과 경험이 없는 말.
불현지행(不見之行) : 나타나지 않는 광명정대하지 못한 행실.
불문지모(不聞之謀) : 뚜렷하지 못한 계책. 옛 법에 없는 듣지 못한 새로운 이론.

누리면서도 근심만 가득하고 온갖 이로움을 얻었으면서도 해만 가득하다면, 과연 욕망을 구하고 양생을 얻고 수명을 누릴 수 있겠는가. 그러니 그 욕망을 충족시키고자 하여 무절제하게 그 욕정대로 한다면, 그 본성을 기른다는 것이 오히려 몸을 해치고 기쁨을 취한다는 것이 오히려 마음을 괴롭히며, 그 명성을 기른다는 것이 오히려 행실을 그르치게 된다.

이렇게 되면 비록 왕후를 봉해도 도둑과 다를 것이 없고 고급 수레에 면류관을 쓰고 다녀도 다리가 없는 자와 다를 것이 없으니, 이런 사람을 일러 물질의 노예가 되었다 하는 것이다. 마음이 편안하면 보통 색깔도 눈을 즐겁게 하고 보통 소리도 귀를 즐겁게 하며, 채식과 소찬도 입에 맛있고 거친 베옷과 짚신도 몸에 편하며 초막에 짚자리를 깔고 누워도 일신이 즐거운 것이다. 그러므로 만물의 아름다움이 없어도 즐거움을 기를 수 있고 권세있는 높은 지위를 얻지 아니해도 명성을 떨칠 수가 있다.

이런 사람에게 천하를 맡기면 천하를 위하여 공헌을 다하고 자기의 즐거움을 적게 취할 것이니, 이런 사람을 일러 자기를 주체로 사물을 부리는 사람이라 하는 것이다. 근거없는 이론과 정대하게 나타나지 않는 행실, 근거없는 말과 남이 보지 않을 때의 행동과 남이 듣지 않을 때의 모의를 군자는 삼가는 것이다.

| 풀이 | 이 정명편(正名篇)은 순자의 심리학으로서 학문의

추구 및 전개의 중요한 방법론인데, 해폐편(解蔽篇)과는 깊은 관련이 있다. 그는 인식을 가시적(可視的) 대상에 대한 경험의 축적으로 보았다. 그리하여 여기에는 감성의 인식과 이성의 인식이 있다는 것을 인정하고 그 우월성을 이성의 인식에 두었다. 사람의 심리가 이론에만 치우친다면 한편이 가려져 올바로 볼 수가 없으므로 일정한 기준이 필요한데, 이 기준이 성현의 도인 것이다. 여기에서 벗어나는 일체의 사상, 일체의 학설을 그는 용납하지 않는다.

사람의 편견을 바로잡고 사물을 판단하는 자세와 방법으로 허심(虛心) · 집중(集中) · 정지(靜止)를 말하고 그 심리상황을 설명한 것이 '해폐편'이다. '정명편'에서는 명사를 바로잡아 논리의 올바른 인식을 가짐으로써 사상의 혼란을 막고 정치의 질서를 세울 수 있다는 것이다. 이 편은 문장이 생동감이 있는 대신 이론에 통일성이 다소 부족하고 혼미한 듯하여 혹 편집의 잘못이 아닌가 의심되는 데도 있었다.

그러나 '정명편'은 문장이 다소 번쇄하나 고밀(固密)하고 침착하게 파고들어가 일관성을 보이고 있다. 두 편이 모두 당시의 일부 논자를 염두에 두고 지적한 논조가 바탕이 되고 있는데, 문자의 착란이 심하여 주해 없이는 거의 해석이 어려운 글들이다.

번쇄(煩碎) : 너더분하고 자차분함.

23 성악편 性惡篇

1

1// 人之性惡 其善者僞也 今人之性 生而有好利焉 順是 故爭奪生而辭讓亡焉 生而有疾惡焉 順是 故殘賊生而忠信亡焉 生而有耳目之欲 有好聲色焉 順是 故淫亂生而禮義文理亡焉 然則從人之性 順人之情 必出於爭奪 合於犯分亂理而歸於暴 故必將有師法之化 禮義之道 然後出於辭讓 合於文理而歸於治 用此觀之 然則人之性惡明矣 其善者僞也 故枸木必將待檃栝烝矯然後直 鈍金必將待礱厲然後利 今人之性惡 必將待師法然後正 得禮義然後治

인간의 본성은 원래 악한 것이니, 그것이 선하다는 것은 거짓이다. 지금 사람의 본성은 나면서부터 이익을 추구하게 마련이므로, 그대로 내버려두면 서로 싸우고 빼앗고 하여 양보란 있을 수 없을 것이요, 또 나면서부터 남을 미워하고 시기하게 마련이므로, 그대로 내버려두면 남을 해치고 상하게 할 줄만 알 뿐 신의나 성실성은 없을 것이다. 또 나면서부터 귀로 아름다운 소리를 듣고 눈으로 아름다운 것을 보려는 감각적 욕망이 있으니, 그대로 두면 무절제해져서 사회규범으로 지켜야 할 예의나 규범의 형식적 절차인 문리(文理)는 없어질 것이다.

그러므로 타고난 성질이나 감정에 맡겨버린다면 반드시 서로 싸우고 빼앗아 사회의 질서를 파괴하고 세상을 혼란에 빠지게 할 것이니, 반드시 스승의 교화와 예의의 법도가 있어야 한다. 그리해야 남에게 사양할 줄도 알고 사회의 질서를 지킬 줄도 알아 세상의 평화가 유지될 것이다. 이렇게 본다면 사람의 천성은 원래 악한 것이 분명하며, 선하다는 것은 거짓임을 알 수 있다.

그러므로 구부러진 나무는 반드시 도지개를 대고 불에 쬐어 바로잡아야 곧게 되고, 무딘 쇠는 반드시 숫돌에 갈아야 날카로워지는 것처럼, 지금 사람의 본성이 악한 것은 반드시 스승과 법이 있어야 바로잡히고 예의를 얻어야 다스려질 것이니, 만일 스승이 없으면 편벽된 데로 기울어져 부정해질 것이요, 예의가 없으면 난폭해져서 다스리지 못할 것이다.

옛날 성왕은 사람의 본성이 악하여 편벽한 데로 기울어져 부정하고 난폭해져서 다스리지 못할 것이라 생각하였기 때문에, 예의를 일으키고 법도를 세워 본성을 바로잡고 수식함으로써 올바르게 하였으며, 사람의 감정과 본성을 길들이고 교화함으로써 이를 올바로 인도하였다. 이에 비로소 모두 잘 다스려지고 도리에 맞는 행동을 하게 된 것이다.

지금 사람들을 살펴보면 스승의 감화를 받고 학문을 쌓아서 예의를 숭상하는 사람은 군자가 되고, 제 성정대로 하고 싶은 것만 하고 예의를 지키지 않는 사람은 소인이 되니, 이로써 사람의 본성은 악한 것이 분명하며 그것이 선하다는 것은 거짓이다.

맹자는 "사람이 학문을 하는 것은 그 본성이 선하기 때문이다."라고 했다. 그러나 그것은 잘못된 생각으로서, 사람의 본성을 잘못 이해하여 타고난 본성과 후천적으로 교정된

今人無師法 則偏險而不正 無禮義 則悖亂而不治 古者聖王以人之性惡 以爲偏險而不正 悖亂而不治 是以爲之起禮義 制法度 以矯飾人之情性而正之 以擾化人之情性而導之也 始皆出於治 合於道者也 今之人 化師法 積文學 道禮義者 爲君子 縱性情 安恣睢 而違禮義者 爲小人 用此觀之 然則人之性惡明矣 其善者僞也 孟子曰 人之學者 其性善 曰 是不然 是不及知人之性 而不察乎人之性僞之分者也 凡性者 天之就也 不可學 不可事 禮義者 聖人之所生也 人之所學而能 所事而成者也 不可學 不可事而在人者 謂之性 可學而能 可事而成之在人者 謂之僞 是性僞之分也 今人之性 目可以見 耳可以聽 夫可以見之明不離目 可以聽之聰不離耳 目明而耳聰 不可學明矣 孟子曰 今人之性善 將皆失喪其性 故惡也 曰 若是則過矣 今人之性 生而離其朴 離其資 必失而喪之 用此觀之 然則

성정을 구분하지 못한 것이다. 무릇 본성이란 하늘로부터 타고난 대로를 말하는 것이니, 배워서 되는 것도 아니요, 행동해서 되는 것도 아니다.

그러나 예의는 성현이 인위적으로 만들어낸 것이니, 배우고 노력하면 되는 것이다. 배우지 않고 노력하지 않아도 그대로 있는 것을 본성이라 하며, 배우고 노력해야 되는 것을 인위라 하니, 이것이 본성과 인위의 구별인 것이다. 지금 사람의 본성은 눈으로 보고 귀로 듣는 것이니, 볼 수 있는 밝은 눈을 떠나서 있을 수 없고 들을 수 있는 밝은 귀를 떠나서 있을 수 없으므로, 눈이 밝고 귀가 밝은 것은 배워서 된 것이 아니다.

맹자는 "지금 사람의 본성은 선하지만 악한 이유는 모두 그 본성을 잃은 까닭이다."라고 했는데, 그것은 잘못된 생각이다. 지금 사람의 본성은 나면서 곧 그 소박을 떠나고 그 소질을 떠나게 마련이니, 잃어버릴 것은 당연한 일이다. 그렇기 때문에 사람의 본성은 악하다는 것이다.

이른바 성이 선하다는 것은 그 소박한 것을 떠나지 아니할 때를 아름답다고 보고, 그 소질을 떠나지 아니할 때를 선으로 본 것이지만, 그 소박과 소질의 아름다움, 또는 그 소박한 본질과 선과의 관계를, '보는 것의 밝음이 눈을 떠나지 않고 듣는 것의 밝음이 귀를 떠나지 않는 것'과 같이 본 것이다. 눈 밝고 귀 밝은 그것만이 본성인 것이다. 사람이 배고프면 배불리 먹고 싶고 추우면 따뜻하게 입고 싶으며, 고단하면 쉬고 싶은 것이 본성이다.

人之性惡明矣 所謂性善者 不離其朴而美之 不離其資而利之也 使夫資朴之於美 心意之於善 若夫可以見之明不離目 可以聽之聰不離耳 故日 目明而耳聰也 今人之性 飢而欲飽 寒而欲煖 勞而欲休 此人之情性也 今人飢 見長而不敢先食者 將有所讓也 勞而不敢求息者 將有所代也 夫子之讓乎父 弟之讓乎兄 子之代乎父 弟之代乎兄 此二行者 皆反於性而悖於情也 然而孝子之道 禮義之文理也 故順情性則不辭讓矣 辭讓則悖於情性矣 用此觀之 然則人之性惡明矣 其善者僞也

질오(疾惡) : 질(疾)은 질(嫉). 즉, 시기하고 미워한다는 뜻.

은괄(檃栝) : 굽은 것을 바로잡는 데 쓰이는 기구, 곧 도지개.

증교(烝矯) : 불에 쬐어서 바로잡다.

도예의(道禮義) : 도(道)는 유(由)와 같으니, 즉 예의에 따르는 것.

견장이불감선식(見長而不敢先食) : 유월(有樾)의 그런데 배고파도 어른을 보면 먼저 먹지 못하는 것은 사양하려는 마음이 있기 때문이다. 고단하면서도 감히 쉬지 못하는 것은 일하려는 마음이 있기 때문이다. 무릇 자식이 아비에게 사양하고 아우가 형에게 사양하며, 또 자식이 아비 대신 일하고 아우가 형 대신 일하는 것은 두 가지가 다 본성에 위배되는 것이요, 성정에 어긋나는 것이다. 그러나 효자의 도리는 예의의 규범이다. 그러므로 성정대로만 하면 사양할 까닭이 없고 사양하면 오히려 성정에 어긋나는 것이다. 이로써 사람의 성정이란 악한 것이 분명하며, 선이란 인위적인 것임을 알 수 있을 것이다.

주(註)에 따르면 장(長)은 창(粻), 즉 양식이라고 한다. 그래야만 그 아래의 구절과 뜻이 통하기 때문이다.

| 풀이 | 사람의 본성은 악하고 선은 거짓이고 인위적인 것임을 강조한 편이다. 사람은 선천적으로 자신의 이익 추구를 위해 타인을 해치는 성질이 있으며, 맹자가 주창한 것처럼 사람의 본성이 선이라 함은 잘못이라는 점을 순자는 강조하고 있다. 만일 사람의 본성이 선이라면 예의와 교육 등은 필요가 없을 것이다. 사람은 본래 악하기 때문에 예의나 교육 등을 통하여 선으로 인도해야 한다는 것이다.

2

어떤 사람이 묻기를, '인간의 본성이 악이라면 예의는 어떻게 하여 나온 것인가?' 라고 한다면 나는 대답하기를, '예의라고 하는 것은 바로 성인의 작위(作爲)에서 생긴 것으로

2// 問者曰 人之性惡 則禮義惡生 應之曰 凡禮義者 是生於聖人之僞 非故生於人之性也

인간의 본성에서 나온 것은 결코 아니다.'라고 하겠다. 도공(陶工)은 진흙을 주물러서 도기들을 빚어낸다. 따라서 그 도기는 도공의 작위에서 나온 것이지 인간의 본성에서 나온 것은 아니다. 또 목공(木工)은 나무를 깎아서 여러 가지 기물(器物)을 만든다. 따라서 그 기물은 목공의 작위에서 나온 것이지 인간의 본성에서 나온 것은 아니다. 마찬가지로 성인은 생각을 쌓고 인위적인 노력을 수없이 되풀이하여 여기서 예의와 법도를 만들어낸다. 따라서 예의와 법도라고 하는 것은 성인의 작위에서 나온 것이지 인간의 본성에서 나온 것은 결코 아니다.

눈은 아름다운 색을 좋아하고 귀는 아름다운 소리를 좋아하며, 입은 맛 좋은 음식을 좋아하고 마음은 이익을 좋아하며, 육체는 편안하고 유쾌한 것을 좋아한다. 이것은 다 인간의 감정과 본성에서 나오는 것으로, 어디까지나 외부 사물의 자극에 의해 저절로 그렇게 되는 것이지 일부러 그렇게 노력을 해서 생기는 것이 아니다. 반대로 외부 사물의 자극만으로는 저절로 될 수가 없고 반드시 노력을 함으로써 비로소 되는 것을 가리켜 위(僞), 곧 작위의 소산이라고 한다. 이것이 본성과 인위가 나오는 근거로서, 그 두 가지가 전혀 다르다고 하는 증거이다.

그러므로 성인은 본성을 변화시켜 인위를 일으키고 인위가 일어나면 예의를 만들어내며, 예의가 만들어지면 법도를 제정하는 것이다. 결국 예의와 법도라는 하는 것은 성인이 만들어낸 것이다. 그러므로 성인이 보통 사람들과 별로 다

故陶人埏埴而爲器 然則器生於工人之僞 非故生於人之性也 故工人斲木而成器 然則器生於工人之僞 非故生於人之性也 聖人積思慮 習僞故 以生禮義而起法度 然則禮義法度者 是生於聖人之僞 非故生於人之性也 若夫目好色 耳好聲 口好味 心好利 骨體膚理好愉佚 是皆生於人之情性也 感而自然 不待事而後生之者也 夫感而不能然 必且待事而後然者 謂之生於僞 是性僞之所生 其不同之徵也 故聖人化性而起僞 僞起而生禮義 禮義生而制法度 然則禮義法度者 是聖人之所生也 故聖人之所以同於衆其不異於衆者 性也 所以異而過衆者 僞也 夫好利而欲得者 此人之情性也 假之人有弟兄資財而分者 且順情性 好利而欲得 若是則兄弟相拂奪矣 且化禮義之文理 若是則讓乎國人矣 故順情性則弟兄爭矣 化禮義則讓乎國人矣

예의오생(禮義惡生) : 여기서 오(惡)는 '어디서'라

를 바가 없는 것은 타고난 본성이 같기 때문이요, 성인이 보통사람들보다 뛰어난 것은 인위적인 노력 때문이다.

대개 이익을 좋아하여 그것을 얻고자 하는 것은 인간의 자연스러운 감정이요 본성이다. 예컨대 어떤 형제가 재물을 얻어 그것을 나누려 한다고 하자. 이때 만일 감정과 본성이 가는 대로 맡겨둔다면 이익을 좋아하여 그것을 모두 자신의 것으로 하기를 원할 것이니, 이렇게 되면 비록 형제간이라도 서로 빼앗기 위해 싸우게 될 것이다. 그러나 이것을 예의의 조리에 의하여 감화되도록 한다면, 형제가 아닌 남이라 하더라도 양보하게 된다. 그러므로 감정과 본성에 맡겨두면 형제간이라도 서로 다투게 되고 예의에 감화되면 남이라도 양보하게 되는 것이다.

는 뜻. 즉, 예의는 어디서 생겨나는가.

불(拂) : 여러 가지 설(說)에 있지만 여기서는 때리고 싸운다는 뜻으로 풀이한다.

3

대개 사람이 착한 일을 하고자 하는 것은 그 본성이 악하기 때문이다. 박하면 후하기를 원하고 추하면 아름답기를 원하며, 좁으면 넓기를 원하고 가난하면 부유하기를 원하며 천하면 귀하기를 원하는데, 자기 속에 없는 것은 반드시 밖에서 구하려 한다. 그러므로 부유해지면 재물을 원치 아니하고 귀해지면 권세를 원치 않게 되는 것이니, 사람은 또 자기 속에 있는 것은 절대로 밖에서 구하려 하지 않는다. 이것으로 미루어볼 때 사람이 착한 일을 하고자 하는 것은 그 본성이 악하기 때문임이 분명하다.

3// 凡人之欲爲善者 爲性惡也 夫薄願厚 惡願美 狹願廣 貧願富 賤願貴 苟無之中者 必求於外 故富而不願財 貴而不願埶 苟有之中者 必不及於外 用此觀之 人之欲爲善者 爲性惡也 今人之性 固無禮義 故彊學而求有之也 性不知禮義 故思慮而求知之也 然則生而已 則人無禮義 不

知禮義 人無禮義則亂 不知禮議則悖 然則生而已 則悖亂在己 用此觀之 人之性惡明矣 其善者僞也

인간의 본성에는 처음부터 예의라는 것이 없다. 그래서 사람은 애써 배워서 그것을 갖고자 노력하는 것이다. 또 인간의 본성 그 자체는 예의를 알지 못한다. 그래서 생각을 통해 이것을 알고자 노력하는 것이다. 그러므로 인간의 본성을 그대로 방치해두면, 사람은 예의도 없거니와 예의를 전혀 알지 못한다고 하는 것이 확실하다. 사람은 예의가 없으면 어지러워지고 예의를 모르면 인도(人道)에서 벗어난다.

이것으로 미루어볼 때 본성 그대로 놓아두면 사람은 인도에서 벗어나 혼란에 빠지고 만다. 이상으로써 인간의 본성을 악이라고 하는 것이 명백하니, 이것을 선이라고 하는 것은 인위적인 노력에 의한 수식이다.

4

4// 孟子曰 人之性善 曰 是不然 凡古今天下之所謂善者 正理平治也 所謂惡者 偏險悖亂也 是善惡之分也已 今誠以人之性固正理平治邪 則有惡用聖王 惡用禮義矣哉 雖有聖王禮義 將曷加於正理平治也哉 今不然 人之性惡 故古者聖人以人之性惡 以爲偏險而不正 悖亂而不治 故爲之立君上之執以臨之 明禮義以化之 起

맹자는 사람의 본성이 선하다고 했는데, 그것은 그렇지가 않다. 무릇 천지 고금에서 선이란 도리에 맞고 평화적인 것을 말하며, 악이란 한편으로 치우쳐서 인도에서 벗어난 혼란한 상태를 말하는 것이다. 이것이 선과 악의 구분이다. 지금 사람의 본성이 진실로 도리에 맞고 평화적인 것이라면 성왕이 어째서 필요하고 예의가 무슨 소용이 있겠는가. 비록 성왕이 있고 예의가 있다 한들 도리에 다 맞고 평화적인 위에 무엇을 더하자는 것인가.

그러나 그렇지가 못하고 사람의 본성은 악하다. 그렇기 때문에 옛날 성인은 사람의 본성이 악해서 왜곡되고 험해서 바르지 못하며, 난폭해서 평화롭지 못하다고 여겨 이것을 바로잡기 위해 군주의 세력을 높여서 통치하고 예의를 밝혀서 감화시키며, 법도를 일으켜서 다스리고 형벌을 무겁게 하여 금지함으로써, 온 천하 사람으로 하여금 다 법에 맞고 선에 합하도록 한 것이니, 이것이 곧 성왕의 다스림이요 예의의 교화인 것이다.

만일 군주의 세력을 버리고 예의의 교화를 없애며, 법규의 정치를 버리고 형벌을 없앤 채 가만히 서서 세상 사람들의 서로 살아가는 모습을 지켜본다고 상상해보자. 그러면 강자는 약자를 해치고 빼앗을 것이요, 다수는 소수를 난폭하게 다루어 세상은 패악하고 혼란에 빠져 잠깐 사이에 망하고 말 것이다. 이로 미루어보면 사람의 본성은 악한 것이 분명하고 선한 것은 인위일 뿐이다.

그러므로 옛일을 훌륭하게 설명하는 사람은 현실에 부합되고 자연을 잘 설명하는 사람은 인간사에 실증되는 것이니, 무릇 이론이란 실제에 맞고 실증되어야 하는 것이다. 앉아서 말하면 일어서서 실행할 수 있고 펴면 시행될 수 있는 것이라야 한다. 이제 맹자의 사람의 본성이 선하다는 말은 사실에 맞지도 않고 실증도 없으므로, 앉아서 말해도 일어서서 행할 수 없고 펴서 시행할 수 없으니, 이 어찌 심히 그릇된 말이 아닌가.

만일 사람의 본성이 선하다면 성왕도 필요없고 예의도 소용없다. 사람의 본성이 악한 까닭에 성왕이 필요하고 예의가 귀중한 것이다. 그러기에 도지개를 세우는 것은 나무가

法正以治之 重刑罰以禁之 使天下皆出於治合於善也 是聖王之治而禮義之化也 今當試去君上之埶 無禮義之化 去法正之治 無刑罰之禁 倚而觀天下民人之相與也 若是 則夫彊者害弱而奪之 衆者暴寡而譁之 天下之悖亂而相亡不待頃也 用此觀之 然則人之性惡明矣 其善者僞也 故善言古者 必有節於今 善言天者 必有徵於人 凡論者 貴其有辨合 有符驗 故坐而言之 起而可設 張而可施行 今孟子曰 人之性善 無辨合符驗 坐而言之 起而不可設 張而不可施行 豈不過甚矣哉 故性善 則去聖王 息禮義矣 性惡則與聖王 貴禮義矣 故檃栝之生 爲枸木也 繩墨之起 爲不直也 立君上 明禮義 爲性惡也 用此觀之 然則人之性惡明矣 其善者僞也 直木不待檃栝而直者 其性直也 枸木必將待檃栝烝矯然後直者 以其性不直也 今人之性惡 必將待聖王之治 禮義之化 然後皆出於治 合於善也 用此觀之 然則人

之性惡明矣 其善者僞也

구부러졌기 때문이요, 먹줄을 치는 것은 곧지 못하기 때문이며, 군주를 세우고 예의를 밝히는 것은 사람의 본성이 악하기 때문이다.

이것으로 보아도 사람의 본성은 악한 것이 분명하며 선은 인위적인 것일 뿐이다. 곧은 나무는 도지개를 세우지 아니해도 곧은 것은 그 본성이 곧은 까닭이요, 구부러진 나무는 도지개를 세우고 불에 쬐어서 바로잡아야만 곧아지는 것은 그 본성이 곧지 못한 까닭이다. 이제 사람의 성은 악한 까닭에 성왕의 정치와 예의의 교화를 기다린 연후에야 비로소 도리에 맞고 선에 부합되는 것이다. 이로써 인성은 악한 것이 분명하며 선은 인위적인 것임을 알 수 있다.

5

5// 問者曰 禮義積僞者 是人之性 故聖人能生之也 應之曰 是不然 夫陶人埏埴而生瓦 然則瓦埴 豈陶人之性也哉 工人斲木而生器 然則器木 豈工人之性也哉 夫聖人之於禮義也 辟則陶埏而生之也 然則禮義積僞者 豈人之本性也哉 凡人之性者 堯舜之與桀跖 其性一也 君子之與小人 其性一也 今將以禮義積僞爲人之性

'작위가 쌓여 예의가 되는 것도 사람의 본성인 까닭에 성인이 만들어 낸 것이 아니냐.'고 질문하는 사람이 있다면, 그렇지 않다고 대답하겠다. 무릇 도공이 흙을 빚어 기왓장을 만들면, 기왓장 만드는 것이 그의 본성이란 말인가? 목수가 나무를 깎아 그릇을 만들면, 그릇 만드는 것이 그의 본성이란 말인가? 성인이 예의를 만든 것도 비유하면 흙으로 기와를 만드는 셈이다.

그러면 작위가 쌓여 예의가 된 것이 어떻게 사람의 본성이란 말인가. 무릇 사람의 본성은 요(堯)·순(舜)이나 걸(桀)·도척(盜跖)이 같고 군자나 소인이 같은 것이다. 지금 작위가 쌓여 예의가 된 것을 가지고 사람의 본성이라고 한다면, 요나 우(禹)는 어째서 귀하고 군자가 어째서 귀하다는 말인가. 요나 우나 군자를 귀하게 여기는 것은 그들이 능히 본성을 변화시켜 작위를 일으켰고 그 작위에 의하여 예의가 생겼기 때문이니, 그렇다면 성인과 작위가 쌓여 예의를 만든 것도 또한 도공이 흙으로 질그릇을 만든 것과 같은 것이다. 이렇게 본다면 작위가 쌓여 예의가 생겨난 것이 어찌 사람의 본성이겠는가.

걸과 도척, 그리고 소인을 천하게 여기는 것은 제 본성에만 따르고 제 성정에만 좇아 방종을 즐김으로써 탐욕을 다투기에 이른 까닭이므로, 사람의 성은 악한 것이 분명하고 선이란 인위적인 것이다.

하늘이 유독 증삼(曾參)·민자건(閔子騫)·효기(孝己) 세 사람에게만 효행의 성질을 주고 다른 사람을 외면한 것이 아님에도 불구하고 이 세 사람만이 효행을 실천하여 명성을 얻은 것은 무슨 까닭인가. 그 세 사람만이 예의를 극진히 함으로써 그 성을 바로잡았기 때문이다.

하늘이 제(齊)·노(魯)나라의 백성만 위하고 진(秦)나라 사람은 외면한 것이 아니건만, 부자간의 의와 부부간의 유별에 있어 진나라 사람이 제·노나라 사람들의 효행심과 공손한 예의범절에 따르지 못하는 것은 무슨 까닭인가. 진나라 사람들은 제 성정대로 방종하고 예의에 태만했기 때문이다. 그러니 어찌 그 본성이 다른 데 있다 하겠는가!

邪 然則有曷貴堯禹 曷貴君子矣哉 凡所貴堯禹君子者 能化性 能起僞 僞起而生禮義 然則聖人之於禮義積僞也 亦猶陶埏而生之也 用此觀之 然則禮義積僞者 豈人之性也哉 所賤於桀跖小人者 從其性 順其情 安恣睢 以出乎貪利爭奪 故人之性惡明矣 其善者僞也 天非私曾騫孝己 而外衆人也 然而曾騫孝己獨厚於孝之實 而全於孝之名者 何也 以綦禮義故也 天非私齊魯之民 而外秦人也 然而於父子之義 夫婦之別 不如齊魯之孝具敬文者 何也 以秦人之從情性 安恣睢 慢於禮義故也 豈其性異矣哉

예의적위(禮義積僞) : 작위(作爲)를 쌓아 예의를 일으키다.
기인지성야재(豈人之成也哉) : 어찌 그것이 사람의 본성이겠는가.

6

6// 塗之人 可以爲禹 曷謂也 曰 凡禹之所以爲禹者 以其爲仁義法正也 然則仁義法正有可知可能之理 然而塗之人也 皆有可以知仁義法正之質 皆有可以能仁義法正之具 然則其可以爲禹明矣 今以仁義法正爲固無可知可能之理邪 然則唯禹不知仁義法正 不能仁義法正也 將使塗之人 固無可以知仁義法正之質 而固無可以能仁義法正之具邪 然則塗之人也 且內不可以知父子之義 外不可以知君臣之正 不然 今塗之人者 皆內可以知父子之義 外可以知君臣之正 然則其可以知之質 可以能之具 其在塗之人明矣 今使塗之人者 以其可以知之質 可以能之具 本夫仁義之可知之理 可能之具 然則其可以爲禹明矣 今使塗之人 伏術爲學 專心一志 思索孰察 加日縣久 積善而不息 則通於神明參於天地矣 故聖人者人之所積而致也 曰 聖

그러면 거리를 지나는 사람도 모두 우임금처럼 될 수 있다는 것은 무슨 말인가. 말하자면 우임금이 우임금 된 원인은 그 인의(仁義)와 올바른 규범을 실천했기 때문이다. 그렇다면 인의와 올바른 규범은 누구나 알 수 있고 또 할 수 있는 도리인 것이다. 따라서 모든 사람이 인의와 올바른 규범을 알 수 있는 소질 및 행할 수 있는 재능을 가졌으니, 누구든 다 우임금처럼 될 수 있음은 분명하다. 만일 인의와 올바른 규범이 무엇인지를 본디부터 알 수 있고 또 그것을 행할 수 있는 객관적 사리가 없다면, 우임금이라 하더라도 그것을 알 수 없고 행할 수 없었을 것이다.

또는 행인이나 거리의 부랑자에게는 인의와 올바른 규범을 알 수 있고 행할 수 있는 소질 및 재능이 본디부터 없다고 본다면, 그들은 안으로는 부자간의 의리를 모르고 밖으로는 군신간의 올바른 도리를 모를 것이다. 그러나 실은 그들도 다 안으로는 부자간의 의리와 밖으로는 군신간의 올바른 도리를 알고 있다. 그러면 가히 알 수 있고 행할 수 있는 소질 및 재능은 그들에게도 있음이 분명하고, 그들에게 그런 소질과 재능을 바탕으로 하여 행동하게 해보면 그들도 곧 우임금처럼 될 수 있음도 분명하다.

지금 그들에게 도의를 바탕으로 학문에 전심전력하고 사색하고 숙고하며 오래도록 선을 쌓아 쉬지 않게 한다면, 신명에 통하고 천지의 변화와 함께할 수 있을 것이다. 그렇기 때문에 성인이란 학습을 거듭 쌓은 결과인 것이다.

그러면 성인은 쌓아서 이루었는데 보통 사람은 쌓아서 이루지 못했으니 이는 무슨 까닭이냐고 물을 것이다. 그것에 대해서는 '할 수는 있어도 하도록 할 수는 없다.'고 대답한다. 그러므로 소인도 군자가 될 수 있지만 되고자 하지 않고, 군자도 소인이 될 수 있지만 소인이 되고자 하지는 않는데, 소인이나 군자가 서로 될 수 없는 것은 아니지만 되지 않는 것은 그렇게 되도록 할 수가 없기 때문이다. 따라서 보통 사람들도 우가 될 수는 있지만 우가 된다고는 단언할 수가 없다. 비록 우임금이 되지 못한다 하더라도 우가 될 수 있다고 하는 것이 잘못된 말은 아니다.

예컨대 발로 걸으면 온 천하에 못 갈 데가 없지만, 실제로 온 천하를 다 걷지는 못하고, 목수나 상인이나 농부가 서로 직업을 바꾸지 못할 것은 없지만, 실제로 바꾸지는 못하는 것이다. 이것으로 미루어 할 수 있다고 해서 반드시 되는 것은 아니요, 되지 않는다고 해서 반드시 할 수 없다고는 말할 수 없다. 그러면 될 수 있다 없다 하는 말과 된다 안 된다 하는 말과는 상당한 차이가 있으며, 그렇기 때문에 서로 상대방처럼 되지 못한다는 것은 분명한 일이다.

요가 순에게 묻기를, "사람의 성정이란 어떤가?" 하니 순이 대답하였다. "사람의 성정이란 극히 아름답지 못한 것이니 다시 물어 무엇하겠습니까. 처자가 생기면 부모에 대한 효가 박해지고 욕망이 차면 친구에 대한 신의가 없어지며, 벼슬이 높아지면 임금에 대한 정이 박해집니다. 사람의 성

可積而致 然而皆不可積 何也 曰 可以 而不可使也 故小人 可以爲君子 而不肯爲君子 君子可以爲小人 而不肯爲小人 小人君子者 未嘗不可以相爲也 然而不相爲者 可以 而不可使也 故塗之人可以爲禹 則然塗之人能爲禹 未必然也 雖不能爲禹 無害可以爲禹 足可以偏行天下 然而未嘗有能偏行天下者也 夫工匠農賈 未嘗不可以相爲事也 然而未嘗能相爲事也 用此觀之 然則可以爲 未必能也 雖不能 無害可以爲 然則能不能之與可不可 其不同遠矣 其不可以相爲 明矣 堯問於舜曰 人情何如 舜對曰 人情甚不美 又何問焉 妻子具而孝衰於親 嗜欲得而信衰於友 爵祿盈而忠衰於君 人之情乎 人之情乎 甚不美 又何問焉 唯賢者爲不然 有聖人之知者 有士君子之知者 有小人之知者 有役夫之知者 多言則文而類 終日議 其所以言之千擧萬變 其統類一也 是聖人之知也 少言則徑而省 論而法 若佚之

以繩 是士君子之知也 其言也諂 其行也悖 其擧事多悔 是小人之知也 齊給便敏而無類 雜能旁魄而無用 析速粹孰而不急 不恤是非 不論曲直 以期勝人爲意 是役夫之知也 有上勇者 有中勇者 有下勇者 天下有中 敢直其身 先王有道 敢行其意 上不循於亂世之君 下不俗於亂世之民 仁之所在 無貧窮 仁之所亡 無富貴 天下知之 則欲與天下同苦樂之 天下不知之 則傀然獨立天地之間而不畏 是上勇也 禮恭而意儉 大齊信焉而輕貨財 賢者敢推而尙之 不肖者敢援而廢之 是中勇也 輕身而重貨 恬禍而廣解苟免 不恤是非 然不然之情 以期勝人爲意 是下勇也 繁弱鉅黍古之良弓也 然而不得排檠 則不能自正 桓公之蔥 太公之闕 文王之錄 莊君之曶 闔閭之干將莫邪鉅闕辟閭 此皆古之良劍也 然而不可砥厲 則不能利 不得人力 則不能斷 驊騮騹驥纖離綠耳 此皆古之良馬也 然而必前有銜轡之制 後

정이여, 사람의 성정이란 참으로 아름답지 못한 것이니 더 물으실 것도 없습니다. 오직 현자만이 그렇지 않습니다."

성인으로서의 지혜가 있고 사군자로서의 지혜가 있고 소인으로서의 지혜가 있고 비천한 자로서의 지혜가 따로 있다. 아무리 말이 많아도 다 문채가 있고 법도에 맞으며, 종일 논란해도 그 말이 예에 부합되며, 천변만변하여 변화가 무궁해도 조리가 일관되어 있는 것이 성인의 지혜이다. 말이 적지만 간단명료하고 군소리가 없으며 질서 있고 법도에 들어맞아 먹줄로 그은 듯이 도리에 합하는 것은 사군자의 지혜이다.

또한 그 말은 아첨이요 행실이 도리에 어긋나 뉘우칠 점이 많은 것은 소인의 지혜이다. 말은 민첩하고 경박하여 법칙이 없고 재능이 잡박하여 아는 것은 많되 소용이 없으며, 말의 분석이 빠르고 어휘는 익숙하되 실용에 맞지 아니하며, 옳고 그름을 돌아보지 않고 잘잘못을 논하지 않고 남을 이기려고만 드는 것은 비천한 자의 지혜이다.

용기에는 세 가지가 있으니, 상용(上勇)·중용(中勇)·하용(下勇)이다. 천하의 표준이 되는 규범에 따라 그 몸을 바로 하며, 옛 선왕의 도리에 따라 그 뜻을 행하며, 위로는 난세의 임금의 위력에 따르지 아니하고, 아래로는 난세의 민중에 섞이지 아니하며, 인(仁)이 있는 곳이면 궁핍도 달게 받고 인이 없는 곳이면 부귀도 바라지 않으며, 세상이 알아주면 세상과 고락을 같이하고 세상이 알아주지 않으면 의연히 홀로 천지간에 버티고 서서 두려움이 없는 것을 상용이라 한다.

예의를 공손히 지키면서도 뜻은 검소하며, 성실을 제일로 하고 재물을 가벼이 여기며, 어진 이를 과감히 추천하고 어질지 못한 자를 과감히 물리치는 것을 중용이라 한다. 몸을 가벼이하고 재물을 중히 여기며, 위험한 일을 아무렇지도 않게 생각하면서 말로 방패막이만 하고, 옳고 그름과 그렇고 그렇지 못한 사정을 가리지 않고 무조건 남을 이기려고만 드는 것을 하용이라 한다.

번약(繁弱)과 거서(鉅黍)는 옛날의 좋은 활이지만 도지개로 바로잡지 못하면 그렇게 저절로 바를 수 없고, 제나라 환공의 총(蔥), 강태공의 궐(闕), 주나라 문왕의 녹(錄), 초나라 장왕의 홀(曶), 오왕 합려의 간장(干將) · 막야(莫邪) · 거궐(鉅闕) · 벽려(辟閭) 등은 다 고대의 명검이지만 숫돌에 갈지 아니하면 날이 서지 않고 사람의 힘이 아니면 물건을 자를 수 없으며, 주나라 목왕의 화류(驊騮) · 기기(騏驥) · 섬리(纖離) · 녹이(綠耳) 등은 다 고대의 명마이지만 앞에는 재갈과 고삐로 제어하고 뒤에서는 채찍으로 위협하며, 거기에다 조보 같은 이가 몰아야만 비로소 하루에 천 리를 달릴 수 있는 것이다. 무릇 사람도 비록 아름다운 본성과 자질이 있고 지혜로운 마음과 분별력을 가졌다 하더라도 반드시 현명한 스승을 찾아서 섬기고, 어진 벗을 가려서 사귀어야 하는 것이다.

현명한 스승을 찾아서 섬기면 듣는 것이 모두 요 · 순 · 우 · 탕의 도(道)요, 어진 벗을 사귀면 보는 것이 모두 충성과 신의, 공경스럽고 사양하는 행실이라 자기도 모르는 사

有鞭策之威 加之以造父之馭 然後一日而致千里也 夫人雖有性質美 而心辯知 必將求賢師而事之 擇良友而友之 得賢師而事之 則所聞者堯舜禹湯之道也 得良友而友之 則所見者忠信敬讓之行也 身日進於仁義而不自知也者 靡使然也 今與不善人處 則所聞者欺誣詐僞也 所見者汙漫淫邪貪利之行也 身且加於刑戮而不自知者 靡使然也 傳曰 不知其子 視其友 不知其君 視其左右 靡而已矣 靡而已矣

도지인(塗之人) : 도(塗)는 도(道). 행로지인(行路之人)과 같은 뜻으로, 시정(市井) 사람들.

가이 이불가사(可以 而不可使) : 자기가 할 수는 있어도 타인으로 하여금 하게 할 수는 없다는 뜻.

일지(佚之) : 원주(原註)에는 인(引)으로 되어 있으나 여기서는 유월의 설에 따라 차례 · 질서로 풀이한다.

석속수숙이불급(析速粹孰而不急) : 석(析)은 말을 분석하다, 속(速)은 분석하기를 빨리하다, 수숙(粹孰)은 정숙(精熟)하다,

이에 날마다 인의로 향상되어 갈 것이니, 이는 환경의 감화인 것이다. 이제 악인과 더불어 있으면 듣는 것은 기만과 사기요, 보는 것은 추행과 사악과 탐욕뿐이라 자기도 모르게 범죄의 구렁으로 빠질 것이니, 이 역시 환경의 감화인 것이다. 예로부터 전해오는 말에, "그 인물을 모르거든 그 친구를 보고 그 임금을 모르거든 그 좌우의 신하들을 보라."고 했다. 모든 것이 환경의 탓이다. 오직 환경의 탓인 것이다.

불급(不急)은 당장 필요하지는 않다는 뜻.
번약거서(繁弱鉅黍) : 번약(繁弱)은 하후씨(夏后氏)의 명궁(名弓), 거서(鉅黍)는 고대의 명궁.
배경(排檠) : 활을 바로잡는 틀.
화류기기섬리녹이(驊騮騏驥纖離綠耳) : 화류·기기·섬리·녹이 등은 모두 고대의 명마(名馬)로서 주(周)나라 목왕(穆王)이 천하를 두루 유람할 때 타고 다녔던 여덟 필의 준마에 속한다.

| 풀이 | 사람은 누구나 노력에 의해서 본성을 고쳐 착한 사람이 될 수 있다는 것과 네 종류의 지혜 및 세 종류의 용기에 대해 논하고 있다. 또한 현명한 스승 및 어진 벗이 필요한 이유를 말하고 환경의 중대성을 지적하여 노력을 거듭할 것을 말하였다. 이 '성악편(性惡篇)'은 순자사상의 핵심인 동시에 맹자의 성선론(性善論)과 대립되어 후세에 시비의 대상이 되었고, 유가에서는 이단자로까지 보았던 것이다.

또 보다 객관적이며 현실적이라고 보는 이도 있으므로 충분한 연구자료가 될 것이다. 순자철학을 연구한다는 것은 어느 의미에서는 '성악론'의 연구가 될 수도 있는 것이다. 그 찬반 여하를 막론하고 동양사상 내지 유교사상을 연구하자면 반드시 읽어야 할 글이다.

〈맹자〉를 읽음으로써 정신력을 기를 수 있고 〈순자〉를 읽음으로써 사고력을 기를 수 있으며, 또한 〈맹자〉를 읽으면 변론에 능할 수 있고 〈순자〉를 읽으면 그 변론이 논리정연해진다고 한다. 우리가 고전을 읽을 때, 그 취지나 간략한

결론보다는 그 내용에 포함되어 있는 군데군데의 구절에서 빛나는 보석을 발견하고 감명하는 경우가 많은데, 고전의 가치란 실로 이 점에 있을지도 모른다.

24 군자편 君子篇

1

1// 天子無妻 告人無匹也 四海之內無客禮 告無適也 足能行 待相者然後進 口能言 待官人然後詔 不視而見 不聽而聰 不言而信 不慮而知 不動而功 告至備也 天子也者 埶至重 形至佚 心至愈 志無所詘 形無所勞 尊無上矣 詩曰 普天之下 莫非王土 率土之濱 莫非王臣 此之謂也 聖王在上 分義行乎下 則士大夫無流淫之行 百吏官人無怠慢之事 衆庶百姓無姦怪之俗 無盜賊之罪 莫取犯大上之禁 天下曉然皆知夫竊盜之人不可爲富也 皆知夫賊害之

천자에게는 대등한 의미로서의 부인이 없고 다만 뒤를 따르는 후(后)가 있을 뿐이니, 배필이 없다고 알리는 것이다. 천하에 천자를 손님으로 맞는 예가 없는 것은 천자를 손님으로 맞을 대등한 상대가 없기 때문이다. 천자는 시위하는 사람이 있어야만 걷고 말을 해도 관인(官人)을 통해서 명령하며, 자기가 보지 아니해도 보고 자기가 듣지 아니해도 들으며, 자기가 말하지 아니해도 믿게 되고 자기가 생각하지 아니해도 슬기로우며, 자기가 움직이지 아니해도 공적이 나타나는 것이니, 이는 모든 것이 완비된 존재임을 알리는 것이다.

천자란 그 권세는 지극히 무겁고 그 몸은 지극히 안일하며, 그 마음은 지극히 즐겁고 뜻은 굽힐 데 없으며, 몸은 수고로울 데 없는 존귀한, 지극히 높은 존재이다. 〈시경〉에 "하늘 아래 왕의 땅이 아님이 없고 그 누구도 신하가 아닌

이 없다." 하였으니 이를 말한 것이다. 성왕이 위에 있어 사회의 의리를 밝혀 아래로 내려오면 사대부는 어지러운 행실이 없고 뭇 신하는 태만한 일이 없으며, 모든 백성은 간교한 풍속이 없고 도적의 죄를 범하는 자가 없으며, 윗사람의 명을 거역하는 자가 없는 것이다.

천하가 밝게 깨달아 남의 물건을 훔쳐서는 부유해지지 못할 것을 알고 남을 해쳐서는 천명을 누리지 못할 것을 알며, 윗사람이 금하는 일을 범해서는 편하지 못할 것을 알고, 도에 따르면 좋은 것을 얻고 도에 따르지 아니하면 나쁘게 될 것을 알게 되는 것이다.

그러므로 형벌이 극히 간략해도 위엄은 물 흐르듯 행하여지는데, 악행을 하고 비록 몰래 숨거나 도망을 쳐도 여전히 벌을 면할 수 없음을 알게 된다. 그러므로 누구나 죄를 지었으면 뉘우치고 용서를 빌 것이다. 〈서경〉에 "무릇 사람이 제 스스로 지은 죄."라 한 것이 바로 이것이다.

그러므로 형벌이란 죄에 합당하면 위엄이 서고 합당치 못하면 경멸되며, 작위(爵位)는 그 어진 이의 덕에 합당하면 귀하고 합당하지 못하면 천한 것이다. 옛날에는 형벌은 죄를 넘지 않고 작위는 덕을 넘지 않았기 때문에 그 아비는 죽여도 그 자식을 신하로 썼으며, 그 형은 죽여도 아우는 신하로 썼던 것이다. 형벌이 죄를 넘지 않고 작위가 덕을 넘지 아니하여 확연히 각각 그 진실에 통하였던 것이다. 그럼으로써 착한 자는 장려되고 나쁜 자는 저지되며, 형벌은 극히 간략하면서도 위엄은 물 흐르듯 하고, 정치는 밝아지며 교화는

人不可以爲壽也 皆知夫犯上之禁不可以爲安也 由其道則人得其所好焉 不由其道則必遇其所惡焉 是故刑罰綦省而威行如流 世曉然皆知夫爲姦 則雖隱竄逃亡之 由不足以免也 故莫不服罪而請 書曰 凡人自得罪 此之謂也 故刑當罪則威 不當罪則侮 爵當賢則貴 不當賢則賤 古者刑不過罪 爵不逾德 故殺其父而臣其子 殺其兄而臣其弟 刑罰不怒罪 爵賞不逾德 分然各以其誠通 是以爲善者勸 爲不善者沮 刑罰綦省而威行如流 政令致明而化易如神 傳曰 一人有慶 兆民賴之 此之謂也 亂世則不然 刑罰怒罪 爵賞逾德 以族論罪 以世擧賢 故一人有罪而三族皆夷 德雖如舜 不免刑均 是以族論罪也 先祖當賢 後子孫必顯 行雖如桀紂 列從必尊 此以世擧賢也 以族論罪 以世擧賢 雖欲無亂 得乎哉 詩曰 百川沸騰 山冢崒崩 高岸爲谷 深谷爲陵 哀今之人 胡憯莫懲 此之謂也 論法聖王 則知所貴矣 以

신의 조화처럼 쉽게 행해졌던 것이다. 전하는 말에 "한 사람의 경사(慶事)에 만민이 그 덕을 보게 된다." 하였으니, 이를 일컬은 것이다.

그런데 난세에는 그렇지 못하여, 형벌은 죄를 넘고 벼슬과 포상은 덕을 넘어 죄에 족당(族黨)을 거론하고 덕에 가계(家系)를 거론하여 어진 이의 자리에 등용한다. 그러므로 한 사람이 죄를 지면 3족을 멸하고 순임금과 같은 유덕한 사람이 그 속에 있어도 연좌(連坐)를 면할 길이 없으니, 이것은 족(族)으로 죄를 논하는 것이다. 조상 가운데 어진 이가 있으면 대대로 작위를 얻어 자손에 걸·주 같은 인물이 나도 높은 자리를 차지하니, 이것은 가계(家系)로 덕을 논하여 어진 이의 자리에 등용하기 때문이다. 족속으로 죄를 논하고 가계로 덕을 논하여 어진 이의 자리에 등용하면 어찌 패망하지 않기를 바랄 수 있겠는가.

〈시경〉에 "냇물이란 냇물은 끓어오르고 산은 산대로 무너져내려, 언덕은 어느덧 골짜기되고 골짜기는 도리어 언덕되었네. 슬퍼라, 사람들은 무슨 생각에 이러한 변괴를 막으려 하지 않나." 하였으니 이를 말한 것이다.

의론은 선왕의 도를 본받으면 그 귀함을 알 것이요, 사리는 도의에 따르면 그 이로움을 알 것이다. 의론이 귀한 것을 알면 무엇을 기를 것인가를 알 것이요, 사리가 이로운 것을 알면 어디로 나아갈 것인가를 알 것이니, 이 두 가지는 시비의 근본이요 득실의 근원인 것이다.

그러므로 성왕(成王)은 주공(周公)의 의론을 듣지 아니함이

義制事 則知所利矣 論知所貴 則知所養矣 事知所利 則動知所出矣 二者 是非之本 得失之原也 故成王之於周公也 無所往而不聽 知所貴也 桓公之於管仲也 國事無所往而不用 知所利也 吳有伍子胥而不能用 國至於亡 倍道失賢也 故尊聖者王 貴賢者霸 敬賢者存 慢賢者亡 古今一也 故尙賢使能 等貴賤 分親疏 序長幼 此先王之道也 故尙賢使能 則主尊下安 貴賤有等 則令行而不流 親疏有分 則施行而不悖 長幼有序 則事業捷成而有所休 故仁者 仁此者也 義者 分此者也 節者 死生此者也 忠者 惇愼此者也 兼此而能之 備矣 備而不矜 一自善也 謂之聖 不矜矣 夫故天下不與爭能 而致善用其功 有而不有也 夫故爲天下貴矣 詩曰 淑人君子 其儀不忒 其儀不忒 正是四國 此之謂也

무처(無妻) : 처(妻)는 제야(齊也)라 했으니 동등(同等)의 뜻이지만, 왕후

없었으니, 무엇이 귀한 것인지를 알았기 때문이고, 환공(桓公)은 관중(管仲)을 대할 때 나랏일이라면 무슨 의견이든 쓰지 않는 것이 없었으니, 무엇이 이익이 되는가를 알았기 때문이다. 오(吳)나라에는 오자서(伍子胥)가 있었으나 쓰지 아니하여 나라가 망하였으니, 올바른 도를 배반하고 어진 이를 등용하지 않았기 때문이다.

그러므로 성현을 높이면 왕자가 되고 어진 이를 높이면 패자가 되며, 어진 이를 존경하면 나라를 본존하고 어진 이를 멸시하면 나라가 망하는 것은 고금을 통해 한결같다. 어진 이를 숭상하고 유능한 사람을 등용하며, 귀천을 분별하고, 친하고 소원한 사람의 분별을 정확히 하며, 나이 많은 사람과 어린 사람의 질서를 밝히는 것이 선왕의 도이다.

그러므로 어진 이를 높이고 유능한 이를 채용하면 임금은 존귀해지고 백성은 편안하며, 귀천에 등급이 있게 되고 법령은 시행되어 막히지 않으며, 친하고 소원한 사람의 분별이 있어 어긋나지 않고 나이 많은 사람과 어린 사람의 질서가 있어 사업은 빨리 성취되어 쉴 곳을 찾게 될 것이다.

그러므로 인(仁)이란 이것을 사랑하는 것이요, 의(義)란 이것을 분별하는 것이요, 절(節)이란 여기에 죽고 사는 것이요, 충(忠)이란 여기에 삼가고 따르는 것이니, 이것을 두루 겸하여 능히 실천하면 덕이 구비되었다 할 것이다. 이것을 구비하고도 자랑하지 않고 스스로 힘쓰는 것이 성인이다. 자랑하지 아니하므로 천하가 다투지 않고 그 공을 이룰 수 있으며, 갖고도 가진 체하지 않으므로 더욱 천하의 귀한 것

(王后)는 후(後)의 뜻이므로 동등이 아니라는 말이다.

관인(官人) : 언관(言官)의 뜻.

형벌불노죄(刑罰不怒罪) : 노(怒)는 과(過)의 뜻. 형벌은 죄 이상으로 가하지 않는다.

이 된다. 〈시경〉에 "어지신 우리 님의 거동은 한결같네. 거동이 한결같아서 나라를 바로잡네." 하였으니 바로 이를 가리킨 것이다.

| 풀이 | 천자(天子)는 지극히 높은 존재로서, 최고의 지위에서 사회질서를 유지하며 상벌을 분명히 하여 선왕(先王)의 도를 밝혀야 함을 말한 글이다. 이 '군자편(君子篇)'은 '천자편(天子篇)'의 오기(誤記)로 보는 것이 정설(定說)로 되어 있다.

동양 고전으로 미래를 읽는다 015
순 자

초판 발행_1991년 6월 20일
중판 발행_2021년 2월 10일

역해자_최대림
펴낸이_지윤환
펴낸곳_홍신문화사

출판 등록_1972년 12월 5일(제6-0620호)
주소_서울시 동대문구 안암로50-1(용두동) 730-4(4층)
대표 전화_(02) 953-0476
팩스_(02) 953-0605

ISBN 978-89-7055-765-6 03140